DevOps Tools
for Java Developers

자바 개발자를 위한 데브옵스 툴

| 표지 설명 |

표지 동물은 줄무늬 몽구스(*Mungos Mungo*)다. 몸집이 작은 육식 동물이며 서아프리카 일부를 제외한 사하라 사막 남부와 콩고 일대에서 발견된다. 초원, 덤불, 삼림 등 다양한 환경에 서식하지만 사막이나 반사막 지대처럼 건조한 기후는 꺼린다. 줄무늬 몽구스는 몸길이만 30~45cm이고, 꼬리는 15~30cm까지 자란다. 무게는 보통 1.5~2.5kg이다. 거친 회갈색 모피 위로 긴 무늬가 겹겹이 있어 다른 종과 쉽게 구별된다. 줄무늬는 꼬리가 시작되는 곳에서 등까지 이어진다. 작고 갸름한 얼굴, 차츰 뾰족하게 가늘어지는 꼬리를 지녔으며 길고 구부러진 발톱으로 주변을 긁고 파헤칠 수 있다. 줄무늬 몽구스는 곤충을 주로 먹지만 잡식성이다. 게, 지렁이, 과일, 새, 달걀, 설치류, 전갈, 달팽이, 심지어 뱀 사체까지 먹어 치운다. 독점욕이 강해 식량을 공유하지 않으며 먹이를 찾아 하루에 5마일 이상 이동하기도 한다. 줄무늬 몽구스는 다른 몽구스보다 사회성이 높아 일반적으로 10~20개체가 집단을 이룬다. 이 집단은 함께 사냥하고, 새끼를 키우고, 힘을 합쳐 침입자에 대항한다. 떼로 움직이며 큰 동물의 형상을 만들어내기도 한다. 수컷은 암컷의 환심을 사기 위해 꼬리를 높이 쳐들고 주위를 둥글게 돈다. 반드시 상대를 정해 짝을 이루지는 않으며 때로는 집단의 모든 암컷이 동시에 새끼를 낳을 수 있도록 출산 시기를 맞춘다. 새끼는 한 배에서 2~6마리씩 태어나며 생후 10일경 눈을 뜨기 전까지 앞을 보지 못한다. 4주에서 5주가 지나면 굴에서 나와 어른들과 함께 수렵을 시작한다. 세계자연보전연맹(IUCN)은 줄무늬 몽구스를 '관심 대상'으로 분류한다. 현재 자신들의 서식지에 널리 분포하며 직접적인 위협은 없는 상태이기 때문이다. 오라일리 표지 동물은 대부분 멸종 위기에 처해 있다. 이 동물들은 모두 소중한 존재이다. 표지 그림은 19세기에 출간된 『The Royal Natural History』에 실린 흑백 판화를 기반으로 캐런 몽고메리Karen Montgomery가 그린 작품이다.

자바 개발자를 위한 데브옵스 툴

소스 코드부터 프로덕션 컨테이너까지, 데브옵스의 모든 모범 사례

초판 1쇄 발행 2023년 04월 24일

지은이 스티븐 친, 멜리사 맥케이, 익스헬 루이츠, 바루크 사도구르스키 / **옮긴이** 정병열 / **펴낸이** 김태헌
펴낸곳 한빛미디어(주) / **주소** 서울시 서대문구 연희로2길 62 한빛미디어(주) IT출판2부
전화 02-325-5544 / **팩스** 02-336-7124
등록 1999년 6월 24일 제25100-2017-000058호 / **ISBN** 979-11-6921-093-5 93000

총괄 송경석 / **책임편집** 박민아 / **기획·편집** 김지은
디자인 표지 박정우 내지 박정화 / **전산편집** 이경숙
영업 김형진, 장경환, 조유미, 김선아 / **마케팅** 박상용, 한종진, 이행은, 고광일, 성화정, 김한솔 / **제작** 박성우, 김정우

이 책에 대한 의견이나 오탈자 및 잘못된 내용에 대한 수정 정보는 한빛미디어(주)의 홈페이지나 아래 이메일로
알려주십시오. 잘못된 책은 구입하신 서점에서 교환해드립니다. 책값은 뒤표지에 표시되어 있습니다.

한빛미디어 홈페이지 www.hanbit.co.kr / **이메일** ask@hanbit.co.kr

지금 하지 않으면 할 수 없는 일이 있습니다.
책으로 펴내고 싶은 아이디어나 원고를 메일(writer@hanbit.co.kr)로 보내주세요.
한빛미디어(주)는 여러분의 소중한 경험과 지식을 기다리고 있습니다.

DevOps Tools
for Java Developers

자바 개발자를 위한 데브옵스 툴

O'REILLY®   **IB** 한빛미디어
Hanbit Media, Inc.

이 책은 데브옵스가 왜 필요한지, 데브옵스를 성공적으로 도입하기 위해 사용하는 툴들은 어떤 것들이 있는지, 데브옵스를 잘 정착시키기 위해 회사와 조직 구성원들이 어떻게 해야 하는지에 대해 전반적으로 소개합니다. 소스 코드를 관리하는 방법, 도커 컨테이너, 마이크로서비스 프레임워크, 서버리스, 지속적 통합, 지속적 빌드, 테스트 자동화, 모니터링, 로깅, 트레이싱, 패키지 관리를 위한 빌드 도구, 보안과 품질, 시프트 레프트 등 데브옵스 구성에 필요한 거의 모든 내용을 다룹니다.

개인적으로는 4장에서 마이크로서비스를 구성하기 위한 다양한 프레임워크, 빌드 툴에서 서버리스를 쉽게 운용할 수 있는 방법을 소개하는 부분과, 8장에서 Jib을 활용한 컨테이너 이미지 관리 및 JKube를 이용한 쿠버네티스 운용 방법을 소개하는 부분이 가장 좋았습니다. 그리고 책에서 제공하는 예제 코드를 직접 실행해보면서 실제로 확인해볼 수 있어서 매우 유익하기도 했습니다. 그 외에도 5장과 6장을 통해 항상 사용하고 있는 빌드 툴에 대해 좀 더 깊이 있게 이해할 수 있게 되어 실무에 많은 도움이 되었습니다.

이 책에서 다루고 있는 각각의 장들은 별도의 책으로 출간해도 될 만큼 광범위한 주제이며, 이러한 장들은 핵심 내용만 일목요연하게 잘 정리되어있습니다. 데브옵스를 처음 접하는 독자라면 이 책을 가이드 삼아 각 장의 내용을 대략적으로 이해할 수 있습니다. 그런 다음 해당 기술을 적용하기 위해 더 구체적인 내용들을 찾아보고 디테일을 채워나가는 방식으로 이 책을 활용하면 더욱 좋을 것 같습니다.

권민승, 백엔드 개발자

이 책은 주니어에서 시니어로 넘어가는 길목에 서 있는 모든 개발자가 반드시 읽어야 하는 필독서입니다. 이제는 단순 개발을 넘어 데브옵스까지 이해하고 적용할 수 있어야 하기 때문입니다. 이 책에서는 데브옵스의 개념과 발전 과정, 현업에서 느낀 문제점을 다루고 있으며, 예제 코드를 활용하여 컨테이너 기술과 CI/CD를 설명합니다. 또한 데브옵스를 이해하기 위한 기초를 잘 다루고 있어, 데브옵스에 대한 이해를 높이기에 충분한 책입니다. 따라서 데브옵스에 입문하거나, 데브옵스는 알고 있지만 더 깊이 있는 공부를 해보고 싶거나, 주니어에서 시니어로 넘어가는 과정에 있는 모든 자바 개발자에게 강력하게 추천합니다.

이승구, 백엔드 개발자

오랫동안 개발을 하면서 느낀 점은, 효율적이고 안정적으로 개발하기 위해서는 튼튼한 기초가 필요하다는 것입니다. 이러한 튼튼한 기초는 바로 '**왜**'라는 질문에서 시작합니다. 예를 들어, **왜** 이 기능이 필요한지, **왜** 이 기술을 사용해야 하는지 등의 의문에 대한 답을 찾아가는 것이 모든 개발의 시작이라고 할 수 있습니다. 이 책은 왜 데브옵스가 만들어졌는지부터 시작하여, 여러분이 데브옵스에 대한 튼튼한 기초를 얻을 수 있게 도와줍니다.

또한 이 책은 칼럼이나 기술 블로그에서 얻을 수 있는 데브옵스에 대한 다양한 주제를 한 권에 모두 정리해서 보여줍니다. 그래서 현업에 종사하고 있는 관리자에게 이 책을 권하고 싶습니다. 또는 인프라 팀이나 아키텍처에 속해 있는 전문가들도 이 책을 통해 데브옵스를 깊이 있게 이해하고 학습할 수 있기 때문에, 실무에 바로 적용할 수 있는 실전 가이드가 될 수 있다고 생각합니다. 이 책에 많은 내용이 담겨있는 만큼 초보자가 쉽게 볼 수 있는 책은 아니라고 생각합니다.

마지막으로, 책을 처음 읽을 때는 책을 읽으며 실습을 따라 하기보다는, 데브옵스에 대한 개념을 먼저 이해하길 바랍니다. 책의 내용을 전체적으로 파악한 후에 두 번째나 세 번째부터 책에 나온 예제 코드를 따라 실습하면 더욱 효과적인 학습 결과를 얻을 수 있습니다. 개인적으로는 7장, 9장, 10장을 통해 데브옵스에 한 발짝 더 나아간 기분이었습니다.

홍효상, 애버커스 기술이사

데브옵스에는 패키지 관리, 보안, 배포 등 다양한 방법과 도구가 존재합니다. 데브옵스에 익숙한 사람이라도 이러한 모든 도구를 경험해보는 것은 쉬운 일이 아닙니다. 하지만 이 책에서 제공하는 데브옵스의 다양한 주제와 도구는 데브옵스가 익숙한 사람이나 익숙하지 않은 사람 모두가 데브옵스의 많은 부분을 이해할 수 있게 도와줍니다. 이 책을 읽는 여러분도 저처럼 다양한 도구를 간접적으로 경험함으로써 데브옵스에 한 발 더 다가갈 수 있길 바랍니다.

신진욱, 네이버 백엔드 개발자

이 책은 데브옵스의 기원과 역할에 대해 설명하며, 패키지 관리, 보안, 배포 등 다양한 주제를 데브옵스의 시각에서 다루고 있습니다. 따라서 데브옵스에 대한 경험이 적은 개발자라도, 이 책 한 권으로 데브옵스에 대한 이해를 높일 수 있습니다.

한태영, 무신사 백엔드 개발자

아브라함 마린페레즈Abraham MarínPérez와 함께 『Continuous Delivery in Java』(O'Reilly, 2018)를 집필하던 2017년, 데브옵스는 이미 그 책의 상당한 분량을 독차지한 주제였다. 자바 개발자에게 운영 개념의 중요성은 그 이후로도 점점 커져만 갔다. 클라우드, 컨테이너 기술이 대두되고 관찰 가능성 및 사이트 신뢰성 엔지니어링site reliability engineering(SRE) 이론이 현실로 구현되기 시작했다. 개발자 중 절대 다수는 이제 더 이상 '개발만'하지 않는다. 애플리케이션 코딩을 넘어 전달, 실행 전반까지 관장한다. 따라서 개발자가 운영 분야를 아우르는 것은 자연스러운 변화다. 그 반대의 경우도 마찬가지다.

데브옵스는 새로운 화두가 아니며 이미 15년 넘게 통용된 용어다. 이 개념은 본래 2008년 토론토에서 개최된 애자일 콘퍼런스에서 확립됐다. 패트릭 드부아Patrick Debois, 앤드류 클레이 셰이퍼Andrew Clay Shafer를 대표로 삼는 자리에 많은 이가 모여 전통적 시스템 관리 방식의 한계를 논의했다. 당시 대두된 애자일 인프라의 개념이 바로 데브옵스의 근간이다. 인프라를 '프로그래밍'하고자 하는 열망은 인프라 분야에 소프트웨어 엔지니어링이 항상 영향력을 행사하고 있다는 증거다. 이듬해 열린 오라일리 벨로시티 콘퍼런스O'Reilly Velocity conference는 '10 Deploys a Day: Dev and Ops Cooperation at Flickr'라는 연설로 유명하다. 존 알스파우John Allspaw와 폴 해먼드Paul Hammond는 이 발표를 통해 개발과 운영 간 협업의 중요성을 많은 이에게 공고히 각인시켰다.

Ambassador Labs에서 근무하는 동안, 개발자를 중심으로 플랫폼을 구축하는 조직이 점점 늘어나는 것을 목격했다. 개발자의 아이디어를 재빨리 코드와 프로덕션에 반영하고 고객에게 선보이기 위한 선택이었다. 이러한 플랫폼의 가장 중요한 임무는 신속하고 안정적으로 피드백을 수집하는 동시에 충돌과 보안 사고를 방지하는 것이다. 개발과 운영이 효과적으로 협업해야만 달성할 수 있는 목표다.

『디지털 트랜스포메이션 엔진』(에이콘출판사, 2020)에서 제시한 조사 결과에 따르면, 성과도가 높은 조직일수록 배포 빈도가 높고 변경 작업 실패율이 낮으며 변화에 대응하는 리드 타임과 프로덕션 복원 시간이 짧다. 이러한 특성들은 모두 플랫폼, 프로세스, 구성원이 복합적으로 영향을 미쳐 발현된다. 개발자는 운영자처럼 생각하고 운영자는 개발 원칙을 수용해야 한다. 결국 관건은 오너십이며, 오너십은 서로에 대한 이해에서 비롯된다. 이 책은 이러한 상호 이해를 발전시키는 데 도움이 될 것이다.

지난 10여 년간 거의 모든 개발자는 버전 관리 툴을 통해 애플리케이션 코드를 저장하고 관리했다. 데브옵스 철학이 반영된 깃옵스는 한 단계 더 나아가 애플리케이션, 인프라 코드에 더해 각종 설정까지 버전 관리에 포함한다. 책 초반부에서 버전 관리 시스템을 중요하게 다루는 이유가 여기에 있다.

마이크로서비스 기술이 급부상함에 따라 개발자들은 더 많은 기회를 얻고 더 다양한 도전에 직면하게 되었다. 그중 일부는 적합한 기술을 통해 대처할 수 있다. 가령 쿠버네티스로 대표되는 컨테이너와 스케줄 프레임워크는 표준적이고 자동화된 방식으로 마이크로서비스를 패키징하고 실행하는 기술이다.

이러한 '클라우드 네이티브' 기술을 습득하는 동시에, 이 기술이 지속적 통합 및 전달 기법에 미치는 영향을 함께 이해해야 한다. 이 책은 패키지 관리부터 아티팩트 보안과 배포에 이르기까지 모든 과정을 단계별로 안내하는 최고의 길잡이다.

운 좋게도 이 책의 모든 저자와 직접적으로 교류할 기회가 있었다. 데브옵스 콘퍼런스에 참석하면 으레 이들을 찾아 배회하곤 했다. 인파 사이를 유유히 누비는 독특한 모자는 바루크의 상징과도 같은 소품이었다. 스티븐과 마주치려면 가죽 재킷을 입은 모터사이클 운전자를 찾아야 했다. 일단 이들을 만나면 어느샌가 지속적 전달과 자바 생태계에 대한 흥미로운 대화에 빠져들게 된다.

또한 JFrog의 멜리사에게 컨테이너 구축과 보안에 대한 많은 가르침을 얻고 충실히 따랐다. 2021년 Jfokus에서 그녀가 자바 챔피언 수상자로 선정되던 장면은, 예상치 못했던 만큼이나 인상적이었던 순간으로 기억에 남아 있다. 익스헬은 자바와 JVM 분야에 막대한 영향력을 미쳤다. 처음으로 JavaOne에 참석했던 2013년, 그녀는 폴리글랏 JVM의 미래를 주제로 안드레스

알미라이^{Andres Almiray}와 함께 강연을 펼쳤다. 나를 더 나은 개발자로 성장하는 계기를 마련해준 발표였다.

8장을 집필한 아나 마리아 미할체아누^{Ana Maria Mihalceanu} 덕분에 여러 콘퍼런스 패널에 참여할 기회를 얻었다. 최근에는 컨테이너, 쿠버네티스, 쿼커스 등의 주제를 함께 논의했다. 그녀는 새로운 기술이 자바 플랫폼 운영에 미치는 영향에 심취해 있다. 그녀의 발상과 이야기는 언제나 경청할 만한 가치가 있다. 대화를 나눌 때마다 새로운 툴과 연구 주제 아이디어가 쏟아져 나오곤 한다.

자바 프로그래머라면 누구나 이 책에서 많은 것을 배울 수 있다. 데브옵스가 아직 낯선 노련한 경력자도, 컨테이너와 클라우드 지식을 바탕으로 데브옵스에 뛰어들려는 초심자도 마찬가지다. 더 이상 망설일 필요는 없다. 자바 개발자를 위한 데브옵스 툴을 손에 넣고 자신의 기술 수준을 높일 절호의 기회다. 가볍게 곁들일 음료가 있다면 준비물은 충분하다. 기왕이면 자바 커피 한 잔 어떠한가?

다니엘 브라이언트^{Daniel Bryant}
자바 챔피언이자 Ambassador Labs의 데브렐(DevRel) 리더

지은이 · 옮긴이 소개

지은이 **스티븐 친**Stephen Chin

JFrog의 Developer Relations(DevRel, 이하 데브렐) 책임자이자 『The Definitive Guide to Modern Java Clients with JavaFX 17』(Apress, 2021)의 공동 저자이다. Devoxx, JNation, JavaOne, Joker, Open Source Indi를 포함한 전 세계의 수많은 자바 콘퍼런스에 관심이 많다. 여행을 할 때 유럽, 일본, 브라질에서 전도 활동을 하면서 해커들과 인터뷰하는 열정적인 바이커이기도 하다. 여행하지 않을 때는 10대 딸에게 임베디드 시스템의 프로그래밍 방식을 가르쳐주며 시간을 보낸다.

지은이 **멜리사 맥케이**Melissa McKay

개발자이자 소프트웨어 엔지니어로 JFrog 데브렐 팀의 디벨로퍼 아드보캇developer advocate이다. 데브옵스 방법론을 실천해 개발자 경험을 향상시키고 공유하는 업무를 하고 있다. 멜리사는 엄마이자 소프트웨어 개발자이자 자바 챔피언이자 도커 캡틴이자 자바 언콘퍼런스의 엄청난 프로모터로서 개발자 커뮤니티에서 활발히 활동하고 있다.

지은이 **익스헬 루이츠**Ixchel Ruiz

JFrog 데브렐 팀의 디벨로퍼 아드보캇developer advocate이다. 2000년부터 소프트웨어 애플리케이션과 툴을 개발해왔다. 주요 관심 연구는 자바, 동적 언어, 클라이언트 기술, 데브옵스, 테스트다. 자바 챔피언, 오라클 그라운드브레이커, 앰버서더, 슈퍼프로그, Hackergarten 매니아, 오픈 소스 아드보캇, 연설자이자 멘토이다. 많은 사람에게 지식을 공유하기 위해 세계여행을 한다.

지은이 **바루크 사도구르스키** Baruch Sadogursky

제네릭이 생기기 전에 자바를, 도커가 생기기 전에 데브옵스를 했다. 현재는 바루크 대학교와 회사에서 엔지니어들의 문제를 해결하는 걸 돕고 있다. 『Liquid Software』(CreateSpace, 2018)의 공동 저자이고 여러 콘퍼런스 프로그램 위원회에서 활동하고 있다. 정기적으로 수많은 산업 콘퍼런스 Kubecon, JavaOne, Devoxx, QCon, DevRelCon, DevOpsDays, DevOops 등에서 연설한다.

옮긴이 **정병열**

학창 시절 접한 BASIC 언어를 계기로 프로그래밍에 입문했다. 일찍부터 직업 개발자로 다양한 프로젝트를 수행하며 스타트업과 대기업에 몸을 담았다. 시니어 개발자로 경력을 이어가는 한편 양질의 개발 서적 출간에 일조하고자 틈틈이 노력하는 중이다. 옮긴 책으로는 『Modern PHP』, 『자바 마이크로서비스를 활용한 SRE』(이상 한빛미디어) 등이 있다.

COVID-19 위기를 겪어낸 모든 산업 분야가 그렇듯 IT 업계 또한 험난한 변화의 파도에 맞서야 했다. 안으로는 원격 근무와 분산 개발, 밖으로는 급격한 온라인 활동 증가라는 비즈니스 변화에 적응하며 개인과 기업이 함께 고군분투했다. 격랑이 휩쓴 자리에 남은 과실과 손실은 기업마다 차이가 있겠으나, 그 너머의 풍경이 얼마나 낙관적으로 비칠지는 그간 디지털 전환에 쏟았던 노력과 성과에 전적으로 달려있을 것이다. 오랜 기간 IT의 지상 과제였던 디지털 전환은 이렇듯 팬데믹을 계기로 더욱 절대적인 지위에 올랐다. 디지털 전환의 핵심 요소로 손꼽히는 데브옵스 또한 굳건한 위상에 변함이 없기는 마찬가지다. 원격 근무를 기술적, 문화적으로 뒷받침하는 역할까지 더해져 영향력과 중요성은 한층 확대되었다. 실제로 구글 트렌드가 분석한 데브옵스의 인기는 20년 가까이 우상향 추세를 지속한 끝에 2022년 최고점을 찍었다.

데브옵스를 향한 관심과 수요의 확산세는 우리나라도 별반 다르지 않다. 2000년대 후반부터 국내 유수의 IT 대기업들은 경쟁적으로 데브옵스를 도입하고 대대적으로 홍보하기를 망설이지 않았다. 채용 서비스나 통계에서 데브옵스가 단독 직무 또는 전문 기술 카테고리로 등록된 지는 이미 오래다. 국비지원 교육기관은 데브옵스 전문가 양성 과정을 벌써 여러 해 전부터 개설하고 매 회차 성황리에 진행 중이다. 데브옵스 관련 부서 또는 전문 인력을 운용하지 않는 IT 기업은 이제 찾아보기 어렵다. 프로덕션이나 주력 서비스가 아니라면 최소한 내부 프로세스 일부만이라도 데브옵스를 도입해 생산성을 높이려 시도한다. 이 책의 표현을 빌리자면 '오늘날 대한민국의 모든 IT 기업은 데브옵스 기업'이라 해도 과언이 아니다.

숱한 트렌드와 신기술이 단기간에 명멸하는 IT 세계에서 이토록 오래 유지되는 데브옵스의 존재감은 분명 주목할 만한 가치가 있다. 데브옵스가 절대적인 추앙만을 받는 기술 사조는 아니라는 점에서 더욱 그렇다. 데브옵스 도입 효과를 뒷받침하는 국내외의 각종 리서치가 쏟아지는 가운데, 한편에서는 문화와 기술이 뒤섞인 데브옵스의 모호한 정의에 피로감을 호소하며 도리어 다시금 개발과 운영의 분리를 역설하는 이들도 있다. 현업 종사자의 회의론이 반영된 설문조사, 데브옵스가 발생시킨 역효과와 트레이드오프를 강조하는 통계 자료가 등장한다. 이들이 말하는 데브옵스 이후 세계는 책임의 분할, SRE, 플랫폼 엔지니어링 등이 주도권을 쥔다. 사실 데브옵스는 실패하기 쉽다. 기술적인 면에 집중한 나머지 관계와 협업을 등한시하는 경우가 많기 때문이다. 어설픈 도입 시도의 위험성까지 감안한다면 데브옵스 무용론도 일정 부분 설득력이 있다.

데브옵스가 저변을 넓혔던 배경에는 데브옵스 기술과 툴의 눈부신 발전상이 있다. 개발자의 로컬 코드와 프로덕션은 더 이상 동떨어진 존재가 아니다. 극단적으로 짧은 배포 주기와 자동화를 통해 시간적, 절차적인 면에서 둘은 최대한 가까워져야 한다. 이러한 목표는 개발과 배포 라이프 사이클 거점마다 정밀하게 들어맞는 탁월한 툴 없이는 도저히 추구할 수 없다. 데브옵스가 아우르는 넓은 영역 곳곳에서 혁신적인 툴들이 속속들이 등장했다. 협업, 효율성, 자동화라는 데브옵스의 지향점 덕분에 이들은 무한히 확장하거나 다양성을 넓히는 대신 적절한 지점에서 수렴과 개선을 반복하며 진화할 수 있었다. CNCF 출범이라는 거대 이벤트는 이러한 수렴적 진화를 상징적으로 나타내는 중대한 전환점 중 하나였던 셈이다.

이러한 진화가 어디까지 계속될지는 감히 알 수 없으나, 현재의 발전상과 각종 모범 사례들을 가장 체계적으로 집대성할 수 있는 적임자가 있다면 바로 이 책의 저자들일 것이다. 클라우드 네이티브와 데브옵스를 선도하는 기업의 요직에서 활약하는 한편 각자 다양한 활동으로 데브옵스 발전에 이바지하고 있는 세계 최고의 대가들이다. 이들의 경험과 통찰력이 집약된 이 책은 매 장 명쾌한 설명과 적절한 사례로 가득하다. 때로는 개발과 운영 과정 전체를 조망하며 큰 그림을 그리고, 때로는 현미경을 들이대듯 예시를 분석하며 실용적인 조언을 아끼지 않는다. 장마다 다른 필진이 개발과 배포 라이프 사이클을 따라 독자를 이끌며 중요한 길목마다 모범 사례와 안티패턴을 제시한다. 전문성과 여유가 공존하는 본문은 탄탄한 논문과 친근한 수필 사이를 자유로이 오간다. 새로운 장이 시작될 때마다 조금씩 다른 개성이 느껴진다는 점도 이 책의 매력이다.

개인적으로, 데브옵스가 탄생시킨 수많은 기술과 툴은 데브옵스의 흥망 그 자체보다 더 오래도록 IT 역사에 족적을 남길 것으로 예상한다. 한 가지의 전문가가 되기도 쉽지 않은 요즈음, 이 책은 가장 근본적이면서 실용적인 기술만 일목요연하게 추려 깊이까지 더했다는 점이 돋보인다. 좋은 책을 번역할 기회를 얻었음에 새삼 출판사 측에 감사하는 마음이다. 개인사로 우여곡절이 많았던 번역 기간을 끈기 있게 기다려 준 김지은 님께 거듭 감사드린다. 무심한 듯 건네는 격려가 은연중에 많은 힘이 되었다. 가족은 모든 것의 이유이고 목적이다. 사랑하는 아내와 딸에게 늘 감사한다.

감사의 말

가족과 친구들이 없었다면 이 책은 세상에 나오지 못했을 것이다. 그들의 이해와 지지 덕분에 우리는 데브옵스 분야에 헌신하고 몰입할 수 있었다. 우리가 열정적으로 집필에 전념하는 동안 서로가 서로를 보살피고 각자의 건강을 지켜냈기에, 데브옵스와 자바 생태계를 전반적으로 아우르는 광범위한 지식을 한데 담을 수 있었다.

특히 JFrog의 CEO인 슬로미 벤 하임Shlomi Ben Haim에게 감사드린다. 다른 회사들이 관련 예산을 물리고 축소하기 바쁜 와중에 슬로미는 오히려 개인적인 지원을 확대했다. 또한 이토록 광범위한 주제를 다루는 강도 높은 작업에 충분히 집중할 수 있도록 자유롭고 유연한 환경을 제공해주었다.

7장과 8장에 큰 도움을 준 마리아 미할체아누와 스벤 루퍼트Sven Ruppert에 특별한 감사를 표한다.

다니엘 피트먼Daniel Pittman, 카메론 피에트라페소Cameron Pietrafeso, 세바스찬 다슈너Sebastian Daschner, 커크 페퍼다인Kirk Pepperdine에게 감사드린다. 이 책의 정확성을 한층 높여준 기술 리뷰어들이다.

마지막으로 독자들에게 깊은 감사를 전한다. 여러분은 데브옵스 파이프라인 전체를 발전시키는 지식인이자 선구자인 동시에, 자동화, 프로세스, 문화적 개선에 기여하는 변화의 주역들이다.

이 책은 금세기 최대의 팬데믹으로 세상이 뒤집혔던 대격변의 시기에 쓰여졌다. 그러나 이러한 악조건도 집필진의 열정을 누그러뜨리진 못했다. 데브옵스와 클라우드 네이티브 개발 및 소프트웨어 전달 주기 가속화라는 산업적 소구는 팬데믹의 영향력을 넘어선 지점에 있다.

이 책이 다루는 주제들은 각각의 라이프 사이클, 복잡도, 성숙도 등이 증가하는 순서로 구성되어 있다. 그러나 데브옵스는 광범위한 분야로, 독자가 처한 상황이나 프로젝트 요건에 따라 각 주제의 실용성과 연관성은 천차만별일 것이다. 이를 고려하여 장마다 이론, 예시, 모범 사례를 골고루 배치했다. 독자가 어느 지점에서 시작하든 해당 주제에 충분히 몰입하고 필요한 지식을 얻을 수 있을 것이다.

각각의 주제를 선정하고 본문을 취합하며 저자들이 느꼈던 즐거움만큼 독자들도 읽는 즐거움을 느끼기 바란다. 이 책을 통해 새롭게 얻은 지식을 개발자 친구나 동료와 공유하고 발전과 성장의 밑거름으로 삼는다면 더 바랄 나위가 없다.

소스 코드

예제 코드는 https://github.com/devops-tools-for-java-developers에서 다운로드할 수 있다. 기술적으로 궁금한 점이 있거나 예제 코드를 사용하는 데 어려움이 있다면 cloudshadow@gmail.com으로 문의하기 바란다.

CONTENTS

CHAPTER 1 개발자와 데브옵스

CONTENTS

CHAPTER **4** **모놀리스 해부**

CONTENTS

CHAPTER 7 **바이너리 보안**

CONTENTS

CONTENTS

CHAPTER 10 지속적 배포 패턴과 안티패턴

개발자와 데브옵스

바루크 사도구르스키

그대가 코를 골며 자는 사이에,

음모가 눈을 뜨고 기회를 노리고 있다오.

목숨을 소중히 여긴다면,

잠을 털고 경계하시오.

일어나시오, 일어나!

– 윌리엄 셰익스피어, 〈템페스트〉

필자는 간혹 이런 질문을 받는다. 데브옵스^{DevOps}라는 기술적 화두는 옵스 진영이 일을 꾸민 반개발자적 음모의 산물인가? 물론 이렇게 묻는 사람 중 진지한 답변을 기대하는 이는 별로 없다. 대부분 농담이기 때문이다. 그러나 진지한 질문이라 해도 답변을 고민할 필요는 없다. 일단 데브옵스를 주제로 대화가 시작되면 채 60초가 지나지 않아 **'그러면 대체 데브옵스가 뭔데?'**라는 질문으로 넘어가기 때문이다. 질문받는 쪽이 개발, 운영 중 어느 쪽 출신이든 마찬가지다.

데브옵스라는 용어가 탄생한 지 어언 11년, 수많은 전문가가 이를 주제로 대화하고, 토론하고, 언성을 높이는 동안 강산이 한 번 변했다. 이제는 우리 모두가 표준적, 상식적, 일반적으로 이해할 수 있을 만한 정의에 도달했을 것 같지만 실제로는 전혀 그렇지 않다. 데브옵스 인력에 대한 기업의 수요가 기하급수적으로 증가하고 있음에도 불구하고 이 사실은 변함이 없다. 아무 회사나 들어가 데브옵스 담당자를 무작위로 5명씩 불러 모아도, 데브옵스가 무엇인지 **정확하게**

설명할 수 있는 사람이 한 명쯤 있다고 장담하기 어렵다.

그러므로 데브옵스가 대화의 주제로 떠올랐을 때 말문이 막히더라도 부끄러워하지 않기 바란다. 그만큼 데브옵스의 개념은 어렵다. 그러나 여러분은 충분히 이해할 수 있다.

데브옵스에 대해 논의하거나 정의를 내리고 합의하기에 앞서, 가장 우선적으로 기억해두어야 할 점이 있다. 데브옵스는 전적으로 누군가가 고안해낸 개념이다. 데브^{Dev}와 옵스^{Ops}로 이루어진 등식이 있다면, 데브옵스를 발명한 주체는 옵스 변에 속한다.

1.1 옵스의 발명품, 데브옵스

데브옵스는 옵스가 발명했다. 매우 도발적인 명제지만 충분히 입증할 수 있다. 사실적 근거부터 살펴보자.

근거 1 『피닉스 프로젝트』: 위기에 빠진 IT 프로젝트를 구하라

2013년 출간된 진 킴$^{Gene\ Kim}$의 『피닉스 프로젝트』(에이콘출판사, 2021)는 현대의 고전으로 자리매김했다. 이 책은 판에 박힌 How-To 설명서가 아니다. 어느 회사의 IT 관리자가 위기에 봉착한 프로젝트를 갑자기 떠맡으며 생기는 일을 그린 소설이다. 이미 몇 달간 예산 초과, 일정 지연에 시달리던 프로젝트의 성패는 물론, 더 나아가 기업의 이니셔티브 확보까지 주인공의 손에 달려 있다.

소프트웨어 분야에 종사하는 독자에게는 이 책의 주요 등장인물이 익숙할 것이다. 그들의 직책과 전문 분야를 살펴보자.

- 디렉터, IT 서비스 지원
- 디렉터, 분산 테크놀로지
- 매니저, 리테일 영업
- 시스템 관리 책임자
- 최고 정보 보안 책임자
- 최고 재무 책임자

- 최고 경영자

이들이 이루는 조직에서 주목할 부분이 있다. 바로 개발자가 빠져 있다는 점이다. 현존하는 가장 중요한 데브옵스 관련 서적의 주요 등장인물 중에 개발자가 없다. 심지어 등장한다 해도 뚜렷하게 언급되거나 특출나게 묘사되지 않는다.

주인공은 결말에 이르러 자신을 지지하는 구성원들과 함께 영웅적 승리의 순간을 맞이한다. 데브옵스를 발명하고, 프로젝트를 위기에서 구해내고, 불투명한 회사의 미래를 반전시키고, 최고 정보 책임자chief information officer(CIO)로 승진하는 보상을 받는다. 아마 이후에도 행복하게 살았을 것이다. 이정도 성공이면 최소한 2~3년 동안은 자신의 가치를 다시 증명할 필요가 없을 정도로 업계에서 인정받을 테니 말이다.

근거 2 『데브옵스 핸드북』: 세계 최고 수준의 기민성, 신뢰성, 안정성을 갖춘 기술 조직의 비밀

『데브옵스 핸드북』(에이콘출판사, 2018) 또한 진 킴의 저서다. 이 책을 읽기 전에『피닉스 프로젝트』를 먼저 읽어보길 바란다. 후자는 매우 인간적이고 흡입력 있는 시나리오로 독자들을 유인하기 때문이다. 캐릭터의 성격, 직장 내 곤경, 인물 간 관계 등의 설정을 통해 자연스럽게 이야기에 몰입할 수 있다. 데브옵스의 방법론과 당위성은 자칫 비즈니스 붕괴로 이어질 수 있는 여러 상황을 타개하는 필연적, 합리적인 대응책을 통해 확보된다. 『피닉스 프로젝트』의 등장인물들이 복잡한 이해관계 속에서 내리는 모든 선택은 상당한 설득력을 갖추고 있다. 여기에 독자의 경험을 대입하면 그리 어렵지 않게 자신만의 평행 세계를 그릴 수 있다.

『데브옵스 핸드북』은 데브옵스의 이론과 실제를 이루는 개념 요소를 깊이 탐색할 수 있는 툴이다. 부제에서 알 수 있듯 이 책은 **세계 최고 수준의 기민성, 신뢰성, 안정성을 갖춘 기술 조직 구성**에 대해 설명한다. 이러한 주제가 반드시 개발 영역에 속한다는 법은 없지 않을까? 논란의 여지가 있는 질문이겠으나, 확실한 것은 이 책의 저자들이 가히 초월적인 재능을 지닌 전문가라는 사실이다. 장담하건대, 데브옵스의 아버지들이라 불리기 충분하다. 그러나 2번 근거는 단순히 이들을 찬양하기 위해서가 아닌, 이들이 갖춘 배경을 자세히 살펴보기 위해 제시됐다.

진 킴부터 살펴보자. 그는 소프트웨어 보안 및 데이터 무결성 전문 업체인 트립와이어Tripwire를 설립하고 10년 이상 최고 기술 책임자chief technology officer(CTO)로 재직했다. 또한 거대하고 복잡한 기업 및 기관 내부에 발생하는 기술적 변화를 조사하고 이해하는 데 전문적인 관심을 기울였던 연구자다. 그의 모든 경력은 운영 분야에 집중되어 있다. 『피닉스 프로젝트』에 이어 2019년 출간한 『The Unicorn Project』(IT Revolution, 2019)는 엄연히 '**개발자에 대한**' 소설을 표방하고 있지만, 그것도 어디까지나 운영자의 눈을 통해 바라본 개발자의 이야기일 뿐이다. 유니콘 프로젝트는 나중에 다시 이야기할 기회가 있을 것이다.

다른 세 명의 저자는 다음과 같다.

- 제즈 험블^{Jez Humble}은 사이트 신뢰성 엔지니어^{site reliability engineer}, CTO, 전달 아키텍처 및 인프라 서비스 부국장, 개발자 릴레이션십 등의 직책을 역임했다. 모두 운영 관련 부서다. 마지막 항목에 개발이 들어가 있지만 개발 자체가 업무인 것이 아니라 개발자와의 관계를 다루는 직책이다. 그의 광범위한 저술, 수업, 강연 등의 활동은 모두 개발과 운영 간의 격차를 좁히고자 하는 목적과 관련되어 있다.
- 패트릭 드부아^{Patrick Debois}는 CTO, 시장 전략 디렉터, 데브♥옵스 릴레이션 이사로 재직했다. 중간의 하트 표시는 그의 작품이다. 자신을 '개발, 프로젝트, 시스템 관리에 애자일 기법을 적용해 프로젝트와 운영 사이의 격차를 해소하는' 전문가라고 소개한다. 누가 들어도 운영 분야 전문가임에 틀림없다.
- 존 윌리스^{John Willis}는 2021년 현재 데브옵스 및 디지털 프렉티스 VP라는 직함을 보유하고 있다. 이전에는 에코시스템 개발 디렉터, 솔루션 VP, Opscode(Progress Chef의 전신)의 교육 및 서비스 VP를 역임했다. 존의 경력은 다른 사람들보다 조금 더 개발과 관련 있지만 그의 업적은 대부분 운영 분야에 속한다. 개발자와 운영자 사이에 놓인 두꺼운 벽을 허무는 데 집중했던 시기는 특히 더 그렇다.

이렇듯 『데브옵스 핸드북』의 모든 저자는 운영적 배경을 지니고 있다. 우연의 일치일까? 필자는 그렇게 생각하지 않는다.

여기까지 읽고도 여전히 데브옵스가 운영에서 비롯된다는 확신이 들지 않는가? 그렇다면 오늘날 데브옵스를 세상에 전파하는 선구자들을 살펴보자.

1.1.1 구글 검색 결과

이 책을 쓰는 현재 '데브옵스란 무엇인가?'라고 구글에 검색하면 대체로 다음과 같은 항목들이 첫 페이지에 노출된다.

- 애자일 어드민^{Agile Admin}, 시스템 관리 업체
- 아틀라시안^{Atlassian}, 프로젝트 관리, 이슈 목록 및 추적, 팀 협업 플랫폼 제공 업체

- 아마존 웹 서비스(AWS), 마이크로소프트 애저^{Azure}, 랙스페이스^{Rackspace}. 클라우드 운영 인프라 제공 업체

- Logz.io, 로그 관리 및 분석 서비스 제공 업체

- 뉴 렐릭^{New Relic}, 애플리케이션 모니터링 전문 업체

검색 결과들 모두 운영 집중적이다. 물론 첫 페이지인 점을 감안하면 개발 쪽에 가까운 회사나 검색 연관성이 떨어지는 회사도 있긴 하다. 요점은, 데브옵스에 관련된 자료를 찾으면 검색 결과가 대부분 운영 쪽으로 치우치는 경향이 있다는 것이다.

1.1.2 실제로 하는 일

데브옵스는 **한창** 주목받고 있고, 수요 또한 **넘쳐난다.** 그러다 보니 데브옵스가 무엇을 하는지, 실제로 무엇을 만들어내는지 구체적으로 알고 싶어하는 사람들이 많다. 잠시 관점을 전환해 구조적, 개념적인 측면에서 접근해보자. 얼핏 무한대 기호처럼 보이는 [그림 1-1]은 코드, 빌드, 테스트, 릴리스, 배포, 운영, 모니터링에 이르는 프로세스의 순환 과정을 나타낸다. 한 번의 순환이 끝나면 다음 기능에 대한 새로운 순환이 시작된다.

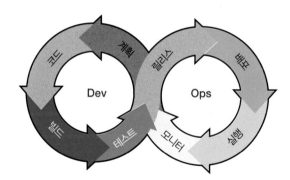

그림 1-1 데브옵스 무한 루프

[그림 1-2]는 애자일 개발 주기를 나타낸다. 이 그림이 익숙한 독자는 데브옵스 순환과의 개념적 유사성도 발견할 수 있을 것이다.

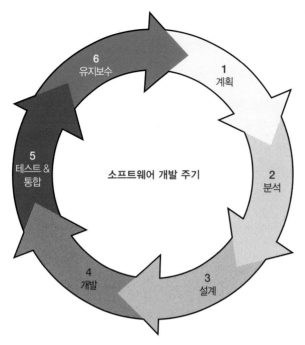

그림 1-2 애자일 개발 주기

데브옵스와 애자일의 네버엔딩 스토리는 서로 크게 다르지 않다. 애자일 순환이 존재하던 구세계에 옵스 진영이 스스로를 접목시키고, 한 줄기였던 본질을 두 갈래로 확장시켰을 뿐이다. 그리하여 개발자만의 공간으로 여겨졌던 영역에 그들의 관심사와 애환을 욱여넣었다.

1.1.3 업계 동향

2014년 이래 데브옵스가 운영에서 비롯된 움직임이라는 증거는 계속해서 축적되고 있다. 세계 각국의 업체와 조직에서 수만 명의 전문가가 데브옵스 관련 데이터를 수집, 분석, 요약해 연례 보고 형식으로 공개한다. 'Accelerate: State of DevOps'는 DevOps Research and Assessment(DORA) 사(社)의 주력 보고서로, 데브옵스의 현재 위치와 발전 방향을 가늠하는 데 있어 가장 중요한 자료다. 예를 들어 2018년 보고서[1]는 다음과 같은 질문에 관심을 기울였다.

----

1 https://oreil.ly/jWjvX

- 코드를 배포하는 주기는?

- 코드가 커밋된 후 프로덕션 환경에서 성공적으로 실행되기까지 통상적으로 소요되는 시간은?

- 서비스가 중단되거나 장애가 발생했을 때 일반적으로 복원에 소요되는 시간은?

- 변경 사항을 배포했을 때 서비스 저하가 발생하거나 교정이 필요한 경우의 비율은?

모두 운영 중심적인 질문임을 알 수 있다.

1.1.4 작업의 정의

이제 'Accelerate: State of DevOps' 보고서와 『피닉스 프로젝트』가 작업work을 정의하는 방법을 살펴보자. **계획적**으로 수립된 작업의 경우 비즈니스 프로젝트와 새로운 기능에 중점을 두며 운영과 개발을 모두 아우르는 경우가 많다. 서버 마이그레이션, 소프트웨어 업데이트, 배포된 프로젝트로 인해 발생한 변경 사항 등이 여기에 해당한다. 내부 프로젝트는 영향 범위가 넓어 개발과 운영 중 한쪽으로 무게가 약간 기울기도 한다.

반면, 지원 에스컬레이션이나 긴급 점검처럼 **계획되지 않은** 작업은 어떠한가? 분명 운영의 성격이 짙은 작업들이다. 그러나 신규 기능 코딩, 버그 수정, 리팩터링 등의 요소는 그대로다. 데브옵스 관점에서 보면 운영에 개발자가 참여했을 때 크게 도움이 될 수 있는 부분이다.

1.2 배포, 운영 그리고 개발자의 영역

데브옵스는 개발자의 필요에 의해 탄생하지 않았음이 분명해졌다. 모든 이가 더 열심히 일하도록 운영 진영에서 고안한 발명품이다. 이 사실을 인정한다고 할 때, 모든 개발자가 한 목소리로 '운영은 우리가 아니라 **당신들의 소관**이다'라고 외친다면 어떤 일이 벌어질지 곰곰이 생각해보자. 반발하는 개발자의 주장을 받아들인다면 이제 그들이 생각하는 '완료'의 정의에 대해 묻는 것이 자연스러운 수순이다. '개발자의 일을 제대로 처리했으니 개발자의 역할은 여기까지다'라고 말할 수 있는 그들만의 표준적인 기준은 무엇인가?

단순한 트집잡기로 치부하기 어려운 질문이다. 답변 근거로 삼을 만한 출처도 있다. 다소 불완전하고 비판받는 지점이 있긴 해도, 소프트웨어 장인 정신 선언[2]이 제시하는 다음 기준들은 개발자의 동기 부여 측면에서 고려할 만한 가치가 있다.

잘 만든 소프트웨어

당연히 품질은 중요하다.

꾸준한 가치 창출

이견의 여지가 없다. 사람들이 필요로 하거나, 원하거나, 좋아하는 서비스와 기능을 제공해야 한다.

전문가 집단

큰 틀에서 이 조건에 반대할 사람은 없을 것이다. 업계 동료 사이에 집단적 관계가 형성되려면 전문성이 뒷받침되어야 한다.

생산적인 파트너십

협업을 통해 실현된다. 개발자는 품질 보증$^{quality\ assurance}$(QA), 운영, 프로덕션에 대항하는 존재가 아니다. 여기서 말하는 파트너십은 맥락상 모든 사람과 친밀한 관계를 맺음을 의미한다. 물론 누군가 자신의 일을 다른 팀에 지시하기 시작하면 의미를 잃는다.

1.2.1 완료의 정의

이 모든 가치를 종합해보자. 먼저 간단하고, 읽기 편하고, 이해하기 쉽고, 배포하기 용이한 코드가 필요하다. 다음으로 성능, 처리량, 메모리 점유, 보안, 개인 정보 보호 등의 비기능적 요건을 충족시켜야 한다. 또한 기술 부채가 발생하지 않도록 노력하고 가능하면 조금씩 제거해야 한다. 그리고 모든 테스트를 통과시키는 동시에 QA 팀과 건설적인 관계를 유지해야 한다. 이것은 의무다. 그들의 행복이 곧 우리의 행복이라 여겨야 한다.

좋은 품질의 코드에 팀 리더와 동료들의 긍정적인 리뷰가 뒷받침된다면 시작 조건은 합격이다. 여기에 더해 프로덕트 팀이 기준가치와 부가가치 기준을 정의하면 확고한 벤치마크가 수립된다.

---

2 https://oreil.ly/mTAUe

이들의 피드백을 통해 프로덕트 오너는 벤치마크의 부합 여부와 적합도를 측정할 수 있다. 훌륭한 소프트웨어 개발자에게 있어 이러한 상황은 모범적인 '완료'를 나타내는 썸네일이나 다름 없다. 다르게 표현하면, 운영 인력의 참여와 투명한 의사소통 없이는 '완료의 우수성'을 측정하기 어렵거나 심지어 불가능하다는 뜻이다.

1.2.2 라이벌 관계

데브옵스가 개발자들의 외침에서 비롯되지 않았음이 증명된다 해도, 데브옵스의 무한 순환이 모두에게 이롭다는 사실에는 변함이 없다. 그러나 이를 받아들이기 어렵게 하는 저항은 여전히 존재한다. QA 테스터와 개발자 사이의 경쟁심 또는 적개심이 대표적인 예다. 자신의 창작물에 각고의 노력을 기울인 개발자에게 있어 QA 팀은 마치 해커 같은 존재다. 대체 무엇을 증명하려는 것인지, 끊임없이 문제를 찾아다니며 파고들기를 멈추지 않는다.

이 대목에서 데브옵스 카운셀링이 필요하다. 무릇 소명 의식이 투철한 개발자일수록 자신의 결과물을 자랑스럽게 여기는 법이다. 자신의 결과물이 지적당하면, 게다가 지적하는 쪽의 소명 의식 역시 투철하다면, 개발자는 자기 자신이 비난받는다고 느끼게 된다. 개발자와 QA가 서로 투명하고 개방적이며 지속적으로 소통한다면 데브옵스가 주는 이익을 실현하는 동시에 구성원 모두가 궁극적으로 같은 목표를 추구한다는 공감대를 형성할 수 있다. QA가 버그를 식별하는 일은 자신의 동료가 더 나은 코드를 작성하고 더 **나은** 개발자가 되도록 돕는 길이다. 이 예시는 운영과 개발 사이의 상호작용을 나타내며 두 세계의 구분과 경계를 필요에 의해 허무는 과정을 보여준다. 이들의 관계는 필연적이고 공생적이다. 다시 한번 말하지만 데브옵스의 작업들은 끝없이 반복되는 연속 활동을 따라 이어지며 모두의 이익에 기여한다.

1.3 필요성

데브옵스는 소프트웨어 업체 스스로의 요구뿐만 아니라 외적인 요인에 의해 수요가 발생한다. 21세기를 살아가는 **모두**의 기대가 빠르게 변하기 때문이다. 우리가 의존하는 소프트웨어 솔루션은 상시 개선 중인 상태를 유지해야 한다. 정보 및 통신 격차, 개발 운영 간 소통 지연에 낭비할 시간 여유 따위는 없다.

은행 업무를 예로 들어보자. 10년 전만 해도 주요 은행은 대부분 웹사이트만 운영하면 충분했으며 로그인을 거쳐 계좌, 명세, 거래 내역을 볼 수 있었다. 은행에서 제공하는 서비스를 통해 전자결재를 처음 경험했던 사람도 있을 것이다. 당시에는 훌륭한 서비스였고 나름 편리성을 갖췄지만 제한적인 영역에 머물렀다. 은행 업무를 처리하려면 여전히 근처 지점에 방문해야 했으며 최소한 그래야 마음이 편했다.

오늘날 모두에게 익숙해진 온전한 디지털 경험이 당시에는 존재하지 않았다. 모바일 앱, 계정 모니터링 자동화, 장애 알림은 물론 일반 고객이 **모든 것**을 온라인으로 처리할 수 있는 서비스가 점점 더 일반화되고 있다. 지점을 방문할 필요가 없는 정도가 아니라 지점이 어디 있는지조차 몰라도 상관없다. 은행들은 이러한 고객의 이용 행태 변화에 대응해 오프라인 지점들을 통합하거나 폐점하는 한편, 온라인 영역으로 흡수되는 고객들에게 추가 혜택을 제공한다. COVID-19 위기를 겪으며 지점 방문이 예약제로 운영되고 이용 시간도 제한됨에 따라 이러한 추세는 더욱 가속화되었다.

10년 전 은행은 기능 개선과 보안 향상을 이유로 온라인 서비스를 중단하곤 했다. 유지보수 작업을 배포하는 동안 10시간 넘게 웹사이트가 다운되어도 고객들은 순순히 받아들였다. 고품질 서비스를 받을 수 있다면 10시간 정도는 감수할 수 있었다. 가까운 곳에 언제나 지점이 있었기에 24/7 온라인 서비스가 굳이 필요하지 않다고 생각했다. 지금 생각하면 말도 안 되는 소리다. 반나절이나 중단되는 온라인 서비스는 아무도 용납하지 않는다. 은행 역시 본질적으로 항상 열려있고 이용할 수 있으리라 기대한다. **품질**에 대한 전 세계인의 정의가 바뀌었기 때문이다. 이러한 변화에 대처하려면 그 무엇보다 절실하게 데브옵스가 필요하다.

1.3.1 규모와 속도

데브옵스의 확산을 가속하는 촉매제 중 하나는 데이터 저장과 처리량의 증가다. 논리적으로 이견이 있을 수 없다. 일상생활을 소프트웨어에 의존하게 될수록 소프트웨어가 생성하는 데이터의 양은 엄청나게 증가할 것이다. 10년 전 0.5제타바이트에 불과했던 전체 글로벌 데이터스피어는 2020년에 이르러 거의 10제타바이트에 도달했다. 이 추세는 기하급수적으로 상승하고 있으며, 합리적 추정에 의하면 2025년까지 50제타바이트를 넘길 것으로 보고 있다.[3]

----

3 https://oreil.ly/hvghC

구글, 넷플릭스, 페이스북, 마이크로소프트, 아마존, 트위터 등 거대 기업들만의 문제가 아니다. 수많은 기업이 더 크고, 더 나은 서비스를 위해 데이터 처리량을 늘리고 있다. 빅 데이터의 세계로 진출하는 기업들이 점점 늘어난다는 뜻이다. 데이터 부하가 현격히 증가하면 서버 환경도 바꿔야 한다. 프로덕션 환경을 스테이징 서버로 정확히 복제하려 애썼던 전통적인 방식을 탈피하라는 요구가 뒤따른다. 이제 규모나 속도 면에서 더 이상 페어 투 페어^{pair-to-pair} 스키마를 실현할 수 없음은 기정사실이다.

프로덕션에 올리기 전에 모든 테스트를 마칠 수 있는 행복한 시절도 있었지만, 이제는 불가능한 옛날 이야기다. 요즘은 100% 확신할 수 없는 소프트웨어가 프로덕션으로 릴리스되는 경우도 많으며 앞으로 점점 늘어날 것이다. '그에 따라 혼란도 가중될 것인가?'라는 질문에 대한 대답은 '아니오'다. 신속한 릴리스, 경쟁력 확보에 대한 필요성은 새로운 혁신과 창조에 영감을 불어 넣을 것이다. 롤오버 제어, 테스트 절차, 인프로덕션 테스트 강화 등이 **점진적 전달**^{progressive delivery}이라는 개념 하에 구체화되고 있다. 다양한 기능과 더불어 분산 추적 등의 관찰 가능성 툴도 함께 등장했다.

점진적 전달은 폭발 장치의 피해 반경에 비견되곤 한다. 프로덕션 환경 배포를 일종의 폭발로 보는 개념이다. 롤아웃을 최적화시키면 사상자를 줄이고 폭발 반경의 크기를 가능한 한 작게 제한하는 효과를 낼 수 있다. 서버, 서비스, 프로덕션의 품질을 지속적으로 향상시켜야 달성할 수 있는 목표다. 품질이 개발자의 관심사며 품질에 대한 성취가 '완료'에 대한 개발자적 정의에 포함되는 데 동의한다면, **개발 완료 순간과 프로덕션 운영 사이에 중단이나 단절이 있을 수 없다.** 버그를 고치거나, 서비스가 복원되는 바로 그 순간 새로운 개발 단계가 다시 시작되기 때문이다.

1.3.2 완료의 만료

운영 업무 환경에서 탄생하고 자란 기술적 기대와 요구 조건은 데브옵스를 발전시킨 필연적 원동력임이 분명하다. 이러한 기대와 요구는 개발자를 향한 운영 측의 뿌리 깊은 증오라던가 수면 시간을 앗아가려는 음모와는 아무런 상관이 없다. 데브옵스가 표방하는 **모든** 것은 달라진 세상과 소프트웨어 산업 전반이 우리에게 가한 변화의 압력에서 탄생한 현실 비즈니스 차원의 대응이다.

모든 이에게 새로운 책임이 부과되는 동시에 대부분의 부서는 **즉각적인** 대응이 가능한 수준의 전문성을 갖춰야 한다. 이제 우리의 무대는 무중단의 세계다. 달리 표현하자면 이렇다. '완료'에 대한 묵은 정의는 이제 시효가 만료됐다!

이제 완료의 새로운 정의는 **사이트 신뢰성 엔지니어링**site reliability engineering(SRE)이다. 구글이 창조한 이 용어는 개발과 운영 사이에 지속되어 왔던 인식 격차를 해소함으로써 둘을 영구히 결합한다. SRE가 초점을 맞추는 영역은 데브옵스 등식의 양변을 모두 포함하지만 사람에 따라 한쪽에 더 집중되기도 한다. 그러나 최근 기업들은 SRE 팀을 별도로 꾸리고 성능, 효율, 비상 대응, 모니터링, 용량 설계 등을 전담시키는 경우가 많다. 이들은 배포를 시작으로 자동화를 점진적으로 확대하는 일을 한다.

빌드가 안정적으로 빠르게 반복될수록 SRE 담당자의 행복도는 높아진다. 빌드는 스케일러블scalable, 스테이트리스stateless 환경에 배포되며 빌드 코드는 전, 후 양방향으로 운영 호환성을 유지해야 하기 때문이다. 또한 폭발적으로 증가하는 서버 사이에서 관찰 가능성을 확보하기 위해 실시간 이벤트 스트림을 발행하고 장애 발생 시 경고를 보내야 한다. 빌드가 완료되면 가급적 신속하게 적용하되 언제든 잘못될 가능성에 대비해야 한다. 서비스는 최대한 빨리 온전한 기능을 회복해야 하며 일부가 작동하지 않는다면 API를 통해 프로그램 방식으로 즉시 중지할 수 있어야 한다. 신규 소프트웨어가 릴리스되고 사용자가 클라이언트를 업데이트할 때 버그가 발견되면 민첩하고 원활하게 롤백할 수 있는 능력을 갖춰야 한다. 그와 동시에 구버전 클라이언트와 서버는 모두 신형 클라이언트와 호환되어야 한다.

SRE가 이러한 모든 활동을 평가 및 모니터링하고 전략적으로 대응하는 동안 모든 기술 영역의 작업은 온전히 개발자의 몫이다. 따라서 개발자는 작업을 **진행**하고 SRE가 '완료'한다는 현대적 정의가 완성된다.

1.3.3 나비처럼 가볍게

지금까지 언급한 모든 고려 사항 외에, 데브옵스와 SRE 시대의 코드를 정의하는 근본적인 특성을 알아볼 필요가 있다. 바로 '**린**lean'이다. 이 지점에서 비용 절감에 대한 논의가 시작된다. 코드가 비용 절감과 무슨 관련이 있을까?

클라우드 업체는 수많은 종류의 개별 서비스를 제공한다. 그중 일부는 클라우드 이용 고객들이 생성한 코드가 직접적으로 비용에 영향을 미친다. **혁신적인 개발자 툴을 창조하고 실무에 투입하거나, 더 나은 코드를 배포할수록 비용이 절감된다.**

전 세계는 상시 개방된 소프트웨어 주도 사회로 나아가고 있다. 참신하고 우월한 기능과 서비스에 대한 끊임없는 열망은 데브옵스가 단지 프로덕션과 배포에만 관심을 둘 수 없음을 의미한다. 비즈니스 자체의 수익 또한 **반드시** 신경 써야 할 부분이다. 본래 자신의 영역 밖에서 던져진 짐처럼 느껴질 수도 있지만 꼭 그렇지만은 않다. 훗날 자신의 상사가 비용 절감을 추진한다고 상상해보자. 직원 해고, 급여 및 복리후생 감소 등의 부정적이고 단편적인 해결책 대신, 서버리스 클라우드 전환처럼 비즈니스 프로필을 강화시키는 방식으로 긍정적이고 발전적인 해결책을 제시할 수 있다. 아무도 해고되지 않을 뿐만 아니라 휴게실의 간식도 여전히 그 자리에 남아 있을 것이다.

린 개발은 비용 절약 효과뿐만 아니라 기업의 시장 영향력 강화 기회도 제공한다. 인력 절감 없이 효율을 높여야 팀의 역량도 최적의 수준을 유지할 수 있다. 충분히 보상하고 지속적으로 관리할수록 최고의 성과를 내려는 동기도 강화된다. 팀이 성공적인 결과를 낸다면 고객의 얼굴에도 웃음꽃이 필 것이다. **우수한 신기능을 지속적으로 개발하고 빠른 배포를 통해 고객에게 선보인다면,** 재방문이 이어지고 입소문은 더욱 널리 퍼질 것이다. 수익이 늘어나면 구성원에게 돌아가는 보상도 늘어난다. 결과적으로 회사의 재정이 풍족해지는 **선순환**이 시작된다.

1.3.4 무결성, 인증, 가용성

모든 데브옵스 활동을 빠짐없이 확인하고 연동하는 것은 보안 기술의 영원한 과제다. 물론 최고 정보 보안 책임자chief information security officer (CISO) 선정으로 이 과정을 대체하는 업체도 있다. 사고가 발생했을 때 무조건 책임을 물을 사람을 마련해두는 것은 나름 훌륭한 방법이다. 그러나 더 나은 해결책은 데브옵스 프레임워크 **안에서** 모든 구성원이 함께 고민하는 것이다. 직원 개인, 팀, 더 나아가 회사 전체가 함께 보안 강화 방식을 고민해야 한다.

10장에서 더 자세히 이야기하기 전에 우선 이것만 기억해두자. 취약점, 버그, SQLStructured Query Language 주입, 버퍼 오버플로 등은 더 이상 새로운 위협이 아니다. 최근 발견되는 위협들은 등장 속도 및 발견 횟수가 증가했을 뿐만 아니라, 악의적으로 접근하는 개인이나 개체의 영리함도 이전과 매우 다르다. 놀랄 필요는 없다. 코드 릴리스가 늘어날수록 당연히 문제도 그만큼 많이 발생한다. 유형에 따라 차별화된 대응책이 필요하다.

배포 속도가 빨라질수록 위험과 위협에 더욱 신속하게 대응해야 한다. 2018년에 등장한 멜트다운Meltdown 및 스펙터Spectre 취약점은 원천적으로 방지할 수 없는 위협이 존재한다는 사실을 세상에 알렸다. 보안은 경쟁이다. **유일한 승리 비결은 최대한 신속하게 수정 사항을 배포하는 것뿐이다.**

1.3.5 시의성
여기까지 읽은 독자들은 이제 데브옵스가 **음모론과는 상관이 없다**는 것을 확실히 알게 됐을 것이다. **데브옵스는 진화론적 압력의 산물**이며, 다음과 같은 목표를 나타내는 상징이다.

- 고품질
- 비용 절감
- 배포 가속화
- 보안 강화

이제 데브옵스는 선호의 영역을 벗어났다. 최초 구상도, 심지어 원래 계획했던 의도조차 중요하지 않다. 다음 절은 현재 데브옵스의 위상과 의의를 설명한다.

1.4 소프트웨어 산업의 전면적인 데브옵스 수용

오늘날, 모든 회사는 데브옵스 회사다.[4] 여러분도 함께 하기 바란다. 달리 선택의 여지가 없을 것이다.

그간 진화를 거친 오늘날의 데브옵스는 앞서 살펴본 그림처럼 무한한 순환 고리를 그린다. 그러나 본부나 부서가 더 이상 존재하지 않는다는 의미는 아니다. 또한 이러한 연속체를 따라 모든 이가 자신의 책임에 더해 다른 모든 이의 관심사까지 책임져야 한다는 의미도 아니다.

데브옵스의 순환 고리는 **모두 함께** 일해야 완성된다. 기업 내 소프트웨어 전문가는 다른 동료가

---

4 https://oreil.ly/tkSSZ

수행하는 모든 작업을 인식하고 **각각의 이치**를 고려해야 한다. 또한 동료들이 직면한 문제에 관심을 갖고 그 문제가 그들의 **업무** 및 회사의 제품과 서비스에 어떤 영향을 미치는지, 또는 미칠 가능성이 있는지 고민해야 한다. 더 나아가 이러한 영향의 **총합**이 시장에서 회사의 평판에 어떤 변화를 가져올지 관심을 기울여야 한다.

데브옵스 엔지니어 DevOps engineer라는 용어가 말이 안 되는 이유는 바로 여기 있다. 데브옵스의 순환 고리 안에서 발생하는 모든 일을 포괄적이고 유능하게, 또는 완전히 정통하게 수행할 수 있는 사람은 존재하지 않기 때문이다. 절대 그렇게 되지 않는다. 사실, 데브옵스 엔지니어가 되려는 **시도**는 데브옵스 정의와 완전히 대척점에 있는 목표를 추구하는 실수에 가깝다. 데브옵스의 존재 자체가 코드 개발자, QA 테스터, 릴리스 담당자 등 전문가 조직 사이의 벽을 허물기 때문이다.

데브옵스는 완벽한 코드를 생성, 보호, 배포하기 위한 지속적인 노력의 결정체다. 여기에 끊임없는 관심과 피드백이 뒤따른다. 데브옵스는 **협업**이며, 협업은 유기적이고 순환적인 소통을 위한 노력이다. 협업 엔지니어링이 공허한 용어이듯, 데브옵스 엔지니어링도 의미 없는 개념이다. 다양한 기관이나 학계가 저마다 어떻게 데브옵스를 정의하든 이 사실은 변함이 없다.

1.4.1 선언

데브옵스가 무엇이고 무엇이 아닌지 안다는 것은 곧 개념의 확립을 의미한다. 문제는 이 개념을 현명하고 효과적으로 구현할 수 있는가, 또한 소프트웨어 업계에서 폭넓게 지속시키는 방법은 무엇인가다. 이에 대해 최선을 다해 조언해보자면 다음과 같다.

첫째, 데브옵스 인에이블러enabler, 데브옵스 에반젤리스트evangelist, 데브옵스 컨설턴트나 코치 등의 전문 분야는 인정해도 좋다. (스크럼Scrum의 등장으로 이 모든 용어가 쓸모없어진 감이 있지만 더 나은 선택지도 딱히 없다.) 여기까지는 괜찮다. 그러나 데브옵스는 엔지니어링 분야가 **아니다.** 사이트/서비스 신뢰성 엔지니어, 프로덕션 엔지니어, 인프라 엔지니어, QA 엔지니어 등이 엔지니어링에 속한다. 일단 회사에 데브옵스 엔지니어를 두면 틀림없이 데브옵스 부서가 생기기 마련이다. 이 부서는 기존 부서에서 이름만 바뀐 또 다른 격리 조직으로 전락할 가능성이 크다. 그저 데브옵스라는 시류에 편승하기 **급급해** 보일 뿐이다.

데브옵스 부서의 존재는 상황의 진전을 의미하지 않는다. 오히려 과거로의 회귀에 가깝다.

데브와 데브옵스 간 협업을 증진할 수단이 또다시 필요하다. **데브데브옵스**DevDevOps라는 새로운 용어를 만들어야 할지도 모른다.

둘째, 데브옵스는 소품이며 뉘앙스에 가깝다. 마치 기업이나 사회의 문화처럼 태도와 관계를 결정짓는다. 문화를 정확히 정의할 수 없더라도 존재한다는 사실은 누구나 아는 것처럼 데브옵스도 마찬가지다. 또한 데브옵스는 코드, 엔지니어링 관행, 기술력 등과 거리가 멀다. 조직 내 데브옵스를 창조하는 상용 솔루션은 세상에 없다. 도움이 될 만한 매뉴얼, 학습용 보드게임 등도 존재하지 않는다.

데브옵스는 기업 내에서 장려하고 육성시켜야 할 **행동 양식**에 가깝다. 이러한 양식의 대부분은 사내 복지, 회사 구조, 구성원의 직책 등과 관련된다. 사람들이 모일 기회가 많은지(회의 말고), 편안하게 앉아 다과를 즐기며 잡담을 나눌 만한 장소가 있는지 등의 문제다. 문화가 형성되어 성장하고 변화하는 현장은 데이터 센터가 아니라 바로 이러한 공간이다.

마지막으로, 기업은 T자형 인재를 적극적으로 발굴하고 투자해야 한다(러시아 문자처럼 Ж형이라면 더욱 좋다). T자형 인재는 한 분야에 특화된 전문가를 나타내는 I형 인재, 폭넓은 지식이 있지만 특정 분야에 통달하지 못한 제너럴리스트를 융합한 전문가다. 최소한 한 분야에서 세계 최고 수준의 전문 지식을 보유한다. 'T'의 긴 수직선은 확고히 뿌리내린 그들의 지식과 경험의 깊이를 상징하며, 다른 분야에서 축적된 역량, 노하우, 지혜가 그 위를 가로지른다.

낯선 상황에 적응하고, 새로운 기술을 습득하고, 끊임없이 난관을 극복하는 인재야말로 최고의 인재다. 이렇듯 명쾌하고 열정적인 성향이야말로 이상적인 데브옵스 전문가에 대한 거의 완벽한 정의다. T자형 인재를 보유한 기업은 막연하게 짐작만 하던 내재적 역량이 아닌 워크로드의 우선순위에 기초해 효율적으로 비즈니스를 진행할 수 있다. T자형 인재는 큰 그림을 볼 수 있으며 그 광경에 깊이 매료된다. 그렇기에 이들은 최고의 협업 동료이자, 전담 조직을 꾸리는 구심점이 된다.

1.4.2 모두에게 보내는 메시지

좋은 소식은, 옵스가 데브옵스를 발명한 지 10여 년 만에 데브옵스가 옵스에 국한된 개념이 아니라는 것을 모두 이해했다는 것이다. 이제 데브옵스는 **모두**의 관심사다. 이러한 변화는 가시적으로 확인할 수 있다. 예를 들어, 2019년에 발표된 'Accelerate: State of DevOps' 보고서[5]에 따르면 연구에 참여한 운영 또는 SRE 종사자보다 개발자의 수가 더 많다. 더 의미 있는 증거를 찾으려면 다시 시작점으로 돌아가 진 킴의 행적을 살펴보면 된다. 『피닉스 프로젝트』를 통해 데브옵스 방정식의 해법을 옵스 측의 결말로 그려냈던 그는, 『The Unicorn Project』(IT Revolution, 2019)를 발표하고 **리드 개발자**lead developer를 주인공으로 등장시킨다. 전작의 개발자가 무대 뒤에서 잠시 여유를 즐겼다면 다음작에서 개발자는 명실상부한 영웅이자 궁극적인 구원자로 등극한다.

데브옵스가 옵스에서 시작되었다는 사실에는 의심의 여지가 없다. 그러나 데브옵스를 촉발한 동기는 개발자를 예속시키거나 운영 전문성의 우월함을 강조하려는 의도에서 비롯된 것이 아니다. 데브옵스는 모든 구성원이 서로를 바라보며 각자의 중요성과 업무적 기여를 인정할 때 비로소 성립되며 유지된다. 단순한 존중이나 예의의 차원을 넘어 개인의 이익과 비즈니스의 생존, 경쟁력, 성장 등의 가치가 이러한 전제에 달려있다.

데브옵스에 뛰어들었다가 옵스 개념의 바다에서 표류하게 될까 걱정하는 사람들이 있다면, 현실은 오히려 그 반대일 가능성이 높다고 말해주고 싶다. SRE를 창안한 구글[6]은 다음과 같이 SRE를 정의한다.

> SRE는 운영을 소프트웨어 문제처럼 다룰 때 얻게 되는 것이다.

옵스 진영에서 개발자를 필요로 한다면 언제든지 환영이다. 소프트웨어 문제는 늘 소프트웨어 전문가의 소관이었다. 문제 해결 비즈니스에 종사하고 있다면 누구나 조금씩 SRE, 개발자, 운영자의 역할을 겸하고 있는 셈이다. 결국 우리 모두는 현재의 소프트웨어 문제를 넘어 미래의 개인, 사회적 문제에 대한 해결책을 고안하는 동반자다. 각기 다른 측면을 보고 있지만 결국 하나의 목표를 중심으로 서로 밀접하게 엮여 있다.

---

5 https://oreil.ly/vICAO
6 https://sre.google

## CHAPTER 2

진실 시스템

스티븐 친

> 잘 작동하는 복잡한 시스템은 잘 작동하는 간단한 시스템으로부터 진화한다.
>
> – 존 갤John Gall, 〈갈의 법칙〉

효과적인 데브옵스 파이프라인을 갖추려면 프로덕션에 배포되는 결과물을 속속들이 파악할 수 있는 통일된 시스템이 필요하다. 이른바 진실truth 시스템이다. 통상적으로 진실 시스템은 소스 코드 관리 시스템에서 출발한다. 프로덕션 배포를 목표로 빌드, 컴파일되는 모든 코드는 소스 관리 시스템으로 제어한다. 배포된 소스의 리비전을 추적해 버그, 취약점, 성능 저하의 근본 원인을 분석할 수 있다.

다음 소스 코드 관리 시스템이 소프트웨어 전달 라이프 사이클에서 담당하는 핵심 역할들이다.

협업 collaboration

여러 팀이 단일 코드베이스에서 작업하면 각자의 작업이 서로 충돌하는 경우가 생긴다. 소스 코드 관리 시스템을 활용하면 이러한 생산성 저하를 방지할 수 있다. 팀의 규모가 클수록 효과적이다.

버전 관리 versioning

소스 관리 시스템은 코드의 버전을 추적한다. 어떤 코드가 프로덕션에 배포되었는지, 또는 고객에게 릴리스되었는지 식별할 수 있다.

히스토리*history*

소프트웨어의 모든 버전이 발생 순서와 함께 기록된다. 프로덕션을 과거로 되돌릴 버전을 선정하거나 문제가 생긴 변경 사항을 식별할 수 있다.

속성*attribution*

파일 변경 주체에 대한 기록이 남는다. 이를 통해 특정 파일의 소유권과 접근 도메인을 식별하고 변경 위험성을 평가할 수 있다.

의존성*dependency*

소스 코드는 프로젝트의 메타데이터 식별 근거로 활용할 수 있다. 외부 패키지에 대한 의존성은 대표적인 핵심 메타데이터다.

품질*quality*

소스 관리 시스템을 활용하면 피어*peer* 리뷰를 쉽게 진행할 수 있다. 리뷰를 통해 변경 사항을 공유하고 합의하는 절차를 확립하면 소프트웨어의 전반적인 품질이 향상된다.

소프트웨어 개발에 있어 소스 코드 관리의 중요성은 실로 막대하다. 먼저 작동 방식을 충분히 이해한 다음, 조직의 요구 사항과 데브옵스 워크플로에 가장 부합하는 시스템을 선택해야 한다.

2.1 소스 코드 관리의 세대 변화

소프트웨어 개발에서 협업이 차지하는 비중이 매우 높기에, 공통 코드베이스 작업의 효율을 높이기 위해 여러 장치를 두기 마련이다. 그러나 팀의 규모가 확장되면 이러한 장치들이 오히려 개발 생산성을 저해하는 병목 지점이 되곤 한다. 또한 시스템의 복잡도는 지속적으로 증가한다. 시스템 전체를 변경하거나 리팩터링할 상황이 닥치면, 몇몇 파일이나 일부 모듈이 아닌 수천 개의 소스 파일을 일괄적으로 수정해야 하는 경우가 더 많다.

소스 코드 관리source code management (SCM) 시스템은 코드베이스 협업 관리 필요성으로부터 탄생했다. 1세대 SCM 시스템은 파일을 잠그는 방식으로 협업을 지원했다. 예를 들어 SCCS Source

Code Control System와 RCS^{Revision Control System}는 파일을 편집할 때 먼저 파일을 잠근다. 다른 사람들이 이 파일을 수정하기 위해서는 잠금 상태가 해체되어 있어야 한다. 여기까지 보면 여러 개발자가 파일을 변경할 때 충돌이 발생할 가능성을 원천적으로 차단한 것처럼 보인다. 그러나 이 방식은 크게 두 가지 단점이 있다.

- 같은 파일을 편집하려면 다른 개발자가 완료할 때까지 기다려야 한다. 생산성을 저해하기는 마찬가지다. 파일의 크기가 큰 시스템은 사실상 한번에 한 명의 개발자로 동시성이 제한된다.
- 파일 간 충돌 문제를 해결하지 못한다. 두 개발자가 각기 다른 파일을 수정하더라도 두 파일이 상호 의존적이라면 각각의 변경 사항이 서로 충돌할 가능성이 있다. 결과적으로 시스템의 버그나 불안정성의 원인이 된다.

딕 그룬^{Dick Grune}이 만든 동시 버전 시스템^{Concurrent Versions System}(CVS)은 2세대 버전 관리 시스템의 선발 주자다. 1세대에 비해 상당히 개선되었으며 특히 파일을 잠그지 않는다는 면에서 혁신적이었다. 여러 개발자가 동시에 한 파일을 수정해도 접근이 차단되지 않는다. 각 변경 사항이 충돌할 가능성이 있지만 추후 파일 병합 단계에서 해결할 수 있다. 병합 시 디프^{diff} 알고리즘으로 파일을 분석하고 충돌 지점이 발견되면 사용자가 해결하도록 제시한다.

변경 사항은 그대로 체크인^{check-in}하고 충돌 해결 시점은 연기한다. 이러한 방식으로 CVS는 여러 개발자가 동일한 파일을 방해 없이 수정할 수 있는 길을 열어주었다. 대규모 코드베이스도 자유롭게 수정하고 리팩터링할 수 있다. 생산성이 높아졌을 뿐만 아니라 큰 기능을 개발하기도 편해졌다. 테스트 범위를 고립시킬 수 있으므로 추후 코드베이스에 통합하기 쉽기 때문이다.

가장 대중화된 2세대 SCM은 CVS의 드롭인^{drop-in} 대체품으로 설계된 아파치 서브버전^{Apache Subversion}이다. 서브버전은 CVS에 없는 편리한 기능들을 제공한다. 예를 들면 커밋^{commit}에 단일 리비전^{revision}을 부여하고 추적할 수 있기 때문에 파일 갱신 충돌로 인해 CVS 리포지터리^{repository}가 손상되는 사고를 방지할 수 있다.

3세대 버전 관리는 분산 버전 관리 시스템^{distributed version control system}(DVCS)이다. DVCS 환경에서 모든 개발자는 리포지터리 전체의 온전한 복사본과 히스토리를 로컬에 보유한다. 리포지터리 복사본을 체크아웃하고 파일을 변경한 다음 체크인하는 과정은 2세대 시스템과 같지만, 변경 사항을 다른 개발자와 통합하는 과정은 다르다. 전체 리포지터리를 피어 투 피어^{peer-to-peer} 방식으로 동기화한다.

초창기에 GNU Arch, Monotone, Darcs 등의 여러 시스템이 등장했으나 DVCS를 대중화시킨 주역은 바로 깃^{Git}과 머큐리얼^{Mercurial}이다. 깃은 리눅스 개발 팀의 필요에 따라 개발됐으며 오픈 소스 운영체제 개발의 규모와 요건에 걸맞은 안정적이고 신뢰성 높은 버전 관리 시스템이다. 깃은 오픈 소스와 상용 버전 관리 시스템을 통틀어 사실상 표준으로 자리매김했다.

DVCS는 서버 기반 버전 관리에 비해 다음과 같은 장점이 있다.

전적인 오프라인 작업

리포지터리 사본이 로컬에 있어 네트워크에 연결하지 않아도 코드 체크인, 체크아웃, 머지^{merge}, 브랜치 관리 등을 할 수 있다.

단일 장애점^{single point of failure} 부재

서버 기반 SCM은 전체 히스토리가 담긴 온전한 리포지터리 사본이 하나만 존재한다. 반면 DVCS는 모든 개발자의 컴퓨터에 사본을 생성하므로 그만큼 중복도^{redundancy}가 높다.

로컬 작업 속도 향상

버전 관리 작업이 대부분 로컬 시스템에서 이루어지므로 속도가 빠르며 네트워크나 서버 부하 상태에 영향을 받지 않는다.

제어의 탈중앙화

코드가 동기화될 때 전체 리포지터리가 복사되기 때문에 코드베이스를 포크하기 훨씬 쉽다. 오픈 소스 프로젝트에서 메인 프로젝트가 중단되거나 방향성을 잃었을 때 독자적인 작업으로 원활하게 이어갈 수 있다.

마이그레이션 용이성

대부분의 SCM 툴은 비교적 간단하게 깃으로 전환할 수 있으며 커밋 기록도 유지된다.

분산 버전 관리 시스템은 다음과 같은 단점도 있다.

리포지터리 초기 동기화 속도 저하

리포지터리를 최초로 동기화할 때 전체 히스토리가 복사되므로 시간이 더 걸린다.

스토리지 증가

리포지터리와 전체 히스토리 복사본을 모든 사람이 보유하므로 초대형, 초장기 프로젝트는 디스크 용량이 매우 많이 필요하다.

파일 잠금 기능 부재

이진 파일은 텍스트 파일과 달리 수정 사항을 머지할 수 없다. 서버 기반 버전 관리 시스템은 이런 파일들에 일부 잠금 기능을 제공한다. 그러나 DVCS는 잠금 메커니즘을 시행하지 않는다. 즉 텍스트 파일처럼 머지가 가능한 파일이 DVCS에 적합하다.

2.2 소스 관리 시스템 선정

이쯤 되면 우리가 가야 할 길은 DVCS를 이용한 소스 관리에 있다고 확신할 수 있을 것이다. DVCS는 팀 규모에 구애받지 않고 로컬과 원격 개발을 모두 아우르는 최고의 기능을 제공한다.

시중에 보급된 버전 관리 시스템들의 채택률을 보면 이미 깃이 확고한 패자로 등극했음을 알 수 있다. [그림 2-1]의 구글 트렌드 분석이 이를 명확히 보여준다.

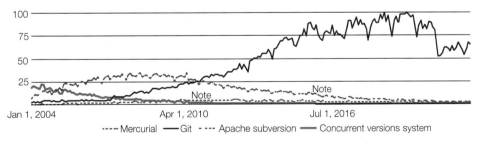

그림 2-1 2004~2022년 버전 관리 시스템 인기도 변화[1]

----

1 https://oreil.ly/qRxyG

깃은 오픈 소스 커뮤니티에서 사실상 표준으로 인정받았다. 다시 말해 오픈 소스 생태계의 풍부한 사용 사례를 바탕으로 광범위한 지원을 받을 수 있다는 뜻이다. 그러나 이미 소스 관리 체계를 세우는 데 상당한 공을 들인 상태라면 새로운 시스템을 도입하도록 직장 상사나 동료들을 설득하기가 쉽지 않을 것이다.

다음은 깃 업그레이드를 단행하도록 결정권자를 설득할 때 도움이 될 만한 근거들이다.

신뢰성 reliability

깃은 일종의 파일 시스템처럼 작동하므로, 그에 걸맞은 파일 시스템 검사 툴(git fsck)과 데이터 안정성을 보장하는 체크섬 checksum 기능을 제공한다. 물론 DVCS의 태생적 장점을 이용해 여러 외부 리포지터리에 데이터를 푸시하고 다중 백업을 생성할 수 있다.

성능 performance

깃은 최초의 DVCS가 아닌 대신 성능은 극단적으로 좋다. 애초부터 초거대 코드베이스와 수천 명의 리눅스 개발자가 동시 작업하는 상황을 감안해 구축됐기 때문이다. 깃은 대규모 오픈 소스 커뮤니티에서 지속적으로 활발하게 개발되고 있다.

각종 툴 지원

깃에 지원하는 프런트엔드 frontend만 40개가 넘는다. 게다가 젯브레인즈 IntelliJ IDEA, 마이크로소프트 비쥬얼 스튜디오 코드 Visual Studio Code, 이클립스 Eclipse, 아파치 넷빈즈 Apache NetBeans 등 거의 모든 주요 IDE가 깃을 지원한다. 깃을 전혀 지원하지 않는 개발 플랫폼은 아마 찾기 어려울 것이다.

통합 integration

깃은 각종 IDE, 이슈 추적기, 메시징 플랫폼, 지속적 통합 서버, 보안 스캐너, 코드 리뷰 툴이나, 의존성 관리, 클라우드 플랫폼의 최우선 통합 대상이다.

업그레이드 툴

git-svn은 서브버전과 깃 사이에서 양방향 전환을 지원하는 툴이다. TFVC Team Foundation Version Control는 리포지터리 임포트 툴을 통해 깃 전환을 지원한다. 이처럼 여러 버전 관리 시스템에서 쉽게 깃으로 전환할 수 있도록 다양한 마이그레이션 툴이 준비되어 있다.

간단히 말해, 깃으로 업그레이드하면 잃는 것은 거의 없는 반면 새로운 기능과 통합이 주는 이점을 한껏 누릴 수 있다. 시작하기도 쉽다. 개발용 기기에 최신 릴리스[2]를 다운로드받아 설치하면 간단히 로컬 리포지터리를 생성할 수 있다.

깃의 진정한 위력은 팀원 간 협업에서 발휘된다. 특히 중앙 리포지터리를 두고 변경 사항을 푸시[push]하는 협업 형태에서 편의성이 극대화된다. 클라우드 플랫폼 안에서 자체적으로 호스팅하며 상용 깃 리포지터리를 제공하는 업체도 많다. AWS CodeCommit, 어셈블라[Assembla], 애저 데브옵스[Azure DevOps], 깃랩[GitLab], 소스포지[SourceForge], 깃헙[GitHub], 로드코드[RhodeCode], 빗버킷[Bitbucket], Gitcolony 등이 대표적인 제품들이다.

[그림 2-2]는 젯브레인즈가 발표한 「State of the Developer Ecosystem 2020」 보고서의 자료다. 깃 기반 소스 관리 시스템이 상용 제품 시장의 96% 이상을 차지하고 있음을 알 수 있다.

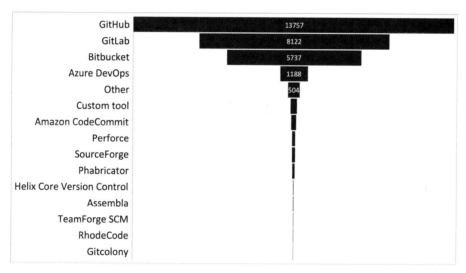

그림 2-2 「State of the Developer Ecosystem 2020」 중 버전 관리 서비스 사용 통계[3]

상용 버전 관리 서비스는 깃의 기본적인 기능에 더해 다음과 같은 추가 기능을 제공한다.

---

2 https://oreil.ly/dxgt4
3 https://oreil.ly/W5qPM

협업

코드 리뷰

효과적인 코드 리뷰 시스템은 코드의 무결성과 품질을 유지시키고 표준을 준수하도록 권장하는 중요한 역할을 한다.

풀 리퀘스트*pull request*/머지 고급 기능

깃을 기반으로 고급 기능을 추가해 다중 리포지터리와 팀 워크플로*workflow*를 지원하는 업체가 많다. 소스 변경 요청을 더 효율적으로 관리할 수 있다.

워크플로 자동화

조직의 규모가 클수록 승인 절차는 유동적이며 복잡하다. 따라서 팀이나 기업 워크플로를 자동화하면 업무 효율이 향상된다.

댓글/토론 기능

풀 리퀘스트나 특정 코드 변경 지점에 댓글이나 토론 기능이 제공되면 팀 내부에서 상호 간 커뮤니케이션을 증진시킬 수 있다.

온라인 편집

브라우저 기반 IDE를 쓰면 동시에 여러 명이 소스 코드를 수정할 수 있다. 브라우저는 거의 모든 장치에 탑재되어 있으므로 사실상 어디서든 협업이 가능하다. 깃헙은 최근 브라우저 기반 툴인 코드스페이스*codespace*[4]를 출시했다. 깃헙이 호스팅하며 모든 기능을 완비한 온라인 개발 환경이다.

컴플라이언스*compliance*/보안

추적*tracking*

코드 히스토리 추적은 모든 버전 관리 시스템의 핵심 기능이지만, 추가로 컴플라이언스 점검 및 보고서가 필요한 경우가 종종 있다.

---

4 https://oreil.ly/1PKf4

변경 이력 감사 *auditing*

코드베이스의 변경 사항이 관리, 규제 대상에 포함되면 감사가 뒤따른다. 이 경우 감사를 자동화하는 툴이 있으면 편리하다.

권한 관리

역할과 권한을 세부적으로 나누면 민감한 파일이나 코드베이스 접근을 효과적으로 제한할 수 있다.

자재 명세서 *bill of materials* (BOM)

감사 과정에서 소프트웨어 모듈 및 의존성의 전체 목록이 필요한 경우가 많다. 소스 코드에서 이를 직접 추출할 수 있다.

보안 취약점 진단

대부분의 보안 취약점은 코드베이스 스캐닝에서 검출된다. 배포된 애플리케이션을 악용할 수 있는 지점은 대부분 특정한 패턴을 띄기 때문이다. 소스 코드 취약점 스캔을 자동화하면 개발 초기 단계에 취약점을 식별하는 데 도움이 된다.

통합

이슈 추적

이슈 추적 시스템과 버전 관리 시스템이 견고하게 통합되면 코드 변경 사항과 소프트웨어 버전을 직접적으로 연결할 수 있다. 버그 수정 또는 역행이 일어난 소프트웨어 버전을 식별하기도 쉽다.

CI/CD

통상적으로 지속적 통합 continuous integration (CI) 서버는 소스 관리 시스템에 체크인된 코드를 빌드하는 역할을 한다. 두 시스템이 견고하게 통합될수록 빌드 개시, 성공, 테스트, 결과 보고 등의 작업이 간결해진다. 또한 성공적인 빌드를 승격 promotion 하고 배포하는 과정을 쉽게 자동화시킬 수 있다.

바이너리 패키지 리포지터리

바이너리 리포지터리를 두고 의존성을 가져오거나 빌드 결과를 저장하면 아티팩트artifact 검색, 배포 거점을 중앙으로 집중시킬 수 있다.

메시지 기능 통합

팀 협업은 개발의 중요한 요소다. 슬랙Slack, 마이크로소프트 팀즈Teams, 엘리먼트Element 등의 플랫폼은 팀원 간 커뮤니케이션을 지원한다. 소스 파일, 체크인 등의 이벤트에 대해 간편하게 토론할 수 있다면 커뮤니케이션 비용을 절약할 수 있다.

클라이언트(데스크톱/IDE)

대부분의 IDE는 다양한 소스 관리 시스템을 지원하며 무료 클라이언트와 플러그인을 제공한다. 깃헙, 빗버킷 등을 포함해 자신이 사용하는 시스템과 자유롭게 연동할 수 있다.

버전 관리 서비스를 선정할 때는 팀의 개발 워크플로, 기존 툴 통합 여부, 사내 보안 정책 적합성 등을 고려해야 한다. 이미 조직 전반에 표준으로 정착된 버전 관리 시스템이 있더라도 새로운 시스템을 고려해볼 가치가 있다. 특히 기존 표준이 깃 등의 DVCS가 아니라면 현대적인 버전 관리 시스템으로 전환했을 때 얻을 수 있는 이점이 분명히 존재한다.

2.3 첫 번째 풀 리퀘스트

버전 관리가 어떻게 작동되는지 감을 잡을 겸, 이 책의 깃헙 리포지터리에 연습 삼아 풀 리퀘스트를 생성해보자. README.md 파일에 방문 댓글 란이 있다. 이 책으로 모던 데브옵스 학습에 뛰어든 독자들은 모두 이곳을 통해 자신의 성취를 당당히 공표할 자격이 있다.

이번 연습은 소프트웨어를 설치하거나 명령줄command line을 사용할 필요가 없어 빠르고 단순하게 진행된다. 분산 버전 관리는 이번 장 뒷부분에서 더 자세히 설명한다. 나중을 대비해 이번 연습에서 기본 개념을 확실히 이해하고 넘어가는 게 좋다.

먼저 이 책의 소스 리포지터리[5]에 방문하자. 웹 인터페이스에서 풀 리퀘스트를 생성하려면 자신의 계정으로 로그인해야 한다. 아직 깃헙 계정이 없다면 가입하자. 가입은 매우 간단하고, 무료이다.

[그림 2-3]은 이 책의 깃헙 리포지터리다. 깃헙 UI는 기본적으로 최상위 파일 목록과 함께 우리가 편집할 **README.md** 파일의 내용을 보여준다. README.md는 마크다운Markdown이라는 텍스트 시각화 언어로 코딩한다.

독자들은 이 리포지터리의 읽기 권한만 있다. 파일을 자유롭게 변경하고 이를 반영하게끔 제안하려면 먼저 개인 복사본부터 만들어야 한다. 이러한 복사본을 **포크**fork라 부른다. 깃헙에 로그인한 다음 우측 상단에 있는 [Fork] 버튼을 클릭한다.

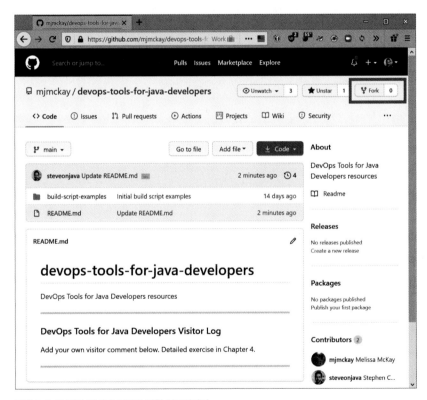

그림 2-3 이 책의 예제가 저장된 깃헙 리포지터리

---

5 https://oreil.ly/ApzqX

새로운 포크는 자신의 깃헙 계정 하위에 생성된다. 포크가 생성되면 다음 설명을 따라 웹 기반 텍스트 편집기를 연다.

1. **README.md** 파일을 클릭해 상세 페이지를 연다.
2. 상세 페이지에서 연필 아이콘을 클릭해 파일을 편집한다.

연필 아이콘을 클릭하면 [그림 2-4]처럼 웹 기반 텍스트 편집기가 나타난다. 방문 댓글이 나올 때까지 아래로 스크롤한다. 마지막 부분에 자신의 댓글을 추가하고 연습을 완료했음을 기록으로 남기자.

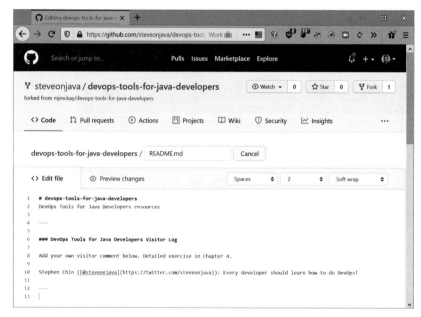

그림 2-4 파일을 직접 변경하는 웹 기반 텍스트 편집기

댓글을 남길 때는 다음과 같은 형식을 따른다.

이름 (@트위터아이디): 댓글 내용

트위터 아이디와 프로필 링크를 더 보기 좋게 꾸미려면 다음 마크다운 구문을 트위터 아이디 부분에 적용한다.

[@트위터아이디](링크주소)

작성 내용이 실제로 어떻게 보이는지 확인하려면 'Preview' 탭을 클릭하면 된다. README.md 파일에 추가된 내용을 렌더링해서 보여준다.

작성 내용이 이상 없으면 [그림 2-5]에 보이는 코드 커밋 섹션까지 스크롤한다. 커밋 내용에 대한 설명을 알기 쉽게 입력하고 [Commit changes] 버튼을 클릭한다.

이번 예시는 기본 브랜치인 main에 직접 커밋한다. 그러나 공유 리포지터리에서 작업할 때는 별도의 피처feature 브랜치에 커밋하고 풀 리퀘스트를 보내야 한다. 통합은 피처 브랜치 단위로 수행된다.

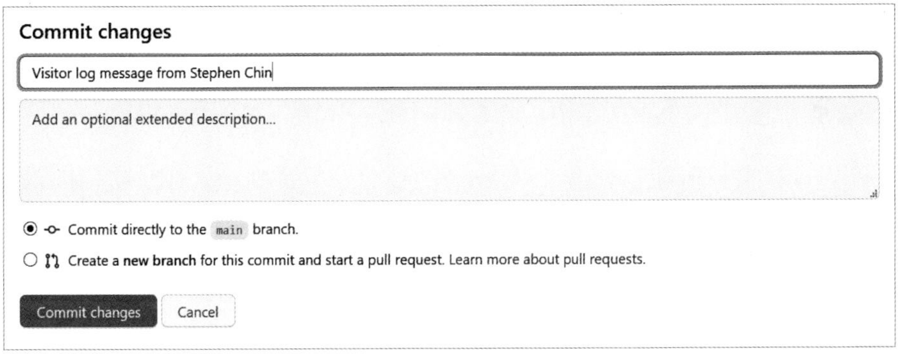

Commit changes

Visitor log message from Stephen Chin

Add an optional extended description...

○ ⚬ Commit directly to the `main` branch.

○ ⭡⭣ Create a **new branch** for this commit and start a pull request. Learn more about pull requests.

[Commit changes] [Cancel]

그림 2-5 깃헙 UI로 쓰기 권한이 있는 리포지터리에 변경 사항 커밋하기

포크 리포지터리에 변경 사항이 발생하면 원본 리포지터리에 풀 리퀘스트를 제출할 수 있다. 프로젝트 관리자(저자)는 변경 요청과 리뷰 대기 알림을 받고 이를 원본 프로젝트에 통합할 것인지 결정해야 한다.

깃헙 사용자 인터페이스에서 'Pull requests' 탭으로 이동하고 [New pull request] 버튼을 클릭하면 [그림 2-6]과 같은 화면이 나온다. 'base'와 'head' 리포지터리를 선택하는 버튼과 [Create pull request] 버튼이 있다.

현재 변경 사항은 딱 한 건이므로 두 리포지터리가 기본적으로 알맞게 선택되어 있을 것이다. [Create pull request] 버튼을 클릭하면 원본 리포지터리에 풀 리퀘스트가 제출되며 리뷰 대기 상태가 된다.

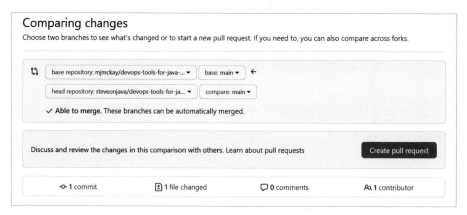

그림 2-6 포크 리포지터리에서 풀 리퀘스트를 생성하는 사용자 인터페이스

이것으로 풀 리퀘스트가 무사히 제출됐다! 이제 원본 리포지터리 소유자는 풀 리퀘스트를 리뷰하고 댓글을 달거나 수락/거부할 순서다. 이 작업은 원본 리포지터리에 쓰기 액세스 권한이 있는 사람만 할 수 있다. [그림 2-7]은 원본 리포지터리 소유자에게 보이는 화면이다.

리포지터리 소유자가 풀 리퀘스트를 수락하면 독자가 남긴 방문 댓글이 원본 리포지터리의 README.md 파일에 추가된다.

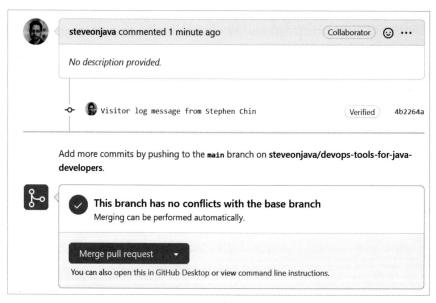

그림 2-7 풀 리퀘스트와 머지를 수행하는 소유자 인터페이스

지금까지 살펴본 워크플로는 프로젝트 통합을 진행하는 포크와 풀 리퀘스트 협업 모델의 예시다. 협업 패턴, 프로젝트 종류, 팀 구조의 조화에 대해 2.5절에서 더 자세히 이야기할 것이다.

2.4 깃 툴

앞선 본문은 깃헙 UI로 전체적인 웹 기반 워크플로를 따라가며 깃을 사용해보았다. 그러나 코드를 검토하거나 리포지터리를 관리할 때를 제외하면 대부분의 개발자는 주로 깃 클라이언트 기반 UI를 상대하면서 시간을 보낸다. 자주 쓰이는 깃 클라이언트 인터페이스는 크게 다음과 같은 범주로 나뉜다.

명령줄

공식 명령줄 클라이언트는 간단히 설치할 수 있다. 다양한 프로그램에 내장되어 있으므로 이미 설치되어 있는 경우도 많다.

GUI 클라이언트

공식 깃 배포판은 리비전 히스토리를 검색하거나 커밋을 구성하는 오픈 소스 툴을 함께 제공한다. 비슷한 툴을 무료로 배포하는 서드파티third-party도 많다. 리포지터리를 다룰 때 적절히 활용하면 작업이 한결 쉬워진다.

IDE 플러그인

분산 소스 관리 시스템을 쓰기 위해 자신의 주력 IDE를 바꿔야 하는 경우는 거의 없다. 주요 IDE는 대부분 깃 패키지를 기본적으로 탑재하거나 간편한 플러그인 형태로 제공한다.

2.4.1 깃 명령줄 기초

깃 명령줄은 소스 관리 시스템에서 가장 강력한 인터페이스며, 로컬과 원격 리포지터리를 모두 제어할 수 있다. 다음 명령을 콘솔에 입력하면 깃 명령줄이 설치되어 있는지 확인할 수 있다.

```
git --version
```

깃이 설치되어 있다면 이 명령은 다음과 비슷하게 현재 운영체제와 깃 버전을 출력한다.

```
git version 2.26.2.windows.1
```

아직 깃을 설치하지 않았다면 다음 중 자신의 플랫폼에 맞는 방법을 골라 간단히 설치할 수 있다.

- 리눅스 배포판
  - 데비안Debian 기반: sudo apt install git-all
  - RPM 기반: sudo dnf install git-all
- 맥OS
  - 맥OS 10.9 이상에서 git을 실행하면 설치 안내가 나온다.
  - 깃헙 데스크톱[6]을 설치해도 된다. 명령줄 툴을 설치하고 설정까지 진행된다.
- 윈도우
  - 깃헙 데스크톱을 설치하는 방법이 가장 쉽고 단순하다. 명령줄 툴이 함께 설치된다.
  - 윈도우용 깃[7]을 설치하는 방법도 있다.

설치 방식에 관계없이 동일한 명령줄 툴이 설치된다. 모든 데스크톱 플랫폼에서 사용할 수 있다. 깃 기본 명령어를 이해하면 앞으로 큰 도움이 된다. [그림 2-8]은 하나의 중앙 리포지터리와 3개의 로컬 복제 클라이언트로 구성된 일반적 리포지터리 계층 구조를 나타낸다. 각 클라이언트는 리포지터리 전체 복사본과 자유롭게 변경할 수 있는 작업 사본working copy을 함께 보유한다.

---

6 https://oreil.ly/0x2A3
7 https://oreil.ly/BioSg

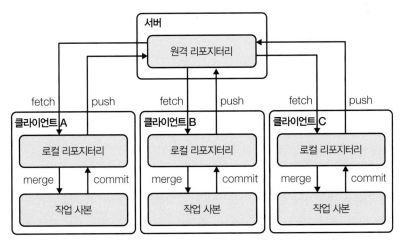

그림 2-8 분산 버전 관리 협업에 사용되는 일반적 중앙 서버 구조

리포지터리와 작업 사본 사이에 데이터가 오가는 과정에 깃 명령어들이 보인다. 이제 깃으로 리포지터리를 관리하거나 협업할 때 사용하는 가장 일반적인 명령들을 살펴보자.

리포지터리 관리

clone

로컬 파일 시스템 내부에 다른 로컬 또는 원격 리포지터리와 연결된 복사본을 만든다. CVS 나 서브버전 등의 동시 버전 관리 시스템에서 **checkout** 명령의 역할과 비슷하다. 그러나 원격 리포지터리 전체 복사본을 생성한다는 점에서 성격이 약간 다르다. [그림 2-8]의 모든 클라이언트는 중앙 서버를 복제하며 탄생했다.

init

비어 있는 새 리포지터리를 만든다. 그러나 대부분 기존 리포지터리를 복제하며 시작하는 경우가 많다.

체인지셋changeset 관리

add

버전 관리에 파일 리비전을 추가한다. 신규 파일 또는 기존 파일 수정 사항 모두 추가할 수 있다. CVS나 서브버전의 **add**와 달리 파일을 추적하지 않으며, 파일을 변경할 때마다 실행해야한다. 커밋을 하려면 먼저 신규 파일과 변경 파일을 모두 **add**했는지 항상 확인해야 한다.

mv

파일/디렉터리의 이름을 바꾸거나 경로를 이동시킨다. 그와 동시에 다음 커밋의 버전 관리레코드도 업데이트한다. 유닉스Unix의 파일 시스템 명령인 **mv**와 비슷하지만 같은 기능을 수행하는 동시에 버전 관리 기록도 유지하려면 깃의 **mv**를 실행해야 한다.

restore

파일이 삭제되거나 잘못 수정됐을 경우 깃 인덱스로부터 파일을 복원한다.

rm

파일이나 디렉터리를 제거하는 동시에 다음 커밋의 버전 관리 레코드도 업데이트한다. 유닉스의 **rm** 명령과 비슷하지만 같은 기능을 수행하는 동시에 버전 관리 기록도 유지하려면 깃의 **rm**을 실행해야 한다.

히스토리 관리

branch

인수 없이 실행하면 로컬 리포지터리의 모든 브랜치를 나열한다. 새 브랜치를 만들거나 기존 브랜치를 삭제할 때도 사용한다.

commit

작업 사본의 변경 사항을 로컬 리포지터리에 저장한다. 커밋을 실행하려면 먼저 변경 파일내역을 등록해야 한다. 추가, 수정, 변경, 이동된 파일들을 **add**, **mv**, **rm** 등의 명령으로 등록한다. 또한 커밋 메시지를 지정해야 한다. 명령줄에 **-m** 옵션으로 직접 지정할 수 있으며 옵션을 생략할 경우 **vi** 등의 텍스트 편집기가 실행되어 메시지를 작성할 수 있다.

merge

지정한 커밋들의 변경 내용을 가져와 현재 브랜치에 합친다. 머지할 히스토리들이 현재 브랜치의 자손이라면 '패스트 포워드fast-forward' 방식으로 히스토리를 순차 결합한다. 그렇지 않은 경우는 머지 히스토리가 생성되며 충돌 발생 여부를 알려준다. 또한 이 명령은 `git pull` 명령으로 원격 리포지터리의 변경 사항을 통합할 때 내부적으로 실행된다.

rebase

현재 브랜치의 커밋을 업스트림upstream 브랜치에서 재현한다. 머지 커밋이 새로 생성되지 않고 선형적으로 히스토리가 남는다는 점에서 `merge`와 다르다. 히스토리 기록을 따라 거슬러 올라가기 쉽다는 장점이 있다. 반면 `rebase`는 히스토리를 이동시키면서 완전히 새로운 커밋을 생성한다. 따라서 기존 변경 사항이 이미 푸시된 이후에 `rebase`를 하면, 다른 클라이언트가 의존하고 있는 히스토리를 변경해버릴 위험이 있다.

reset

`HEAD`를 이전 상태로 복원한다. 커밋이나 `add` 명령을 되돌리거나 취소하기 위해 사용하는 경우도 있다. 그러나 이런 목적으로 `reset`을 사용할 때는 각별히 주의를 기울여야 한다. 되돌리려는 커밋이 이미 원격으로 푸시가 됐다면 `reset` 명령이 업스트림 리포지터리에 문제를 일으킬 가능성이 있다.

switch

작업 사본의 브랜치를 전환한다. 작업 사본에 변경 사항이 있으면 3방향three-way 머지가 발생하는 경우가 있으므로, 미리 변경 사항을 커밋하거나 `stash` 명령으로 저장하는 편이 좋다. `-c` 옵션을 쓰면 새로운 브랜치를 만들어 바로 전환한다.

tag

커밋에 태그를 지정한다. 깃은 기본 이메일 주소로 PGP 키를 생성해 태그나 커밋에 서명할 수 있다. 이렇게 암호화 방식으로 서명된 태그는 고유성을 지니므로 한번 푸시하고 나면 재사용하거나 변경할 수 없다. `tag` 명령에 추가 옵션을 지정하면 태그를 삭제, 검증, 나열할 수 있다.

log

커밋 로그를 텍스트 형식으로 출력한다. 최근 변경 내역을 신속하게 확인할 때 사용하며 고급 옵션을 지정해 하위 집합으로 묶거나 출력 형식을 제어할 수 있다. 이번 절 후반에 가면 `gitk` 등의 툴을 이용해 시각적으로 히스토리를 탐색하는 방법도 알아본다.

협업

fetch

원격 리포지터리에서 로컬 리포지터리로 히스토리를 가져오되 로컬 커밋과 머지하지 않는다. 충돌을 일으키거나 작업 사본에 영향을 줄 염려 없이 언제든지 반복적으로 실행할 수 있는 안전한 명령이다.

pull

`git fetch`와 `git merge FETCH_HEAD`를 연이어 실행하는 것과 똑같은 명령이다. 원격 리포지터리에서 최신 변경 사항을 가져와 작업 사본에 통합하는 일반적인 워크플로에서 쓰기 편리하다. 그러나 로컬 변경 사항으로 인해 충돌이 발생하는 경우가 있으며 이를 해소해야 `pull`이 완료된다. 따라서 `fetch`를 먼저 실행하고 머지 가능 여부를 충분히 검토하는 편이 안전하다.

push

로컬 리포지터리에서 업스트림 원격 리포지터리로 변경 사항을 전송한다. `commit` 실행 후 푸시하면 다른 개발자가 해당 변경 내용을 볼 수 있다.

기본적인 깃 명령어를 이해했으니 이제 새로운 지식을 실전에 활용해볼 차례다.

2.4.2 깃 명령줄 실습

지금까지 배운 명령들이 실제로 어떻게 쓰이는지 알아보기 위해 아예 로컬 리포지터리를 새로 만들어 연습해볼 것이다. 우선 각자 시스템에 배시bash류의 명령셸이 있다고 가정한다. 배시는 대부분의 리눅스 배포판과 맥OS에 기본적으로 탑재된다. 윈도우는 파워셸PowerShell을 쓰면 된다.

배시의 기본 명령을 에뮬레이트하기 때문에 실습에 사용하기 충분하다.

깃을 처음 사용할 때는 이름과 이메일을 설정하는 것이 좋다. 앞으로 모든 버전 관리 작업에 기본적으로 필요한 정보다. 다음 명령으로 이름과 이메일을 설정할 수 있다.

```
git config --global user.name "My Name"
```

```
git config --global user.email "my@email.address"
```

개인 정보를 설정한 다음 적당한 디렉터리로 이동해 작업 프로젝트를 생성한다. 다음 명령을 차례로 실행해 프로젝트 폴더를 만들고 리포지터리를 초기화한다.

```
mkdir tutorial
```

```
cd tutorial
```

```
git init
```

이제 리포지터리가 생성되고 초기화되었다. 파일을 수정하면 변경 내역을 추적하기 시작한다. 리비전을 관리할 파일을 생성하고 리포지터리에 추가해보자.

```
echo "This is a sample file" > sample.txt
```

이 파일을 리비전 관리에 추가하려면 다음과 같이 **git add** 명령을 실행한다.

```
git add sample.txt
```

이어서 **git commit** 명령을 실행하면 수정 파일이 버전 관리 파일로 추가된다.

```
git commit sample.txt -m "첫 커밋"
```

명령줄을 이용한 첫 커밋이 완료됐다. 수정한 파일의 리비전이 잘 추적되고 있는지 다시 한번 다음과 비슷한 결과가 출력된다.

```
commit 0da1bd4423503bba5ebf77db7675c1eb5def3960 (HEAD -> master)
Author: Stephen Chin <steveonjava@gmail.com>
Date: Sat Mar 12 04:19:08 2022 -0700

    첫 커밋
```

리비전 정보와 함께 깃 리포지터리에 저장된 상세 정보가 출력된다. 현재 브랜치가 master(기본)임을 알 수 있으며 리비전에 부여된 전역 고유 식별자globally unique identifier(GUID)도 함께 출력된다. 깃은 명령줄로 모든 작업을 처리할 수 있다. 그러나 자신의 워크플로에 맞는 깃 클라이언트를 쓰면 더 쉽게 깃을 다룰 수 있다. IDE에 통합된 클라이언트도 개발자 워크플로에 맞게 설계되어 있어 편리하다. 다음 절에서 다양한 깃 클라이언트에 대해 설명한다.

2.4.3 깃 클라이언트

깃 클라이언트는 깃 리포지터리를 쉽게 다루기 위해 만들어진 툴이다. 오픈 소스로 개발된 여러 클라이언트가 있으며 각기 다양한 워크플로에 최적화되어 있다. 만능 툴을 자처하기보다는 특정 워크플로에 맞게 시각화나 기능성의 특화를 강조한 클라이언트가 많다.

깃을 설치하면 기본적으로 시각적 툴이 몇 가지 제공된다. 커밋을 하거나 히스토리를 열람할 때 편리하게 활용할 수 있다. 또한 Tcl/Tk로 제작되어 크로스 플랫폼을 지원한다. 명령줄에서 간단히 실행할 수 있어 깃 명령줄 인터페이스Git command-line interface(CLI)의 보완재로 사용하기 좋다.

먼저, gitk는 로컬 리포지터리의 깃 히스토리를 탐색, 열람, 검색하는 툴이다. 명령줄보다 편리하게 히스토리를 열람할 수 있다. [그림 2-9]는 ScalaFX 프로젝트의 히스토리를 gitk로 열람한 화면이다.

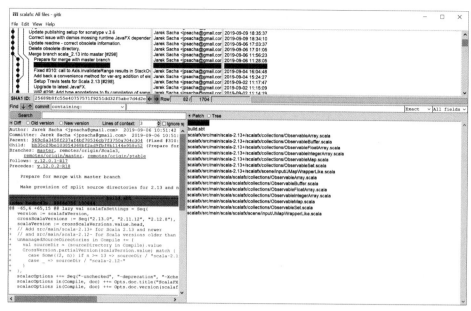

그림 2-9 번들로 제공되는 깃 히스토리 뷰어 애플리케이션

gitk 화면 상단은 리비전 히스토리와 브랜치 정보를 시각적으로 표현하고 있으며 복잡한 브랜치 히스토리를 추적할 때 편리하다. 바로 아래에 있는 검색 필터는 특정 텍스트가 포함된 커밋을 찾을 때 활용한다. 특정 리비전을 선택하면 하단에 체인지셋 정보가 나타난다. 변경된 파일 목록과 텍스트 디프를 한눈에 볼 수 있으며 검색도 할 수 있다.

git-gui도 기본적으로 설치되는 툴이다. gitk는 리포지터리 히스토리와 관련된 정보만 표시하는 반면 git-gui는 커밋, 푸시, 브랜치, 머지 등 다양한 깃 명령을 GUI로 실행해 리포지터리를 제어하는 툴이다.

[그림 2-10]은 git-gui로 이 책의 코드 리포지터리를 관리하는 화면이다. 왼쪽의 목록은 작업 사본에서 변경된 파일들이다. unstage 상태의 파일이 상단에, 다음 커밋에 포함될 파일이 하단에 표시된다. 파일을 선택하면 오른쪽 상단에 변경 내용을 보여준다. 신규 파일은 전체 내용이, 기존 파일은 디프 결과가 나타난다. 오른쪽 하단은 [Rescan], [Sign Off], [Commit], [Push] 등의 일반 기능 버튼이 있다. 브랜치, 머지, 원격 리포지터리 관리 등의 고급 기능은 상단 메뉴에서 실행할 수 있다.

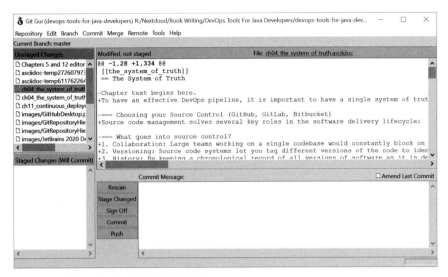

그림 2-10 번들로 제공되는 깃 협업 애플리케이션

git-gui는 깃 워크플로 기반 사용자 인터페이스를 구현한 일종의 예시 애플리케이션이다. 명령줄의 기능이 모두 구현되어 있지는 않지만 통상적인 깃 워크플로에 충분히 편리하게 활용할수 있다.

깃헙 데스크톱 역시 워크플로 기반 사용자 인터페이스다. 서드파티 깃헙 UI 중 가장 많은 사람이 사용하고 있으며 깃 명령줄 툴까지 번들로 포함한다. 따라서 깃헙 데스크톱을 설치하면 깃 CLI와 더불어 앞서 언급했던 번들 GUI까지 함께 사용할 수 있다.

깃헙 데스크톱은 git-gui와 비슷해 보이지만 깃헙 서비스 통합에 더 중점을 두고 최적화되어 있다. 사용자 인터페이스도 깃헙 방식의 워크플로를 따르기 편하도록 설계되었다. [그림 2-11]은 'The Definitive Guide to Modern Java Clients with JavaFX'의 소스 리포지터리를 관리하는 깃헙 데스크톱 UI 화면이다.

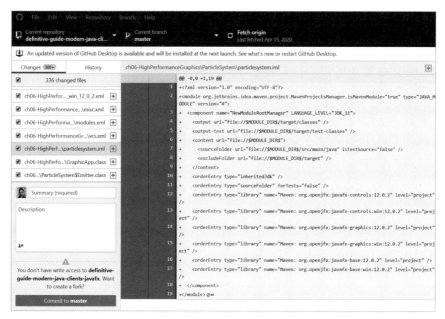

그림 2-11 깃헙의 오픈 소스 데스크톱 클라이언트

`git-gui`와 마찬가지로 변경 사항 열람, 리비전 커밋, 풀/푸시 기능을 제공한다. 이외에도 깃헙 데스크톱은 다음과 같이 코드를 훨씬 쉽게 관리할 수 있는 고급 기능이 많다.

- 커밋 속성 설정
- diff 구문 강조
- 이미지 diff
- 편집기 및 셸 통합
- 풀 리퀘스트의 CI 상태

기본적으로 모든 깃 리포지터리는 깃헙 데스크톱으로 관리할 수 있다. 그러나 깃헙 데스크톱은 깃헙 호스팅 리포지터리에 특화된 맞춤 기능을 추가로 제공한다. 이외에 다음과 같은 깃 툴이 나들이 많이 쓰인다.

소스트리 *sourcetree*[8]

아틀라시안Atlassian에서 제작한 깃 클라이언트다. 오픈 소스는 아니지만 깃헙 데스크톱처럼 무료로 사용할 수 있다. 아틀라시안의 깃 서비스인 빗버킷Bitbucket과 상성이 높다.

깃크라켄 *GitKraken* 클라이언트[9]

다기능 상용 클라이언트다. 오픈 소스 개발자에게 무료로 제공되며 상업적으로 사용하려면 비용을 지불해야 한다.

TortoiseGit[10]

TortoiseSVN에서 파생된 깃 클라이언트다. GPL^GNU Public License에 따라 무료로 제공되며 윈도우 전용이라는 단점이 있다.

기타

현존하는 깃 GUI 클라이언트의 전체 목록은 깃 웹사이트[11]에서 볼 수 있다.

깃 데스크톱 클라이언트는 소스 관리 시스템을 상대하는 강력한 무기다. 그러나 가장 편리한 깃 인터페이스는 각자 손만 뻗으면 닿을 곳에 이미 구비되어 있다. 바로 IDE 내부다.

2.4.4 깃 IDE 통합

통합 개발 환경integrated development environment(IDE)은 대부분 깃을 표준 기능으로 포함하거나 공식 지원 플러그인 형태로 제공한다. 파일 추가, 이동, 제거, 코드 커밋, 업스트림 리포지터리 푸시 등의 기본적인 버전 관리 작업을 수행할 때 자신의 주력 IDE 외에 다른 툴이 필요한 경우는 거의 없을 것이다.

젯브레인즈 IntelliJ IDEA는 개발자들 사이에서 가장 각광받는 자바 IDE 중 하나다. 커뮤니티 에디션은 오픈 소스로 공개하며 엔터프라이즈 개발자용 추가 기능이 있는 버전은 유료다. 원격

---

8 https://www.sourcetreeapp.com
9 https://www.gitkraken.com
10 https://tortoisegit.org
11 https://oreil.ly/JPi0J

리포지터리 동기화, 업스트림 통합, 변경 사항 추적 및 커밋 등, IntelliJ는 깃의 모든 기능을 지원한다. [그림 2-12]는 IntelliJ의 통합 커밋 탭에서 체인지셋 정보를 확인하는 화면이다.

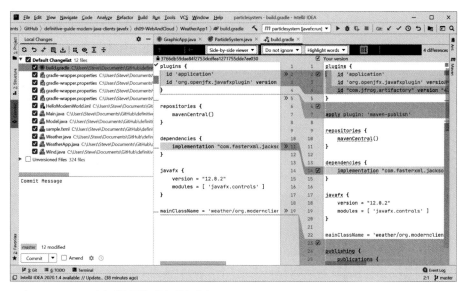

그림 2-12 IntelliJ 커밋 탭을 통한 작업 사본 관리

IntelliJ는 깃이 작동하는 방식을 팀 워크플로에 맞추어 다양하게 커스터마이징할 수 있다. 예를 들어 자신의 팀이 깃플로git-flow 또는 깃헙 워크플로를 따른다면 업데이트 실행 시 머지가 수행되도록 설정할 수 있다. 마찬가지로, 원플로OneFlow를 따른다면 업데이트 실행 시 리베이스를 수행해 히스토리를 선형으로 유지할 수 있다(이러한 워크플로들은 다음 절에서 자세히 설명한다). IntelliJ는 네이티브 자격증명credential 공급자뿐만 아니라 오픈 소스 암호 관리자인 키패스KeePass도 지원한다.

이클립스 또한 깃을 지원하는 훌륭한 IDE다. 이클립스 재단이 운영하는 완전한 오픈 소스 IDE며 광범위한 커뮤니티의 든든한 지원을 받고 있다. 이클립스의 깃은 EGit 프로젝트 산하의 JGit을 기반으로 작동하며 순수하게 자바로 구현된 깃 버전 관리 시스템이다.

이클립스는 임베디드 자바 구현을 기반으로 깃을 견고하게 통합하기 때문에 깃의 모든 기능을 가장 완벽하게 지원한다. 리베이스, 체리픽, 태그, 패치 등을 포함해 주로 명령줄에서 실행하는 작업까지 모두 이클립스 사용자 인터페이스로 처리할 수 있다. [그림 2-13]은 이클립스의 깃 설정 화면이다. 이클립스가 제공하는 풍부한 기능들이 한눈에 들어온다. 이 대화 상자는 12개 페이지로 깃 통합 설정을 세분화하며 161페이지 달하는, 거의 책 한 권 분량과 맞먹는 사용자 가이드를 제공한다.

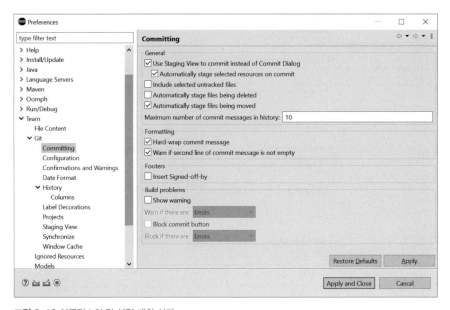

그림 2-13 이클립스의 깃 설정 대화 상자

다음 IDE들은 모두 깃을 충실하게 지원한다.

넷빈즈 NetBeans

깃 플러그인을 통해 IDE에서 깃 워크플로를 완벽하게 지원한다.

비주얼 스튜디오 코드

다른 여러 버전 관리 시스템과 함께 기본적으로 깃을 지원한다.

BlueJ

BlueJ는 런던의 킹스 칼리지에서 구축한 학습용 IDE다. 팀 워크플로 기능에 깃을 지원한다.

오라클 JDeveloper

복잡한 워크플로를 지원하지는 않지만 클론, 커밋, 푸시 등 기본적인 기능을 제공한다.

지금까지 명령줄 툴, 데스크톱 애플리케이션, IDE 통합 등 깃 리포지터리를 상대할 때 필요한 무기들을 알아보았다. 커뮤니티와 산업 전반을 통틀어 깃이 이토록 광범위한 지원을 받는다는 사실은, 깃이 운영체제, 프로젝트 워크플로, 팀 특성에 구애받지 않고 소스를 관리할 수 있는 종합 툴임을 의미한다. 다음 절은 깃 툴이 전반적으로 지원하는 협업 방식들에 대해 설명한다.

2.5 깃 협업 패턴

DVCS는 극단적으로 방대한 분량의 작업 기록도 추적할 수 있다. 수백 명의 개발자로 구성된 초대형 팀의 협업 결과를 통해 이미 입증된 사실이다. 팀 규모가 이 정도로 커지면 공통 작업 패턴을 설계하고 모두가 합의해야 한다. 불필요한 재작업이나 거대하고 난해한 머지를 방지하고 버전 관리 중단 사태로 인한 시간 낭비를 줄여야 하기 때문이다.

대부분의 프로젝트는 중앙 리포지터리 모델을 따른다. 다시 말해 통합, 빌드, 릴리스에 사용되는 공식 리포지터리가 지정된다. 비록 DVCS가 탈중앙화된 피어 투 피어 리비전 교환 방식을 지원하긴 하나, 이러한 방식은 소규모 개발 팀의 단기 작업에 최대의 효과를 발휘한다. 대규모 프로젝트에서 가장 중요한 요소는 유일무이한 진실 시스템이다. 모두가 합의한 공식 코드라인을 보유한 단 하나의 리포지터리가 존재해야 한다.

오픈 소스 프로젝트는 일반적으로 제한된 개발자 집단이 중앙 리포지터리에 쓰기 권한을 갖는다. 그 외 기여자들은 프로젝트를 **포크**해 작업한 다음 변경 사항을 반영하기 위해 풀 리퀘스트를 발행한다. 가급적 적은 수의 풀 리퀘스트가 발행되고, 리퀘스트 생성자 외의 인원이 이를 수락하는 방식이 모범 사례다. 기여자가 수천 명에 달할 정도로 프로젝트 규모가 커질수록 이러한 방식은 효과적이다. 난해한 코드베이스가 생성된다 해도 코어 팀이 이를 검토하고 감수할 수 있기 때문이다.

그러나 대부분의 기업 프로젝트는 공유 리포지터리에 하나의 마스터 브랜치만 두는 경우가 많다. 이때도 중앙 또는 릴리스 브랜치를 말끔하게 유지할 수 있다는 점은 앞서 설명한 풀 리퀘스트 워크플로와 비슷하다. 그러나 기여 프로세스는 훨씬 단순해지며 더 잦은 통합을 장려하는 효과가 있다. 머지 난이도와 변경 규모도 줄어든다. 늘상 마감 기한에 쫓기는 팀이나 단기 개발 단위를 반복하는 애자일 팀은 이러한 워크플로를 도입해 최종 통합 실패의 위험을 낮추는 효과도 거둘 수 있다.

팀 단위 작업은 대부분 피처 브랜치를 생성해 기능을 개발하고 이를 메인 코드라인에 통합하는 방식을 채택한다. 깃은 단기 브랜치 생성 비용이 저렴하므로 수시간 정도 걸리는 작은 작업은 일반적으로 브랜치에서 개발하고 통합하는 것이 좋다. 브랜치를 장기간 유지하려면 위험을 감수해야 한다. 한 브랜치를 유지하는 동안 메인 트렁크에서 다른 브랜치가 너무 많이 분기되면 나중에 통합하기 어렵게 될 가능성이 크다.

이렇듯 분산 버전 관리 툴을 사용하는 일반적인 모범 사례들이 확립되면서 그에 따른 협업 모델도 다양하게 구체화됐다. 협업 모델들은 서로 공통점도 많지만 브랜치, 히스토리 관리, 통합 주기 등에 차별화된 특성을 보인다.

2.5.1 깃플로

깃플로git-flow는 비교적 이른 시기에 등장한 모델이다. 빈센트 드라이센의 블로그 기고[12]에서 영감을 받았으며 이후 깃헙 플로를 위시한 다양한 협업 워크플로가 파생되는 계기를 마련했다. 그러나 깃플로는 통상적인 프로젝트에 사용하기에 필요 이상으로 복잡한 면이 있다. 추가적인 브랜치 관리와 통합 작업도 필요하다.

깃플로의 핵심 특성은 다음과 같다.

개발 브랜치

피처 단위 브랜치

머지 전략

패스트포워드 없음

---

[12] https://oreil.ly/v6aI4

히스토리 리베이스

리베이스 없음

릴리스 전략

릴리스 브랜치 분리

깃플로는 **devlop**과 **master**[13]라는 2개의 장기 지속 브랜치를 둔다. 전자는 개발 통합용, 후자는 최종 릴리스용이다. 개발자는 피처 브랜치에서 작업하며 기능에 따라 브랜치명을 지정한다. 피처 브랜치에서 코딩을 마치면 devlop 브랜치에 통합한다. 릴리스가 결정되면 devlop 브랜치에서 릴리스용 브랜치를 새로 생성해 신기능을 안정화시키고 코드베이스에 패치와 버그픽스를 적용한다.

릴리스 브랜치가 안정화되고 모든 준비가 끝나면 마스터 브랜치에 통합한 다음 릴리스 태그를 지정한다. 일단 마스터 브랜치에 통합하고 나면 핫픽스처럼 작은 수정 사항만 마스터에 반영할 수 있다. 핫픽스 또한 전용 브랜치에서 작업하며 핫픽스를 적용할 때는 devlop을 비롯해 현행 릴리스와 동시에 진행되는 브랜치들에 공통적으로 반영해야 한다. [그림 2-14]는 깃플로가 진행되는 과정을 나타낸 흐름도다.

깃플로는 특성상 복잡한 머지 이력이 생성되는 경향이 있다. 패스트포워드와 리베이스를 사용하지 않는다는 원칙에 따라 모든 통합이 커밋을 통해 이루어지기 때문이다. 동시성을 지닌 브랜치가 일정 수준 이상 늘어나면 시각화 툴을 쓴다 해도 브랜치 분기 흐름을 추적하기 어렵다. 사용 규칙과 브랜치 전략이 복잡하면 팀 구성원에게 교육할 내용도 많아지며 툴을 쓰기도 어렵다. 결국 명령줄 인터페이스를 이용해 체크인과 통합을 진행하는 경우가 많아진다.

> **TIP** 깃플로는 여러 릴리스를 병렬로 진행하는 프로젝트에 적합하다. 이러한 프로젝트는 명시적으로 릴리스에 버전을 지정한다. 반면 일반적인 웹 애플리케이션은 하나의 최신 버전만 유지한 채 릴리스 브랜치를 단독으로 관리하면 충분하다.

---

13 베타리더_ 근래에는 master 대신 main을 쓰기도 한다.

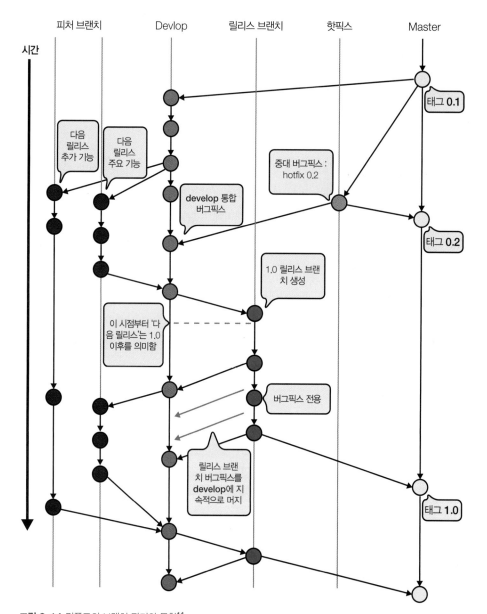

그림 2-14 깃플로의 브랜치 관리와 통합[14]

깃플로의 장점을 발휘할 수 있는 프로젝트라면 깃플로가 안성맞춤이겠지만, 그렇지 않다면 더 단순한 협업 모델도 충분히 효과적이다.

----

14 https://oreil.ly/baH6Z

2.5.2 깃헙 플로

깃헙 플로를 최초로 구상한 사람은 스콧 차콘^{Scott Chacon}이다. 스콧은 깃플로의 복잡성에 의문을 품고 이를 단순화시킨 형태를 블로그[15]를 통해 제안했다. 대부분의 개발 팀은 깃헙 플로 또는 깃헙 유사 워크플로를 채택한다. 깃헙 플로는 실무에서 구현하기 쉬울 뿐만 아니라 지속적 웹 개발 릴리스에 발생하는 일반적 사례를 다루기도 편하다. 또한 지원 툴도 많다.

깃헙 플로의 핵심 특성은 다음과 같다.

개발 브랜치

피처 단위 브랜치

머지 전략

패스트포워드 없음

히스토리 리베이스

리베이스 없음

릴리스 전략

별도의 릴리스 브랜치 없음

깃헙 플로는 단순한 브랜치 관리를 지향한다. **master**를 기본 코드라인으로 사용하는 동시에 릴리스 브랜치 역할까지 맡긴다. 개발자는 모두 단기 피처 브랜치에서 작업하며 코드 테스트와 리뷰가 완료되면 즉시 마스터로 통합한다.

> **TIP** 일반적으로 깃헙 플로는 각종 툴을 활용하기 좋은 무대다. 브랜치 전략이 단순해 워크플로가 일직선 형태를 띠고 패스트포워드나 리베이스 머지 전환 등에 쓰이는 복잡한 인수가 필요 없기 때문이다. 팀 체계에 익숙하지 않거나 명령줄 깃 인터페이스가 낯선 개발자도 깃헙 플로에 쉽게 적응할 수 있다.

깃헙 플로 협업 모델은 최신 릴리스만 존재하는 애플리케이션에 적합하다. 이러한 애플리케이

---

15 https://oreil.ly/l7gTx

션은 오직 최신 버전만 서버나 클라우드에 배포되므로 버전을 지정하는 의미가 별로 없다. 실제로 깃헙 플로는 단일 릴리스에 여러 기능이 축적되지 않도록 지속적으로 프로덕션에 배포할 것을 권장한다. 복잡성을 낮추고 문제 발생 지점을 쉽게 파악하기 위해서다. 그러나 여러 릴리스를 동시에 다루는 워크플로에 대응하려면 그에 맞게 깃헙 플로를 변형해야 한다.

2.5.3 깃랩 플로

깃랩 웹사이트[16]의 설명에 따르면 깃랩 플로GitLab Flow는 기본적으로 깃헙 플로의 확장판이다. master를 단일한 장기 브랜치로 두고 피처 브랜치에서 주요 개발을 진행한다는 핵심 원칙은 같다. 깃랩 플로는 여기에 릴리스 브랜치 지원, 히스토리 클린업 등 많은 팀이 모범 사례로 채택한 개념들을 더해 확장시켰다.

깃랩 플로의 핵심 특성은 다음과 같다.

개발 브랜치

피처 단위 브랜치

머지 전략

개방형Open-ended

히스토리 리베이스

선택적

릴리스 전략

릴리스 브랜치 분리

깃헙 플로와 깃랩 플로의 가장 큰 차이점은 릴리스 브랜치의 유무다. 이 차이는 깃헙 프로젝트 수준으로 지속적 배포continuous deployment(CD)를 실행하는 팀은 사실상 별로 없다는 인식에서 발생했다. 보통 릴리스 브랜치는 프로덕션에 코드를 푸시하기 전에 안정화 작업을 진행하는 용

---

16 https://oreil.ly/P1LzH

도로 사용하는 경우가 많다. 그러나 깃랩은 마스터에 패치를 직접 반영하고 이를 체리픽^{cherry-}picking으로 릴리스에 적용하는 방식을 권장한다. 핫픽스 브랜치를 따로 만들어 마스터에 반영하는 깃플로와 비교되는 부분이다.

rebase와 squash로 히스토리를 정리한다는 개념도 큰 차이점이다. 마스터에 커밋하기 전에 히스토리를 클린업하면 추후 핵심 변경 사항이나 버그를 찾을 때 편리하다. 특정 지점을 찾아 히스토리를 거슬러 올라가기 쉽기 때문이다. 그러나 히스토리를 클린업하면 로컬 히스토리가 재작성된다. 이미 중앙 리포지터리에 기존 히스토리가 푸시됐다면 난감한 상황이 발생할 수 있으니 주의해야 한다.

> **TIP** 깃랩 플로는 깃헙 플로의 협업 철학을 현대적으로 재해석했다고 볼 수 있다. 그러나 결국 워크플로의 기능과 브랜치 전략은 프로젝트 적합성을 근거로 선정해야 한다.

2.5.4 원플로

원플로^{OneFlow}는 아담 루카가 블로그[17]를 통해 제안한 깃플로 기반의 협업 워크플로다. 원플로는 깃헙/깃랩 플로처럼 피처 브랜치로 개발 작업을 분리하고 스쿼시로 히스토리를 묶어 메인 브랜치로 직접 통합한다. 그러나 릴리스 및 핫픽스 브랜치는 깃플로 방식으로 유지한다.

원플로의 핵심 특성은 다음과 같다.

개발 브랜치

피처 단위 브랜치

머지 전략

리베이스를 전제로 한 패스트포워드

히스토리 리베이스

리베이스 권장

---

17 https://oreil.ly/euJ37

릴리스 전략

릴리스 브랜치 분리

원플로가 다른 워크플로와 크게 다른 점은 히스토리 수정을 매우 권장하며 리비전 가독성을 중요시한다는 점이다. 구체적으로 리비전 명료성과 롤백 친화도 수준에 따라 다음과 같은 세 가지 머지 전략을 제시한다.

리베이스

리베이스는 머지 히스토리의 흐름을 읽기 쉽도록 선형적으로 정렬한다. 단, 중앙 서버로 푸시된 체인지셋은 리베이스하지 않는다는 일반적 경고가 뒤따른다. 한번 푸시된 변경 사항들은 단일 커밋으로 묶을 수 없으며 롤백하기 어렵다.

merge –no-ff

깃플로의 전략과 동일하다. 머지 히스토리가 산만하며 흐름을 읽기 어렵다는 단점이 있다.

rebase + merge –no-ff

리베이스를 실행한 뒤 마지막에 머지를 수행하는 방식이다. 따라서 순차적인 히스토리도 하나의 단위로 롤백할 수 있다.

> **TIP** 원플로는 대규모 엔터프라이즈 프로젝트를 경험했던 개발자의 통찰에서 탄생한 깃 협업 워크플로다. 규모와 관계없이 프로젝트 요건에 적응하도록 개선된 깃플로의 현대적인 변형이라 할 만하다.

2.5.5 트렁크 기반 개발

앞서 언급한 모든 워크플로는 피처 브랜치 개발 모델의 아류다. 실제적인 개발 활동은 모두 브랜치에서 이루어지며 완료 후 마스터나 전용 개발 브랜치로 머지된다. 모든 과정은 깃 브랜치 관리 기능의 든든한 지원 아래 원활히 진행되어야 한다. 그러나 개발하고자 하는 기능들 사이에 편차가 크다면 깃 워크플로도 익숙한 진통을 겪을 수밖에 없다. 장, 단기 브랜치 통합의 난해함은 오랜 시간 많은 개발 팀을 괴롭혀왔다. 피처 브랜치의 활성 개발 기간이 길어질수록 다른 기능과 머지 충돌 가능성이 커진다. 또한 마스터나 트렁크 브랜치의 유지보수 작업과 통합하기도 어렵다.

트렁크 기반 개발은 모든 개발 활동을 메인 브랜치에서 수행하는 방식으로 이 문제를 해결한다. 테스트가 완료되면 즉시 통합하므로 그 주기가 매우 짧다. 그 대신 모든 기능의 개발이 완료될 때까지 기다릴 필요가 없다는 장점이 있다.

트렁크 기반 개발의 핵심 특성은 다음과 같다.

개발 브랜치

선택적이나 장기 브랜치는 두지 않음

머지 전략

개발 브랜치가 있다면 허용

히스토리 리베이스

리베이스 권장

릴리스 전략

릴리스 브랜치 분리

폴 해먼트는 트렁크 기반 개발을 강력하게 지지하는 인물이다. 이를 주제로 독립적인 웹사이트[18]를 열고 책도 집필했다. 트렁크 기반 개발은 소스 관리 시스템 측면에서 보면 새로운 협업 방식은 아니다. 애자일 개발 기법을 도입했던 대규모 팀들이 이미 그 실효성을 검증했다. CVS, 서브버전 등의 고전적인 중앙집중형 SCM은 물론, 깃으로 대표되는 DVCS에 적용해도 모두 잘 작동하는 워크플로다.

---

18 https://oreil.ly/HFo0J

2.6 마치며

빌드, 릴리스, 배포의 고속화는 견고한 데브옵스의 근간이다. 우수한 소스 관리 시스템과 사용 관행은 이러한 근간을 세우는 토대 역할을 한다. 이번 장은 소스 관리 시스템의 역사를 돌아보고 전 세계가 분산 버전 관리를 수용하게 된 변화의 이유를 설명했다.

소스 관리 서버, 개발자 툴이나 통합 제품들이 풍부한 생태계를 조성함에 따라 소스 관리 시스템의 입지는 더욱 견고해졌다. 마침내 데브옵스의 선구자들은 분산 버전 관리 시스템을 채택하고 협업 워크플로의 모범 사례를 고안했다. 이제 누구나 현대적인 SCM을 도입해 성공적인 팀 협업을 실현할 수 있게 되었다.

다음 장부터 지속적 통합, 패키지 관리, 보안 스캐닝 시스템 등을 소스 관리 시스템과 연계하는 방법을 자세히 살펴본다. 또한 기성 환경이나 클라우드 네이티브 환경에 신속하게 배포하는 방법도 설명한다. 종합 데브옵스 플랫폼을 구축하는 여정은 이제 막 시작되었다. 앞으로 어느 워크플로를 선택하든 자신의 개발 목표를 달성하고 품질을 높일 수 있게 될 것이다.

## CHAPTER 3

컨테이너

멜리사 맥케이

아는 것은 바보도 할 수 있다. 요점은 이해하는 것이다.

– 알베르트 아인슈타인

'왜'를 이해하면 '어떻게'를 해결할 수 있다.

– 프리드리히 니체

필자가 글을 쓰는 지금 이 순간에도 컨테이너container 기술을 도입하는 기업은 늘어나고 있다. 이 분야의 폭발적 성장세는 비단 프로덕션 환경에 국한되지 않는다. 애플리케이션 컨테이너화에 대한 기술적 모범 사례는 환경을 막론하고 다양한 측면에서 논의 및 정의되고 있다. 효율성 향상에 집중하고 적용 사례의 다양성을 고려하는 과정에서 기술과 패턴은 진화를 거듭했으며, 블로그 공간과 전문가 집단은 축적된 경험을 바탕으로 확고한 권장안을 수립했다. 보편적 모범 사례와 패턴이 진화함에 따라 안티패턴도 자연스레 모습을 드러낸다. 이번 장은 이러한 패턴들을 인식하거나 회피하는 능력을 갖추는 데 도움이 될 것이다.

컨테이너에 관한 필자의 시행착오를 떠올리면 마치 벌집을 건드리는 듯한 기분이 든다. 내게도 미숙했던 시절이 있었고 따끔거리는 기억으로 남아 있다. 컨테이너화는 알고 보면 어이없을 정도로 단순한 기술이다. 그간 필자는 자바 생태계 속에서 컨테이너를 개발하고 배포하는 방면에 지식을 쌓아 왔다. 이러한 지식을 많은 이에게 전달하고 필자와 같은 고난을 겪지 않도록 돕고자 한다. 이번 장을 통해 성공적인 애플리케이션 컨테이너화의 기본 개념을 잡고 컨테이너화를 하는 근본적 **이유**를 논의해보자.

마이크로서비스 아키텍처가 그리는 전체적인 그림은 4장에서 본격적으로 살펴볼 것이다. 그전에 먼저 마이크로서비스 배포의 기본 빌딩 블록에 대해 알아보자. 어차피 누구나 경험하게 될 바로 그것, 컨테이너. 아키텍처 관점으로 봤을 때 **마이크로서비스가 곧 컨테이너 사용을 의미하지는 않는다.** 컨테이너는 주로 클라우드 네이티브 환경을 향한 서비스 **배포** 분야의 관심사라고 보는 것이 맞다. 컨테이너화에 관련된 주된 화두 역시 이 영역에서 등장한다.

먼저 컨테이너를 사용하는 **이유**부터 고찰해보자. 그러기 위해서는 시작점으로 거슬러 올라가 현재에 이르게 된 과정을 복기하고 맥락을 도출해야 한다. 인내는 미덕이다. 앞으로 진행될 역사 수업을 견뎌 내기만 하면, 컨테이너란 진정 **무엇**인지 자연스럽고 명확하게 이해하게 될 것이다.

3.1 문제 파악

누구나 '방 안의 코끼리'의 존재를 느껴본 적이 있을 것이다. 위협적인 전조, 먹먹한 소음, 그대로 두면 분명 큰일이 날 것만 같은 불안감이 엄습한다. 그럼에도 불구하고 우리는 이렇듯 거대한 무언가가 방 안을 배회하도록 방치하곤 한다. 필자는 이 현상을 생생히 목격한 증인이며, 방관자였다. 심지어 나 자신이 코끼리라고 불리는 독특한 영광도 누려봤다.

컨테이너화의 맥락에는 **두 마리**의 코끼리가 있다. 이들을 방에서 몰아낼 방안을 논의하기 위해 두 마리를 각각 질문의 형태로 바꾸어보자. '**컨테이너란 무엇인가?**' 그리고 '**왜 컨테이너를 사용하는가?**' 둘 다 매우 간단한 질문이다. 이토록 기본적인 사고의 출발점을 간과해버리는 경우가 많다. 이유가 무엇일까?

어쩌면 현재의 기술적인 큰 흐름에 뒤처지면 안 된다는 무언의 압박 때문일지 모른다. 최근 마이크로서비스 분야는 그 어느 때보다 컨테이너 배포에 대한 논의가 활발히 이루어지고 있기 때문이다. 혹은 컨테이너 구현 자체가 기본 사양으로 취급되기 시작해서일 수도 있다. 쿠버네티스Kubernetes가 엄청난 인기를 구가함에 따라 'K8s 클러스터' 같은 멋들어진 용어를 모르면 대화가 되지 않을 정도다. 그도 아니면 순전히 개발자 본연의 두려움 때문일지도 모른다. 데브옵스 생태계는 최첨단 기술과 신무기로 융단폭격을 맞고 있다. 새로운 기술에 대한 질문을 멈추는 순간 개발자는 퇴행의 공포를 느낄 수밖에 없다. 자바 개발자도 예외는 아니다. 이유야 어쨌든,

근본적인 문제를 해결하지 않으면 상세한 주제로 넘어갈 수 없다. 컨테이너를 구축하고 사용하려면 앞서 제기한 **'무엇'**과 **'왜'**라는 질문에 답할 수 있어야 한다.

필자의 유능한 동료와 멘토들에게 이 자리를 빌려 깊은 감사의 말을 전하고 싶다. 필자는 수년 간 이들과 함께 일할 수 있는 특권을 누렸으며, 그들의 가르침을 뇌리에 각인했다. 초년 시절부터 프로젝트를 시작하고 진행할 때마다 그들의 지혜롭고 간결한 조언을 떠올리곤 한다. **'해결하고자 하는 문제는 무엇인가?'**라는 질문을 스스로에게 반복하라는 것이다. 결과가 얼마나 성공적인지 평가하는 기준은 바로 그 문제가 얼마나 해결되었는가에 달려 있다.

자신이 해결해야 할 문제가 과연 제대로 된 문제인지 처음부터 신중하게 고려하기 바란다. 가령 다음 지침은 성능 문제의 탈을 쓰고 있지만 사실상 구현 문제를 제기한다. **'성능을 높이기 위해 애플리케이션을 마이크로서비스 단위로 쪼개고 컨테이너화시킬 것'**. 제대로 된 문제는 다음과 비슷하다. **'고객들의 목표 완수 시간을 단축하기 위해 애플리케이션 성능을 5% 향상시킬 것'**. 후자는 결과 성공 여부를 측정할 수 있는 실질적 메트릭^{metric}을 포함하고 있으며 실현 방법도 마이크로서비스 구현으로 한정 짓지 않는다.

개발 툴, 프레임워크, 코딩 언어, 시스템 설계 방식, 소프트웨어 패키징, 프로덕션 배포 방법 등 일상적으로 마주치는 수많은 선택에 앞서 동일한 원칙이 적용된다. 자신의 선택으로 해결되는 문제는 무엇인가? 여기에 가장 적합한 수단이나 툴은 어떻게 선정해야 하는가? 문제 해결 툴을 검토할 때는 그것이 무슨 문제를 해결하기 위해 만들어졌는지를 먼저 이해해야 한다. 가장 좋은 방법은 그 툴의 역사를 되짚어보는 것이다. 자신이 선택하고 사용할 모든 툴에 공통적으로 해당하는 접근 방법이다. 장담하건대, 역사를 알고 나면 더 나은 결정을 내리고 역사 속의 실수를 되풀이하지 않을 기회를 얻을 수 있다. 또한 단점을 발견하더라도 최소한 그것을 받아들여야 할 당위성을 확보하고 다음 단계로 나아갈 길을 모색할 수 있다.

자잘한 역사까지 지루하게 일일이 설명할 계획은 없다. 다만 여러분의 코드 비트를 모조리 컨테이너화시키기에 앞서 반드시 알아야 할 몇 가지 기본적인 정보와 중요한 이정표들을 제시할 것이다. 문제의 원천은 무엇인지, 거기서 어떤 해결책을 도출했는지 이해하면 컨테이너 배포 기술을 도입해야 할 이유를 지식적 근거에 입각해 설명할 수 있게 된다.

가상화와 컨테이너화는 그다지 새로운 기술이 아니다. 이 사실을 상기하려면 과거로 거슬러 올라가야 한다. 태초까지 갈 필요는 없고 50년 정도면 충분하다. 실제로 이 개념은 반세기가 넘도록 다듬고 발전되어 왔다. 진행 속도를 높이기 위해 그중 가장 중요한 순간들을 간추려 볼 것이다. 앞으로 다룰 주제들에 대한 깊이 있는 기술 매뉴얼을 만들기 위해서가 아니다. 시간의 흐름에 따른 진행 상황과 오늘날의 상태에 도달하는 과정을 여러분의 의식 속에 자리 잡게 해줄 자료일 뿐이다.

시작해보자.

3.1.1 컨테이너의 역사

현재의 기준으로 보면 1960년대와 1970년대의 컴퓨팅 자원은 일반적으로 매우 비싸고 접하기도 어려웠다. 또한 프로세스를 완료하기까지 오랜 시간이 걸렸으며 한 컴퓨터가 한 명의 단일 작업을 전담하는 것이 보통이었다. 이러한 한계가 낳은 병목과 비효율성을 해소하고 컴퓨팅 자원 공유 효율을 높이려는 노력이 이어졌다. 그러나 자원을 공유하는 것만으로는 충분치 않았다. 여러 사용자가 서로 간섭을 일으키지 않으면서 한 명의 사용자로 인해 전체 시스템이 중단될 우려도 없이 자원을 공유할 수 있는 방안이 필요했다. 하드웨어와 소프트웨어 양쪽 모두에 바야흐로 가상화 기술이 고개를 내밀기 시작한다. 우리가 출발점으로 삼을 chroot는 바로 이때 개발된 소프트웨어 중 하나다.

1979년에 유닉스 7 버전 에디션과 함께 개발된 chroot는 1982년 정식으로 BSD^{Berkeley Software Distribution}에 편입됐다. chroot는 특정 프로세스와 자식 프로세스의 가시적 루트 디렉터리를 변경하고 파일 시스템 열람 범위를 제한하는 시스템 명령이다. 다른 배포판을 테스트하는 상황처럼 특수한 환경을 구성할 때 편리하게 사용할 수 있다. chroot의 기능은 올바른 방향을 가리키긴 했으나 오늘날 우리에게 필요한 애플리케이션 격리 수준에 비하면 시작 단계에 불과했다. FreeBSD는 이 개념을 계속 확장시켰으며, 2000년이 되자 더 정교하게 구현된 jail 명령과 유틸리티를 FreeBSD 4.0 버전에 추가한다. jail은 5.1과 7.2 릴리스를 거치며 기능을 거듭 개선했다. 파일 시스템에 더해 사용자, 네트워크까지 격리하고 각 jail마다 IP 주소를 할당할 수 있게 되었다.

2004년 등장한 솔라리스^{Solaris}의 컨테이너와 존^{zone}은 한발 더 나아가 전체 사용자, 프로세스, 파일 시스템 공간, 시스템 하드웨어 액세스 권한까지 애플리케이션에 부여한다. 2006년에는 구글이 뛰어들어 **프로세스 컨테이너**를 선보였다. 추후 **cgroups**로 이름이 바뀐 이 기술은 프로세스가 사용하는 리소스를 격리하고 제한하는 데 중점을 둔다. **cgroups**는 2008년 리눅스 커널로 병합되었고, IBM이 여기에 리눅스 네임스페이스 기술을 더해 리눅스 컨테이너^{Linux} Container(LXC)를 개발하기에 이른다.

이제 상황은 점점 더 흥미롭게 전개된다. 2013년이 되자 도커가 오픈 소스로 공개되고 같은 해 구글은 lmctfy^{Let Me Contain That For You}라는 오픈 소스 프로젝트를 공개했다. lmctfy은 애플리케이션이 자체적으로 자신의 서브컨테이너를 만들고 관리하는 기능이 추가된 프로젝트였다. 바로 이 시점부터 컨테이너 기술은 폭발적으로 저변을 넓히기 시작했고, 그 중심에 도커 컨테이너가 있었다. 원래 도커의 기본 실행 환경은 LXC였다. 그러나 2014년 도커는 **libcontainer**를 GO 언어로 자체 제작하고 컨테이너 실행 툴셋을 LXC에서 libcontainer로 교체한다. 곧이어 lmctfy는 프로젝트를 비활성 상태로 전환하고 핵심 개념을 libcontainer으로 마이그레이션한다. 개발 역량을 집중시키기 위한 결정이었다.

각종 프로젝트, 조직 활동, 스펙^{Specification} 정의 등 이 시기에는 정말 많은 일이 벌어졌다. 그러나 필자는 부차적인 상세 항목을 의도적으로 건너뛰고 있다. 2015년에 발생한 특정 사건으로 바로 넘어가기 위해서다. 이후 발생하는 여러 움직임, 특히 도커를 위시한 시장 변화의 동인에 대한 통찰을 얻을 수 있는 중대한 기점이다.

2015년 6월 22일, OCI^{Open Container Initiative}[1] 설립이 공표되었다. OCI는 리눅스 재단[2] 산하 조직이며 설립 목적은 컨테이너 런타임 및 이미지 스펙에 대한 개방형 표준 수립이다. 기여도의 비중은 단연 도커가 높지만 다른 참여 주체들의 이름값도 만만치 않다. Apcera, 아마존 웹 서비스(AWS), 시스코, CoreOS, EMC, 후지쯔, 구글, 골드만 삭스, HP, 화웨이, IBM, 인텔, 조이언트^{Joyent}, 피보탈 소프트웨어, 리눅스 재단, Mesosphere, 마이크로소프트, 랜처 랩스^{Rancher Labs}, 레드햇, VMware 등, 내로라하는 IT기업과 단체가 총집결한 형세다. 컨테이너와 주변 생태계 개발에 집중되었던 각계의 이목이 결국 모종의 특이점에 도달했음이 명백해지는 순간이었다. 참여한 모두에게 수혜를 제공하는 공통적 기반 조직을 설립하는 형태로 구체화된 것이다.

OCI 설립 발표와 동시에 도커는 자사의 베이스 컨테이너 포맷과 runC 런타임을 기증하겠다는 의사도 밝혔다. 기다렸다는 듯이 **runC**는 OCI 런타임 스펙[3]의 레퍼런스 구현으로 낙점되었다.

---

1 https://oreil.ly/Vsr6U
2 https://oreil.ly/J5ioU
3 https://oreil.ly/lLia7

이어서 2016년 4월에 기증한 도커 V2 스키마 2 이미지 포맷은 OCI 이미지 포맷 스펙의 초안이 된다. OCI 런타임, 이미지 포맷 스펙은 모두 2017년 7월에 1.0 버전으로 릴리스되었다.

> **NOTE** **runC**는 OCI 런타임 스펙의 요구 사항에 맞추어 libcontainer를 재포장한 라이브러리다. 2022년 현재 runC의 소스 코드[4]를 보면 실제로 **libcontainer**라는 디렉터리가 포함되어 있음을 알 수 있다.

컨테이너 생태계 발전에 힘입어 시스템 오케스트레이션 툴도 발 빠르게 개발되었다. OCI가 설립되고 한 달 뒤인 2015년 7월 21일, 구글은 쿠버네티스 v1.0을 릴리스하는 동시에 구글과 리눅스 재단의 협력 단체인 CNCF^{Cloud Native Computing Foundation}[5]의 출범을 알렸다. 2016년 12월에 쿠버네티스 v1.5를 출시하며 구글은 CRI^{Container Runtime Interface}라는 또 하나의 중대한 족적을 남긴다. CRI는 쿠버네티스 머신 데몬인 **큐블릿**^{kubelet}이 다른 저수준 컨테이너 런타임과 호환되도록 지원하는 추상화 계층이다. 2017년 3월, CNCF의 구성원이기도 한 도커는 v1.11에 runC를 통합하기 위해 개발했던 CRI 호환 런타임 **containerd**를 기증한다.

2021년 2월 도커는 이미지 배포(컨테이너 이미지 푸시와 풀링)를 중심으로 하는 또 다른 레퍼런스 구현을 CNCF에 기증한다. 3개월 뒤인 2021년 5월 OCI는 도커 레지스트리^{registry} HTTP API V2 프로토콜 기반의 OCI 분산 스펙^{Distribution Spec}[6] 1.0을 릴리스했다.

오늘날, 쿠버네티스 같은 오케스트레이션 시스템과 컨테이너는 클라우드 네이티브 배포의 고정 승객이다. 컨테이너는 다양한 호스트 사이에서 배포의 유연성을 확보하는 핵심 요소며 분산 애플리케이션의 규모를 제어하는 과정에 중대한 역할을 담당한다. AWS, 구글 클라우드, 마이크로소프트 애저^{Azure} 등의 클라우드 제공 업체는 자신들의 공유 인프라와 종량 스토리지를 바탕으로 서비스를 지속적으로 확대하고 있다.

이상으로 짤막한 역사 여행을 마치겠다. 무사히 여기까지 도착한 것을 축하한다. 불과 몇 개의 단락에 걸쳐 50년 이상의 개발 과정과 발전 양상을 살펴봤다. 앞으로 우리가 사용할 많은 문제 해결 툴의 탄생 비화가 중간중간 언급됐으며, 컨테이너와 배포의 맥락에서 통용되는 용어들이 은연중에 대거 등장했다. 이번 역사 여행을 통해 도커가 오늘날 컨테이너 기술의 현황에

---

4 https://oreil.ly/hbUaP

5 https://www.cncf.io

6 https://oreil.ly/JfGvb

얼마나 많은 영향을 미쳤는지 배웠을 것이다. 컨테이너 생태계, 컨테이너의 이면에 감춰진 상세 기술, 관련 컴포넌트 구현 등에 대해 확실히 이해할 수 있는 분위기가 이제야 비로소 무르익었다.

하지만 잠시 더 기다려주기 바란다. 아직 두 번째 코끼리가 남아 있다. 지금까지 무슨 일이 벌어졌는지는 충분히 알게 됐지만, 왜 산업 전반이 지금처럼 움직이게 되어있는지는 여전히 의문이다.

3.1.2 왜 컨테이너인가?

컨테이너가 무엇인지 알고 컨테이너를 설명할 수 있는 것만으로는 충분하지 않다. 컨테이너에 대해 지적인 대화를 나누려면 그것을 사용하는 **이유**도 어느 정도 이해해야 한다. 컨테이너를 사용하면 어떠한 이점이 있을까? 컨테이너와 컨테이너의 역사에 대해 알게 된 지금, 명백한 이유가 몇 가지 떠오를 것이다. 그러나 본격적인 대화에 임하려면 좀 더 깊이 파고들어야 한다. 프로젝트에 변화를 가져오고 새로운 기술 스택을 도입하려면 신중하게 고려한 비용편익 분석을 바탕으로 자신의 의사를 표명해야 한다. 단지 대세를 따른다는 취지만으로는 충분한 근거가 성립되지 않는다.

가장 먼저 제기될 만한 질문은, '**어째서 컨테이너가 개발자의 관심사여야 하는가**'다. 제법 그럴듯한 문제 제기다. 컨테이너가 단순히 배포 방식에 관한 기술이라면 운영 부서의 조타실에서 관장하는 것이 일견 타당해 보인다. 데브옵스적 사고 방식에 의하면 이 지점이 바로 개발과 운영 사이의 모호한 경계에 해당한다. 애플리케이션을 컨테이너에 패키징하려면 최초 개발자의 관점에서 가능했던 것보다 더 많은 고려와 예측이 필요하다. 컨테이너 기술의 모범 사례들을 배우고 타인의 시행착오를 간접적으로 경험한 이후에는 애플리케이션을 개발하는 동안 **이미** 패키징을 고려하게 될 것이다. 배포 프로세스는 특성상 무수한 선택의 기로를 낳는다. 애플리케이션 및 서비스의 메모리 사용 방식, 파일 시스템 사용 방식, 관찰 가능성 훅observability hook을 거는 방식, 다중 설정을 허용하는 방식, 데이터베이스 같은 타서비스와 소통하는 방식 등, 이정도는 일부에 불과하다. 팀 구성 방식에 따라 다르겠지만 적어도 데브옵스 팀의 개발자라면 컨테이너 이미지를 구축하고 관리하는 능력을 갖추고 컨테이너 환경의 가치를 이해해야 한다

필자는 최근 'Cloud Efficiency and Simplicity: What Will the Future Bring?'이라는 주제로 열린 개발자 콘퍼런스에서 클라우드 및 데브옵스 트랙의 패널 토론자로 참여할 기회를

얻었다. 토론 주제는 '기술 실현의 현황과 단순화 가능성에 대한 기대'였고 필자는 다음과 같은 가정과 추론을 제안했다. **자신의 자동차를 스스로 만들어야 한다면 우리 중 몇 명이나 자동차를 운전하게 될 것인가?'** 컨테이너 분야의 많은 기술은 이제 막 초기 단계에 진입했다. 반면 시장은 이미 완제품에 대한 기대로 무르익은 상태. 클라우드는 소프트웨어와 서비스에 완전한 확장성, 가용성, 탄력성을 부여하고 이를 패키지화, 단순화시킨 상품을 제안할 수 있어야 한다. 그러나 아직 우리는 이러한 제품을 구성하는 개별적인 부품 조각을 설계하는 수준에 머물러 있다.

컨테이너는 이러한 방향성에 부합하는 크나큰 진전이다. 애플리케이션 패키징과 배포 인프라 사이에서 컨테이너가 유의미한 수준의 추상화를 제공할 수 있기 때문이다. 개발자가 더 이상 컨테이너 수준까지 세세하게 관여하지 않아도 되는 때가 **언젠가는 올 것**이라 예상한다. 그러나 아직은 아니다. 적어도 배포와 관련된 현안을 모두 해소하고 다음 단계로 나아가기 전까지는 자리를 지켜야만 한다. 그런 의미에서, 또한 컨테이너라는 주제를 다루는 이유에 대해 아직도 남아 있는 궁금증을 해결하는 차원에서, 논의를 좀 더 이어가보자.

자바 애플리케이션을 패키징, 배포, 실행하는 전체 과정을 머릿속에 그려보자. 개발을 시작할 때는 먼저 특정 JDK^{Java Development Kit} 버전을 개발 환경에 설치한다. 다음으로 아파치 메이븐^{Maven}이나 그레이들^{Gradle} 같은 의존성 관리자를 설치한다. 이들은 애플리케이션이 의존하는 서드파티 라이브러리를 설정하고 구비하는 툴이다. 또한 애플리케이션을 WAR이나 JAR로 패키징하는 역할도 한다. 이쯤 되면 개발 환경에 맞춰 배포 서버 환경도 준비가 완료되어야 한다. **하지만 과연 그러한가?**

문제는 여기서 시작된다. 프로덕션 서버에 무엇이 설치되어 있는가? 자바 런타임 버전은 몇 인가? 애플리케이션 서버(JBoss, 아파치 톰캣, WildFly 등)는 무엇인가? 애플리케이션의 성능에 영향을 미칠 다른 프로세스가 실행되고 있는가? 애플리케이션이 혹시 루트 권한을 필요로 하는가? 그렇다면 애플리케이션 실행 계정에 적절한 권한이 설정되어 있는가? 애플리케이션이 활성 또는 부하 상태를 체크하는 외부 API나 데이터베이스에 접근할 수 있어야 하는가? 이 모든 질문에 답하기에 앞서 일단 프로덕션 전용 서버에 접근할 수 있는가? 아니면 애플리케이션 프로비저닝 서버를 먼저 요청해야 하는가? 애플리케이션에 과부하가 걸리면 어떻게 되는가? 신속하게 자동 스케일링이 적용되는가? 혹은 프로비저닝 프로세스를 처음부터 다시 시작해야 하는가?

이렇듯 수많은 질문 공세에 시달리다보면 자연히 가상 머신(VM)과 가상화 기술에 시선이끌리기 마련이다. VM은 더 유연한 조건으로 애플리케이션 프로세스를 격리할 수 있으며 VM 스냅샷은 배포의 일관성을 보장하는 좋은 수단이다. 그러나 VM 이미지는 OS 전체를 담고 있어 덩치가 크고 이동시키기도 쉽지 않다. 전체 저장 공간에서 차지하는 비중도 크다.

동료 개발자에게 컨테이너를 처음 소개하면 '아, 컨테이너란 VM 같은 것이로군?'이라는 반응을 보이는 경우가 제법 있다. **컨테이너**가 유사 VM이라고 쉽게 단정하기에는 둘 사이에 중요한 차이점이 있다. VM(VMware vSphere, 마이크로소프트 하이퍼V^Hyper-V 등)은 하드웨어를 추상화시켜 서버 전체를 에뮬레이트한다. 달리 표현하면, 운영체제가 온전히 VM에 포함된다. VM은 **하이퍼바이저**^hypervisor라는 소프트웨어 계층이 관리하며 필요에 따라 호스트의 리소스를 나누어 VM에 할당한다.

반면 컨테이너는 기성 VM만큼 무겁지 않다. 예를 들어 리눅스 컨테이너는 전체 OS 대신 호스트 운영체제만 공유하는 별도의 리눅스 배포판이라 할 수 있다. [그림 3-1]에 보이듯 VM과 컨테이너는 추상화 수준이 다르지만 자바 가상 머신^Java Virtual Machine(JVM)의 위치는 그대로다.

그렇다면 JVM은 어느 쪽에 어울리는 존재일까? **가상 머신**이라는 용어를 여기저기에서 쓰다 보면 헷갈리기 시작한다. JVM의 추상화는 다른 것들과 완전히 다른 **프로세스** 가상 머신을 구현한다. **시스템** 가상 머신의 대척점에 있다고 봐도 좋다. JVM의 주된 관심사는 자바 애플리케이션을 실행할 자바 런타임 환경^Java Runtime Environment(JRE, JVM 구현체 등)을 제공하는 것이다. JVM은 자바 바이트코드를 실행하기 위해 호스트의 프로세서를 가상화시킨다.

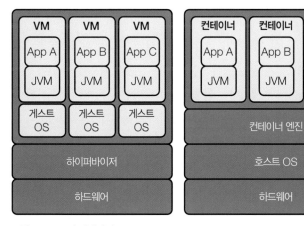

그림 3-1 VM과 컨테이너

컨테이너는 애플리케이션 일관성consistency, 프로세스 격리, OS 수준 의존성에 관련된 대부분의 문제를 해결하도록 고안된 경량 솔루션이다. 서비스나 애플리케이션을 컨테이너로 패키징하면 캐싱 메커니즘을 통해 배포 및 구동 시간을 극적으로 단축시킬 수 있다. 직접 설정한 프로비저닝이 완료될 때까지 기다릴 필요 없이 이미 존재하는 인프라에 컨테이너를 바로 배포할 수 있기 때문이다. 전용 서버, 기존 VM, 온프레미스on-premise 데이터 센터, 클라우드 환경 등 인프라 종류에 구애받지 않는다.

심지어 프로덕션 환경이 아니더라도 개발이나 테스트 환경에 컨테이너를 활용하는 다양한 사례들이 있다.

신입 개발자가 들어와 적응하는 동안 가장 많은 시간이 소요되는 단계는 로컬 개발 환경 설정이다. 처음으로 버그를 수정하거나 개선 사항을 반영하기까지 시간이 다소 걸리더라도 이러한 적응 기간을 감안해 어느 정도 눈감아 주는 관행이 있다. 심지어 개발 툴을 지정해주는 회사도 있다. 일관성을 지켜야 적응을 돕기 쉽고 효율도 높아진다는 믿음에서 비롯된 행태다. 그러나 요즘 개발자는 그 어느 때보다 넓은 선택의 자유를 누릴 수 있다. 필자는 이미 자신의 방식에 익숙해진 개발자에게 특정 개발 툴을 강요하면 역효과가 난다고 생각한다. 사실은, 그냥 그럴 필요가 없는 경우가 많다. 특히 컨테이너를 활용할 수 있게 된 뒤로는 더욱 그렇다.

컨테이너는 런타임 환경을 일관적으로 유지하며 설정에 따라 개발, 테스트, 프로덕션 모드를 손쉽게 선택하고 실행할 수 있다. 환경 자체를 애플리케이션과 함께 컨테이너 이미지에 탑재하기 때문에 의존성 누락 등 환경적 요인으로 서비스나 애플리케이션이 다르게 작동할 위험을 크게 줄일 수 있다.

이렇듯 컨테이너는 이식성portability이 높아 개발자가 로컬 환경에서 온전성sanity 테스트를 수행하기 쉽다. 버그를 발견했을 때 프로덕션과 동일한 버전의 코드를 간단히 배포할 수 있어 문제를 재현하기도 쉽다. 또한 통합 테스트에 컨테이너를 활용하면 프로덕션과 최대한 비슷하게 환경을 재현할 수 있다는 장점이 있다. 예를 들어 통합 테스트에서 프로덕션과 달리 인메모리 데이터베이스를 쓰고 있다고 가정하자. 이럴 때 프로덕션과 동일한 데이터베이스 소프트웨어가 담긴 컨테이너를 구동하면 테스트 환경을 일치시킬 수 있다. 데이터베이스 버전이 다를 때는 TestContainers 같은 프로젝트를 부수적으로 활용하면 좋다. SQL 문법 등의 미묘한 차이로 발생하는 불규칙성이 해소된다. 컨테이너를 적절히 응용하면 로컬 시스템에 신규 소프트웨어 버전을 매번 설치하거나 동일 버전을 중복으로 설치하지 않아도 된다. 복잡성은 감소하고 효율성은 향상된다.

지금까지 배운 내용이 여러분에게 쓸모가 없다고 해도, 컨테이너는 어떠한 형태로든 살아남아 지속될 가능성이 크다. 이번 장 초반에 설명했다시피 지난 몇 년간 컨테이너 사용량은 기하급수적으로 증가했다. 관련 툴 또한 컨테이너 생태계를 중심으로 지속적으로 개발 및 개선되고 있다. 컨테이너는 개발과 운영 프로세스 모두의 지지를 받는 견고한 발판 위에 서 있다. 이미 50년 이상의 역사를 지닌 기술임을 감안한다면 아직까지 알려지지 않은 완전히 다른 방향으로 진화가 일어나고 있을 가능성은 있다. 그러나 지금 당장은 컨테이너 생태계를 공부하고 그 안의 기술을 최대한 내 것으로 만들어두는 편이 좋을 것이다.

3.2 컨테이너 해부학 개론

개발자로서 필자의 첫 컨테이너 경험은 서드파티 계약 업체의 개발 프로젝트를 넘겨받으며 시작됐다. 우리 팀은 이 프로젝트를 추가로 개발하고 관리하는 업무를 맡았다. 코드베이스를 내부 깃헙 조직으로 가져오는 첫 작업은 물론, 데브옵스 환경에 맞게 프로젝트를 거치기까지 많은 부분을 새로 설정해야 했다. 지속적 통합(CI)과 지속적 배포(CD) 파이프라인, 개발 및 테스트 환경, 배포 프로세스 등 수많은 설정의 연속이었다.

필자는 이때의 경험을 책상 정리에 비유하곤 한다. 심지어 책상을 오래도록 방치해둔 상황이다. 개인적인 습관을 공개하려니 약간 민망하지만 요점이 잘 전달된다면 그럴 만한 가치가 있다. 필자가 책상을 정리할 때 가장 시간이 오래 걸리는 부분은 산더미처럼 쌓인 서류와 우편물 더미다. 무심코 쌓아 놓다보면 어느새 쓰러질 정도의 높이가 된다. 가장 편리한 정리 방법은 그냥 전부 싸 들고 집으로 가는 것이다. 집에 도착하면 이내 다른 급한 일이 떠오른다. 이미 그전에 가져다 놓은 서류 더미와 함께 가져온 짐은 부엌 구석에 던져두고 언젠가 정리하리라 마음먹는다. 하지만 문제는 그 안에 무엇이 들어있는지 필자가 전혀 모르고 있다는 점이다. 각종 청구서, 중요한 증빙 자료, 회신해야 할 문서, 일정을 잡아야 할 초대장 등 무시하면 안 될 서류가 있을 가능성이 높다. 정리하자니 시간이 얼마나 걸릴지 몰라 두렵고, 정리를 미루면 서류 더미가 더더욱 커지는 악순환으로 이어진다.

문제의 프로젝트를 관리하는 첫 번째 단계는 마치 책상 정리와 같았다. 소스 코드에서 Dockerfile을 발견한 순간 높게 쌓인 서류 더미를 보는 것 같은 두려움을 느꼈다. 그것이 무엇인지 공부하고 제대로 처리해야 마땅했지만 당시에는 내게 주어진 과제 범위 밖의 일이라고 여겼다. 간혹 신규 프로젝트에 새로운 기술을 도입할 때 학습 시간을 충분히 고려하지 않는 경우가 있다. 학습 기간은 프로젝트 계획을 수립할 때 처음부터 배정하고, 그로 인해 전체 일정에 잠재적 불안 요소나 변수가 발생하더라도 감수해야 한다. 신기술을 도입하지 말라는 뜻으로 이해하면 **안 된다**. 산업이 성장하고 변화하면 개발자는 무조건 새로운 문물을 습득해야 한다. 신기술을 도입하는 정도를 제한하거나 일정에 유동성을 부여하는 방식으로 가급적 리스크를 완화하는 것이 최선이다.

> **NOTE** **Dockerfile**은 텍스트 파일이며 컨테이너의 청사진을 나타내는 지침서 역할을 한다. 본래 도커에서 쓰이는 파일이었지만 범용성이 높아져 **Dockerfile**이라는 파일명 자체가 일반화되었다. Buildah, kaniko, BuildKit 등 다른 이미지 빌드 툴도 이 파일을 그대로 읽고 컨테이너 이미지를 빌드할 수 있다.

도커 가이드[7]처럼 이미 잘 정리된 탁월한 문서를 있는 그대로 되풀이해서 보여주는 것은 의미가 없다. 이 책의 진행 방식을 따르면 여러분은 마치 양파 껍질을 벗기듯 차근차근 기본에 접근하며 즉각적인 가치와 상세한 정보를 얻게 될 것이다. 각자의 책상을 정리하고 업무 준비를 갖추기에 충분한 정보가 되었으면 한다. 컨테이너가 무엇인지, 컨테이너가 왜 지금의 위치에 이르렀는지에 대한 정보는 이전 절에서 이미 많이 얻었다. 다음으로 개발자가 현업에서 접하게 될 용어와 기능을 알아보자.

컨테이너의 이미지 주요 용어

컨테이너 세계에는 그곳만의 사전이 있다. 다음은 여러분이 자주 마주치게 될 용어들이다.

컨테이너

애플리케이션, 의존성, 시스템 리소스 전체의 캡슐화encapsulation다. 컨테이너는 호스트 머신 내부의 고립된 '공간space'에서 실행되며 호스트 머신의 운영체제와 커널을 공유한다. 컨테이너 내부에서 실행되는 프로세스와 호스트의 프로세스는 저수준 기능을 통해 서로 격리된다. 컨테이너는 각기 다른 컴퓨팅 환경 사이에서 애플리케이션이나 서비스의 이식성을 확보한다. 의존성 집합 차이로 인한 작동 방식 변화의 위험을 제거할 수 있다.

---

7 https://oreil.ly/Tez72

컨테이너 이미지 container image

컨테이너 생성에 필요한 모든 의존성과 설정을 제공하는 불변 immutable, 실행 바이너리다. 환경 설정 전체를 망라하며 컨테이너 구동 후 접근할 모든 리소스를 명시적으로 정의한다. 컨테이너 이미지는 완전한 파일 시스템이 아카이브 형태로 담긴 스냅샷이며 압축된 내용을 풀어서 실행한다고 생각하면 편리하다. 루트 파일 시스템의 변경 사항 집합으로 이미지의 콘텍스트가 구성된다.

베이스 이미지 base image

이미지는 다른 이미지를 상속받을 수 있으며 대개 베이스 이미지의 의존성과 설정 집합을 기초로 삼는다. 일반적으로 베이스 이미지는 기본 운영체제를 결정하며 경우에 따라 특정 패키지나 의존성 집합을 포함한다. 베이스 이미지는 다른 이미지를 베이스로 두지 않으며 Dockerfile 첫 줄에 scratch라는 명령어를 지정한다.

다른 이미지에서 상속된 이미지는 Dockerfile 첫 줄에 자신이 상속받은 이미지, 일명 **부모 이미지** parent image를 지정한다. 부모 이미지가 반드시 베이스 이미지일 필요는 없다.

이미지 ID image ID

이미지를 빌드하면 이미지 메타데이터 설정 파일 내용으로 SHA−256 해시를 계산해 이미지의 고유 ID로 할당한다.

이미지 다이제스트 image digest

이미지 매니페스트 파일 내용으로 SHA−256 해시를 계산한 고유 ID이다.

이미지 매니페스트 image manifest

컨테이너 이미지의 메타데이터가 담긴 JSON 파일. 이미지 메타데이터 설정 파일과 모든 이미지 레이어의 다이제스트가 저장된다.

이미지 레이어 image layer

이미지는 이미지 레이어로 구성된다. 이미지 레이어는 Dockerfile에 지정된 각 명령어마다 생성되는 중간 이미지다. 이미지를 빌드하면 Dockerfile의 명령들이 실행되며 저마다 레이어를 생성하고, 각 레이어는 이전 레이어를 바탕으로 변경 내역을 구성한다. 베이스 레이어에서 시작해 후속 레이어가 순차적으로 쌓이며 각 레이어는 이전 레이어의 변경 델타 delta 정보를 축적한다.

이미지 태그image tag

이미지 리포지터리에서 특정 이미지 바이너리를 가리키는 별칭alias이다. 태그는 자유롭게 지정할 수 있지만 일반적으로 해당 이미지의 버전을 명시한다. 태그는 하나의 이미지 바이너리를 가리키지만 이미지 바이너리는 여러 태그를 지닐 수 있다. 주로 시맨틱semantic 형식으로 버전을 지정하는 동시에 최신 버전임을 나타낼 때 이러한 특성을 활용한다. 예를 들면 최신 메이저 버전의 최신 마이너 또는 패치 버전에 latest 태그를 추가로 지정한다.

각 프로젝트의 이미지 태그는 형식의 일관성을 보장하지 않는다. 또한 태그는 불변 속성이 아니므로 언제든 바꿀 수 있다. 다시 말해 태그가 가리키는 바이너리가 잠재적으로 변경될 가능성이 존재한다. 공개 컨테이너 레지스트리에서 어제 가져온 3.2.1 태그 이미지가 오늘 가져온 3.2.1 이미지 바이너리와 동일하다고 보장할 수 없다.

이미지 리포지터리image repository

모든 이미지 버전을 저장하고 배포하는 위치. 이미지 리포지터리의 이름은 일반적으로 **이미지 이름**image name과 동일하다.

컨테이너 레지스트리container registry

이미지 리포지터리 컬렉션을 저장하는 컨테이너 이미지 리포지터리. 통상적으로 도커 레지스트리와 컨테이너 레지스트리를 혼용하는 경우가 많다. 그러나 컨테이너 레지스트리는 도커나 OCI 이미지 포맷 일부를 지원하지 않을 가능성이 있으니 주의하기 바란다.

3.2.1 도커 아키텍처와 컨테이너 런타임

크리넥스Kleenex가 티슈 브랜드의 대명사인 것처럼 도커는 컨테이너 **브랜드**의 대명사다. 도커 사는 컨테이너화에 관련된 기술 스택 일체를 개발했다. **도커 컨테이너, 도커 이미지** 등의 용어가 마치 일반명사처럼 쓰이고 있지만 도커 데스크톱 같은 소프트웨어는 일반적인 수준을 넘어서는 기능을 제공한다. 개발 환경에 설치하는 순간, 단순한 컨테이너 실행을 넘어 개발자가 쉽고 편리하게 구축, 관리할 수 있는 완전한 컨테이너 플랫폼을 손에 넣게 된다.

컨테이너 이미지를 빌드하거나 컨테이너를 실행하기 위해 반드시 도커를 설치할 필요는 없다. 도커는 그저 널리 사용되는 편리한 툴일 뿐이다. 메이븐이나 그레이들을 사용하지 않아도 자바 프로젝트를 패키징할 수 있듯, 도커나 Dockerfile을 사용하지 않아도 컨테이너 이미지를 빌드할 수 있다. 컨테이너를 처음 접하는 개발자는 먼저 도커가 제공하는 툴을 써본 다음, 다른 툴이나 방법도 시험해볼 것을 권장한다. 각각의 경험이 주는 느낌을 비교해보기 바란다. 도커를 사용하지 않거나 다른 툴을 도커와 함께 사용하기로 결정해도 상관없다. 많은 시간과 노력을 들여 양질의 개발자 경험을 쌓는 계기가 될 것이며, 개발 환경에 도커 데스크톱을 설치한다는 선택에 큰 가산점을 부여하게 될 것이다.

도커를 사용하면 호스트 시스템의 OS/커널을 공유하는 격리 환경이 조성되며 사용자나 애플리케이션이 제어할 수 있다. 또한 동일 시스템의 또 다른 격리 환경(컨테이너)의 작업과 간섭을 일으키지 않는다. 도커로 할 수 있는 일들은 다음과 같다.

- 컨테이너 정의(이미지 포맷)
- 컨테이너 이미지 빌드
- 컨테이너 이미지 관리
- 컨테이너 이미지 분산/공유
- 컨테이너 환경 생성
- 컨테이너 구동/실행 (컨테이너 런타임)
- 컨테이너 인스턴스 라이프 사이클lifecycle 관리

컨테이너의 세계는 도커뿐만 아니라 많은 것으로 채워져 있다. 그러나 대부분의 컨테이너 툴이 제공하는 기능은 도커의 활동 반경 안에 머문다. 도커의 작동 방식에 먼저 익숙해지면 이러한 대체재들을 이해하고 평가하기 쉽다.

도커 아키텍처를 나타내는 그림이나 다이어그램은 도처에서 발견할 수 있다. 온라인에서 이미지를 검색하면 아마 [그림 3-2]와 비슷한 그림이 바로 나올 것이다. 이 다이어그램은 개발 머신에서 도커가 작동하는 방식을 제법 잘 묘사하고 있다. 도커 CLI는 도커 데몬에 명령을 전달하는 인터페이스다. 이미지를 빌드하거나 외부 레지스트리(기본값은 도커 허브hub)에서 특정 이미지를 검색할 때 사용한다. 이미지는 로컬 스토리지에 두고 관리한다. 개발 머신에서 컨테이너를 실행하면 내부에서 이미지가 구동된다.

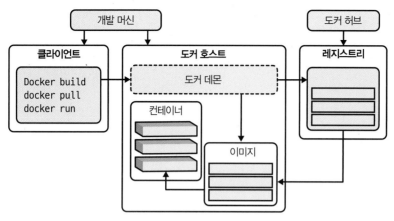

그림 3-2 도커 아키텍처

이 그림을 처음 본다면 혼동할 수 있는 개념이 있다. 바로 도커 생태계의 한 측면을 담당하고 있는 **컨테이너 런타임**container runtime이다. 다시 말하지만 컨테이너 런타임은 도커가 제공하는 전체 기술 스택의 일부다. 그러나 쿠버네티스 같은 오케스트레이션 프레임워크가 컨테이너를 실행할 때도 컨테이너 런타임의 기능이 일부 필요하기 때문에, 도커와 별개로 언급되는 경우가 많다. 대체 런타임이 언급될 때도 마찬가지다.

컨테이너 런타임은 컨테이너 기술 세계에 처음 발을 들인 사람이 가장 혼란을 느끼기 쉬운 주제이므로 더더욱 짚고 넘어갈 만한 가치가 있다. 컨테이너 런타임은 구현 기능에 따라 고수준, 저수준으로 나뉜다. 게다가 두 기능 집합 사이에 중첩되는 영역이 존재한다. 이 구조를 제대로 이해하려면 집중력이 필요하다.

일전에 등장했던 OCI, containerd, runC 등의 프로젝트를 떠올려야 할 시간이 됐다. 또한 컨테이너 런타임과 이들 사이의 관계를 표현하는 시각적 자료가 필요하다. [그림 3-3]은 구, 신버전 도커의 관계, 고수준, 저수준 런타임 간의 관계, 쿠버네티스의 상대적 위치 등을 나타낸다.

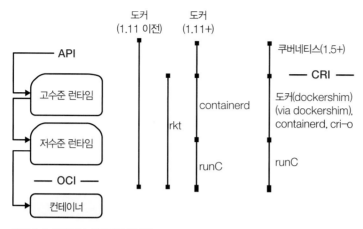

그림 3-3 컨테이너 생태계와 런타임

> **TIP** 컨테이너 런타임을 더 깊이 이해하고 싶다면 구글 클라우드 플랫폼 팀 소속 이안 루이츠의 블로그[8]를 참고하기 바란다. 역사적 관점을 가미해 컨테이너 런타임을 가장 자세히 설명한 자료다.

2016년에 출시한 1.11 버전 이전의 도커를 한 문장으로 표현하면, 런타임의 전체 기능과 부가 관리 툴을 한 데 감싼 모놀리식monolithic 애플리케이션이다. 도커는 지난 몇 년 동안 각고의 노력을 기울여 코드베이스를 재구성하고 개별 기능을 분리해 추상화시켰다. 도커가 OCI에 기증한 runC 프로젝트는 이러한 노력의 결실이다. runC는 OCI 런타임 스펙을 구현한 최초의 저수준 컨테이너 런타임이었으며 한동안 유일한 존재였다.

현재는 runC 외의 런타임들이 활발히 개발되고 있다. 가장 최근의 개발 현황을 파악하려면 OCI가 관리하는 공식 목록[9]을 참고하기 바란다. 주목할 만한 저수준 런타임 프로젝트로는 **crun**, **railcar** 등이 있다. 전자는 C 언어로 구현된 프로젝트며 레드햇이 주도한다. 후자는 오라클에서 주도하며 러스트Rust로 구현됐지만 지금은 아카이브 상태로 전환됐다.

---

8 https://oreil.ly/Y2Fow
9 https://oreil.ly/Vro14

CoreOS rkt의 근황

CoreOS는 2018년 초 레드햇에 인수되었다. CoreOS의 rkt는 CNCF에 인큐베이팅 프로젝트로 승인되었으며 도커의 containerd 프로젝트에 맞설 유력한 경쟁자로 주목받았다. 그러나 CoreOS 인수 이후 프로젝트 개발 소식이 뜸해졌다. 2019년 중반 CNCF는 rkt 프로젝트를 아카이브했고 이듬해 2월이 되어 프로젝트는 종료되었다.

rkt 컨테이너 소스 코드는 아직 깃헙[10]에 남아 있으므로 누구나 내려받아 사용할 수 있다. 그러나 프로젝트 관리와 모든 개발 활동은 중단되었다는 사실을 염두에 두기 바란다.

스펙 개발은 도전적인 과업이며 OCI 런타임 스펙 개발 협업도 예외는 아니었다. 스펙으로 **채택**하거나 **배제**할 사안의 경계를 파악하고 1.0 버전을 출시하기까지 많은 시간이 걸렸다. 그러나 OCI 런타임 스펙 개발이 구현 채택으로 직접 이어지지는 않았다. 개발자에게 있어 실용적인 수준에 도달하려면 저수준 런타임에 많은 기능을 더해야 한다. 단순히 컨테이너 구동과 실행만이 아닌 더 많은 것에 관심이 있기 때문이다.

고수준 런타임은 이러한 필요성을 배경으로 등장했다. 2022년 현재 이 분야에서 가장 선두에 있는 두 주자는 **containerd**와 **cri-o**다. 이들은 이미지 관리, 배포를 포함해 컨테이너 오케스트레이션의 주요 관심사를 상당수 해결한다. 두 런타임은 모두 CRI를 구현해 쿠버네티스 배포를 지원하며, 저수준 컨테이너 활동을 OCI 호환 런타임인 runC 등에 위임한다.

---

10 https://oreil.ly/GqSMj

쿠버네티스의 도커 컨테이너 런타임 지원 중단

쿠버네티스는 1.20 버전 릴리스에서 향후 도커 런타임 지원이 중단될 예정이라고 발표했다. 이 윽고 2022년 1.24 버전이 발표되면서 실제로 중단된다. 다음은 1.20 버전의 변경 로그[11] 중 일부다.

> 큐블릿의 도커 지원 기능이 중단 예정^{deprecated} 상태로 바뀌며 향후 릴리스에서 제거될 예정 입니다. 큐블릿은 도커 CRI를 구현한 'dockershim' 모듈을 사용합니다. 쿠버네티스 커뮤니 티 내에서 이 모듈의 유지관리 이슈가 제기되었습니다. CRI를 완전히 구현(v1alpha1 또는 v1 호환)한 컨테이너 런타임을 선정하고 즉시 전환할 것을 권장합니다.

이 짧은 단락에 담긴 의미를 이해할 수 있는가? 쿠버네티스 배포에 더 이상 도커 툴을 사용할 수 없다는 뜻인가? 앞으로 도커 데스크톱을 사용할 수 없거나 도커를 배우는 데 더 많은 시간이 필 요해지는가? 모두 좋은 질문이다. 위 내용은 배포 관점과 개발 관점으로 나누어 생각하면 쉽게 이해할 수 있다.

쿠버네티스는 사용자 설정을 기반으로 컨테이너의 배포와 확장을 관리하는 오케스트레이션 프 레임워크다. 쿠버네티스가 제기능을 하려면 **큐블릿**이라는 에이전트가 각 노드에서 실행되면서 컨테이너들을 관리해야 한다. 즉, 큐블릿은 컨테이너 런타임과 통신할 수 있어야 한다.

이제 쿠버네티스가 도커 런타임 외에 대체 컨테이너 런타임을 지원하기로 결정하면서 애매한 상 황이 펼쳐진다. 쿠버네티스는 **dockershim** 모듈을 통해 도커 런타임을 지원한다. 앞서 강조했 다시피 도커 런타임은 도커의 전체 기술 스택의 일부다. dockershim 모듈은 도커 런타임을 지 원하는 CRI를 구현했으나 한편으로 도커는 런타임을 떼어 내고 CRI 호환성을 더해 containerd 로 만들었다. 게다가 도커 자신부터 containerd를 사용하기 시작했다. 이제 dockershim 같은 도커 전용 구현체는 더 이상 의미가 없어진 셈이다.

쿠버네티스는 여러 컨테이너 런타임을 지원하도록 바뀌었지만 도커 이미지는 쿠버네티스 클러 스터에서 변함없이 계속 사용할 수 있다. 도커는 여전히 배울 만한 가치가 있다.

---

[11] https://oreil.ly/W7h1N

3.2.2 도커 설치

컨테이너는 마법의 빗자루가 아니다. 컨테이너 기술이 리눅스에 이미 존재하는 기능의 조합이라는 점은 이번 장 도입부에서 언급했었다. 컨테이너 내부는 다양한 방식으로 구현되지만 그중 컨테이너 이미지는 단순히 파일 시스템을 압축한 일종의 타르볼tarball이다. 컨테이너는 리눅스 프로세스 형태로 실행되며 호스트의 다른 프로세스로부터 격리되도록 실행 수준이 제한된다. 도커 컨테이너 구현은 주로 세 가지 요소를 포함한다.

- 네임스페이스namespace
- cgroups
- 유니언union 파일 시스템

그렇다면 실제 로컬 파일 시스템에서 컨테이너는 어떤 모습을 하고 있을까? 먼저 도커가 개발 머신에 자신의 파일들을 저장하는 위치를 알아보자. 도커 허브에서 가져온 실제 도커 이미지를 살펴볼 것이다.

도커 데스크톱을 설치[12]하고 터미널에서 `docker info` 명령을 실행하면 자세한 설치 정보가 출력된다. 그중 `Docker Root Dir` 항목은 이미지나 컨테이너가 저장되는 위치를 나타낸다. 다음은 도커 데스크톱 설치 정보 예시다. Docker 루트 디렉터리가 **/var/lib/docker**임을 알 수 있다.

```
$ docker info
Client:
 Context: default
 Debug Mode: false
 Plugins:
  app: Docker App (Docker Inc., v0.9.1-beta3)
  buildx: Build with BuildKit (Docker Inc., v0.5.1-docker)
  compose: Docker Compose (Docker Inc., 2.0.0-beta.1)
  scan: Docker Scan (Docker Inc., v0.8.0)

Server:
 Containers: 5
  Running: 0
  Paused: 0
```

---

12 베타리더_ 개인 사용자와 250인 미만 사업체는 무료로 사용할 수 있다.

```
   Stopped: 5
   Images: 62
   Server Version: 20.10.6
   Storage Driver: overlay2
...
   Docker Root Dir: /var/lib/docker
...
```

이 예시는 맥OS 빅서^{Big Sur}에 설치된 도커 데스크톱 3.3.3 버전의 설치 정보다. 해당 시스템에서 **/var/lib/docker** 디렉터리 목록을 조회하면 다음과 같은 결과를 얻는다.

```
$ ls /var/lib/docker
ls: /var/lib/docker: No such file or directory
```

도커 정보 출력 결과를 보면 중지된 컨테이너 5개와 이미지 62개가 이 시스템에 있다. 그러나 도커 루트 디렉터리를 조회하면 존재하지 않는 디렉터리라는 에러가 발생한다. 왜 이런 현상이 나타났을까? 출력된 정보가 틀린 것일까? 참고로 [그림 3-4]는 맥용 도커 데스크톱의 설정 화면 UI다. 여기도 이미지와 컨테이너가 저장되는 위치 정보가 있다.

그러나 이 위치는 앞선 예시에서 확인한 위치와 전혀 다르다. 사실 여기엔 그만한 이유가 있다. 도커 설치 방식은 운영체제에 따라 조금씩 다르다. 도커가 리눅스 컨테이너를 실행하려면 리눅스 환경이 필요하다. 맥용 도커 데스크톱을 설치하면 소형 리눅스 가상머신이 함께 설치되며 도커는 이를 통해 컨테이너를 실행한다. 앞서 출력된 도커 루트 디렉터리의 위치는 사실 이 VM 내부의 디렉터리를 가리킨다.

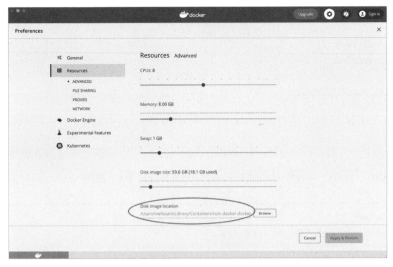

그림 3-4 도커 데스크톱 환경 설정

잠깐, 그렇다면 윈도우는 어떨까? 컨테이너는 호스트 운영체제를 공유하므로 윈도우 기반 컨테이너는 윈도우 환경이, 리눅스 기반 컨테이너는 리눅스 환경이 필요하다. 현재 도커 데스크톱은 과거 버전, 일명 도커 툴박스보다 크게 개선되어 리눅스 기반 컨테이너를 실행할 때 외부 소프트웨어가 추가로 필요하지 않다. 예전에는 맥에서 도커를 실행하려면 버추얼박스^{VirtualBox}와 boot2docker 등을 설치하고 모두 제대로 작동하도록 관리해야 했다. 요즘 도커 데스크톱은 자체적으로 가상화를 제어한다. 윈도우용 도커 데스크톱은 하이퍼V를 통해 윈도우 컨테이너를, WSL 2^{Windows Subsystem for Linux 2}를 통해 리눅스 컨테이너를 지원한다. 단 맥OS에서 윈도우 컨테이너를 실행하려면 버추얼박스가 여전히 필요하다.

이제 도커 루트 디렉터리에 대한 궁금증이 풀렸다. 실제로 확인하려면 리눅스 가상 머신에 접근해야 한다. 먼저 `docker pull IMAGE NAME` 명령으로 도커 이미지를 가져오자. 실행 결과는 다음과 비슷하다.

```
$ docker pull openjdk
Using default tag: latest
latest: Pulling from library/openjdk
5a581c13a8b9: Pull complete
26cd02acd9c2: Pull complete
66727af51578: Pull complete
Digest: sha256:05eee0694a2ecfc3e94d29d420bd8703fa9dcc64755962e267fd5dfc22f23664
```

```
Status: Downloaded newer image for openjdk:latest
docker.io/library/openjdk:latest
```

docker images 명령은 로컬에 저장된 모든 이미지 목록을 출력한다. 앞선 명령에서 **openjdk** 이미지를 가져올 때는 버전을 명시적으로 지정하지 않았으므로 latest 태그가 붙은 버전을 가져왔다. 특정 버전을 가져오려면 docker pull openjdk:11-jre처럼 버전을 지정하면 된다. 다음과 같이 여러 버전의 **openjdk** 버전을 보유할 수 있다.

```
$ docker images
REPOSITORY     TAG       IMAGE ID       CREATED        SIZE
...
openjdk        latest    de085dce79ff   10 days ago    467MB
openjdk        11-jre    b2552539e2dd   4 weeks ago    301MB
...
```

다음과 같이 docker inspect 명령으로 **이미지 ID**를 조회하면 **openjdk** 이미지의 상세 정보를 열람할 수 있다.

```
$ docker inspect de085dce79ff
[
    {
        "Id": "sha256:de085dce79ff...",
        "RepoTags": [
            "openjdk:latest"
        ],
...
        "Architecture": "amd64",
        "Os": "linux",
        "Size": 467137618,
        "VirtualSize": 467137618,
        "GraphDriver": {
            "Data": {
                "LowerDir": "/var/lib/docker/overlay2/581137...ca8c47/diff:/var
                /lib/docker/overlay2/7f7929...8f8cb4/diff",
                "MergedDir": "/var/lib/docker/overlay2/693641...940d82/merged",
                "UpperDir": "/var/lib/docker/overlay2/693641...940d82/diff",
                "WorkDir": "/var/lib/docker/overlay2/693641...940d82/work"
            },
            "Name": "overlay2"
```

```
        },
        "RootFS": {
            "Type": "layers",
            "Layers": [
                "sha256:1a3adb4bd0a7...",
                "sha256:046fa1e6609c...",
                "sha256:a8a84740beab..."
            ]
        },
    ...
```

docker inspect 실행 결과를 보면 흥미로운 정보가 많다. 여기서 특별히 강조하고 싶은 부분
은 GraphDriver 섹션이다. 이미지에 속한 모든 레이어의 경로 정보를 제공한다.

도커 이미지는 Dockerfile의 설정에 따라 빌드되며 내부는 여러 레이어로 구성된다. 레이어는
각각 디렉터리가 배정되며 여러 이미지가 개별 레이어를 공유하는 방식으로 공간을 절약한다.

LowerDir, MergedDir, UpperDir 항목을 각각 확인해보자. LowerDir은 원본 이미지를 빌
드하는 데 사용된 모든 레이어가 포함된 디렉터리다. 또한 읽기 전용이다. UpperDir 디렉터리
는 컨테이너가 실행되는 동안 변경된 모든 내용이 저장된다. LowerDir의 읽기 전용 레이어에
해당하는 부분이 변경되면 해당 레이어는 UpperDir에 복사된다. 이러한 작업을 일반적으로
COW^{Copy on Write}라고 부른다.

UpperDir의 데이터는 컨테이너가 실행되는 동안만 유지되는 임시 데이터다. 실제로 데이터를
계속 보관하려면 컨테이너가 종료되어도 남아 있을 위치를 도커의 볼륨 기능으로 마운트해야
한다. 이 기능은 컨테이너로 데이터베이스 주도 애플리케이션을 실행할 때 자주 사용한다. DB
데이터를 마운트 볼륨에 저장하면 초기화되지 않고 계속 유지할 수 있기 때문이다.

마지막으로, MergedDir은 LowerDir과 UpperDir에서 모든 내용을 가져와 조합한 일종의 가
상 디렉터리다. 유니언 파일 시스템의 작동 원리에 따라 UpperDir에 복사된 편집 레이어는
LowerDir의 레이어를 오버레이^{overlay}한다.

동일한 이미지로 여러 컨테이너를 구동할 수 있다. 각 컨테이너는 이미지 청사진을 바탕으로 생성되며 독립적으로 실행된다. 자바 언어로 비유하면 자바 클래스가 컨테이너 이미지에 해당한다. 클래스를 인스턴스화시킨 자바 객체는 컨테이너라고 생각할 수 있다.

컨테이너는 중지했다가 추후 재시작할 수 있다. 다시 새로 생성하지 않아도 된다. 시스템의 현재 컨테이너 목록을 보려면 다음과 같이 docker ps -a 명령을 실행한다. -a를 붙이면 중지된 컨테이너와 현재 실행 중인 컨테이너가 모두 출력된다.

```
$ docker ps -a
CONTAINER ID      IMAGE      COMMAND     STATUS                  NAMES
9668ba978683      openjdk    "tail -f"   Up 19 seconds           vibrant_jang
582ad818a57b      openjdk    "jshell"    Exited (0) 14 minutes ago   zealous_wilson
```

도커 루트 디렉터리로 이동하면 containers라는 하위 디렉터리가 있다. 이 디렉터리에 가면 다시 컨테이너별 하위 디렉터리가 있다. 각 디렉터리의 이름은 시스템에 있는 모든 컨테이너의 ID와 같다. 중단된 컨테이너는 이곳에 자신의 상태와 데이터를 저장해두었다가 재시작할 때 사용한다. 컨테이너별 디렉터리는 docker rm CONTAINER NAME 명령을 실행해서 삭제할 수 있다.

```
docker container prune
```

```
docker-desktop:~# ls /var/lib/docker/
builder     containers  overlay2  swarm volumes
buildkit    image       plugins   tmp
containerd  network     runtimes  trust

docker-desktop:~# ls /var/lib/docker/containers/
9668ba978683b37445defc292198bbc7958da593c6bb3cef6d7f8272bbae1490
582ad818a57b8d125903201e1bcc7693714f51a505747e4219c45b1e237e15cb
```

> **NOTE** 맥에서 개발할 때는 VM에서 컨테이너가 실행되고 있음을 잊으면 안 된다. 도커 루트 디렉터리에 접근하려면 먼저 VM에 접근해야 한다. 가령 privileged, 인터랙티브 모드로 컨테이너를 실행하고 nsenter로 VM에 접근하는 명령은 다음과 같다. sudo로 실행해야 하는 경우도 있다.
>
> ```
> docker run -it --privileged --pid=host debian \
> nsenter -t 1 -m -u -n -i sh
> ```
>
> Windows 10 이후 버전은 WSL을 기본적으로 탑재하므로 리눅스 컨테이너를 자체적으로 실행할 수 있다. Windows 11 홈에디션의 기본 도커 루트 디렉터리는 다음 경로를 입력해 탐색기에서 바로 접근할 수 있다.
>
> ```
> \\wsl.localhost\docker-desktop-data\version-pack-data\community\docker\
> ```

3.2.3 이미지 태그와 버전 관리

앞선 예시에서 잠깐이나마 이미지를 살펴봤다. 이 과정을 주의 깊게 지켜봤다면 이미지 식별과 버전 지정 방식이 자바 소프트웨어의 방식과 약간 다르다는 것을 눈치챘을 것이다. 대부분의 자바 개발자는 시맨틱 버전 형식에 익숙하며 메이븐 등의 빌드 툴을 쓸 때 항상 의존성 버전을 명시한다. 직접 지정하지 않더라도 최소한 메이븐이 의존성 트리에서 선택한 버전을 수락하는 셈이다. npm 등의 패키지 매니저는 버전 명시 규칙이 약간 더 느슨하다. 의존성 버전의 범위를 지정할 수 있어서 업데이트 편의성과 유연성이 높다.

이미지의 버전 규칙을 제대로 이해하지 않으면 나중에 발목을 잡힐 수 있다. 이미지는 굳이 자바 개발자에게 익숙한 방식으로 버전을 매길 필요가 없다. 관행의 준수보다 태그의 유연성이 우선시된다. 그러나 유연성이 **보장**된다고 해서 반드시 그것을 누려야 할 **이유는** 없다. 자바 라이브러리나 패키지처럼 이미지도 처음부터 합리적인 버전 명명 체계를 따르는 것이 가장 무난하다.

컨테이너 이미지의 명칭과 버전은 다중 컴포넌트로 이루어진 특정한 형식을 따른다. 그러나 완전한 형태를 사용하는 경우는 별로 없다. 인터넷 검색 결과에서 찾은 예제 코드와 Dockerfile 대부분은 축약 형식으로 이미지를 식별할 것이다.

이미지를 관리하는 방식을 쉽게 이해하려면 디렉터리 구조를 떠올리면 좋다. 최상위 디렉터리 명은 이미지 이름(예: **openjdk**)과 동일하며 그 안에 모든 이미지 버전이 있다. 일반적으로 이미지는 **이름**과 버전으로 식별하며 버전은 **태그**라고도 불린다. 이 두 요소를 정확히 지정하지 않으면 기본값이 사용된다. 심지어 도커 명령어를 쓸 때 태그는 생략하는 경우가 많다. 예들 들어 다음과 같이 간단히 입력하면 **openjdk** 이미지를 가져올 수 있다.

```
docker pull openjdk
```

이 명령을 실행했을 때 실제로 얻는 **openjdk** 이미지의 버전은 무엇일까? 이미지의 버전이 여럿이라면 그중 어떤 것이 선택되는가? 반복적으로 빌드를 진행하는 상황에서 이미지의 버전이 모호하면 잠재적으로 문제의 소지가 있다고 볼 수 있다.

가장 먼저 취해야 할 조치는 이 명령에 버전이나 태그를 명시하는 것이다. 도커 허브 이외의 레지스트리는 주소를 직접 지정해야 한다. 가령 `artifactory-prod.jfrog.io`라는 외부 레지스트리가 있다면 다음과 같은 형식으로 명령을 실행한다.

```
docker pull openjdk:11
```

이전 명령어가 가져온 버전은 11이 아니라 다른 버전이었을까? 태그를 지정하지 않으면 기본적으로 **latest**라는 특수한 태그가 암시적으로 지정된다. 가장 최근 버전을 가리키기 위해 주로 사용하는 태그지만 항상 그렇다고 보장할 수는 없다. 태그가 가리키는 버전은 언제든 바뀔 수 있으며 심지어 어떤 경우는 **latest** 태그가 아무 버전도 가리키지 않는다.

태그처럼 맥락에 따라 다른 대상을 의미하는 명명법^{nomenclature}은 혼동을 일으키기 쉽다. **태그**라는 용어 자체의 특성상 가리키는 대상의 범위가 유동적이다. 특정 버전일 수도, 이미지명을 포함한 태그 전체일 수도 있다.

도커 이미지를 나타내는 모든 구성 요소가 포함된 전체 태그는 다음과 같은 형식을 따른다.

```
[ registry [ :port ] / ] name [ :tag ]
```

유일한 필수 요소는 name이며 **이미지 리포지터리**와 동일하다. tag를 지정하지 않으면 latest
로 간주한다. 레지스트리를 생략하면 도커 허브를 기본 레지스트리로 지정한다. 도커 허브 이
외의 레지스트리는 주소를 직접 지정해야 한다. 가령 artifactory-prod.jfrog.io라는 외부
레지스트리가 있다면 다음과 같은 형식으로 명령을 실행한다.

```
docker pull artifactory-prod.jfrog.io/openjdk:11
```

3.2.4 이미지 및 컨테이너 레이어

컨테이너를 효과적으로 구축하려면 레이어를 완벽히 이해해야 한다. 컨테이너의 원천, 즉 컨테
이너 **이미지**의 상세한 내부 구조는 컨테이너의 크기와 성능에 지대한 영향을 미친다. 심지어 그
중 일부는 보안과 직결되는 요소이므로 더더욱 개념을 통달할 필요가 있다.

기본적으로 도커 이미지는 베이스 레이어를 구성한 다음 이를 지속적으로 조금씩 변경하며 최
종 상태에 도달한다. 각 레이어의 존재는 사용자 및 권한 생성, 컨테이너 및 애플리케이션 설정
변경, 패키지 업데이트/추가/제거 등을 포함해 기타 다양한 변경 사항이 발생했음을 의미한다.
각 변경 사항은 파일 시스템의 추가, 변경, 삭제를 유발한다. 레이어는 이전 레이어의 변경 델
타를 이어받아 차례대로 쌓으며 변경 내용을 SHA-256 해시 다이제스트로 전환해 식별한다.
3.2.2절 '도커 설치'에서 설명했다시피 모든 레이어는 도커 루트 디렉터리에 저장된다.

레이어 시각화

레이어의 상태를 시각적으로 열람하려면 깃헙의 명령줄 툴인 다이브dive[13]를 사용하면 좋다.
[그림 3-5]는 도커 허브에서 가져온 최신 **openjdk** 이미지를 다이브로 조회한 화면이다. 왼쪽

---

13 https://oreil.ly/M2ZBZ

영역은 **openjdk** 이미지를 구성하는 레이어의 상세 정보를 나타낸다. 총 3개의 레이어가 왼쪽 상단에 보인다. 오른쪽 영역은 이미지의 파일 시스템을 나타내며 각 레이어의 변경 사항을 강조해서 보여준다.

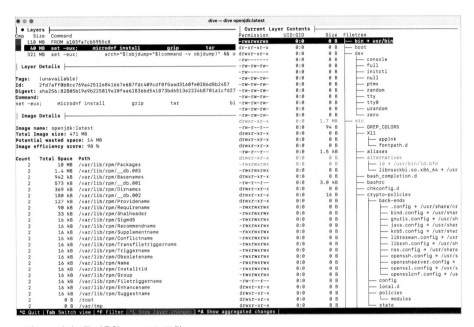

그림 3-5 다이브를 이용한 openjdk 조회

dive를 활용하면 이미지 내부의 파일 시스템을 자세히 조회할 수 있다. **openjdk** 이미지로 컨테이너를 실행할 때 매우 유용할 것이다. 또한 레이어가 중첩됨에 따라 초기 파일 시스템이 어떻게 달라졌는지 확인할 수 있다. 이 대목에서 가장 눈여겨봐야 할 부분은 초기 파일 시스템이다. 후속 레이어가 파일을 이동하거나 삭제함에 따라 이미지의 파일 시스템은 점점 원래 형태와 달라진다. 그러나 초기 파일 시스템의 형태는 원본 레이어에 그대로 남아 있다.

레이어 캐시 활용

이미지를 레이어 구조로 저장하면 이미지 요청, 빌드, 푸시 속도를 높일 수 있다. 이미지 저장 공간도 절약할 수 있는 영리한 기법이다. 이러한 전략 덕분에 동일한 이미지 레이어를 여러 이미지가 공유할 수 있다. 또한 이미지 레이어는 로컬에 캐시 형태로 저장된다. 레지스트리에 저장된 이미지를 가져오거나 내부 이미지를 푸시할 때 소요되는 시간과 대역폭도 아낄 수 있다.

도커 시스템은 외부 레지스트리에서 가져온 이미지 또는 직접 구축한 모든 이미지를 로컬 캐시 형태로 유지한다. 신규 이미지를 푸시하거나 가져올 때는 로컬 캐시와 레지스트리를 레이어 단위로 비교하고 필요한 부분만 선택적으로 전송해 효율을 높인다.

캐싱 메커니즘은 성능을 향상시킬 수 있는 좋은 수단이다. 그러나 자체적으로 운영되는 메이븐 리포지터리 또는 그와 유사한 캐싱 시스템을 경험해본 사람은 캐시의 단점도 알고 있을 것이다. 캐시에 저장된 버전과 실제로 필요한 버전이 **서로 일치하지 않는** 경우가 있다. 로컬 이미지 캐시를 사용할 때는 사용 방법과 시기를 미리 염두에 두어야 한다. 캐시가 저장된 상태로 너무 오래 유지되면 개발 및 로컬 테스트 시점에 문제가 발생할 위험이 있다.

예를 들어 `docker run openjdk`와 `docker pull openjdk` 명령은 캐시 활용 면에서 약간 다르게 작동한다. 전자는 로컬 캐시에서 `latest` 태그로 지정된 이미지를 검색한다. `latest` 이미지를 발견하면 올바른 이미지로 간주하고 캐시 이미지를 기반으로 컨테이너를 실행한다. 후자의 명령은 한 단계가 더 추가된다. 이미지를 가져올 때 원격 레지스트리에 업데이트 내역이 있으면 시스템의 **openjdk** 이미지도 함께 업데이트한다.

이미지를 재빌드할 때 Dockerfile의 명령도 재실행된다고 간주하는 실수도 자주 발생한다. `RUN apt-get update` 같은 명령이 대표적인 예다. 특정 패키지명이나 버전을 새로 명시하면 모를까, Dockerfile에서 이 명령이 바뀌지 않는 한 초기에 생성된 레이어도 캐시에 그대로 남아 있다. 새로 갱신해야 한다고 판단하지 않는 것이다. 이러한 결과는 버그가 아니며 빌드 프로세스 속도를 높이는 캐시 본연의 기능이다. 이미 빌드한 레이어라고 판단하면 다시 레이어를 빌드하지 않는다.

캐시의 불확실성을 해소하기 위해 Dockerfile을 작성할 때 한 줄에 여러 명령을 조합하는 시도를 할 수 있다. 이렇게 하면 변경 사항이 매번 반영되는 대신 레이어가 하나만 생성된다. 단일 레이어에 너무 많은 변경 사항을 욱여넣으면 캐시의 장점을 전혀 누리지 못하게 된다.

> **TIP** 개발자의 입장에서 로컬 캐시는 진지하게 다뤄야 할 대상이다. 캐시를 활용할 때는 로컬 개발 환경을 넘어 지속적 통합, 서버 구축, 통합 테스트 자동화까지 함께 고려해야 한다. 모든 시스템에 일관성을 유지할 수 있다면 원인을 파악하기 어렵거나 간헐적인 문제가 발생할 위험도 줄어들 것이다.

3.3 이미지 빌드와 컨테이너 모범 사례

이미지를 생성하고 이리저리 다루다보면 곳곳에 위험이 도사리고 있다는 것을 알게 된다. 심지어 가장 기본적인 빌드 프로세스조차 함정으로 가득하다. 이번 절은 여러분이 이미지 구축 여행을 시작하며 가슴에 새겨야 할 일련의 모범 사례를 설명한다. 빙산의 일각에 불과하지만, 가장 중요한 것들이다.

3.3.1 도커 콘텍스트 및 .dockerignore 파일

프로덕션용 도커 이미지를 만들 때는 개발 환경 설정, **.git** 디렉터리, 기타 민감한 정보가 담긴 디렉터리 등을 제거해야 한다. 일반적으로 빌드 명령을 실행할 때 **콘텍스트** 정보나 파일 경로를 제공해 빌드 프로세스에 활용한다.

다음은 대략적으로 구성한 Dockerfile 예시다.

```
FROM ubuntu
WORKDIR /myapp
COPY . /myapp
EXPOSE 8080
ENTRYPOINT ["start.sh"]
```

주목해야 할 지점은 **COPY** 명령이다. /myapp으로 복사하는 내용이 무엇이냐에 따라 문제가 발생할 여지가 있다. 명령을 실행하는 현재 디렉터리의 **모든 내용**이 도커 이미지 빌드로 복사될 것이며 이 이미지로 실행된 모든 컨테이너에 포함된다.

.dockerignore 파일은 제외할 파일의 목록을 지정하는 역할을 한다. 로컬에 저장됐을 특정 사용자용 파일이나 비공개 정보가 의도치 않게 이미지에 포함되지 않도록 차단할 수 있다. 사실, 빌드할 때 굳이 필요 없는 항목들을 모두 제외하면 콘텍스트의 크기와 빌드 시간이 크게 단축되는 경우가 많다. 다음은 .dockerignore 파일 예시다.

```
# Ignore these files in my project
**/*.md
!README.md
passwords.txt
```

```
.git
logs/
*/temp
**/test/
```

.dockerignore 파일의 형식 표기법은 Go의 `filepath.Match` 규칙[14]을 따른다.

3.3.2 신뢰할 수 있는 베이스 이미지

OpenJDK, Oracle JDK, GraalVM 등이 포함되거나 웹서버, 데이터베이스가 포함된 이미지를 사용할 때는 해당 이미지가 신뢰할 수 있는 상위 이미지를 두고 있는지 확인하기 바란다. 그렇지 않다면 직접 이미지를 생성하는 것이 안전하다.

도커 허브는 수많은 소프트웨어 업체, 오픈 소스 프로젝트, 커뮤니티가 컨테이너 이미지를 공개하는 세계 최대 라이브러리다. 무려 100,000개 이상의 이미지를 보유하고 있다. 그러나 이곳의 **모든 이미지를 신뢰하고 베이스 이미지로 사용할 수는 없다.**

도커 허브는 베이스로 사용하기 적합한 이미지에 선별적으로 'Docker Official Images'라는 레이블을 지정한다. 이러한 공식 이미지를 배포하려면 도커의 동의를 구해야 한다. 다음 단락은 도커 공식 이미지 문서[15]에서 발췌했다.

> 도커 사는 도커 공식 이미지의 모든 콘텐츠를 검토하고 게시하는 전담 팀을 후원합니다. 이 팀은 업스트림 소프트웨어 관리자, 보안 전문가, 광범위한 도커 커뮤니티와 밀접한 협력 관계를 유지하며 작업하고 있습니다.

Dockerfile 상단에 적힌 간단한 **FROM** 명령이 베이스 이미지를 결정한다는 사실을 명심해야 한다. 프로젝트에 선언된 자바 의존성과 의존성 트리의 깊이를 이해하는 것만큼이나 중요하다. Dockerfile의 상속 구조는 베이스 이미지가 추가 라이브러리와 패키지를 끌어올수록 복잡해지기 쉽다. 그중에는 군이 필요하지 않은 라이브러리나 악의적인 콘텐츠가 포함될 가능성도 있다.

---

14 https://oreil.ly/sCjIv
15 https://oreil.ly/TO8Po

3.3.3 패키지 버전 선정과 업데이트

앞서 설명한 캐싱 메커니즘의 특징과 반복 빌드의 안정성 유지를 고려하면, Dockerfile을 작성할 때도 자바 프로젝트와 마찬가지로 정확한 버전을 명시하는 것이 좋다. 버전이 갱신되거나 갑작스러운 업데이트가 발생했을 때 빌드가 손상되거나 동작이 어긋나는 사고를 방지할 수 있다.

또한 기존 버전에 안주하지 않도록 주의를 기울여야 한다. 현재 버전이 잘 작동한다면 빌드나 테스트가 실패하지 않는 한 버전을 업데이트할 필요성을 느끼기 어렵다. 정기적인 프로젝트 감사를 통해 중요한 업데이트가 추가됐는지 확인하고 의식적으로 업데이트를 반영해야 한다. 프로젝트 계획에 정기적인 일정으로 추가하면 더욱 좋다. 이러한 활동은 기능 개발이나 버그 수정 작업에서 떨어뜨려 놓을 것을 권장한다. 개발 라이프 사이클과 무관한 활동은 실제 개발 작업에서 배제하는 것이 좋기 때문이다.

3.3.4 작은 이미지 지향

이미지는 순식간에 덩치가 커지곤 한다. 자동화 빌드가 실행될 때마다 저장 공간의 크기를 모니터링하고 비정상적인 변화에 경고를 보내야 한다. 스토리지 용량을 먹는 하마 같은 패키지가 베이스 이미지 업데이트에 섞여 있을 위험이 있다. 또는 **COPY** 명령을 통해 숨어 들어오기도 한다.

멀티스테이지^{multistage} 빌드를 활용하면 작은 이미지를 유지하기 쉽다. Dockerfile에 **FROM** 명령을 다중으로 설정하면 멀티스테이지 빌드가 구현된다. 프로덕션 이미지에 필요하지 않은, 또한 있어서는 안 될 빌드 툴이나 패키지 관리자를 효과적으로 제외할 수 있다. 예를 들어 다음 Dockerfile은 두 단계에 걸쳐 이미지를 빌드한다. 첫 번째는 메이븐을 포함하는 베이스 이미지를 사용한다. 두 번째 단계의 베이스 이미지는 메이븐이 **없으며** 전 단계에서 생성된 JAR 파일만 복사해서 가져온다.

```
###################
# First build stage
###################

FROM maven:3.8.4-openjdk-11-slim as build
```

```
COPY .mvn .mvn
COPY mvnw .
COPY pom.xml .
COPY src src

RUN ./mvnw package

###################
# Second build stage
###################

FROM openjdk:11-jre-slim-buster

COPY --from=build target/my-project-1.0.jar .

EXPOSE 8080

ENTRYPOINT ["java", "-jar", "my-project-1.0.jar"]
```

이 방식은 **디스트롤리스**distroless 이미지를 만들 때도 쓰인다. 디스트롤리스 이미지는 애플리케이션을 실행할 때 절대적으로 필요한 요소를 제외한 나머지(셸 포함)를 모조리 제거한 이미지를 일컫는다.

3.3.5 외부 리소스 경계

필자는 Dockerfile 내부에서 **wget** 명령어로 특정 소프트웨어를 설치하는 경우를 자주 보았다. 심지어 셸스크립트로 작성한 임의의 설치 파일을 직접 실행하는 명령도 있었다. 실로 무서운 시도가 아닐 수 없다. 외부 리소스 접근에 대한 저항감은 단순한 의구심이나 편집증으로 치부하면 안 된다. 설령 신뢰할 수 있는 외부 리소스라 해도 마찬가지다. 빌드의 일부를 외부의 존재가 제어하게끔 양도하면 할수록, 빌드가 실패했을 때 손을 쓸 수 없는 상황이 발생할 확률도 커진다.

이러한 우려를 나타냈을 때 상대의 반응은 보통 이렇다. '일단 이미지를 빌드하면 베이스 이미지 안에 캐시되거나 저장되므로 전혀 걱정할 필요가 없어요. 외부 리소스를 다시 요청할 일도 없습니다.'

물론 맞는 말이다. 일단 베이스 이미지를 저장하거나 이미지 레이어가 캐시로 전환되면 당사자는 문제가 없다. 그러나 캐시가 없는 새로운 빌드 노드를 처음 실행하거나 신입 개발자가 입사 후 처음으로 베이스 이미지를 빌드할 때 문제가 발생할 것이다. 왜일까? 외부 리소스는 관리자도 외부에 있기 때문이다. 시간이 지나면 외부 리소스를 다른 곳으로 옮기거나, 접근을 제한하거나, 그냥 **중단**시켜버리는 일이 비일비재하다.

3.3.6 비밀 보호

민감한 정보나 파일을 이미지에 추가하지 않아야 하는 이유는 앞서 설명했다. 그러나 이것만으로 충분치 않다. 베이스 이미지나 이전 레이어에 개인 정보 파일이 있어도 Dockerfile에서 명령을 내려 삭제하면 된다고 생각하는 사람은 한번 더 주목하기 바란다. 필자는 베이스 레이어를 'fix'하려는 시도를 목격한 적이 있다. 당분간 새로 빌드할 예정이 없는 이미지였다.

앞서 설명한 레이어 작동 방식을 제대로 이해했다면, 후속 레이어에서 파일을 삭제해도 실제로 베이스 레이어에서 삭제되지 않는다는 것을 알고 있을 것이다. 후속 이미지를 기반으로 실행되는 컨테이너에서 파일이 보이지 않아도 실제로는 여전히 존재한다. 이미지가 저장된 시스템에 존재하며, 이미지를 기반으로 실행되는 컨테이너의 시스템에 존재한다. 장기 보관되는 이미지 레지스트리에도 존재한다. 마치 소스 관리 시스템에 자신의 암호가 올라가지 않도록 주의해야 하는 이유와 일맥상통하는 구석이 있다. 비밀스러운 정보는 애초부터 이미지에 넣지 말아야 한다.

3.3.7 부산물 인식

컨테이너가 차지하는 공간은 여러 가지 이유로 꾸준히 증가한다. 가장 흔한 이유는 로그 파일을 적절히 처리하지 않기 때문이다. 애플리케이션이 로그를 볼륨에 적재할 때는 로그 로테이션 솔루션을 구현할 수 있는지 확인해야 한다. 컨테이너의 단기성ephemeral이라는 본질을 감안하면 트러블슈팅이나 컴플라이언스compliance용 로그를 컨테이너(도커 호스트) 안에 저장하는 것은 의미가 없다.

3.4 마치며

이번 장은 대부분 도커를 탐색하는 과정을 다뤘다. 도커는 더할 나위 없이 좋은 출발점이다. 도커 이미지와 컨테이너에 익숙해지면 이 분야의 여러 다른 툴도 손에 익히기 쉬울 것이다. 프로젝트의 빌드 유틸리티나 운영체제에 따라 Buildah[16], Podman[17], Bazel[18] 등의 선택지가 있다. Jib[19] 같은 메이븐 플러그인도 컨테이너 이미지를 빌드할 수 있다. 자신과 잘 맞는 툴을 찾아보기 바란다.

어떤 툴을 선택하든 결국 이미지와 컨테이너가 구축되는 방식을 이해해야 한다. 어설프고 무분별한 접근은 거대하고 불안정한 이미지와 컨테이너라는 결과를 낳는다. 막상 배포가 준비된 순간 이러한 난관에 부딪히지 않도록 주의하기 바란다.

----

16 https://buildah.io
17 https://podman.io
18 https://bazel.build
19 https://oreil.ly/pwGsw

## CHAPTER 4

모놀리스 해부

익스헬 루이츠

> 디지털 혁신의 궁극적인 목표는 인간의 삶을 향상시키는 것이다.
>
> — 포니 마 후아텡Pony Ma Huateng

유사 이래 인간은 항상 복잡한 개념을 더 단순하고 작은 조각으로 해체하는 데 집착했다. 해체를 통해 반복된 분석과 합성의 순환이야말로 만물에 대한 인간의 이해를 드높은 수준까지 끌어올린 원동력이다.

일찍이 아리스토텔레스는 '분석이란 모든 합성물을 원래의 조합 재료로 분해하는 것'이라 하였다. 다시 말해 분석은 합성의 역(逆)이다. **합성**synthesis은 원리에서 출발해 원리가 유도하는 결과로 향하는 여정이며 분석은 그 끝을 시작으로 원리를 향해 귀환하는 여정이다.

소프트웨어 개발 과정도 이러한 개념에 입각해 고찰할 수 있다. 소프트웨어는 구성 요소, 고유 입력, 기대 출력, 세부 기능으로 이루어진다. 각각을 분석하는 동안 우리는 하나의 깨달음을 얻게 된다. 입력을 처리할 때, 출력을 전달하고 유지할 때 항상 비즈니스와 무관한 요소가 끼어든다는 점이다. 소프트웨어 내부는 다양한 미시 기능이 지속적으로 공유, 소비되며 상호작용한다. 이들을 바르게 정의해 재사용성을 높이고 콘텍스트와 유기적으로 엮는다면 소프트웨어 구축 과정이 훨씬 단순해질 것이다.

모든 개발자의 오랜 숙원 중 하나는, 다른 일에 신경 쓰지 않고 비즈니스 로직 구현에 오롯이 집중하는 것이다. 비즈니스 로직 구현은 각계의 요청을 반영하는 까다로운 작업이다. 비즈니스 클라이언트의 명확한 요구 사항을 충족시키는 한편, 잠재적 사용자 집단의 요구 사항도 인지해야 한다. 때로는 자동화 기능처럼 개발자 스스로가 요구 사항을 제기하고 수용할 때도 있다. 그러나 현실에서 개발자는 바퀴를 재발명하는 일에 매일같이 너무 많은 시간을 낭비한다. 신뢰할 만한 보일러플레이트 코드라는 이름의 바퀴다.

마이크로서비스는 최근 몇 년간 끊임없이 화제를 일으키며 지속적으로 저변을 넓히고 있다. 그만큼 확실한 도입 효과를 보장하며 수익성도 탁월하다. 마이크로서비스의 이점을 최대한 누리고 부작용을 줄이려면 검증된 모범 사례를 채택하고 안티패턴을 멀리하며 핵심 개념과 정의를 이해해야 한다. 이번 장은 마이크로서비스의 안티패턴을 소개하는 한편 스프링 부트Spring Boot, 마이크로넛Micronaut, 쿼커스Quarkus, 헬리돈Helidon 등의 유명 프레임워크를 이용해 간단한 마이크로서비스를 직접 구현한다.

전통적으로 모놀리식 아키텍처는 모든 요구 사항을 하나의 소스 애플리케이션에 담고 단일 유닛이나 시스템의 형태로 전달하거나 배포한다. **모놀리식 애플리케이션**monolith application과 **모놀리식 아키텍처**monolithic architecture는 서로 구별되는 개념이다.

모놀리식 애플리케이션은 특정 기능을 수행하는 모든 과정이 단 하나의 인스턴스에 담겨 배포된다. 이러한 애플리케이션은 고유한 인터페이스로 실행점을 제공한다는 특징이 있다.

모놀리식 아키텍처는 모든 요구 사항을 하나의 소스에 담는 동시에 모든 부품을 하나의 유닛에 담아 전달한다. 각 컴포넌트는 엄격한 통제 아래 클라이언트와 상호작용하도록 설계하며 **사설**private 기능 접근을 명시적으로 제한한다. 모놀리스 내부 컴포넌트들은 서로 완전히 연결되거나 상호 의존적이며 느슨하게 결합하는 경우가 거의 없다. 외부 또는 사용자의 입장에서 보는 모놀리스는 자신과 연결되지 않은 컴포넌트의 정의, 인터페이스, 데이터, 서비스에 대해 거의 알지 못하는 존재다.

컴포넌트가 외부 소프트웨어와 조합을 이루거나 협업하려면 자신을 밖으로 노출시켜야 한다. 이러한 컴포넌트들의 집합 수준aggregation level을 **세분성**granularity이라 한다. 소프트웨어의 세분성에 영향을 미치는 요인은 다양하다. 가령 보안은 세분성과 직결된 특성이다. 민감한 정보를 다루는 컴포넌트들은 다른 컨슈머가 자유롭게 접근하거나 외부에 노출되지 않도록 엄격하게 관리해야 한다.

현대의 소프트웨어 아키텍처는 점점 더 전달 역량을 강화하는 방향으로 초점을 이동하고 있다. 이를 위해 여러 출처에서 소프트웨어 컴포넌트를 가져와 조합하거나 번들로 묶는다. 결과적으로 상세한 수준에서 세분성이 도드라지거나 상승하는 효과가 생긴다. 모놀리식 애플리케이션에 비해 외부 컴포넌트, 고객, 소비자에게 노출되는 기능성은 비약적으로 높아진다.

특정 모듈의 독립성과 교체가능성을 평가할 때는 다음 특성들을 자세히 살펴봐야 한다.

- 의존성의 개수
- 각 의존성의 강점
- 의존 모듈의 안정성

이중 높은 점수를 줄 만한 특성이 발견되면 해당 모듈의 모델링과 정의를 재평가해야 한다.

4.1 클라우드 컴퓨팅

클라우드 컴퓨팅cloud computing의 정의는 다양하다. 미국의 국립 표준 기술원[1]에 따르면 클라우드 컴퓨팅은 편의성을 높인 유비쿼터스 주문형 네트워크 접근 모델이다. 접근 대상은 컴퓨팅 자원들로 구성된 공유 풀이며 서버, 스토리지, 애플리케이션, 서비스 혹은 다른 네트워크 등으로 구성된다. 각 자원은 신속하게 프로비저닝할 수 있어야 하며 릴리스할 때는 서비스 공급 간 상호작용 및 관리 공수를 최소화해야 한다.

클라우드 컴퓨팅 사용률은 최근 몇 년간 크게 증가했다. 카널리스의 글로벌 조사 결과[2]에 따르면 클라우드 인프라 서비스에 지출된 비용은 2020년 마지막 분기에만 32% 증가한 399억 달러를 기록했다.[3]

여러 클라우드 공급자가 있지만 시장 점유율의 편차는 큰 편이다. 이 분야의 3대 업체는 아마존 웹 서비스(AWS), 마이크로소프트 애저, 구글 클라우드다. AWS는 2020년 4분기 전 세계 총지출 중 31%를 독차지하며 선두를 달리고 있고, 애저는 50%에 육박하는 성장률을 보이며 점유율 20%에 근접하고 있다. 구글 클라우드의 점유율은 7%로 다른 두 업체에 비해 아직 낮은 수준이다.

반면 클라우드 컴퓨팅 서비스의 활용도는 아직 산업적 성장세에 미치지 못한다. 2017년 국제

---

1 https://bit.ly/3e8ljj6

2 https://oreil.ly/uZdZa

3 옮긴이_ 2021년 결산은 가트너의 발표(https://gtnr.it/3R1OWjx)를 참고하면 좋다. 성장률과 규모 모두 증가 추세를 이어가고 있다. 이를 인용한 국내 기사도 많다(https://www.itworld.co.kr/numbers/82002/239044).

월드 와이드 웹 콘퍼런스 발표에 따르면 데이터 센터의 클라우드 리소스 사용률은 고객이 지불한 전체 리소스(VM 대여)와 실제 활용되는 리소스(CPU, 메모리 등) 사이에서 큰 폭의 격차를 보인다. 사용하지 않고 방치된 VM 때문에 생기는 현상으로 추정된다.

클라우드 서비스는 컴퓨팅 유형에 따라 다음과 같은 종류로 구분한다.

소프트웨어형 서비스 Software as a Service(SaaS)

고객은 클라우드 인프라에서 실행되는 공급자의 애플리케이션을 이용한다. 웹 브라우저 등의 씬thin 인터페이스 또는 프로그램 인터페이스를 통해 다양한 장치에서 애플리케이션에 접근할 수 있다. 애플리케이션 구성과 관련된 일부 설정을 제외하면 고객은 네트워크, 서버, 운영체제, 스토리지 등의 클라우드 인프라를 관리하거나 제어할 필요가 없다.

플랫폼형 서비스 Platform as a Service(PaaS)

고객은 공급자가 지원하는 프로그래밍 언어, 라이브러리, 서비스 툴로 제작하거나 획득한 애플리케이션을 클라우드 인프라에 배포할 수 있다. 또한 배포 애플리케이션과 호스팅 환경 구성 및 설정을 제어한다. 그러나 네트워크, 서버, 운영체제, 스토리지 등의 기본적인 클라우드 인프라는 관리하거나 제어할 수 없다.

인프라형 서비스 Infrastructure as a Service(IaaS)

고객은 프로세싱, 스토리지, 네트워크 등의 기본적인 컴퓨팅 리소스를 프로비저닝할 수 있다. 또한 **운영체제를 포함한 임의의 소프트웨어나 애플리케이션**을 배포하고 실행할 수 있다. 내부적인 클라우드 인프라를 관리하거나 제어할 수 없지만 운영체제, 스토리지, 배포 애플리케이션의 제어 권한이 있으며 네트워킹 구성 요소 일부를 제한적으로 제어할 수 있다.

4.2 마이크로서비스

마이크로서비스microservice는 최근에 갑자기 등장한 용어가 아니다. 리소스 지향 컴퓨팅resource oriented computing(ROC)의 창시자 피터 로저스는 이미 2005년부터 **마이크로 웹 서비스**micro-web service 소프트웨어의 개념을 전파하는 데 앞장섰다. **마이크로서비스 아키텍처**는 서비스 지향 아키텍처service oriented architecture (SOA)의 진화물이며 애플리케이션을 경량 모듈형 서비스 집합으로 재배치한다. 기술적인 면에서 마이크로서비스는 SOA 구현의 특수한 일종이라 볼 수 있다.

마이크로서비스는 작고 느슨하게 결합된 컴포넌트들이다. 각 컴포넌트는 모놀리스와 달리 독립적으로 배포, 확장, 테스트할 수 있으며 콘텍스트의 경계 안에서 단일 책임 원칙을 따른다. 또한 자율성이 보장되며 분산하기 쉽다. 일반적으로 마이크로서비스는 비즈니스 기능에 맞추어 구축하므로 이해하기 쉽고 컴포넌트 각각을 서로 다른 기술 스택으로 개발할 수 있다.

마이크로서비스가 갖추어야 할 **작은 크기**의 기준은 무엇일까? 마이크로서비스는 원자 단위로 엄격하게 제한된 기능을 수행하며 자립성을 유지해야 한다. 또한 비즈니스 요구 사항에 따라 이전 기능과 공존하거나 개선 및 대체될 수 있어야 한다.

각 컴포넌트나 서비스는 다른 컴포넌트에 대해 거의 알지 못하거나 완전히 무지해야 한다. 또한 각각의 세부 구현을 캡슐화시킨 API를 통해 상호작용한다. 마이크로서비스는 간단한 프로토콜로 서로 메시지를 주고받으며 일반적으로 데이터 부하도 적다.

4.2.1 안티패턴

마이크로서비스 패턴은 복잡도를 높이는 경향이 있어 모든 상황에 이상적인 해결책은 아니다. 특히 독립적으로 작동하는 여러 부분을 한데 모았기 때문에 전체 시스템이 실제로 어떻게 작동할지 예측하기 매우 어렵다.

마이크로서비스의 복잡성이 증가하는 이유는 특유의 확장성 때문이다. 분산 컴퓨터 네트워크에서 비동기 방식으로 실행되는 마이크로서비스는 잠재적으로 수천 개 이상까지 늘어날 가능성이 있다. 난해한 프로그램은 만들기도 어렵고 수정, 테스트, 측정하기도 어렵다. 마이크로서비스 아키텍처에서 이런 프로그램은 모든 팀의 시간을 낭비하게 만드는 요인임을 명심하기 바란다. 문제를 이해하고 토론하고 추적하는 데 드는 시간뿐만 아니라 인터페이스와 메시지 형식을 테스트하는 시간까지 추가된다.

마이크로서비스의 안티패턴을 전문적으로 다룬 서적, 기고, 논문은 매우 많다. 우선 Microservices.io[4]에 방문해 다양한 기고문을 접할 것을 추천한다. 저서 중에서는 『Microservices

---

4 https://microservices.io

AntiPatterns and Pitfalls』(O'Reilly, 2016)[5]를 추천한다. 전기 전자 기술자 협회(IEEE)가 2018년 발간한 'On Definition of the Microservice Bad Smells'[6]도 훌륭한 자료다. 다음은 여러 매체에서 공통적으로 지적하는 대표적인 안티패턴들이다.

API 버전(정적 계약 함정static contract pitfall)

API의 버전에 의미semantically를 부여하고 서비스가 서로 통신할 때 이를 활용하는 안티패턴이다. 상대가 올바른 버전인지 또는 새로운 계약 대상인지 판단하는 용도로 API 버전을 오용하는 경우가 많다.

서비스 내부 정보의 상호 의존성 위반

마이크로서비스가 자신의 데이터 외에 다른 서비스의 내부 데이터를 필요로 하는 안티패턴이다. 주로 데이터 모델링과 관련된 안티패턴이며, 해당 마이크로서비스들을 통합하는 방안을 고려해야 한다.

다목적 메가서비스megaservice

하나의 서비스에 여러 비즈니스 기능을 구현하는 안티패턴이다.

로깅

마이크로서비스의 정보와 에러는 각 마이크로서비스 컨테이너 내부에 감추어져 있다. 이들을 로그로 취합하려면 반드시 분산 로깅 시스템을 채택하고 소프트웨어 라이프 사이클의 모든 단계에서 우선 처리 대상으로 취급해야 한다.

서비스 내부 복잡성, 순환 의존성

둘 이상의 서비스가 상호 의존적인 관계에 놓이면 **순환 서비스 관계**circular service relationship로 본다. 순환 의존성은 서비스의 독립 배포 및 확장 기능에 해가 될 뿐만 아니라 비순환 의존성 원칙acyclic dependencies principle(ADP)을 위배한다.

---

5 https://oreil.ly/KpzyW
6 https://bit.ly/3rx1W6o

API 게이트웨이 누락

마이크로서비스가 서로 직접 통신하거나 서비스 컨슈머와 마이크로서비스가 직접 통신하는 경우 시스템의 복잡성이 증가하고 관리 효율이 저하된다. 가장 바람직한 해결책은 API 게이트웨이를 두어 통신을 중개하는 것이다.

API 게이트웨이[API gateway]는 클라이언트의 모든 API 호출 요청을 수신하고 라우팅, 배치, 프로토콜 변환을 거쳐 대상 마이크로서비스에 전달한다. 게이트웨이는 요청을 전달할 때 일반적으로 복수의 마이크로서비스를 호출하고 결과를 집계해 최적 경로를 선정한다. 또한 웹과 웹 유사 프로토콜을 내부 통신용 프로토콜로 변환해 활용한다.

애플리케이션은 단일 엔드포인트에서 다양한 종류의 데이터를 한번에 보여주어야 할 때가 많다. 가령 모바일 사용자는 한 번의 요청만으로 특정 상품의 정보, 리뷰 등의 데이터를 모두 열람해야 한다. API 게이트웨이를 활용하면 여러 서비스를 통합해 결과를 조회하고 이를 조합하여 노출할 수 있다.

API 게이트웨이는 애플리케이션 접근을 제어하는 게이트키퍼다. 실시간 양방향 통신을 허용하는 데이터, 비즈니스 로직, 기능(Restful API 또는 WebSocket API) 등이 접근 제어 대상이다. API 게이트웨이는 일반적으로 최대 수십만 개의 동시 API 호출을 수용하고 처리하며 이 과정에 수반되는 모든 작업을 관장한다. 여기에는 트래픽 관리, CORS[Cross-Origin Resource Sharing] 지원, 인증 및 인가, 자원 고갈 방지, 운영, API 버전 제어 등을 포함한다.

과다 공유

중복되지 않는 선에서 최대한 많은 기능을 공유하는 것과, 각 기능 서비스를 수정하기 어려울 정도로 의존성이 복잡해지는 것 사이에는 종잇장만큼 얇은 간극이 있다. 과도하게 공유된 서비스를 교정하기 위해 인터페이스를 변경하면 여러 개발 팀이 참여해 조직적 규모로 검증 작업을 수행해야 한다.

해결책은 두 가지다. 중복 기능을 허용하거나 새로운 공유 서비스로 라이브러리를 분리해야 한다. 당장은 아니더라도 언젠가 한 쪽을 선택해야 할 때가 올 것이다. 이 선택에 연관된 마이크로서비스들을 독립적으로 설치하고 개발할 수 있도록 먼저 충분히 분석해야 한다.

4.2.2 데브옵스와 마이크로서비스

마이크로서비스는 데브옵스의 이상향에 완벽히 부합하는 아키텍처다. 데브옵스의 목표는 소규모 팀의 주도로 엔터프라이즈 서비스 기능을 한번에 한 단계씩 점진적으로 개선하는 것이다. 커다란 문제를 작은 조각들로 분해하고 체계화시키는 것, 다시 말해 마이크로서비스 아키텍처가 추구하는 목표와 일맥상통한다. 독립적인 소형 서비스들을 개발, 테스트, 배포하며 각 단계마다 마찰이 생기지 않도록 하려면 일련의 지속 전달 파이프라인을 두고 안정적인 흐름이 유지되도록 관리해야 한다.

데브옵스는 이러한 아키텍처를 제대로 완성하는 데 필요한 핵심 요소다. 데브옵스가 정착되면 팀마다 컴포넌트를 담당하며 불필요한 조정이 최소화된다. 또한 개발 팀과 운영 팀 사이의 벽이 허물어져 효율이 높아지며 상호작용이 활발해진다. 이러한 모든 조직적 변화가 마이크로서비스 아키텍처 구축에 일조한다.

> **CAUTION** 마이크로서비스 패턴을 채택하려는 팀은 반드시 CI/CD가 구현된 탄탄한 인프라를 먼저 갖출 것을 권장한다. 또한 파이프라인의 기본 개념을 폭넓게 이해하고 있어야 한다.

4.2.3 마이크로서비스 프레임워크

JVM 생태계는 방대한 규모를 자랑할 뿐만 아니라 수많은 실기 사례와 대체재로 가득하다. 당장 사용할 수 있는 마이크로서비스 프레임워크와 라이브러리만 해도 수십 가지가 넘는다. 쟁쟁한 후보들 사이에서 우승자를 낙점하기가 쉽지 않을 것이다.

몇몇 프레임워크는 다른 후보들보다 더 많은 대중적 인기를 누리고 있다. 개발자 경험, 출시 시기, 확장성, 리소스(CPU, 메모리) 소비, 구동 속도, 장애 복구, 문서화, 서드파티 통합 등 프레임워크가 매력을 발산하는 요인은 다양하다. 그중 대표 주자인 스프링 부트, 마이크로넷, 쿼커스, 헬리돈을 다음 절부터서 더 자세히 다룬다. 이들은 매우 빠르게 발전하고 있어서 독자 여러분이 이 책을 보는 시점이면 본문 외에 더 많은 지식이 필요하거나 일부 내용이 최신 버전과 부합하지 않을 가능성이 있다. 가능하면 각 프레임워크의 공식 문서를 함께 참고하면서 진행하는 것을 권한다.

또한 앞으로 나올 예시는 자바 11 버전 이상에서 작동하며 네이티브 이미지^{Native Image}를 사용하기 위해 그랄VM^{GraalVM}을 설치해야 한다. 각자의 개발 환경은 다양하므로 SDKMAN[7]을 이용할 것을 권한다. SDKMAN은 개발 환경에 필요한 여러 구성 요소를 설치하고 통합 관리한다. 부수적인 절차에 시간을 낭비하지 않고 프로덕션 코드에 온전히 집중하기 위한 방책이다. 모든 사안을 일일이 설명하려면 프레임워크마다 책이 한 권씩 필요할 것이다. 예제를 구현하고 나면 테스트도 잊지 않을 것이다. 예제의 목표는 **name** 매개변수를 선택적으로 입력받아 'Hello World'를 출력하는 간단한 REST 서비스 구현이다.

그랄VM^{GraalVM}을 처음 접하는 독자도 있을 것이다. 그랄VM은 다음과 같은 핵심 기능들을 포괄적으로 지원하는 프로젝트다.

- 자바로 작성된 JIT^{Just-In-Time} 컴파일러를 제공한다. 코드를 즉석에서 해석하고 실행 가능한 코드로 변환한 다음 컴파일한다. 자바 플랫폼에 존재하는 소수의 JIT는 대부분 C와 C++을 조합해 제작됐다. 그랄은 자바 언어로 제작된 최신 JIT다.

- 그랄VM은 **Substrate VM**이라는 명칭이 붙은 가상 머신이다. 파이썬, 자바스크립트, R 등의 언어를 JVM에서 실행할 수 있으며, JVM의 특성과 기능을 호스트 언어의 장점에 통합하는 효과를 낸다.

- AOT^{Ahead-of-Time} 컴파일 기반 툴인 네이티브 이미지를 제공한다. 네이티브 이미지는 바이트 코드를 머신 실행 코드로 변환하므로 각 플랫폼에 맞는 바이너리 실행 파일을 생성할 수 있다.

이번 장에서 다루는 4개의 프레임워크는 저마다 그랄VM을 지원한다. 그랄VM은 주로 플랫폼별 바이너리를 배포해 용량과 메모리를 절약하는 용도로 사용한다. 애플리케이션을 빌드할 때 자바 모드와 그랄VM 네이티브 이미지 모드를 선택할 수 있으며 각각의 장단점이 있다. 네이티브 이미지 모드는 메모리 공간 점유율이 낮고 구동 시간이 짧은 바이너리를 생성하지만 컴파일 시간이 더 길다. 자바 코드는 JVM의 관리를 받으며 실행 기간이 늘어날수록 최적화되지만 네이티브 바이너리는 실행 도중에 최적화시킬 수 없다. 개발 과정에서 얻는 경험도 달라진다. 디버깅, 모니터링, 성능 측정에 필요한 여러 툴을 활용해야 한다.

---

7 `https://sdkman.io`

4.2.4 스프링 부트

스프링 부트 Spring Boot는 스프링 프레임워크를 기반으로 제작됐기 때문에 4개의 프레임워크 중 가장 널리 알려져 있다. 개발자를 대상으로 실시한 설문조사 결과에 따르면 표면적으로 자바 개발자의 60% 이상이 스프링 관련 프로젝트를 다룬 경험이 있다고 한다. 이는 스프링 부트의 인기를 단적으로 보여주는 통계다.

스프링 부트를 쓰면 다양한 컴포넌트를 조합하고 원하는 대로 설정하며 손쉽게 애플리케이션을 조립할 수 있다. 프레임워크가 자체적으로 제공하는 로직에 비해 직접 작성하는 로직이 소량에 불과해 코드 작성 비용도 절감된다. 대부분의 조직이 이러한 장점을 누리고 있을 것이다. 다만 프로젝트를 시작할 때 어떤 컴포넌트가 필요한지, 컴포넌트들의 설정은 어떻게 조정할지 어려움을 느끼는 경우가 있다. 스프링 부트 팀은 사용자가 원하는 기능을 마음껏 고르고 통합할 수 있는 툴을 제공한다. 데이터베이스 드라이버에서 모니터링 서비스에 이르기까지, 로깅, 저널링, 일괄 처리, 보고서 생성 등의 모든 기능을 한 자리에서 통합할 수 있다.

스프링 부트는 일반적으로 스프링 이니셜라이저[8] 사이트에서 부트스트랩 프로젝트를 생성한다. 필요한 기능을 선택한 다음 [Generate] 버튼만 누르면 로컬 환경으로 프로젝트 ZIP 파일이 다운로드된다. [그림 4-1]은 스프링 이니셜라이저에서 스프링 웹과 스프링 네이티브를 선택한 화면이다. 스프링 웹은 REST API로 데이터를 출력하는 컴포넌트다. 또한 스프링 네이티브[9]는 네이티브 이미지 패키징 메커니즘을 추가하는 컴포넌트다. 빌드에 이어서 그랄을 실행해 네이티브 이미지를 생성한다.

ZIP 파일의 압축을 풀고 프로젝트 루트 디렉터리에서 **./mvnw verify** 명령을 실행하면 빌드와 검증이 시작된다. 자신의 개발 환경에서 아직까지 스프링 부트 애플리케이션을 빌드한 적이 없다면 의존성 패키지들을 새로 다운로드한다. 일회성 작업이며 메이븐의 정상적인 행동이므로 이상하게 여길 필요 없다. 단 **pom.xml** 파일에 정의한 의존성 버전을 변경하면 패키지도 새로 다운로드한다.

----

8 https://start.spring.io

9 옮긴이_ 스프링 부트 3.0부터 스프링 네이티브가 아닌 그랄VM 네이티브가 정식으로 지원된다. 그 이하는 수동으로 플러그인을 추가해야 한다. 플러그인 설정 방법은 공식 가이드(https://bit.ly/3RyokXr)를 참고하기 바란다.

그림 4-1 스프링 이니셜라이저

프로젝트의 구조는 다음과 같다.

```
.
├── HELP.md
├── mvnw
├── mvnw.cmd
├── pom.xml
└── src
    ├── main
    │   ├── java
    │   │   └── com
    │   │       └── example
    │   │           └── demo
    │   │               ├── DemoApplication.java
    │   │               ├── Greeting.java
    │   │               └── GreetingController.java
    │   └── resources
    │       ├── application.properties
    │       ├── static
    │       └── templates
    └── test
        └── java
```

Greeting.java와 **GreetingController.java**는 스프링 이니셜라이저가 생성한 파일이 아니다. 이 2개 소스 파일은 텍스트 편집기나 IDE로 직접 만들어서 추가해야 한다. **Greeting.java**는 REST로 노출시킬 콘텐츠 데이터 객체를 정의한다. REST는 일반적으로 JSON^{JavaScript} Object Notation 포맷으로 데이터를 주고받는다. JSON은 스프링 웹이 기본적으로 지원하는 포맷이며 다른 포맷도 사용할 수 있다. 해당 포맷을 지원하는 의존성을 추가하면 된다. 다음은 **Greeting.java** 파일의 내용이다.

```
package com.example.demo;

public class Greeting {
    private final String content;

    public Greeting(String content) {
        this.content = content;
    }

    public String getContent() {
        return content;
    }
}
```

content를 변경할 수 없다는 점을 빼면 특이할 것 없는 데이터 홀더 클래스다. 추후 원하는 대로 고칠 수 있으니 일단 이대로 두자. 다음은 **/greeting** 경로로 GET 요청을 수신하는 REST 엔드포인트를 만들 차례다. 이러한 컴포넌트 유형을 구현할 때 스프링 부트가 권장하는 **컨트롤러**의 형태는 매우 전형적이다. 한때 웹 애플리케이션 제작 방식의 대세였던 스프링 MVC의 컨트롤러 구조를 그대로 따른다고 생각하면 쉽다. 다음은 **GreetingController.java** 파일의 소스 코드다. 파일명이나 클래스명은 자유롭게 바꿔도 좋지만 컴포넌트 어노테이션은 그대로 유지해야 한다.

```
package com.example.demo;

import org.springframework.web.bind.annotation.GetMapping;
import org.springframework.web.bind.annotation.RequestParam;
import org.springframework.web.bind.annotation.RestController;

@RestController
```

```
public class GreetingController {
    private static final String template = "Hello, %s!";

    @GetMapping("/greeting")
    public Greeting greeting(@RequestParam(value = "name",
        defaultValue = "World") String name) {
        return new Greeting(String.format(template, name));
    }
}
```

이 컨트롤러는 name 매개변수를 입력받으며 부재 시 기본값으로 World를 지정한다. 컨트롤러 메서드 반환 타입이 플레인plain 자바 타입이라는 점에 주목하기 바란다. 앞서 정의했던 데이터 타입이 여기에 쓰인다. 스프링 부트는 컨트롤러와 메서드에 적용된 어노테이션을 파악하고 적절한 기본값을 결정한다. 또한 이러한 정보를 이용해 데이터와 JSON을 양방향으로 변환한다. 이대로 예시 코드를 실행하기만 해도 greeting() 메서드는 자동으로 JSON 페이로드를 발행한다. 축적된 개발자 경험을 바탕으로 제작된 스프링 부트의 기본기와 사전 설정의 위력을 실감할 수 있다. 물론 이러한 기능과 설정은 원하는 대로 변경할 수도 있다.

./mvnw spring-boot:run 명령을 실행하면 빌드 프로세스에 이어 애플리케이션을 바로 실행할 수 있다. 애플리케이션 JAR을 생성하고 수동으로 실행하는 방법도 있다. ./mvnw package 명령으로 빌드하고 java -jar target/demo-0.0.1.SNAPSHOT.jar 명령으로 실행하면 된다. 어느 쪽이든 내장 웹서버가 실행되며 8080 포트가 열리고 **/greeting** 경로가 **GreetingController** 인스턴스에 연결된다. 다음은 엔드포인트 요청 결과를 조회하는 명령이다.

```
// name에 기본값이 설정되는 경우
$ curl http://localhost:8080/greeting
{"content":"Hello, World!"}

// name에 명시적으로 값을 지정하는 경우
$ curl http://localhost:8080/greeting?name=Microservices
{"content":"Hello, Microservices!"}
```

이제 애플리케이션 실행 로그를 살펴보자. 필자의 로컬 환경에서 JVM 기동 시간은 평균 1.6초, 애플리케이션 초기화 시간은 대략 600밀리초가 걸린다. 생성된 JAR 파일의 크기는 대략

17MB다. CPU 사용률이나 메모리 소비량 등의 부가 정보도 확인할 수 있다. 각종 수치를 확인하는 이유는 나중에 그랄VM과 비교하기 위해서다. 그랄VM 네이티브 이미지를 사용하면 기동 시간과 바이너리 크기를 줄일 수 있다고 알려져 있다. 이제 스프링 부트에 이 기술을 적용해보자.

[그림 4-1]의 스프링 이니셜라이저 사이트에서 스프링 부트 버전은 2.5.0이었다. 아쉽지만 2.5.0 버전으로 생성된 프로젝트에서 스프링 네이티브 기능을 사용하려면 **pom.xml** 파일에 일부 설정을 직접 추가해야 한다. 우선 `spring-boot-maven-plugin` 설정에 `classifier`를 추가한다. 네이티브 이미지를 생성하기 위한 설정이다. 다음으로 `native-image-maven-plugin` 플러그인 설정을 추가한다. 애플리케이션 JAR에 담긴 스프링 부트의 의존성을 네이티브 이미지에서 접근할 수 있도록 허용하는 설정이다. 네이티브 이미지 설정을 추가한 **pom.xml** 파일의 전체 내용은 다음과 같다.[10]

```xml
<?xml version="1.0" encoding="UTF-8"?>
<project xmlns="http://maven.apache.org/POM/4.0.0"
    xmlns:xsi="http://www.w3.org/2001/XMLSchema-instance"
    xsi:schemaLocation="http://maven.apache.org/POM/4.0.0
    https://maven.apache.org/xsd/maven-4.0.0.xsd">
    <modelVersion>4.0.0</modelVersion>
    <parent>
        <groupId>org.springframework.boot</groupId>
        <artifactId>spring-boot-starter-parent</artifactId>
        <version>2.5.0</version>
    </parent>
    <groupId>com.example</groupId>
    <artifactId>demo</artifactId>
    <version>0.0.1-SNAPSHOT</version>
    <name>demo</name>
    <description>Demo project for Spring Boot</description>
    <properties>
        <java.version>11</java.version>
        <spring-native.version>0.10.0-SNAPSHOT</spring-native.version>
    </properties>
    <dependencies>
        <dependency>
            <groupId>org.springframework.boot</groupId>
```

---

10 옮긴이_ 2022년 8월 현재 스프링 이니셜라이저의 스프링 부트 버전은 2.7.4, 그랄VM의 최신 버전은 22.2다. 최신 버전의 **pom.xml** 설정은 본서의 예시와 약간 다르다. 그랄VM 공식 가이드(https://bit.ly/3RyokXr)에서 자세한 내용을 확인할 수 있다.

```xml
            <artifactId>spring-boot-starter-web</artifactId>
        </dependency>
        <dependency>
            <groupId>org.springframework.experimental</groupId>
            <artifactId>spring-native</artifactId>
            <version>${spring-native.version}</version>
        </dependency>
        <dependency>
            <groupId>org.springframework.boot</groupId>
            <artifactId>spring-boot-starter-test</artifactId>
            <scope>test</scope>
        </dependency>
    </dependencies>
    <build>
        <plugins>
            <plugin>
                <groupId>org.springframework.boot</groupId>
                <artifactId>spring-boot-maven-plugin</artifactId>
                <configuration>
                    <classifier>exec</classifier>
                </configuration>
            </plugin>
            <plugin>
                <groupId>org.springframework.experimental</groupId>
                <artifactId>spring-aot-maven-plugin</artifactId>
                <version>${spring-native.version}</version>
                <executions>
                    <execution>
                        <goals>
                            <goal>test-generate</goal>
                        </goals>
                    </execution>
                    <execution>
                        <id>generate</id>
                        <goals>
                            <goal>generate</goal>
                        </goals>
                    </execution>
                </executions>
            </plugin>
        </plugins>
    </build>
    <repositories>
        <repository>
```

```
            <id>spring-release</id>
            <name>Spring release</name>
            <url>https://repo.spring.io/release</url>
        </repository>
    </repositories>
    <pluginRepositories>
        <pluginRepository>
            <id>spring-release</id>
            <name>Spring release</name>
            <url>https://repo.spring.io/release</url>
        </pluginRepository>
    </pluginRepositories>
    <profiles>
        <profile>
            <id>native-image</id>
            <build>
                <plugins>
                    <plugin>
                        <groupId>org.graalvm.nativeimage</groupId>
                        <artifactId>native-image-maven-plugin</artifactId>
                        <version>21.1.0</version>
                        <configuration>
                            <mainClass>
                                com.example.demo.DemoApplication
                            </mainClass>
                        </configuration>
                        <executions>
                            <execution>
                                <goals>
                                    <goal>native-image</goal>
                                </goals>
                                <phase>package</phase>
                            </execution>
                        </executions>
                    </plugin>
                </plugins>
            </build>
        </profile>
    </profiles>
</project>
```

아직 한 단계 더 남았다. 자신의 JDK 버전에 맞는 그랄VM을 설치해야 한다. 또한 그랄VM의 버전은 pom.xml 파일에 지정된 **native-image-maven-plugin**의 버전과 호환되어야 한다.

그랄VM의 OS별 설치 방법은 공식 문서[11]를 참고하기 바란다.

설치가 끝나면 gu install native-image를 실행해 native-image 실행 파일을 생성한다. Gu는 그랄VM에 포함된 명령어다.

모든 설정이 끝나면 ./mvnw -Pnative-image package 명령을 실행해 네이티브 실행 이미지를 생성한다. 의존성을 추가로 다운로드하는 동시에 각종 텍스트 메시지가 화면에 쏟아져 내릴 것이다. 클래스 누락 경고가 간간히 발생할 수 있으나 통상적인 과정이므로 걱정하지 않아도 된다. 다만 빌드는 이전보다 더 오래 걸린다. 이는 네이티브 이미지 패키징의 단점이며 프로덕션의 실행 속도를 높이는 대가로 개발 시간의 증가를 감수하는 트레이드오프다. 명령이 완료되면 **target** 디렉터리에 **com.example.demo.demoapplication**이라는 네이티브 실행 파일이 생성되며 바로 실행할 수 있다.

실행 결과와 속도를 각자 확인해보기 바란다. 필자의 환경에서 평균 기동 시간이 0.06초, 애플리케이션 초기화는 30밀리초로 줄었다. 자바 모드로 실행할 때 이 시간은 1.6초와 600밀리초였다. 놀라운 속도 향상이다. 실행 파일의 크기는 필자의 경우 약 78MB로 증가했다. 얻은 것과 잃은 것이 있다고 생각되는가? 네이티브 실행 파일은 애플리케이션을 실행하는 데 필요한 모든 요소를 단일 바이너리에 담는다. 반면 JAR 파일을 실행하려면 자바 런타임이 별도로 필요하다. 자바 런타임은 일반적으로 200MB 내외의 용량을 차지하며 많은 파일과 디렉터리로 구성된다. 물론 jlink[12]를 활용하면 자바 런타임도 경량화할 수 있지만 그러려면 빌드 과정에 또다른 단계를 추가해야 한다. 세상에 공짜란 없다.

이상으로 스프링 부트 실습을 마친다. 여기서 소개한 내용은 빙산의 일각에 지나지 않음을 명심하기 바란다. 다음 프레임워크로 넘어가자.

4.2.5 마이크로넛

2017년에 탄생한 **마이크로넛**Micronaut은 그레일즈Grails 프레임워크를 현대적으로 재해석한 프로젝트다. 그레일즈는 그루비Groovy 언어로 개발됐으며 RoRRuby on Rails 프레임워크를 '복제'한 몇 안 되는 성공작 중 하나다. 그레일즈는 몇 년간 선풍적인 인기를 누렸으나 스프링 부트가 부상

---

11 옮긴이_ https://www.graalvm.org/22.0/docs/getting-started/
12 https://oreil.ly/agfRB

하고 주목받기 시작하면서 무대 뒤로 밀려났다. 그레일즈 팀은 대안을 모색했고 그 결과 탄생한 프레임워크가 마이크로넛이다. 마이크로넛은 외견상 스프링 부트와 유사한 사용자 경험을 제공한다. 개발자는 마이크로넛이 제공하는 다양한 컴포넌트와 기본 설정을 이용해 애플리케이션을 구성할 수 있다.

마이크로넛은 컴파일 타임 의존성 주입을 핵심 차별화 요소로 내세운다. 스프링 부트가 애플리케이션을 구성할 때 런타임 의존성 주입을 선호하는 성향과 대비되는 특성이다. 언뜻 사소해보이는 차이지만 결과에 미치는 영향은 작지 않다. 마이크로넛은 약간의 개발 시간을 더 필요로 하는 대신 애플리케이션 부트스트래핑 시간을 단축시킨다. 또한 메모리 소비를 줄이고 자바 리플렉션 의존도를 낮춘다. 일반적으로 런타임 리플렉션 호출은 메서드 직접 호출에 비해 속도가 느리다.

마이크로넛 프로젝트도 스프링 부트처럼 간편하게 기본 프로젝트를 생성할 수 있다. 마이크로넛 런치[13] 사이트에서 원하는 설정과 기능을 선택하면 된다. 기본 애플리케이션 유형을 선택하면 최소 사양을 갖춘 REST 기반 애플리케이션이 생성된다. 잠시 후 직접 확인해볼 것이다. [그림 4-2]는 마이크로넛 런치 사이트 화면이다. 원하는 기능을 고른 다음 [Generate Project] 버튼을 클릭하면 ZIP 파일이 생성되고 로컬 개발 환경에 다운로드된다.

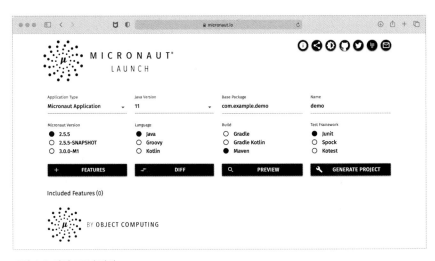

그림 4-2 마이크로넛 런치

---

13 https://oreil.ly/QAdrG

스프링 부트 프로젝트처럼 ZIP 파일 압축을 풀고 프로젝트 루트 디렉터리에서 `./mvnw verify` 명령을 실행하자. 가장 안정적으로 프로젝트를 시작할 수 있는 방법이다. 빌드를 시작하면 플러그인과 의존성을 다운로드하고, 특이 사항이 발생하지 않는 한 수 초 안에 정상적으로 빌드가 끝난다. 마이크로넛 프로젝트에 소스 파일 2개를 추가한 전체 구조는 다음과 같다.

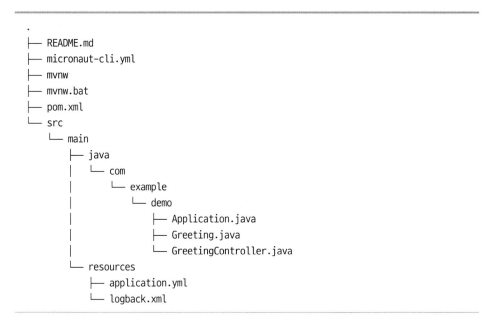

```
.
├── README.md
├── micronaut-cli.yml
├── mvnw
├── mvnw.bat
├── pom.xml
└── src
    └── main
        ├── java
        │   └── com
        │       └── example
        │           └── demo
        │               ├── Application.java
        │               ├── Greeting.java
        │               └── GreetingController.java
        └── resources
            ├── application.yml
            └── logback.xml
```

Application.java 소스 파일은 애플리케이션의 진입점이며 지금은 수정할 필요가 없다. 리소스 파일인 **application.yml**은 설정 프로퍼티를 담고 있다. 마찬가지로 지금은 그대로 두면 된다.

추가한 소스 파일은 2개다. **Greeting.java**는 컨슈머에게 되돌려 줄 메시지 데이터 객체를 담당하며, 실제 REST 엔드포인트는 **GreetingController.java**에 정의한다. 컨트롤러는 전형적인 형태를 띠며 그 기원은 그레일즈 시절까지 거슬러 올라간다. 거의 모든 RoR 클론이 마이크로넛의 컨트롤러 형태를 비슷하게 따른다. 컨트롤러 파일명이나 클래스명은 프로젝트 도메인 구조에 맞게 원하는 대로 바꿔도 상관없다. 그러나 `@Controller` 어노테이션의 위치는 유지해야 한다. 먼저 데이터 객체의 소스 코드를 살펴보자.

```
package com.example.demo;

import io.micronaut.core.annotation.Introspected;

@Introspected
public class Greeting {
    private final String content;

    public Greeting(String content) {
        this.content = content;
    }

    public String getContent() {
        return content;
    }
}
```

스프링 부트에서 설계했던 불변 클래스 구조가 다시 한번 등장했다. 특히 **@Introspected** 어노테이션에 주목하기 바란다. 이 어노테이션이 지정되면 마이크로넛은 컴파일 당시에 해당 클래스를 검사하고 의존성 주입 절차에 포함시킨다. 의존성 주입 여부는 어노테이션이 없어도 마이크로넛이 직접 파악할 수 있으므로 생략하는 경우도 많다. 그러나 그랄VM 네이티브 이미지 실행 파일을 생성하려면 이 어노테이션이 꼭 필요하다. 다음은 컨트롤러 파일의 소스 코드다.

```
package com.example.demo;

import io.micronaut.http.annotation.Controller;
import io.micronaut.http.annotation.Get;
import io.micronaut.http.annotation.QueryValue;

@Controller("/")
public class GreetingController {
    private static final String template = "Hello, %s!";

    @Get(uri = "/greeting")
    public Greeting greeting(@QueryValue(value = "name",
        defaultValue = "World") String name) {
        return new Greeting(String.format(template, name));
    }
}
```

/greeting에 매핑된 단일 엔드포인트를 보유한 컨트롤러다. 또한 name이라는 매개변수를 선택적으로 입력 받으며 데이터 객체의 인스턴스를 반환한다. 다른 설정을 추가하지 않아도 기본적으로 마이크로넛은 반환값을 JSON으로 변환한다. 애플리케이션 실행 방법은 두 가지다. 빌드 프로세스의 일환으로 실행할 때는 ./mvnw mn:run 명령을 사용한다. 통상적인 방식으로 실행하려면 ./mvnw package 명령으로 **target** 디렉터리에 **demo-0.1.jar**을 생성한 다음 java -jar target/demo-0.1.jar 명령을 실행한다. 다음은 REST 엔드포인트를 호출하고 결과를 조회하는 명령이다.

```
// name에 기본값이 설정되는 경우
$ curl http://localhost:8080/greeting
{"content":"Hello, World!"}

// name에 명시적으로 값을 지정하는 경우
$ curl http://localhost:8080/greeting?name=Microservices
{"content":"Hello, Microservices!"}
```

두 실행 방식 모두 애플리케이션이 매우 빠르게 시작된다. 필자의 로컬 환경에서 이 애플리케이션은 평균 500밀리초 만에 요청 수신 준비가 완료됐으며 요청 실행 속도는 스프링 부트 대비 3배 이상 빠르다. JAR 파일의 크기도 14MB로 더 작다. 아직 감탄하긴 이르다. 그랄VM 네이티브 이미지로 애플리케이션을 변환해 실행하면 속도를 한층 더 향상시킬 수 있다. 다행히 마이크로넛은 스프링 부트보다 그랄VM 친화도가 더 높다. 기본 프로젝트는 이미 모든 요구 사항을 갖추고 있으며 다른 설정을 추가하거나 빌드 파일을 수정할 필요가 없다.

앞서와 마찬가지로 그랄VM과 native-image 실행 파일을 설치해야 한다. 이후 ./mvnw -Dpackaging=native-image package 명령을 실행하면 **target** 디렉터리에 demo라는 실행 파일이 생성된다. 한 가지 첨언하자면 실행 파일의 이름은 프로젝트 설정의 **artifactId**를 따른다. 이제 이 파일로 애플리케이션을 실행해보자. 필자의 경우 애플리케이션 기동 시간은 스프링 부트 대비 1/3 수준 인 평균 20밀리초로 줄었다. 실행 파일의 크기 또한 JAR 크기 감소의 영향을 받아 60MB로 줄었다.

마이크로넛 탐구는 이 정도로 마치고 다음 프레임워크인 퀴커스로 넘어가자.

4.2.6 쿼커스

쿼커스Quarkus는 2019년 초에 발표됐지만 실제로 훨씬 이전부터 개발되던 프로젝트다. 쿼커스도 앞서 살펴본 두 프레임워크와 마찬가지로 컴포넌트, 설정 컨벤션, 생산성 툴 등을 통해 훌륭한 개발자 경험을 제공한다. 또한 마이크로넛처럼 컴파일 타임 의존성 주입을 채택해 작은 바이너리, 빠른 시작, 런타임 조작 감소 등의 이점을 누린다. 여기에 쿼커스만의 고유한 취향과 개성을 가미하는데, 바로 표준 지향이라는 특성이다. 다른 두 프레임워크와 차별화를 이루는 특성인 동시에 일부 개발자들이 매우 중요하게 여기는 특성이기도 하다. 쿼커스는 마이크로프로파일MicroProfile 스펙을 준수한다. 이 스펙은 JavaEE에서 파생된 JakartaEE 표준에 마이크로프로파일 프로젝트 진영에서 개발한 자체 표준을 접목한 스펙이다.

'Configure Your Application' 웹사이트[14]에서 프로젝트 설정 정보를 입력하면 쿼커스 애플리케이션 ZIP 파일을 다운로드할 수 있다. 페이지를 여는 순간 빼곡하게 펼쳐진 목록이 사용자를 반길 것이다. 데이터베이스, REST, 모니터링 등 원하는 확장을 목록에서 골라 애플리케이션에 통합할 수 있다. 쿼커스에서 JSON을 원활하게 변환하려면 RESTEasy Classic Jackson 확장을 선택해야 한다. [Generate your application] 버튼을 클릭하면 로컬 시스템으로 ZIP 파일이 다운로드된다. 압축을 풀면 다음과 같은 구조가 보인다. 루트 디렉터리에서 `./mvnw verify` 명령을 실행해 패키지를 검증하기 바란다.

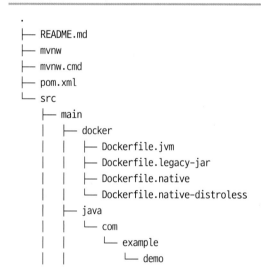

```
.
├── README.md
├── mvnw
├── mvnw.cmd
├── pom.xml
└── src
    ├── main
    │   ├── docker
    │   │   ├── Dockerfile.jvm
    │   │   ├── Dockerfile.legacy-jar
    │   │   ├── Dockerfile.native
    │   │   └── Dockerfile.native-distroless
    │   ├── java
    │   │   └── com
    │   │       └── example
    │   │           └── demo
```

---

14 https://code.quarkus.io

```
|   |                    ├── Greeting.java
|   |                    └── GreetingResource.java
|   └── resources
|       ├── META-INF
|       |   └── resources
|       |       └── index.html
|       └── application.properties
└── test
    └── java
```

퀴커스는 도커 설정 파일을 기본적으로 탑재하고 있다. 또한 컨테이너와 쿠버네티스를 통해 클라우드 환경에서 마이크로서비스 아키텍처를 구현하도록 처음부터 설계되었다. 시간이 지남에 따라 퀴커스가 지원하는 애플리케이션 유형의 범주는 점점 더 넓어지고 있다. **GreetingResource.java**는 자동 생성되는 파일이며 통상적인 자카르타 레스트풀 웹 서비스 (JAX-RS) 리소스를 담는다. **Greeting.java**로 데이터 객체를 만들고 애플리케이션에서 사용하려면 먼저 이 리소스를 약간 변형해야 한다. 다음은 **Greeting.java** 소스 코드다.

```
package com.example.demo;

public class Greeting {
    private final String content;

    public Greeting(String content) {
        this.content = content;
    }

    public String getContent() {
        return content;
    }
}
```

앞선 봤던 **Greeting.java**와 동일한, 이제는 새롭지도 놀랍지도 않은 불변 데이터 객체 코드가 보인다. 그러나 **Greeting.java**와 달리 JAX-RS 리소스는 지금까지 봤던 컨트롤러들과 비슷하면서도 다르게 보일 것이다. 구현 기능은 동일하지만 프레임워크가 해야 할 역할은 JAX-RS 어노테이션을 통해 지시하기 때문이다. 다음은 **GreetingResource.java**가 앞선 예시들의 컨트롤러와 똑같이 작동하도록 수정한 코드다.

```
package com.example.demo;

import javax.ws.rs.DefaultValue;
import javax.ws.rs.GET;
import javax.ws.rs.Path;
import javax.ws.rs.QueryParam;

@Path("/greeting")
public class GreetingResource {
    private static final String template = "Hello, %s!";

    @GET
    public Greeting greeting(@QueryParam("name")
        @DefaultValue("World") String name) {
        return new Greeting(String.format(template, name));
    }
}
```

JAX-RS를 사용해본 경험이 있는 독자는 이 코드가 낯설지 않을 것이다. 그렇지 않은 이를 위해 코드를 자세히 살펴보자. 먼저 리소스에 우리가 원하는 REST 경로를 지정했다. 또한 greeting() 메서드가 GET 호출을 처리하도록 지시하고 name 매개변수의 기본값을 지정했다. JSON 변환 기능은 쿼커스가 기본으로 제공하여 코드를 별도로 작성하지 않는다.

쿼커스 애플리케이션은 개발자 모드로 빌드를 실행할 수 있다. 쿼커스의 특징이며 고유한 기능 중 하나다. 개발자 모드로 애플리케이션을 실행하면 소스 코드를 변경한 다음 수동으로 재시작할 필요가 없다. 개발자 모드는 ./mvnw compile quarkus:dev 명령으로 활성화시킨다. 소스 파일을 변경하면 빌드와 컴파일이 자동으로 실행되고 애플리케이션에 반영되는 것을 확인할 수 있다.

쿼커스도 다른 프레임워크처럼 java 인터프리터로 애플리케이션을 실행할 수 있다. java -jar target/quarkus-app/quarkus-run.jar 명령을 실행하면 된다. **target** 디렉터리에 **demo-1.0.0-SNAPSHOT.jar**이 생성되지만 실행 명령문에 포함되지 않는다는 점에 주목하기 바란다. 이런 방식으로 애플리케이션을 간접 실행하는 이유는 속도를 높이기 위해서다. 쿼커스는 자바 모드로 실행할 때도 커스텀 로직을 적용해 시작 프로세스를 가속시킨다.

이 애플리케이션의 기동 시간은 평균 600밀리초로 측정되며 마이크로넛과 비슷한 수준이다. 또한 애플리케이션 파일의 크기는 13MB 내외다. 애플리케이션을 실행하고 name 매개변수를 달리 하여 GET 요청을 보내면 다음과 비슷한 응답을 받는다.

```
// name에 기본값이 설정되는 경우
$ curl http://localhost:8080/greeting
{"content":"Hello, World!"}

// name에 명시적으로 값을 지정하는 경우
$ curl http://localhost:8080/greeting?name=Microservices
{"content":"Hello, Microservices!"}
```

쿼커스가 주력하는 실행 환경은 클라우드다. 일반적으로 클라우드 환경이 소형 바이너리를 권장한다는 점을 상기하면 쿼커스가 태생적으로 그랄VM 네이티브 이미지를 지원하는 것도 자연스럽게 납득이 간다. 쿼커스는 마이크로넛과 마찬가지로 그랄VM에 필요한 모든 자원을 내장하고 있으며 빌드 설정을 건드릴 필요 없이 즉시 네이티브 실행 파일을 생성할 수 있다. JDK 버전에 맞는 그랄VM을 설치하고 native-image 실행 파일을 적절한 경로에 설치하면 모든 준비가 끝난다. 남은 작업은 ./mvnw -Pnative package를 실행하는 것뿐이다. 이렇게 하면 native 프로파일이 활성화되며 쿼커스 빌드 툴이 애플리케이션을 패키징하고 네이티브 실행 파일을 생성한다.

몇 분 정도 기다리면 빌드가 끝나고 **demo-1.0.0-SNAPSHOT-runner**라는 실행 파일이 **target** 디렉터리 내부에 생성된다. 이 파일을 실행하면 평균 15밀리초 안에 애플리케이션이 시작된다. 실행 파일의 크기는 약 47MB다. 속도와 파일 크기를 기준으로 봤을 때 쿼커스는 앞서 살펴본 두 프레임워크에 비해 가장 빠르고 작은 실행 파일을 제공한다.

쿼커스와의 만남은 여기까지다. 이제 네 번째 경쟁자인 헬리돈 프레임워크가 남았다.

4.2.7 헬리돈

마지막으로 살펴볼 **헬리돈**^{Helidon}은 마이크로서비스 구축에 최적화된 프레임워크이며 SE와 MP라는 두 가지 유형으로 제공된다. 헬리돈 MP는 **마이크로프로파일** 스펙을 온전히 구현하며 표준이라는 지위에 부여된 권위를 십분 활용한다. SE는 마이크로프로파일을 구현하지 않는 대신 다양한 API를 활용해 MP와 비슷한 수준의 기능을 제공한다. API 또는 표준에 대한 선호에 따라 프레임워크 유형을 선택하기 바란다. 어느 쪽이든 자신의 목적을 달성하기에 부족함은 없을 것이다.

헬리돈은 마이크로프로파일의 구현체이므로 당연히 마이크로프로파일 사이트에서 부트스트랩 프로젝트를 생성할 수 있다. [그림 4-3]은 마이크로프로파일 스타터 사이트[15]다. 마이크로프로파일 스펙을 모두 구현한 프로젝트를 이곳에서 버전별로 다운로드할 수 있다.

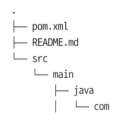

그림 4-3 마이크로프로파일 스타터

적당한 MP 버전을 선택하고 헬리돈 등의 MP 구현체를 고른 다음 필요한 기능들을 고른다. 선택이 끝나면 [DOWNLOAD] 버튼을 클릭해 프로젝트 ZIP 파일을 다운로드한다. ZIP 파일 압축을 풀면 다음과 비슷한 프로젝트 구조를 확인할 수 있다. 지금까지와 마찬가지로 실습에 필요한 파일 2개는 직접 추가하기 바란다.

```
.
├── pom.xml
├── README.md
└── src
    └── main
        ├── java
        │   └── com
```

---

15 https://oreil.ly/3U7RG

```
|          └── example
|               └── demo
|                    ├── Greeting.java
|                    └── GreetingResource.java
└── resources
     ├── META-INF
     |    ├── beans.xml
     |    └── microprofile-config.properties
     ├── WEB
     |    └── index.html
     ├── logging.properties
     └── privateKey.pem
```

이번 예시의 **Greeting.java**와 **GreetingResource.java** 파일은 쿼커스와 동일하다. 프레임워크가 다름에도 불구하고 소스 코드를 그대로 쓸 수 있는 이유는 무엇일까? 물론 매우 간단한 기능 때문이지만 더 중요한 이유는 두 프레임워크 모두 표준을 준수하기 때문이다. 사실 **Greeting.java** 파일은 지금까지 모든 예시에서 거의 비슷했다. 마이크로넛에서 예외적으로 어노테이션을 추가했지만 네이티브 실행 파일을 만들기 위해 필요했을 뿐이다. 그렇지 않았다면 모두 완전히 동일했을 것이다. 앞선 내용을 건너뛰고 이번 절로 넘어온 독자를 위해 **Greeting.java** 코드를 살펴보자.

```java
package com.example.demo;

import io.helidon.common.Reflected;

@Reflected
public class Greeting {
    private final String content;

    public Greeting(String content) {
        this.content = content;
    }

    public String getContent() {
        return content;
    }
}
```

Greeting.java는 단일 접근자를 보유한 일반적인 불변 데이터 객체다. 다음은 애플리케이션에 접근할 REST 매핑을 정의하는 **GreetingResource.java** 파일이다.

```java
package com.example.demo;
import javax.ws.rs.DefaultValue;
import javax.ws.rs.GET;
import javax.ws.rs.Path;
import javax.ws.rs.QueryParam;

@Path("/greeting")
public class GreetingResource {
    private static final String template = "Hello, %s!";

    @GET
    public Greeting greeting(@QueryParam("name")
        @DefaultValue("World") String name) {
        return new Greeting(String.format(template, name));
    }
}
```

퀘커스처럼 헬리돈도 별도의 API를 추가하지 않고 JAX-RS 어노테이션으로 REST 엔드포인트를 구현할 수 있다. 헬리돈은 바이너리를 패키징하고 `java` 인터프리터로 실행하는 방식이 더 알맞다. 현재로써는 빌드 툴이나 통합 면에서 다소 감점 요인이 있으나 명령줄을 적절히 활용하면 반복적인 개발 작업도 문제없이 수행할 수 있다. `mvn package`로 컴파일, 패키징을 완료한 다음 `java -jar/demo.jar`를 실행하면 8080 포트를 수신하는 내장 웹서버가 시작된다. 다음은 애플리케이션에 쿼리를 보내고 결과를 조회하는 명령이다.

```
// name에 기본값이 설정되는 경우
$ curl http://localhost:8080/greeting
{"content":"Hello, World!"}

// name에 명시적으로 값을 지정하는 경우
$ curl http://localhost:8080/greeting?name=Microservices
{"content":"Hello, Microservices!"}
```

애플리케이션을 실행하고 프로세스 실행 로그를 보면 기동 시간이 평균 2.3초 정도로 확인될 것이다. 지금까지 살펴봤던 프레임워크 중 가장 느리다. 바이너리의 크기는 15MB 정도며 중간 순위에 머문다. 그러나 겉으로 드러난 결과만 보고 속단하기는 이르다. 헬리돈은 다양한 편의 기능이 자동으로 내장되기 때문에 구동 시간과 배포 용량이 늘어날 수밖에 없다.

시작 속도를 높이고 배포 용량을 줄이려면 빌드를 재설정해 불필요한 기능을 제거하고 네이티 브 실행 모드로 전환하면 된다. 헬리돈 개발 팀은 그랄VM 네이티브 이미지를 전폭적으로 수 용했으며 네이티브 바이너리를 생성할 때 필요한 모든 구성을 부트스트랩 프로젝트 안에 포 함시켰다. 컨벤션을 따르기만 하면 **pom.xml**을 따로 수정할 필요가 없다. `mvn -Pnative- image package` 명령을 실행하면 **target** 디렉터리에 **demo**라는 바이너리 실행 파일이 생성 된다. 실행 파일의 크기는 지금까지 예시 중 가장 큰 94MB지만 구동 시간은 평균 50밀리초로 비슷한 수준을 유지한다.

지금까지 4개의 프레임워크를 살펴봤다. 각각의 기본 기능에서 시작해 빌드 툴이나 통합에 이 르기까지 대략적인 흐름을 비교할 수 있을 것이다. 프레임워크를 채택할 때는 선정 근거를 명 확히 제시할 수 있어야 한다. 그래서 프레임워크별 채점표를 만드는 것도 좋은 방법이다. 먼저 개발 요구 사항에 영향을 미치는 프레임워크의 기능과 특성을 나열해 평가 항목을 수립한다. 이를 바탕으로 후보마다 항목별 점수를 매기고 취합하면 적절한 근거 자료로 활용할 수 있을 것이다.

4.3 서버리스

이번 장 서두에서 모놀리식 애플리케이션과 모놀리식 아키텍처를 설명했었다. 모놀리식 아키 텍처는 일반적으로 컴포넌트와 실행 계층이 하나의 유닛으로 묶이므로 응집도가 높다. 아키텍 처 일부분을 수정하거나 교체하려면 전체를 업데이트하고 배포해야 한다. 또한 일부분에 발생 한 문제 때문에 전체 서비스가 중단되는 경우도 많다. 마이크로서비스의 시대가 열리고 상황은 달라졌다. 모놀리스를 작은 덩어리로 나누어 각각을 독립적으로 업데이트하고 배포할 수 있게 되었으며 모놀리스의 높은 응집도가 유발하는 문제들도 자연스럽게 해결되었다. 그러나 마이 크로서비스는 과거의 문제를 해결하는 대신 새로운 문제를 야기했다.

과거에는 대규모 시스템에 애플리케이션 서버를 두면 모놀리스를 실행하기에 충분한 환경이었 다. 복사본이나 로드 밸런서는 그저 추가적인 선택지에 불과했다. 그러나 이러한 구성은 확장 성이 부족하다. 마이크로서비스는 시스템의 부하에 따라 서비스 메시[mesh]를 확장하거나 축소할 수 있어야 한다. 덕분에 시스템의 탄력성은 높아졌지만 한편으로 다중 인스턴스 조율과 런 타임 환경 프로비저닝의 필요성이 대두됐다. 로드 밸런서는 필수 시스템으로 자리 잡았고 API 게이트웨이가 추가되었으며 네트워크 레이턴시 문제가 수면위로 떠올랐다. 분산 추적도 빠질 수 없다. 알아야 할 지식도 많고 관리할 영역도 넓은 기술이다. 하지만 이 모든 것에 신경 쓸 필 요가 없다면 어떨까? 대규모 애플리케이션을 실행하는 데 필요한 인프라, 모니터링, 기타 '자질 구레한 것들'을 다른 누군가가 관리한다면 어떻게 될까? 서버리스는 바로 이러한 발상에 착안 해 등장했다. 개발자는 비즈니스 로직에 집중하고 다른 모든 작업은 서버리스 공급자가 처리하 는 것이다.

컴포넌트를 작은 조각들로 떼어내다보면 '재사용할 수 있는 컴포넌트 조각은 얼마나 작아질 수 있을까?'라는 궁금증이 생긴다. 일반적으로 사람들이 예상하는 최소 단위는 소수의 메서드가 담긴 하나의 클래스, 관련 서비스 몇 개 정도다. 그러나 재사용 가능한 코드의 최소 단위는 최 근에 이르러 단일 메서드 수준까지 작아졌다. 다음과 같은 기능을 수행하는 마이크로서비스를 단일 클래스로 정의한다고 가정해보자.

1. 인수를 읽고 데이터를 변환한다. 변환 형식은 다음 단계에서 수행하는 작업에 의해 결정된다.

2. 데이터베이스 쿼리, 인덱싱, 로깅 등의 서비스에서 요청하는 작업을 수행한다.

3. 처리 결과 데이터를 출력 형식에 맞게 변환한다.

각 단계는 메서드로 나누어 구현한다. 완성된 클래스를 분석하고 일부 메서드에서 재사용성과 매개변수화 가능성을 발견한다. 이들을 이용해 공통 **슈퍼 타입**을 만들고 각 마이크로서비스에 제공한다. 이상이 일반적으로 공통 코드를 활용하는 방법이다. 그러나 이러한 방식은 타입 의 존도가 높아진다는 단점이 있다. 문제가 되지 않을 때도 더러 있지만 그렇지 않은 경우도 많다. 공통 코드가 업데이트되면 마이크로서비스는 버전을 갱신하고 최대한 빨리 변경 사항을 반영 해야 한다. 기존에 작동하던 코드에 영향을 미쳐서도 안 된다.

같은 시나리오를 바탕으로, 메서드가 서로 독립적으로 실행되고 입력과 출력 데이터가 파 이프라인을 거쳐 변형되도록 공통 코드를 개선했다고 가정하자. 이 코드는 이제 일종의 **함 수** 형태를 띤다. 최근 서버리스 공급 업체 사이에서 한창 주목받는 **서비스형 함수**Function as a Service (FaaS)는 바로 이러한 공통 코드를 클라우드에서 실행하는 서비스다.

요약하면, FaaS는 가장 작은 배포 유닛을 이용해 애플리케이션을 구성하는 최신 기법이다. 구 체적인 인프라는 모두 서비스 제공 업체가 담당한다. 이어지는 절에서 간단한 함수를 만들고 클라우드에 배포하는 방법을 설명한다.

4.3.1 설정

오늘날 주요 클라우드 업체는 모두 FaaS를 제공한다. 또한 모니터링, 로깅, 장애 복구 등의 시스템에 훅hook으로 연결할 수 있도록 애드온을 함께 제공한다. 필요한 시스템을 고르기만 하면 즉시 FaaS를 이용할 수 있다. 이번 장은 FaaS의 원조격이라 할 만한 AWS 람다AWS Lambda를 실습한다. 또한 배포 크기를 가장 줄일 수 있는 프레임워크인 쿼커스로 기능을 구현할 것이다. 본문의 예시는 기술의 발전에 따라 일부분이 바뀌거나 전혀 못쓰게 될 가능성이 있다. 코드를 빌드하고 실행할 때는 항상 최신 버전의 툴을 먼저 검토하기 바란다. 참고로 이 책에서 사용하는 쿼커스 버전은 1.13.7이다.

AWS 람다를 사용하려면 AWS 계정[16]이 필요하며 AWS CLI[17]를 설치해야 한다. 또한 로컬 테스트를 실행하려면 AWS 서버리스 애플리케이션 모델(SAM) CLI[18]가 필요하다.

준비물을 갖춘 다음에는 부트스트랩 프로젝트를 만들어야 한다. 이전처럼 쿼커스 웹사이트[19]에서 프로젝트를 내려받는 과정은 같다. 그러나 함수 프로젝트는 설정이 약간 다르므로 다음과 같이 메이븐 아키타입 명령을 먼저 실행해야 한다.

```
mvn archetype:generate \
    -DarchetypeGroupId=io.quarkus \
    -DarchetypeArtifactId=quarkus-amazon-lambda-archetype \
    -DarchetypeVersion=1.13.7.Final
```

위 명령을 실행하면 인터랙티브 모드로 입력란이 나타난다. 입력 항목은 그룹ID, 아티팩트ID, 버전, 기본 패키지 구조 등이다. 참고로 앞선 세 가지 정보를 묶어 GAV 조합이라 표현한다. 예시 프로젝트의 정보는 다음과 같다.

- groupId : com.example.demo

---

16 https://aws.amazon.com
17 https://oreil.ly/0dYrb
18 https://oreil.ly/h7gdD
19 https://code.quarkus.io

- artifactId: demo

- version: 1.0-SNAPSHOT (기본값)

- package: com.example.demo (groupId와 동일함)

이제 쿼커스 프로젝트는 AWS 람다에 배포하기 알맞은 구조로 생성된다. 빌드와 테스트도 함수 형태로 진행된다. 메이븐과 그레이들 빌드 파일이 모두 생성되지만 후자는 현재 필요하지 않다. 또한 3개의 함수 클래스가 생성되지만 하나만 사용할 것이다. 예시 프로젝트의 파일 구조는 다음과 비슷하다.

```
.
├── payload.json
├── pom.xml
└── src
    ├── main
    │   ├── java
    │   │   └── com
    │   │       └── example
    │   │           └── demo
    │   │               ├── GreetingLambda.java
    │   │               ├── InputObject.java
    │   │               ├── OutputObject.java
    │   │               └── ProcessingService.java
    │   └── resources
    │       └── application.properties
    └── test
        ├── java
        │   └── com
        │       └── example
        │           └── demo
        │               └── LambdaHandlerTest.java
        └── resources
            └── application.properties
```

이 프로젝트의 목표는 InputObject 타입으로 입력을 받고 ProcessingService 타입으로 처리한 다음 결과를 OutputObject 타입으로 변환하는 것이다. GreetingLambda는 세 타입을 통합하는 클래스다. 먼저 입력과 출력 타입을 살펴보자. 논리 구조가 전혀 없이 데이터만 존재하는 클래스다.

```
package com.example.demo;

public class InputObject {
    private String name;
    private String greeting;

    public String getName() {
        return name;
    }

    public void setName(String name) {
        this.name = name;
    }

    public String getGreeting() {
        return greeting;
    }

    public void setGreeting(String greeting) {
        this.greeting = greeting;
    }
}
```

람다가 입력받는 값은 greeting과 name이다. 프로세싱 서비스가 이 두 값을 실제로 어떻게
변환하는지 잠시 후 확인할 수 있다.

```
package com.example.demo;

public class OutputObject {
    private String result;
    private String requestId;

    public String getResult() {
        return result;
    }

    public void setResult(String result) {
        this.result = result;
    }

    public String getRequestId() {
        return requestId;
```

```
    }

    public void setRequestId(String requestId) {
        this.requestId = requestId;
    }
}
```

출력 객체는 변환 데이터를 담고 있으며 requestID를 참조한다. 실행 콘텍스트에서 이 두 필드에 데이터를 전달하는 방식을 잠시 후 확인할 수 있다.

다음은 서비스 클래스다. 이 클래스는 입력을 출력으로 변환하는 역할을 한다. 다음과 같이 두 입력값을 연결해 단일 문자열을 생성한다.

```
package com.example.demo;

import javax.enterprise.context.ApplicationScoped;

@ApplicationScoped
public class ProcessingService {
    public OutputObject process(InputObject input) {
        OutputObject output = new OutputObject();
        output.setResult(input.getGreeting() + " " + input.getName());
        return output;
    }
}
```

이제 GreetingLambda만 남았다. 이 클래스는 함수를 조립하는 역할을 하며 RequestHandler 인터페이스를 구현한다. 인터페이스 의존성은 아키타입을 지정할 때 이미 **pom.xml** 파일에 정의된다. 이 인터페이스는 입력, 출력 객체를 제너릭으로 선언하므로 직접 작성한 InputObject 와 OuputObject를 그대로 대입할 수 있다. 모든 람다는 고유한 이름을 가지며 다음과 같은 방식으로 실행 콘텍스트에 접근한다.

```
package com.example.demo;

import com.amazonaws.services.lambda.runtime.Context;
import com.amazonaws.services.lambda.runtime.RequestHandler;

import javax.inject.Inject;
```

```
import javax.inject.Named;

@Named("greeting")
public class GreetingLambda
    implements RequestHandler<InputObject, OutputObject> {
    @Inject
    ProcessingService service;

    @Override
    public OutputObject handleRequest(InputObject input, Context context) {
        OutputObject output = service.process(input);
        output.setRequestId(context.getAwsRequestId());
        return output;
    }
}
```

마침내 모든 퍼즐 조각이 제 위치를 찾았다. 람다는 입력과 출력 타입을 정의하고 데이터 처리 서비스를 호출한다. 예시 코드는 ProcessingService를 의존성 주입 형태로 사용했지만 해당 기능을 GreetingLambda로 옮기면 코드 분량을 더욱 줄일 수 있다. 이제 mvn test를 실행하면 신속하게 코드를 테스트하고 검증할 수 있고, mvn verify를 실행하면 함수 패키징 단계까지 검증된다.

함수 프로젝트를 패키징하면 **target** 디렉터리에 여러 파일이 추가된다. 특히 **manage.sh**라는 스크립트는 함수 프로젝트를 생성, 갱신, 삭제할 때 사용한다. 스크립트 내부에서 AWS CLI 툴을 실행하며 지정한 AWS 계정을 대상으로 작동한다. 그 외 파일들과 각각의 용도는 다음과 같다.

function.zip

바이너리가 담긴 배포 파일

sam.jvm.yaml

자바 모드의 AWS SAM CLI 로컬 테스트 파일

sam.native.yaml

네이티브 모드의 AWS SAM CLI 로컬 테스트 파일 다음 단계로 진행하려면 **실행 롤**execution role을 설정해야 한다. 구체적인 형식은 변경될 가능성이 있으므로 AWS 람다 개발자 가이드[20]를 먼저 참고하기 바란다. 이 가이드는 AWS CLI 설정과 실행 롤을 환경 변수로 추가하는 방법을 설명한다. 환경 변수 설정은 일회성 작업이며 다음과 같은 형식으로 지정한다.

```
LAMBDA_ROLE_ARN="arn:aws:iam::1234567890:role/lambda-ex"
```

1234567890은 AWS 계정 ID, lambda-ex는 선택한 롤의 명칭이다. 함수를 실행할 때는 자바와 네이티브 모드, 로컬과 프로덕션 환경을 각각 선택할 수 있다. 먼저 자바 모드를 두 환경에서 실행한 다음 네이티브 모드도 이어서 실행한다.

로컬 환경에서 함수를 실행하려면 도커 데몬이 필요하다. 요즘 개발자들은 대부분 도커 개발 환경을 갖추고 있으므로 자세한 설명은 생략한다. 다음으로 AWS SAM CLI가 필요하다. 공식 문서[21]를 참고해 각자의 환경에 맞는 버전을 설치하기 바란다. 테스트에 필요한 파일은 2개다. **target** 디렉터리에 생성된 **sam.jvm.yaml** 파일 외에 **payload.json** 파일이 필요하다. 이 파일은 디렉터리 루트에 있으며 파일 내용은 다음과 같다.

```
{
    "name": "Bill",
    "greeting": "hello"
}
```

이 파일은 함수에 입력할 값을 정의한다. 함수 패키징은 이미 완료되었으므로 다음과 같이 명령을 실행하면 테스트가 시작된다.

```
$ sam local invoke --template target/sam.jvm.yaml --event payload.json
Invoking io.quarkus.amazon.lambda.runtime.QuarkusStreamHandler::handleRequest
(java11)
Decompressing /work/demo/target/function.zip
Skip pulling image and use local one:
amazon/aws-sam-cli-emulation-image-java11:rapid-1.24.1.
Mounting /private/var/folders/p_/3h19jd792gq0zr1ckqn9jb0m0000gn/T/tmppesjj0c8 as
```

20 https://oreil.ly/97ACL
21 https://oreil.ly/h7gdD

```
/var/task:ro,delegated inside runtime container
START RequestId: 0b8cf3de-6d0a-4e72-bf36-232af46145fa Version: $LATEST

__ ____ __ _____ ___ __ ____ _____
--/ __ \/ / / / _ | / _ \/ //_/ / / / __/
-/ /_/ / / /_/ / __ |/ , _/ ,< / /_/ /\ \
--_____/_/ |_/_/|_/_/|_|\___/_/___/
[io.quarkus] (main) quarkus-lambda 1.0-SNAPSHOT on
JVM (powered by Quarkus 1.13.7.Final) started in 2.680s.
[io.quarkus] (main) Profile prod activated.
[io.quarkus] (main) Installed features: [amazon-lambda, cdi]
END RequestId: 0b8cf3de-6d0a-4e72-bf36-232af46145fa
REPORT RequestId: 0b8cf3de-6d0a-4e72-bf36-232af46145fa Init Duration: 1.79 ms
Duration: 3262.01 ms Billed Duration: 3300 ms
Memory Size: 256 MB Max Memory Used: 256 MB
{"result":"hello Bill","requestId":"0b8cf3de-6d0a-4e72-bf36-232af46145fa"}
```

테스트가 시작되면 먼저 함수를 실행할 도커 이미지를 가져온다. 테스트 결과는 설정에 따라 차이가 날 수 있으니 직접 실행하고 로그를 눈여겨 보기 바란다. 필자의 로컬 환경에서 이 함수는 3.3초 만에 실행되고 메모리는 256MB를 소비한다. 비용 청구 시간^{Billed Duration}과 메모리 사용량을 참고하면 함수를 클라우드 시스템에서 실행했을 때 청구될 비용을 예상할 수 있다. 그러나 로컬과 프로덕션은 엄연히 다르므로 실제로 AWS에 배포하고 결과를 확인해보자. **manage.sh** 스크립트를 이용해 다음과 같이 명령을 실행하면 간단히 배포할 수 있다.

```
$ sh target/manage.sh create
$ sh target/manage.sh invoke
Invoking function
++ aws lambda invoke response.txt --cli-binary-format raw-in-base64-out
++ --function-name QuarkusLambda --payload file://payload.json
++ --log-type Tail --query LogResult
++ --output text base64 --decode
START RequestId: df8d19ad-1e94-4bce-a54c-93b8c09361c7 Version: $LATEST
END RequestId: df8d19ad-1e94-4bce-a54c-93b8c09361c7
REPORT RequestId: df8d19ad-1e94-4bce-a54c-93b8c09361c7 Duration: 273.47 ms
Billed Duration: 274 ms Memory Size: 256 MB
Max Memory Used: 123 MB Init Duration: 1635.69 ms
{"result":"hello Bill","requestId":"df8d19ad-1e94-4bce-a54c-93b8c09361c7"}
```

출력 내용을 보면 실행 결과를 한눈에 알 수 있다. 비용 청구 시간과 메모리 사용량이 감소해서 예상 비용은 줄어든다. 그러나 초기화 시간^{Init Duration}은 1.6초로 늘어나 응답이 지연되고 시스템 전체 실행 시간은 증가했다. 이제 네이티브 모드로 함수를 실행하고 자바 모드와 비교해 이러한 지표들이 어떻게 변하는지 확인하자. 쿼커스는 자체적으로 네이티브 실행 파일 패키징을 지원하지만 람다는 리눅스 환경에서 실행해야 한다. 따라서 리눅스 외의 환경에서 이 프로젝트를 실행하려면 패키지 명령에 몇 가지 옵션을 추가해야 한다. 다음은 환경별 명령어 예시다.

```
# 리눅스 환경
$ mvn -Pnative package

# 리눅스 외 환경
$ mvn package -Pnative -Dquarkus.native.container-build=true \
  -Dquarkus.native.container-runtime=docker
```

두 번째 명령은 도커 컨테이너 내부에서 빌드를 호출하고 네이티브 실행 파일을 로컬 시스템으로 옮긴다. 반면 첫 번째 명령은 빌드를 직접 실행한다. 네이티브 실행 파일이 제 위치에 생성되면 로컬과 프로덕션 환경에서 각각 함수를 실행하고 결과를 확인해보자. 다음은 로컬 환경의 실행 결과다.

```
$ sam local invoke --template target/sam.native.yaml --event payload.json
Invoking not.used.in.provided.runtime (provided)
Decompressing /work/demo/target/function.zip
Skip pulling image and use local one:
amazon/aws-sam-cli-emulation-image-provided:rapid-1.24.1.
Mounting /private/var/folders/p_/3h19jd792gq0zr1ckqn9jb0m0000gn/T/tmp1zgzkuhy as
/var/task:ro,delegated inside runtime container
START RequestId: 27531d6c-461b-45e6-92d3-644db6ec8df4 Version: $LATEST

__ ____ __ _____ ___ __ ____ _____
--/ __ \/ / / / _ ¦ /  _ \/ //_/ / / / __/
-/ /_/ / /_/ / __ ¦/ , _/ ,< / /_/ /\ \
--_____/_/ ¦_/_/¦_/_/¦_¦\____/___/
[io.quarkus] (main) quarkus-lambda 1.0-SNAPSHOT native
(powered by Quarkus 1.13.7.Final) started in 0.115s.
[io.quarkus] (main) Profile prod activated.    [io.quarkus] (main) Installed features:
[amazon-lambda, cdi]
END RequestId: 27531d6c-461b-45e6-92d3-644db6ec8df4
REPORT RequestId: 27531d6c-461b-45e6-92d3-644db6ec8df4 Init Duration: 0.13 ms
Duration: 218.76 ms Billed Duration: 300 ms Memory Size: 128 MB
Max Memory Used: 128 MB
{"result":"hello Bill","requestId":"27531d6c-461b-45e6-92d3-644db6ec8df4"}
```

비용 청구 시간은 3300ms에서 300ms로 줄어 10배 정도 빨라졌으며 메모리 소비는 절반으로 줄었다. 자바 모드에 비해 훨씬 효율이 높다. 그렇다면 프로덕션에서 실행한 결과는 이보다 더 좋을까? 직접 확인해보자.

```
$ sh target/manage.sh native create
$ sh target/manage.sh native invoke
Invoking function
++ aws lambda invoke response.txt --cli-binary-format raw-in-base64-out
++ --function-name QuarkusLambdaNative
++ --payload file://payload.json --log-type Tail --query LogResult --output text
++ base64 --decode
START RequestId: 19575cd3-3220-405b-afa0-76aa52e7a8b5 Version: $LATEST
END RequestId: 19575cd3-3220-405b-afa0-76aa52e7a8b5
REPORT RequestId: 19575cd3-3220-405b-afa0-76aa52e7a8b5 Duration: 2.55 ms
Billed Duration: 187 ms Memory Size: 256 MB Max Memory Used: 54 MB
Init Duration: 183.91 ms
{"result":"hello Bill","requestId":"19575cd3-3220-405b-afa0-76aa52e7a8b5"}
```

자바 모드에 비해 비용 청구 시간은 30% 빨라졌으며 메모리 사용량은 절반 가까이 줄었다. 그러나 진정한 승자는 초기화 시간이다. 자바 모드에 비해 거의 10%로 줄었다. 네이티브 모드로 함수를 실행하면 시작 속도가 증가하며 다른 수치도 전반적으로 향상된 결과를 보여준다.

가장 좋은 결과를 얻으려면 최적의 옵션 조합을 찾아내야 한다. 이 과정은 각자에게 달려있다. 자바 모드의 성능만으로 프로덕션 환경에 적용하기 충분한 경우도 있고 네이티브 모드의 성능을 최대한 이끌어내야 할 경우도 있다. 측정만이 선택의 열쇠를 쥐고 있으므로 추측은 절대 금물이다.

4.4 마치며

이번 장은 전통적인 모놀리스를 필두로 다양한 주제를 다뤘다. 모놀리스를 잘게 쪼개 재사용 컴포넌트를 만들고, 각각을 독립적으로 배포할 수 있는 마이크로서비스로 전환했으며, 함수라는 가장 작은 배포 유닛을 만드는 단계까지 나아갔다. 마이크로서비스 아키텍처 특유의 복잡성과 유동성은 다양한 트레이드오프를 낳는다. 가령 네트워크 레이턴시는 실질적 위험 요소로

부상해 철저한 관리를 필요로 하며, 데이터 트랜잭션은 상황에 따라 서비스 경계를 넘나들며 복잡성 증가에 일조한다. 애플리케이션을 실행할 때는 기존 자바 모드 외에 네이티브 모드를 선택할 수 있다. 두 모드는 고유한 장단점이 있으며 각각에 맞는 설정이 필요하고 실행 결과 또한 다르다. 어느 한쪽을 선택하기에 앞서 주요 실행 지표들을 측정하고 조합해 평가해야 한다. 또한 서비스 수준 협약(SLA)과 지속적으로 비교하기 바란다. 이미 결정된 사안도 평가 결과의 변화에 따라 재검토할 수 있어야 한다.

[표 4-1]은 이번 장에서 예시 애플리케이션을 실행했던 결과를 요약한 표다. 유력 프레임워크들을 각각 자바 및 네이티브 모드에서 실행하고 지표를 측정한 수치들이 나열되어 있다. MB 단위는 배포 유닛의 파일 크기를 나타내며 ms 단위는 애플리케이션 시작부터 첫 요청까지 걸린 시간을 나타낸다.

표 4-1 측정 결과 요약

프레임워크	자바 모드 – 크기	자바 모드 – 시간	네이티브 – 크기	네이티브 – 시간
스프링 부트	17 MB	2200 ms	78 MB	90 ms
마이크로넛	14 MB	500 ms	60 MB	20 ms
쿼커스	13 MB	600 ms	47 MB	13 ms
헬리돈	15 MB	2300 ms	94 MB	50 ms

이 표는 어디까지나 참고 자료일 뿐, 정확한 수치는 직접 측정하고 확인해야 한다. 이번 장의 예시 실행 결과는 극히 단편적인 사례며 신뢰할 수 없는 값으로 간주하기 바란다. 호스팅 환경, JVM 버전 및 설정, 프레임워크 버전, 네트워크 상태, 기타 환경적 특성에 따라 측정 결과는 얼마든지 달라진다.

## CHAPTER 5

지속적 통합

멜리사 맥케이

항상 새롭게 실수하라.

– 에스더 다이슨[1]

2장에서 여러분은 소스 관리와 공통 코드 리포지터리의 중요성을 배웠다. 소스 관리 시스템 구축과 정착은 시작에 불과하다. 소프트웨어가 전달하는 사용자 경험의 수준을 완벽의 경지까지 끌어 올리려면 앞으로 몇 단계를 더 거쳐야 한다.

프로그래머 개인이 소프트웨어를 개발하며 수행하는 작업들을 소프트웨어 개발 라이프 사이클에 따라 정리해보자. 먼저 소프트웨어의 특정 기능이나 버그 픽스의 수용 기준을 결정한 다음, 단위 테스트와 실제 코드를 작성하고 코드베이스에 추가한다. 다음으로 모든 단위 테스트를 컴파일하고 실행하며 신규 코드를 검증한다. 코드는 개발 의도에 맞게 작동해야 하며 단위 테스트 정의를 만족시키는 동시에 기존 기능을 손상시키지 않아야 한다. 모든 테스트를 통과하면 애플리케이션을 빌드, 패키징하고 품질 검수quality assurance(QA) 환경에 올려 통합 테스트 방식으로 점검한다. 마지막으로, 꾸준히 유지 관리된 테스트 스위트suite가 최종 합격 통지를 내리면 마침내 소프트웨어를 프로덕션 환경에 전달하거나 배포할 수 있다.

실제로 소프트웨어가 프로덕션에 깔끔하게 안착하는 경우는 거의 없다. 필자를 포함한 유경험자들은 누구나 아는 사실이다. 앞서 묘사한 이상적인 워크플로는 지나치게 단순해서 규모가 큰 프로젝트에 대입하기 어렵다. 대형 프로젝트는 일반적으로 여러 개발자가 팀을 이루어 진행한다.

---

1 https://alwaysmakenewmistakes.com/tag/esther-dyson

협업이 늘어남에 따라 소프트웨어 전달 라이프 사이클을 망가뜨리고 프로젝트 일정을 위태롭게 만드는 합병증도 곳곳에서 발생한다. 이번 장은 이러한 위협에 대항해 지속적 통합을 구현하는 방법에 대해 설명하고, 모범 사례와 관련 툴까지 함께 소개한다. 배포 프로젝트와 소프트웨어 전달 경로에 흔히 나타나는 장애물과 골칫거리를 회피하거나 완화하는 방법을 배우게 될 것이다.

5.1 도입 타당성

지속적 통합continuous integration(CI)에 대한 가장 일반적인 정의는, 여러 기여자의 코드 변경 사항을 프로젝트의 메인 소스 코드 리포지터리에 수시로 통합하는 것이다. 이 정의 자체는 약간 모호한 구석이 있다. **수시**frequently란 얼마나 잦은 빈도인가? 통합이란 문맥적으로 정확히 어떤 의미인가? 리포지터리에 푸시되는 소스 코드를 조율하기만 하면 충분한가? 무엇보다, 이 프로세스가 해결하는 문제는 무엇인가? 이 기술을 채택하면 어떤 이득이 있는가?

CI라는 개념은 꽤 오래전부터 존재했다. 마틴 파울러[2]의 정의에 따르면 **지속적 통합**이라는 용어는 익스트림 프로그래밍[3]의 12가지 관행 중 하나에서 유래했다. CI는 오늘날 모든 데브옵스 커뮤니티에서 일상적으로 언급될 정도로 널리 알려졌지만, 실상 이를 구현하는 방식은 프로젝트나 팀마다 다르다. CI를 도입하는 의도를 정확하게 파악하지 못하거나 모범 사례를 무시하는 경우도 많다. 모든 상황에서 CI가 제대로 효과를 발휘할지는 미지수다.

CI에 대한 세간의 이해를 과거와 비교하면 자못 흥미로운 사실을 알게 된다. 현재 우리가 CI를 이야기하는 방식은 CI가 처음 등장했을 때와 매우 다르다. 익스트림 프로그래밍의 창시자 켄트 벡이 CI를 제안했던 목적은 여러 개발자가 동시에 개발할 때 생기는 문제점을 해결하기 위해서였다. 그러나 오늘날 우리가 CI로 해결하려는 과제는 규칙적이고 빈번한 빌드를 효과적으로 수행하며 버그나 장애를 최소화하는 것이다. 반면 도입 초기의 CI 기술과 파생 툴들은 개발 완료후 **전체** 프로젝트를 빌드하는 데 집중했다. CI의 철학은 모든 팀원이 코딩을 완료한 **후** 프로젝트를 조합하는 것에서, 개발 **도중**에 정기적으로 프로젝트를 빌드하는 것으로 진화했다.

---

2 https://oreil.ly/3sYHE
3 https://bit.ly/3enAXqZ

오늘날 CI는 정기적이고 빈번한 빌드를 통해 개발 주기를 단축하고 최대한 신속하게 버그와 비호환성을 식별한다. 개발자의 작업을 자주 통합할수록 프로세스의 버그를 더 빨리 발견할 수 있으며 문제 발생 시기와 위치를 특정하는 데 드는 시간도 줄어든다. 이러한 명제가 CI의 기본 전제다. 버그를 감지하지 못한 기간이 길어질수록 버그가 코드베이스 곳곳으로 전파될 가능성도 커진다.

개발자의 관점에서 볼 때, 파이프라인 후반 단계까지 전달된 코드 계층에서 버그를 추출하기란 매우 어렵다. 그보다는 버그가 탄생하는 순간 눈 앞에서 버그를 찾고, 포착하고, 수정하는 편이 훨씬 쉽다. 최종 승인 단계까지 모습을 드러내지 않거나 심지어 릴리스 버전까지 살아남는 버그도 있다. 이들을 직접 수정하려면 많은 비용이 들 뿐만 아니라 신기능을 개발할 시간까지 낭비된다. 프로덕션에서 버그를 직접 수정하면 다음 버전에 이를 반영하고 변경 내역을 문서로 남기는 업무가 추가된다. 게다가 이미 배포된 버전에 적용할 패치도 만들어야 한다. 새로운 기능을 개발하는 데 들여야 할 시간을 뺏길 수밖에 없다.

CI 솔루션 구현과 버그가 없는 소프트웨어를 동일시하면 안 된다. CI 구현의 가치를 버그 발생율 같은 결과 지표로 가늠하는 것은 어리석은 짓이다. CI를 평가하기에 좀 더 적합한 지표는 CI가 발견한 버그나 비호환성의 개수다. 백신이 모든 사람에게 100% 효능을 발휘하지 않는 것처럼 CI는 릴리스에서 발생할 노골적인 버그를 우선적으로 걸러내는 보호 체계다. 소프트웨어 개발의 상당 부분은 설계와 초기 개발 단계에 속하며, 이러한 영역의 모범 사례는 CI가 관여하고 대체할 대상이 아니다. 그러나 CI를 도입하고 정착시키면 여러 개발자가 반복적으로 코드를 다듬게 되므로 시간이 지나면 자연스럽게 소프트웨어를 보호하는 안전망이 형성된다. 마틴 파울러는 이를 다음과 같이 표현한다. '지속적 통합은 버그를 제거하지 않는다. 그러나 버그를 찾아 제거하는 난이도를 극단적으로 낮춘다.'

필자는 소규모 업체에서 인턴십을 진행하는 동안 CI를 처음 접했다. CI의 역할이 중요한 익스트림 프로그래밍extreme programming(XP)을 개발 방법론으로 채택한 회사였다. 그러나 최신 데브옵스 툴이나로 무장한 근사한 시스템을 기대할 수는 없었다. 우리에게 주어진 무기는 공통 코드 리포지터리와 사무실 벽장 한 켠에 자리 잡은 빌드 서버 한 대뿐이었다.

개발 팀에 처음 합류했을 때 필자는 빌드 서버에 설치된 스피커에 대한 소문을 들었다. 새로 체크아웃한 소스 코드에서 빌드나 자동화 테스트 오류가 발생하면 이 스피커에서 비상 사이렌 소리가 울린다는 내용이었다. 비교적 신생 팀에 속했던 필자와 팀원들은 대부분 이 이야기를 농담으로 치부했다. 결과는 어땠을까? 빌드 성공 여부와 단위 테스트 결과를 검증하기 전에는 절대로 코드를 메인 리포지터리에 푸시하면 안 된다. 이러한 원칙을 필자가 **엄청난** 속도로 체득할 수 있었던 데는 다 이유가 있다.

돌이켜보면, 이러한 방식으로 좋은 습관을 들일 수 있었던 필자는 행운아였다고 생각한다. 단순함은 CI가 가장 강조하는 미덕이다. 필자는 서버 스피커의 단순한 역할이 낳았던 부수적인 효과를 세 가지로 설명할 수 있다.

코드 통합을 정례화하며 복잡도를 낮춘다

필자와 팀원들은 XP가 권장하는 관행[4]에 따라 통합 주기를 수 시간 정도로 책정했다. 시간 간격보다 더 중요한 요소는 통합 코드의 분량이었다. 실제 개발 계획을 세울 때는 전체 작업을 세부적으로 나누며 가장 단순한 기능 단위[5]를 찾는 데 집중했다. 그리고 각 기능을 가능한 한 작고 완성할 수 있는 작업 단위로 나눴다. **완료 가능**이란, 빌드를 정상적으로 끝내고 모든 단위 테스트를 수행한 다음 코드를 메인 리포지터리에 통합할 수 있다는 뜻이다. 가능한 한 작은 패키지로 업데이트를 구성한다는 원칙을 따르면, 메인 소스 코드 리포지터리의 정기적이고 빈번한 통합은 어느새 대수롭지 않은 평범한 활동으로 여기게 된다. 대규모 통합 작업도 대부분 금세 완료된다.

빌드 및 테스트 오류를 해결하기가 상대적으로 쉽다

코드를 통합하기 전에 프로젝트를 빌드하고 자동화 테스트를 정기적으로 수행하면 어디에서 문제가 발생했는지 시작점을 찾기가 쉽다. 문제를 즉시 식별하고 해결하지 못하면 직전 머지를 되돌리고 클린 빌드를 복원하면 된다. 가장 최근에 성공한 빌드 이후 수정된 코드의 양이 상대적으로 줄었기 때문에 코드를 복원하는 부담도 줄어들었다.

통합 중 CI 시스템이 발견한 버그와 비호환성은 바로 수정된다

고막을 울리는 사이렌 소리는 **모든 팀원**에게 문제의 심각성을 알리고 해결을 촉구했다. 빌드나 테스트가 실패할 때마다 CI 시스템은 통합을 중단했고 모든 구성원이 참여해 문제의 원인과 해결 방안을 강구했다. 해결되기 전까지는 아무도 앞으로 나아갈 수 없었으므로 팀원

---

4 https://oreil.ly/0A7P9

5 https://oreil.ly/Scb94

간 소통, 조율, 협업은 자연스럽게 최고조를 이룰 수밖에 없었다. 대부분의 경우 문제의 코드는 가장 최근 머지를 분석하면 간단히 식별할 수 있었으며 이를 수정하는 책임은 담당 개발자나 협업자들에게 할당됐다. 가끔은 사소한 변경 사항이 관련 없는 시스템의 다른 영역에 악영향을 미치는 경우도 있었다. 그럴 때면 모든 팀원이 모여 최근의 여러 머지를 검토하고 호환성을 점검하며 토론을 벌여야 했다. 이러한 과정을 통해 개발 팀은 코드 변경 사항을 전면적으로 재평가하고 최적의 액션 플랜을 함께 수립할 수 있었다.

세 항목은 모두 CI 솔루션의 핵심 성공 요소다. 또한 건실한 코드베이스와 개발 팀이 갖춰야 할 기본적인 전제 조건이기도 하다. 이러한 기반이 없다면 CI 솔루션 구축 초반에 어려움을 겪을 가능성이 크다. 그러나 CI 솔루션은 결국 코드베이스에 긍정적인 변화를 일으킬 것이며 노력한 만큼 확실한 이득을 보장한다. 일단 첫 발을 내딛으면 금세 실감하게 될 것이다.

우수한 CI 솔루션의 역할은 단순히 공유 리포지터리의 코드 기여를 조율하고 통합 빈도를 합의된 수준으로 유지하는 선에서 끝나지 않는다. 다음 절은 전적으로 실용성에 초점을 맞추어 CI 솔루션의 핵심 요소를 살펴본다. 소프트웨어 개발 프로세스에 지워진 과중한 부담을 줄이고 진행 속도를 향상시키는 방법을 배울 것이다.

5.2 선언적 빌드 스크립트

CI 솔루션을 구현하는 첫 단계는 **빌드 스크립트 작성**script your build이다. 레거시 프로젝트, 소형 라이브러리, 대규모 다중 모듈, 심지어 설계 단계에 있는 프로젝트까지 예외 없이 적용되는 원칙이다. 빌드 프로세스는 여러 가지 사고가 발생하기 쉬운 과정이다. 의존성을 잘못 관리해 빌드 순서가 꼬이거나 배포용 패키지를 생성할 때 필수 리소스를 누락하는 경우가 흔하다. 특정 빌드 단계 자체를 건너뛰는 불상사가 생기기도 한다. 반복되는 빌드 프로세스의 일관성을 유지하고 자동화하면 이러한 사고를 미연에 방지할 수 있다.

빌드 스크립트를 작성하면 엄청난 시간을 절약할 수 있다. 빌드를 진행하는 모든 단계는 **빌드 라이프 사이클**build lifecycle이라 통칭한다. 빌드 라이프 사이클은 시간이 흐를수록 더 많은 의존성을 소비하고 다양한 리소스를 끌어들이며 모듈과 테스트를 지속적으로 보강한다. 간단히 말해, 점점 복잡해지는 경향이 있다. 게다가 빌드는 배포 환경에 따라 다르게 설정해야 한다. 가령 개발이나 QA 환경의 빌드는 디버깅 기능이 필요하지만 프로덕션용 빌드는 그렇지 않다. 또한 프로덕션 배포용 패키지를 만들 때는 불필요한 테스트 클래스를 의도적으로 제외해야 한다. 자바 프로젝트 빌드의 모든 단계를 수작업으로 진행하며 그 와중에 배포 환경에 맞춰 빌드 설정까지 관리하겠다는 생각은, 그야말로 인적 오류의 온상에 제 발로 뛰어들겠다는 것이나 다름없다. 단 하나의 의존성 업데이트만 누락해도 멀티모듈 프로젝트 전체를 다시 빌드해야 하는 사태로 이어진다. 이런 실수를 경험하고 나면 누구나 빌드 스크립트의 필요성을 절실히 깨닫게 될 것이다.

빌드 스크립트를 작성할 때는 툴이나 프레임워크 선택도 중요하지만, **명령형**imperative보다 **선언형**declarative 스크립트 방식을 우선시하는 것이 먼저다. 각 용어의 의미를 간단히 짚고 넘어가자.

- 명령형: 상세 구현을 정확한 절차로 정의한다.
- 선언형: 상세 구현이 아닌 행동action을 정의한다.

명령형보다 선언형을 우선시한다는 것은, 빌드 스크립트를 작성할 때 '**어떻게**how'보다 '**무엇을**what'에 중점을 둔다는 뜻이다. '무엇을' 하는가를 묘사한 빌드 스크립트는 가독성이 높고 유지보수하기 편하며 테스트하거나 확장하기 쉽다. 다른 프로젝트나 모듈에서 재사용하기도 쉽다. 선언적 정의 컨벤션을 따르기만 하면 누구나 선언형 빌드 스크립트를 작성할 수 있다. 이때 상세 구현은 상황에 따라 외부 스크립트나 플러그인 등의 형태로 직접 작성해야 한다. 일부 빌드 툴은 선언적 방식을 특히 더 우선시한다. 이러한 툴을 사용하면 좀 더 유연하게 스크립트를 작성할 수 있지만 특정 컨벤션에 대한 적응 비용이 발생한다.

자바 생태계는 이미 잘 정립된 빌드 툴이 여럿 있다. 설마 아직까지 프로젝트를 javac로 수동 컴파일하고 클래스 파일을 직접 JAR로 패키징하는 개발자는 없으리라 믿는다. 저마다 나름대로 빌드 프로세스와 스크립트를 갖추고 있을 것이다. 그러나 신규 자바 프로젝트를 구축하거나 기존 스크립트를 개선해야 할 때는 빌드 프로세스도 새로 수립할 필요가 있다. 이번 장은 이러한 상황에서 즉각적으로 참고할 만한 모범 사례들을 보여준다. 또한 현재 자바 생태계에서 가장 일반적으로 사용하는 빌드 툴과 프레임워크를 예시로 들 것이다.

빌드 스크립트를 최대한 효율적으로 작성하려면 먼저 전체 빌드 프로세스를 펼쳐 놓고 중요한 요소를 선별해야 한다. 다음은 자바 프로젝트를 빌드할 때 필요한 최소한의 요건들이다.

자바 버전

프로젝트를 컴파일할 자바 버전

소스 디렉터리 경로

프로젝트의 모든 소스 코드가 담긴 디렉터리

컴파일 클래스 디렉터리 경로

컴파일된 클래스 파일이 저장되는 디렉터리

의존성 명칭, 위치, 버전

프로젝트에 필요한 의존성을 탐색하고 취합하기 위해 필요한 메타데이터

이러한 정보가 갖춰지면 다음과 같은 필수 빌드 프로세스를 실행할 수 있다.

1. 프로젝트 의존성 취합
2. 코드 컴파일
3. 테스트 수행
4. 애플리케이션 패키징

빌드 프로세스를 스크립트로 전환하는 과정은 예제와 실습을 통해 가장 효과적으로 시연할 수 있다. 앞으로 선보일 예시들은 현재 가장 널리 사용되는 세 가지 빌드 툴로 각각 작성한 빌드 스크립트다. 세 경우 모두 Hello World 애플리케이션을 빌드한다고 가정한다. 빌드 툴이나의 모든 기능을 이러한 예시만으로 섭렵할 수는 없다. 빌드 스크립트는 전체 CI 솔루션의 일부다. 이 책의 예시는 기존 CI의 빌드 스크립트를 분석하거나 처음으로 스크립트를 작성할 때 참고하면 좋은 집중 훈련 코스라 여기길 바란다.

빌드 툴을 평가할 때는 실제 프로젝트를 항상 염두에 두어야 한다. 자신의 빌드 프로세스를 특정 툴에 대입했을 때 추가 단계나 스크립트가 필요하다고 판단되면, 이를 근거로 빌드 툴을 비교하고 적합성을 판단해야 한다. 툴을 먼저 정하고 툴의 기능에 따라 빌드 프로세스를 수정하는 것이 아니다. 있는 그대로의 빌드 프로세스를 프로그래밍 방식으로 정의하고 가속하는 것이 근본 목적임을 명심하기 바란다. 즉 빌드 툴을 익힐 때는 실제 빌드 프로세스에 적용했을 때

의 효과나 팀에 가져올 긍정적인 변화를 상정해야 한다. 이미 빌드 프로세스가 정착된 프로젝트에서 가장 중요하게 여겨야 할 원칙 중 하나다. 빌드 프로세스 변경은 중대 사안이다. 제아무리 의도가 좋아도 개발 팀이 감내할 고통을 줄여주지는 못한다. 정확한 이해를 바탕으로 명백한 근거를 갖추고 이해득실을 따진 뒤 계획적으로 진행해야 한다.

5.2.1 아파치 앤트

아파치 앤트 Apache Ant는 아파치 소프트웨어 재단에서 아파치 라이선스로 릴리스한 오픈 소스 프로젝트다. 공식 문서[6]에 따르면 앤트라는 이름은 Another Neat Tool의 약자다. 본래 앤트는 톰캣을 빌드하는 용도로 제작됐으며 톰캣 코드베이스의 일부였다가 2000년에 처음으로 단독 릴리스되었다.

아파치 앤트는 자바로 작성된 빌드 툴이다. 또한 XML 파일을 이용해 선언적 단계로 빌드 프로세스를 묘사한다. 앤트는 필자의 자바 경력에서 최초로 접했던 빌드 툴이다. 그만큼 역사가 긴 프로젝트이고 지금도 여전히 활발하게 개발되며 후배들과 치열하게 경쟁하고 있다. 앤트는 다른 여러 툴과 합을 이루며 광범위하게 활용된다.

앤트의 주요 용어

다음은 아파치 앤트에서 자주 접하게 될 용어들이다.

앤트 태스크Ant task

디렉터리 삭제, 파일 복사 등의 작업 단위. 각 태스크는 앤트 내부에서 세부 구현이 담긴 자바 오브젝트에 매핑된다. 내장 태스크 종류는 매우 다양하며 커스텀 태스크도 직접 만들 수 있다.

앤트 타깃Ant target

앤트 태스크가 모인 그룹이며 앤트가 직접적으로 호출하는 대상이다. 예를 들어 **compile**이라는 타깃은 ant compile 명령으로 실행한다. 앤트 타깃은 실행 순서를 제어하기 위해 서로 의존하도록 설정할 수 있다.

---

6 https://ant.apache.org

앤트 빌드 파일 Ant build file

프로젝트에서 사용할 모든 앤트 태스크와 타깃을 설정하는 XML 파일이다. 기본 파일명은
build.xml이며 프로젝트 디렉터리 루트에 있다.

[예제 5-1]은 간단한 앤트 빌드 파일이며 앤트 1.10.8로 실행한다.

예제 5-1 앤트 빌드 스크립트(build.xml)

```
<project name="my-app" basedir="." default="package"> ❶

    <property name="version" value="1.0-SNAPSHOT" /> ❷
    <property name="finalName" value="${ant.project.name}-${version}" />
    <property name="src.dir" value="src/main/java" />
    <property name="build.dir" value="target" />
    <property name="output.dir" value="${build.dir}/classes" />
    <property name="test.src.dir" value="src/test/java" />
    <property name="test.output.dir" value="${build.dir}/test-classes" />
    <property name="lib.dir" value="lib" />

    <path id="classpath"> ❸
        <fileset dir="${lib.dir}" includes="**/*.jar" />
    </path>

    <target name="clean">
        <delete dir="${build.dir}" />
    </target>

    <target name="compile" depends="clean"> ❹
        <mkdir dir="${output.dir}" />
        <javac srcdir="${src.dir}"
                destdir="${output.dir}"
```

```
                        target="11" source="11"
                        classpathref="classpath"
                        includeantruntime="false" />
        </target>

        <target name="compile-test">
            <mkdir dir="${test.output.dir}" />
            <javac srcdir="${test.src.dir}"
                    destdir="${test.output.dir}"
                    target="11" source="11"
                    classpathref="classpath"
                    includeantruntime="false" />
        </target>

        <target name="test" depends="compile-test">    ❺
            <junit printsummary="yes" fork="true">
                <classpath>
                    <path refid="classpath" />
                    <pathelement location="${output.dir}" />
                    <pathelement location="${test.output.dir}" />
                </classpath>

                <batchtest>
                    <fileset dir="${test.src.dir}" includes="**/*Test.java" />
                </batchtest>
            </junit>
        </target>

        <target name="package" depends="compile,test">    ❻
            <mkdir dir="${build.dir}" />
            <jar jarfile="${build.dir}/${finalName}.jar"
                basedir="${output.dir}" />
        </target>

</project>
```

❶ 앤트 명령을 실행할 때 타깃을 지정하지 않으면 이곳에 설정된 타깃으로 실행한다. 예제 프로젝트의 경우 ant 명령을 인수 없이 실행하면 **package** 타깃을 호출한다.

❷ 프로퍼티 엘리먼트에 직접 작성한 값은 변경할 수 없으며 해당 빌드 스크립트 안에서 반복적으로 참조해서 사용할 수 있다. 프로퍼티를 적절히 활용하면 스크립트의 가독성과 관리 편의성이 향상된다.

❸ 프로젝트 의존성이 담긴 경로를 지정한 프로퍼티다. 이렇게 설정하면 **junit**이나 **hamcrest-core**

JAR 등의 의존성을 모두 해당 디렉터리에 수동으로 추가해야 한다. 프로젝트 자체 소스뿐만 아니라 의존성까지 모두 소스 관리 시스템에서 관리하게 된다. 간단해서 좋지만 권장할 만한 방법은 아니다. 패키지 관리는 6장에서 더 자세히 설명한다.

❹ compile 타깃은 소스 코드를 컴파일하고 클래스 파일을 지정한 위치에 생성하는 역할을 한다. 이 프로젝트는 자바 11 버전으로 컴파일하도록 설정됐다. 이 타깃은 **clean** 타깃에 의존한다. 즉 compile 타깃을 실행하면 clean 타깃이 먼저 실행되며 기존 클래스 파일이 최신 상태인지, 이전 빌드의 잔존 파일인지 확인한다.

❺ test 타깃은 JUnit 앤트 태스크를 담고 있다. 프로젝트의 모든 단위 테스트를 실행하고 결과를 화면에 출력한다.

❻ package 타깃은 최종적으로 생성된 JAR 파일을 지정된 경로에 배치한다.

ant package 명령 한 줄이면 자바 프로젝트를 컴파일하고 단위 테스트를 실행한 다음 JAR 파일을 생성할 수 있다. 앤트는 풍부한 기능과 유연성을 자랑하며 빌드 간소화라는 목표를 달성하기에 부족함이 없는 툴이다. 또한 XML 설정 파일을 통해 프로젝트의 빌드 라이프 사이클을 명확하고 직접적으로 문서화시킬 수 있다. 다만 앤트는 의존성 관리 기능이 미흡하므로, 이 부분을 보완하기 위해 개발된 아파치 아이비^{Ivy}[7]를 함께 사용하면 좋다.

5.2.2 아파치 메이븐

아파치 메이븐 프로젝트의 공식 문서[8]에 따르면 **메이븐은 지식의 축적**을 의미하는 이디시어 단어다. 아파치 앤트와 마찬가지로 메이븐도 아파치 소프트웨어 재단의 오픈 소스 프로젝트다. 원래는 자카르타 터빈^{turbine} 프로젝트 소속이었으며 서브 프로젝트들의 앤트 설정을 관리하고 빌드를 개선시키는 용도로 개발됐다. 첫 공식 릴리스는 2004년이다.

아파치 앤트와 마찬가지로 메이븐은 XML 문서(POM 파일)로 자바 프로젝트를 기술하고 관리한다. 이 문서는 프로젝트의 고유 식별자, 컴파일러 버전, 프로퍼티 설정값, 모든 의존성 및 메타데이터 등의 정보를 담는다. 메이븐 프로젝트들은 의존성 리포지터리를 활용해 서로 의존성을 공유할 수 있다. 막강한 의존성 관리 기능은 메이븐이 내세우는 가장 큰 장점 중 하나다.

메이븐은 프로젝트 관리와 문서화 방식을 일관적으로 유지하기 위해 컨벤션 준수를 상당히

---

7   https://oreil.ly/7t5v5
8   https://oreil.ly/CziRT

강조한다. 메이븐을 사용하는 모든 프로젝트는 이러한 컨벤션을 손쉽게 적용할 수 있다. 정해진 방식대로 프로젝트를 파일 시스템에 배치하기만 하면 된다. 또한 스크립트의 선언성을 유지하기 위해 커스텀 구현은 커스텀 플러그인에 작성해 확장한다. 메이븐은 기본 설정을 확장하거나 커스터마이징하기 매우 쉽다. 그러나 프로젝트 구조를 컨벤션에 맞추면 기본 설정만 조작해도 다양하게 활용할 수 있다.

메이븐의 주요 용어

다음은 메이븐을 다룰 때 자주 접하는 용어들이다.

라이프 사이클 페이즈 phase

프로젝트 빌드 라이프 사이클의 개별 단계. 메이븐은 빌드 중 순차적으로 실행되는 단계들을 페이즈 목록으로 정의한다. 기본 페이즈는 **validate**, **compile**, **test**, **package**, **verify**, **install**, **deploy**다. 이 외에 프로젝트 정리와 문서화에 해당하는 라이프 사이클이 2개 더 있다. 메이븐을 호출할 때 특정 페이즈를 지정하면 앞선 페이즈들을 모두 순차적으로 실행한다.

메이븐 골 goal

라이프 사이클 페이즈의 세부 구현에 해당한다. 하나의 골을 여러 페이즈가 공유하도록 설정할 수 있다.

메이븐 플러그인

하나의 목표를 달성하기 위해 모인 골의 집합이다. 골은 플러그인을 통해 제공되며 플러그인은 라이프 사이클 페이즈에 바인딩된다.

POM 파일

메이븐 **프로젝트 객체 모델** Project Object Model(POM)을 구현한 XML 설정 파일. 프로젝트의 모든 라이프 사이클 페이즈, 골, 플러그인 등의 설정을 담는다. 파일명은 **pom.xml**이며 프로젝트의 루트 디렉터리에 있다. 다중 모듈 프로젝트에서 루트 POM은 **상위** POM 역할을 하며, 상위 POM을 명시한 하위 POM에 자신의 설정을 상속한다. 메이븐은 기본 설정이 담긴 **슈퍼** POM을 자체적으로 제공하며 모든 POM 파일은 슈퍼 POM을 확장한다.

[예제 5-2]는 자바 11 환경에서 작성한 POM 파일이며 메이븐 3.6.3으로 실행한다.

예제 5-2 메이븐 POM 파일(pom.xml)

```xml
<?xml version="1.0" encoding="UTF-8"?>

<project xmlns="http://maven.apache.org/POM/4.0.0"
         xmlns:xsi="http://www.w3.org/2001/XMLSchema-instance"
         xsi:schemaLocation=
             "http://maven.apache.org/POM/4.0.0
             http://maven.apache.org/xsd/maven-4.0.0.xsd">
   <modelVersion>4.0.0</modelVersion>

   <groupId>com.mycompany.app</groupId>   ❶
   <artifactId>my-app</artifactId>
   <version>1.0-SNAPSHOT</version>

   <name>my-app</name>
   <!-- FIXME : 프로젝트 웹사이트 주소로 변경할 것 -->
   <url>http://www.example.com</url>

   <properties>   ❷
     <project.build.sourceEncoding>UTF-8</project.build.sourceEncoding>
     <maven.compiler.release>11</maven.compiler.release>
   </properties>

   <dependencies>   ❸
     <dependency>
       <groupId>junit</groupId>
       <artifactId>junit</artifactId>
       <version>4.11</version>
       <scope>test</scope>
     </dependency>
   </dependencies>

   <build>   ❹
     <pluginManagement>
       <plugins>
         <plugin>   ❺
           <artifactId>maven-compiler-plugin</artifactId>
           <version>3.8.0</version>
         </plugin>
       </plugins>
     </pluginManagement>
   </build>
</project>
```

❶ 모든 프로젝트는 groupId, artifactId, version을 조합해 고유성을 식별한다.

❷ 프로퍼티에 직접 작성한 값은 POM 파일 여러 곳에서 사용된다. 프로퍼티는 플러그인이나 골에서 참조할 수 있으며 커스텀 또는 내장 프로퍼티로 나뉜다.

❸ 프로젝트에 직접적으로 필요한 의존성은 모두 dependencies 블록에 명시한다. junit 의존성은 유닛 테스트를 실행할 때 필요하다. JUnit은 내부적으로 **hamcrest-core**에 의존하지만 이 의존성은 명시적으로 추가하지 않아도 메이븐이 알아서 처리한다. 기본적으로 메이븐이 의존성을 가져오는 리포지터리는 메이븐 센트럴^{Maven Central}이다.

❹ build 블록은 플러그인을 설정하는 곳이다. 오버라이드할 설정이 없을 때는 이 블록을 생략할 수 있다.

❺ 모든 라이프 사이클 페이즈는 기본적으로 플러그인을 바인딩할 수 있다. maven-compiler-plugin은 자바 11 버전으로 프로젝트를 컴파일하도록 지시한다. 버전 설정값은 plugins 블록에 직접 넣어도 되지만 파일 상단의 properties 블록에 추가해 눈에 잘 띄도록 했다. 이 프로퍼티는 11 이전 버전에서 일반적으로 사용되는 maven.compiler.source 및 maven.compiler.target 설정을 대체한다.

> **CAUTION** 메이븐 플러그인의 버전은 설정 파일에 정확히 명시해 고정하는 것이 좋다. 버전을 지정하지 않으면 메이븐이 설정하는 기본값으로 자동 지정되기 때문이다. 자바 9 이후 버전과 메이븐 구버전을 함께 사용할 때는 특히 주의해야 한다. 메이븐의 기본 플러그인 버전은 최신 자바 버전과 호환되지 않을 가능성이 있다.

컨벤션의 강제력 덕분에 메이븐 빌드 스크립트는 간결성을 유지한다. 간단한 POM 파일 하나만으로 프로젝트를 컴파일, 실행, 패키징하고 JAR 파일까지 생성할 수 있다. mvn package만 실행하면 나머지는 메이븐의 기본 설정이 모두 알아서 해결한다. 메이븐과 함께 하는 시간이 늘어날수록 메이븐이 강력한 기능으로 가득 차 있음을 여실히 깨닫게 될 것이다. 메이븐은 단순한 빌드 툴이나 이상의 존재다. 메이븐의 잠재력을 처음 엿본 사용자는 그 뒤에 숨은 복잡성의 규모에 압도당할지도 모른다. 아직 메이븐이 익숙하지 않은 개발자는 커스터마이징 플러그인을 직접 작성하기 쉽지 않을 것이다. 특히 기존 개발 사례가 많지 않은 비주류 구현일 경우에는 더욱 그렇다. 아파치 메이븐 공식 사이트⁹에는 'Maven in 5 Minutes'¹⁰ 가이드를 비롯해 훌륭한 자료가 많으니 초심자는 우선 이곳부터 참고하기를 강력히 권장한다.

---

9 https://oreil.ly/CziRT
10 https://oreil.ly/dkxa6

5.2.3 그레이들

그레이들은 아파치 2.0 라이선스로 공개된 오픈 소스 빌드 툴이다. 그레이들 설립자인 한스 독터가 포럼[12]에 밝힌 내용에 따르면, 원래 개발 언어는 C였고 이름도 Cradle이었다고 한다. 그러나 결과적으로 그는 아파치 그루비를 선택했으며 프로젝트의 이름은 Gradle로 바뀌었다. 당연히 그레이들의 도메인 특화 언어domain-specific language (DSL)는 그루비로 작성할 수 있다. 그레이들 1.0은 2012년에 릴리스되었다. 아파치 앤트나 메이븐과 비교하면 차세대 아이돌 스타라 할 만하다.

메이븐, 앤트와 그레이들의 가장 큰 차이점 중 하나는 그레이들 빌드 스크립트가 XML 기반이 아니라는 점이다. 그레이들 빌드 스크립트는 그루비 또는 코틀린Kotlin DSL로 작성한다. 메이븐과 마찬가지로 그레이들도 컨벤션을 강조하지만 메이븐보다 너그럽다. 그레이들의 간편함과 유연성은 공식 문서[13]에서 제공하는 다양한 커스터마이징 지침을 통해 확인할 수 있다.

---

11 https://oreil.ly/DOg5K

12 https://oreil.ly/1mEwy

13 https://oreil.ly/Vvhch

14 https://oreil.ly/RqR1s

[예제 5-3]은 간단한 그레이들 빌드 파일이며 [예제 5-2]를 바탕으로 작성됐다.

예제 5-3 그레이들 빌드 스크립트(build.gradle)

```
/*
 * This file was generated by the Gradle 'init' task.
 */
```

---

15 https://oreil.ly/Q6bQH

```
plugins {
    id 'java'      ❶
    id 'maven-publish'
}

repositories {    ❷
    mavenLocal()
    maven {
        url = uri('https://repo.maven.apache.org/maven2')
    }
}

dependencies {
    testImplementation 'junit:junit:4.11'    ❸
}

group = 'com.mycompany.app'
version = '1.0-SNAPSHOT'
description = 'my-app'
sourceCompatibility = '11'    ❹

publishing {
    publications {
        maven(MavenPublication) {
            from(components.java)
        }
    }
}

tasks.withType(JavaCompile) {    ❺
    options.encoding = 'UTF-8'
}
```

❶ 그레이들 플러그인을 추가하려면 plugins 블록에 **플러그인 ID**를 정의한다. java 플러그인은 자바 프로젝트 컴파일, 테스트, 패키징 등의 기능을 제공하는 그레이들 코어 플러그인이다.

❷ 의존성 리포지터리는 repositories 블록에 정의한다. 그레이들은 이곳에 설정된 정보를 이용해 의존성 관계를 해소한다.

❸ 그레이들은 메이븐과 비슷한 방식으로 의존성을 설정한다. 단위 테스트에 필요한 JUnit 의존성은 dependencies 블록에 정의한다.

❹ sourceCompatibility 설정은 java 플러그인에서 제공하며 javac 명령을 실행할 때 source 옵션에 매핑된다. targetCompatibility 설정도 있지만 기본적으로 sourceCompatibility와 같은 값을 적용하므로 스크립트에 명시적으로 추가할 필요는 없다.

❺ java 플러그인이 제공하는 compileJava 태스크는 JavaCompile 타입이다. 해당 블록은 타입이 JavaCompile인 태스크에 인코딩 옵션을 지정한다. 그레이들의 유연성을 보여주는 기능 중 하나다.

그레이들 빌드 스크립트가 완성되면 gradle build 명령 한 줄로 프로젝트를 컴파일 및 실행하고 JAR 파일까지 생성할 수 있다. 그레이들 빌드는 이미 정립된 컨벤션을 기반으로 작동하므로 이러한 컨벤션과 차별되는 부분만 스크립트에 작성하면 된다. 빌드 스크립트를 작게 유지하고 다루기 쉽게 만드는 비결이다. 그레이들 빌드 스크립트의 간결함과 유연성은 복잡한 빌드 프로세스를 보유한 자바 프로젝트에서 더욱 빛을 발한다. 그레이들 DSL을 학습하는 데 드는 노력과 시간은 고수익을 보장하는 선행 투자다.

지금까지 살펴본 세 가지 빌드 툴은 각자 고유한 강점과 약점이 있다. 프로젝트의 요구 조건, 개발 팀의 기술 경력, 빌드 유연성 등을 고려해 가장 적합한 툴을 선택해야 한다. 선정 과정이 어떻든, 무슨 툴을 선택하든, 빌드 스크립트와 맞서 치열하게 씨름하기 바란다. 비약적인 효율성 증가로 보답받을 것이다. 자바 프로젝트 구축은 수많은 단계로 이루어진 반복 프로세스며 사람이 실수하기만 고대하는 함정들로 가득하다. 이보다 더 자동화에 걸맞는 작업은 찾기 어렵다. 프로젝트 빌드를 단 하나의 명령으로 압축하면 여러 가지 긍정적인 효과가 발생한다. 신입 개발자의 업무 적응 시간이 엄청나게 단축되고, 로컬 개발 환경의 작업 효율이 극적으로 향상되며, 우수한 CI 솔루션의 필수 요소인 빌드 자동화를 구축하는 기틀이 마련된다.

5.3 지속적 빌드

코드 통합에 문제가 생겼음을 알리는 가장 명백한 신호는 빌드 실패다. 따라서 통합 문제를 가능한 한 빨리 감지하고 해결하려면 프로젝트를 최대한 자주 빌드해야 한다. 사실, **메인 코드베이스에 기여하는 모든 변경 사항은 빌드 컴파일 성공과 단위 테스트 전수 통과를 담보해야 한다.**

NOTE 코드 변경 사항을 메인 소스 리포지터리에 머지한 뒤 프로젝트를 빌드하는 행동을 가리켜 특별히 **기여**라고 표현했음에 주목하기 바란다. **커밋**이나 **체크인**이 아니라 굳이 **기여**라는 용어를 쓴 이유는 따로 있다. 한 개발 팀에서 여러 개발 프로세스 진행하는 경우, 브랜치 머지나 풀 리퀘스트 머지 등이 메인 코드 라인에 변경 사항을 **기여**한다. 이러한 머지는 하나 이상의 커밋으로 이루어졌을 가능성이 있으므로 단일 커밋이나 체크인으로 지칭할 수 없다.

다음은 테스트 주도 개발 방법론에 따른 일반적인 개발자 워크플로다.

1. 소스 관리 시스템에서 로컬 작업공간으로 최신 코드를 체크아웃한다.
2. 초기 오류가 없는지 확인하기 위해 프로젝트를 빌드하고 모든 테스트를 수행한다. 이때 빌드 스크립트가 필요하다. 이에 대한 더 자세한 내용은 5.2절을 참고하기 바란다.
3. 새로운 기능을 구현하거나 버그 픽스를 제작하고 단위 테스트도 함께 구현한다.
4. 단위 테스트를 실행하고 통과 여부를 확인한다.
5. 신규 코드를 기존 코드에 통합할 때 문제가 생기지 않도록 프로젝트의 **모든** 단위 테스트를 빌드하고 실행한다. 다시 말하지만, 빌드 스크립트는 필수다.
6. 신규 코드와 단위 테스트를 코드베이스에 커밋한다.

이러한 프로세스의 목표는 로컬 작업의 문제가 로컬 작업공간을 벗어나지 못하도록 차단하고 코드 통합 과정에서 버그나 기능 오류가 발생하지 않도록 방지하는 것이다. 그러나 현실적으로 이러한 워크플로는 끊임없이 문제가 등장하며 진행 과정 내내 개발자를 괴롭힌다. 인간은 완벽하지 않다. 사전에 아무리 많은 주의를 기울여도 예상치 못한 일이 생기기 마련이다. 여러 작업자가 동시에 협업하는 상황에서 잠재적 비호환성 문제를 완벽히 예방하기란 사실상 불가능하다. 필자의 설명을 오해하지 않기 바란다. 이러한 협업 프로세스가 틀렸으며 전부 쓸모없다는 의미가 **아니다**. 워크플로에서 발생하는 불가피한 문제는 CI를 이용해 완화할 수 있다. 이번 절에서 설명하는 내용을 참고해 자동화된 CI를 구현하고 개발자의 효율성과 생산성을 높이는 방법을 고민하기 바란다.

개발자가 자신의 로컬 환경에서 프로젝트를 성공적으로 빌드했다 해도 코드 통합까지는 갈 길이 멀다. 심지어 모든 개발자가 협업 프로세스를 준수하고 모든 테스트를 확인한 뒤 코드를 커밋한다 해도 위험은 여전히 남아 있다. 가령, 개발자 개인이 보유한 메인 코드 라인이 최신 버전이 아닌 경우가 있다. 여러 개발자가 하나의 코드베이스를 다룰 때 흔히 발생하는 실수다.

업데이트를 반영하지 않은 과거 코드를 기준으로 테스트를 수행하면 막상 최신 코드에 머지하는 순간 비호환성이 발견된다.

개발자 본인이 발견하지 못한 문제가 다른 이의 개발 환경에서 빌드를 방해하는 경우도 있다. 부끄러운 고백을 하자면, 과거에 필자는 코드를 커밋하며 신규 파일이나 리소스를 누락하는 실수를 여러 번 저질렀다. 필자의 빌드나 테스트는 문제가 없었지만 필자의 변경 사항을 가져간 다른 개발자는 갑자기 빌드나 테스트가 실패하여 이를 해결하는 데 골치를 썩었을 것이다. 비슷한 사례로, 제한된 환경이나 특정 OS에서만 작동하도록 개발된 코드도 여러 개발자를 힘들게 한다.

누구나 운이 좋지 않은 날이 있다. 가장 이상적이고 안정적인 개발 환경에서도 문제는 발생하는 법이다. 손상된 빌드는 마치 바이러스처럼 은연중에 팀 전체에 스며든다. 통합과 관련된 장애는 주변으로 전파되지 않도록 사전에 완화 전략을 세워 두어야 한다. 가장 일반적인 대책은 자동 빌드 서버 또는 CI 서버 도입이다. 이러한 서버는 통합 빌드와 테스트를 수행하며 여러 개발 팀이 공유한다. 또한 코드 커밋 후 통합 빌드 결과를 보고하는 역할도 한다.

젠킨스Jenkins, 서클CICircleCI, 팀시티TeamCity, 뱀부Bamboo 깃랩GitLab 등은 모두 널리 알려진 CI 서버다. JFrog 파이프라인처럼 한층 강화된 기능을 제공하는 시스템도 등장했다. 그러나 무엇보다 CI 서버는 코드 변경 사항을 감시하는 심판 역할에 충실해야 한다. 공유 리포지터리를 드나드는 코드를 감시하고 최대한 자주 빌드하며 문제를 발견해 보고할 수 있어야 한다. CI 서버는 정기 빌드를 자동화하고 통합 문제를 조기에 드러낼 수 있는 가장 효과적인 툴이다.

5.4 테스트 자동화

개발자는 작업 도중 틈틈이 테스트를 수행한다. 개인적인 테스트 외에, 코드베이스에 체크인하기 전에도 테스트를 수행해야 한다. 이때는 일반적으로 IDE를 이용해 전체 테스트 스위트를 신속하게 검증한다.

5.2절에서 예시로 들었던 간단한 빌드 프로세스는 단위 테스트를 자동으로 실행하는 단계를 포함한다. 예제 스크립트에 굳이 테스트를 추가한 것은 우연이 아니다. 사실 테스트는 CI 솔루션과 빌드 프로세스에서 절대적으로 중요한 역할을 담당하며 상당한 시간을 투자하고 관심을

기울일 만한 가치가 있다. CI를 도입하는 가장 큰 이유 중 하나는 가능한 한 개발 프로세스 초기에 문제를 포착하는 역량을 갖추기 위해서다.

단위 테스트는 모든 문제를 드러내지 않는다. 만약 그러한 비현실적인 기대를 가졌다면 그만 내려놓기를 바란다. 그럼에도 불구하고 탄탄한 단위 테스트 집합이 매우 효과적인 사전 예방 조치임은 엄연한 사실이다. 가장 명백한 문제들은 단위 테스트만으로 조기에 발견할 수 있다. 단위 테스트는 공식적인 QA 단계 이전에 수행할 수 있다는 특성 덕분에 전체 개발 주기에서 아주 중요한 위치를 차지한다. 소프트웨어가 프로덕션 환경에서 올바르게 작동하도록 장애 요소를 제거하는 최초의 안전 장치인 셈이다.

자바에서 단위 테스트를 작성하는 방법은 이 책에서 자세히 설명하지 않는다. 여러분은 이미 테스트의 중요성을 이해하고 수용했을 것이다. 필자는 독자들의 프로젝트에 단위 테스트가 존재하며 JUnit이나 TestNG처럼 테스트 자동화 프레임워크를 사용한다고 간주한다. 만일 그렇지 않다면 당장 책을 덮고 간단한 단위 테스트를 작성해 프로젝트에 추가하라. CI 솔루션은 결과적으로 테스트를 확장하고 빌드에 추가한 뒤 자동으로 실행하는 역할을 한다. 테스트 작성은 시작에 불과하다. 이러한 단위 테스트를 앞으로 어떻게 관리하고 발전시킬 것인지 팀원들과 함께 모여 의논하고 전략을 수립하기 바란다.

자바 생태계에 알려진 테스트 툴은 수없이 많다. 이들을 서로 자세히 비교하거나 우열을 가리는 분석은 이번 장의 범주를 벗어난다. 그 대신 여기서는 테스트 자동화와 CI 프로세스를 서로 원활하게 결합하는 방법을 논의한다. 또한 테스트 스위트가 응당 갖춰야 할 품질을 비롯해, CI의 효율성을 저해하는 일반적인 실수를 예방하는 방법도 설명한다.

5.5 모니터링 및 테스트 유지 관리

최신 코드를 로컬 개발 작업공간으로 체크아웃하는 것은 매우 간단하다. 모든 단위 테스트를 컴파일하고 실행하는 작업도 마찬가지로 간단하다. 그러나 프로젝트에 모듈이 추가될수록 복잡도가 상승하며 전체 빌드와 테스트에 걸리는 시간은 점점 늘어난다. 자신의 개발 기간이 늘어나는 동안 타인의 코드는 자신의 코드에 앞서 지속적으로 메인라인에 추가된다.

자신의 코드와 최신 코드 사이의 충돌을 방지하려면 메인라인의 최신 코드를 가져와 전체 테스트를 다시 수행해야 한다. 매우 비효율적인 프로세스이지만 달리 방도가 없다. 반복 테스트에 지친 개발자는 메인라인의 코드가 변경되기 전에 자신의 코드를 올리려 하며, 시간을 절약하기 위해 테스트는 건너뛰고 즉시 코드를 커밋한다. 상황은 마치 내리막길을 달리는 자전거처럼 자연스럽게 악화된다. 메인라인의 코드는 점점 더 자주 고장나고 모든 팀원은 빌드 오류에 발목을 잡힌다.

테스트는 유지 관리하는 데 시간이 걸리며, 이 시간은 정기적으로 배치해 개발 일정에 포함시켜야 한다. 코드베이스의 다른 부분과 마찬가지로 테스트도 시간의 흐름에 따라 조정과 개선을 더해야 한다. 더 이상 사용되지 않는 테스트를 제거하고 망가진 테스트는 고쳐야 한다. 필자는 다양한 코드베이스를 탐색하는 동안 주석 처리된 테스트 케이스를 자주 보았다. 저마다 나름대로 사연이 있었지만 합당해 보이는 경우는 한 건도 없었다. 그저 시간이 부족해서 테스트를 생략하는 경우도 있다. 개발 기한을 맞추기 위해 빌드를 강행하고 추후 보강하겠다는 약속과 함께 테스트를 방치한다. 때로는 테스트 케이스의 실행 결과가 일관적이지 않아서 무시해버리기도 한다. 이러한 테스트를 **불안정**^{flaky} 테스트라 부른다. 테스트 환경에 경합 조건이 관여하거나 정적이어야 할 테스트 임곗값이 실제로는 동적일 경우 발생하는 사례다.

어떤 경우든 단위 테스트가 실행되지 않도록 조작하는 행위는 위험한 모험이며, 해당 개발 팀 내부에 보이지 않는 문제가 점점 커지고 있음을 나타내는 증거다. 따라서 무엇이 우선인지 먼저 고민해야 한다. 시효가 다 된 테스트를 그저 거슬린다는 이유로 방치하거나 심지어 처음부터 테스트를 아예 작성하지 않는다면, 프로젝트를 인도하는 가드레일이 벗겨지고 공들여 쌓아 올린 CI 프로세스가 무위로 돌아간다.

시간이 너무 오래 걸린다는 이유로 테스트를 실행하지 않는 경우도 더러 있다. CI 서버를 이용하면 테스트 실행 시간을 정기적으로 기록할 수 있다. 프로젝트가 허용하는 수준에서 임계 시간을 결정하고 실행 시간과 항상 비교하기 바란다. 프로젝트가 성장을 거듭하고 빌드 시간이 임계 수준을 넘기는 순간이 오면 테스트를 멈추고 재검토해야 한다. 무의미해진 테스트, 중복 테스트, 병렬 실행 가능 테스트를 찾아 먼저 개선하면 좋다. 빌드 서버는 최대한 자주 테스트를 수행해야 한다. 코드 변경 사항을 일일이 테스트하는 잠재적 한계치까지 고려한다면, 단 1초라도 낭비할 시간이 없음을 깨닫게 될 것이다.

5.6 마치며

이번 장은 개발 팀이 필수적으로 도입할 관행으로 지속적 통합을 제시한다. 그간 소프트웨어 프로젝트 구축 효율성을 높이는 여러 툴이 개발되었다. 통합 툴이 빌드를 자동으로 개시하고 테스트까지 수행하면 개발자는 코딩에 더욱 집중할 수 있으며 작업 초기에 문제를 발견할 수 있다. 자동화가 덜어준 개발자의 수고로움을 당연시하고 만끽하기는 쉽지만, 자동화 이면에 숨은 상세한 원리를 간과하면 안 된다. 특히 테스트 스위트에 항상 주의를 기울이기 바란다. 부실하게 관리된 테스트가 지속적 통합 시스템의 장점을 앗아가도록 방관해서는 안 된다.

## CHAPTER 6

패키지 관리

익스헬 루이츠

여러분이 이 글을 읽는 지금 이 순간에도, 전 세계 어딘가에서 한 줄의 코드가 작성되고 있다. 이 코드는 단 한 줄 만으로 아티팩트의 일부가 되어 곳곳으로 전파된다. 기업이 생산하는 엔터프라이즈 상품의 빌딩 블록으로 쓰이기도 하고, 때로는 공개 리포지터리를 통해 개발자들에게 공유되기도 한다. 무엇보다 메이븐 센트럴에 자바와 코틀린 라이브러리로 게시될 가능성이 높다.

오늘날 우리는 과거 그 어느 때보다 많은 라이브러리, 바이너리, 아티팩트 속에서 살아가고 있다. 더 나은 제품과 서비스를 향한 전 세계 개발자들의 노력이 지속되는 한 이러한 기술적 보고의 규모는 성장을 멈추지 않을 것이다. 방대한 아티팩트를 취급하고 관리하는 번거로움도 과거에 비해 크게 늘었다. 점점 더 많은 수의 의존성이 복잡한 연결망을 이룬다. 아티팩트 버전 오류는 더 큰 위협이 되어 혼란과 빌드 실패를 유발하며, 신중을 기해 수립한 프로젝트 릴리스 일정을 지연시키는 데 일조한다.

개발자는 이제 눈 앞에 있는 소스 코드의 기능과 특이성을 넘어 프로젝트의 패키징 방식과 최종 제품의 빌딩 블록 조합 방식까지 이해해야 한다. 또한 빌드 프로세스를 이해하는 데 그치지 않고 빌드 자동화 툴의 내부 작동 원리까지 심도 깊게 파악해야 한다. 이는 빌드 장애를 미연에 방지하고 불필요한 처리 시간을 절약하는 비결이다. 프로덕션을 보호하는 광범위한 버그 억제 효과는 덤이다.

통상적인 코딩 작업에 있어 풍부한 서드파티 리소스는 마치 개발자의 보물창고 같은 존재다. 이러한 외부 자원을 이용하면 프로젝트 개발 속도를 월등히 높일 수 있다. 그러나 소스 코드가 예상에서 벗어난 행동을 할 위험도 커진다. 외부 컴포넌트의 출처를 정확히 파악하고 올바른 절차에 따라 프로젝트 안으로 들인다면 추후 해당 부분에 장애가 발생하더라도 상대적으로 쉽게 문제를 파악할 수 있다. 내부에 생성된 아티팩트를 관리할 책임은 결국 개발자 본인에게 있다. 이 점을 인정하는 순간 버그 수정과 기능 개발에 대한 의사 결정과 우선순위 판단 기준이 달라지며 프로덕션 릴리스로 향하는 안전한 경로가 확보된다. 현대의 개발자는 자신의 코드에 정통한 수준을 넘어 복잡한 패키지 관리 기술까지 섭렵할 필요가 있다.

6.1 제조 출하 방식의 한계

얼마 전까지만 해도 소프트웨어 개발자에게 아티팩트 구축이란 마치 한편의 대서사시를 방불케 할 정도로 지난함의 정점에 달한 작업이었다. 출시 기일을 준수한다는 것은 약간의 편법과 비공식적인 절차를 용인한다는 말과 같았다. 그러나 이러한 관행은 최근 들어 확연히 달라졌다. 전례 없이 짧은 전달 주기, 포괄적 환경 대응, 맞춤형 아티팩트, 급증하는 코드베이스와 리포지터리 관리, 다중 모듈 패키지 등 소프트웨어 업계에 주어진 요구 사항이 이전과 달라졌기 때문이다. 오늘날 아티팩트 구축 과정은 그저 더 큰 비즈니스 주기에 속한 하나의 단계에 불과하다.

무릇 탁월한 리더는 무수한 시행착오로부터 최고의 혁신을 일구어 내는 법이다. 이들은 실험, 시도, 실패를 자신의 삶과 기업 운영 철학의 일부로 받아들인다.

과감한 혁신, 신속한 확장, 동시 다발적인 제품 출시, 애플리케이션 품질 개선, 사용자 경험 일신, 신기능 공개 등의 모든 목표에 공통적으로 활용되는 수단이 있다. 바로 A/B 테스트다. 컬럼비아 대학 응용 분석 과정의 설립자인 카이저 풍의 설명에 따르면 **A/B 테스트**는 이미 100년 전부터 시행되어 온 명실상부한 검증 기법이다. 가장 기본적인 A/B 테스트는 두 버전을 비교하고 성능이 더 나은 쪽을 선택하는 과정이다. 오늘날 수많은 스타트업과 기성 기업이 분야를 막론하고 광범위하게 A/B 테스트를 수행한다. 특히 마이크로소프트, 아마존, 페이스북, 구글을 위시한 선도 기업들은 한 해에 10,000건 이상의 통제 실험을 온라인에서 진행하고 있다.[1]

Booking.com은 웹사이트의 모든 신기능에 비교 테스트를 수행한다. 사진이나 콘텐츠 선정부

---

1 https://oreil.ly/vRKPP

터 버튼 색상과 배치에 이르기까지 각종 세부 사항의 선택 결과를 관찰하고 비교한다. 하나의 요소에 대응하는 여러 버전을 동시에 테스트하고 고객 응답을 추적하는 과정에서 기업은 지속적으로 사용자 경험을 개선할 수 있다.

그렇다면 수많은 아티팩트로 구성된 소프트웨어를 동시에 여러 버전으로 전달하고 배포하려면 어떻게 해야 할까? 병목이 발생하는 지점은 어떻게 포착해야 할까? 올바른 방향을 가리키는 이정표는 어디에서 찾아야 할까? 잘 작동하는 것과 그렇지 않은 것을 어떻게 식별할 수 있을까? 풍부한 계통 구조 속에서도 높은 재현성을 지닌 결과물을 관리하는 방법은 무엇일까? 이러한 모든 질문에 답하려면 우선 워크플로와 아티팩트의 입력, 출력, 상태 정보를 수집하고 올바른 맥락에서 명확하게 분석해야 한다. 이러한 모든 정보가 담긴 곳이 바로 메타데이터다.

6.2 메타데이터

전사적 품질 경영과 통계학의 권위자였던 에드워드 데밍은 이런 말을 남겼다. 'In God we trust; all others bring data'[2] 모든 데이터 중 서로 연관된 정보들을 키/값 형태로 정의하면 **메타데이터**Metadata가 된다. 다시 말해 메타데이터는 특정 엔터티에 적용되는 속성의 집합을 의미한다. 이 책은 그중 아티팩트와 프로세스에 관련된 엔터티를 다룬다.

메타데이터를 면밀히 분석하면 정보의 상관관계와 인과관계가 발견된다. 한 걸음 더 나아가면 정보 제공 주체의 조직적 행동과 결과에 대한 통찰까지 얻을 수 있다. 그 결과, 메타데이터는 조직의 현재 상태와 이해 당사자의 목표가 서로 얼마나 부합하는지 판단하는 근거가 된다.

일단 기본적인 메타데이터에 익숙해지면 다른 데이터를 추가로 확보해 더 많은 정보를 추출하거나 유도할 수 있다. 데이터가 많아질수록 정보를 해석하는 시야가 확장되며 정보가 만드는 이야기나 내러티브를 이해하기 쉬워진다. 데이터를 추가할 때는 필요한 속성과 값을 정확하게 선택하고 카디널리티cardinality 허용 한계를 신중하게 결정해야 한다. 불필요하게 많은 속성을 수집하거나 카디널리티가 지나치게 높으면 오히려 시스템의 성능이 저하된다. 또한 데이터의 범주가 너무 넓으면 한눈에 파악하기 어렵다. 반대로 너무 과하게 범위를 축소하면 중요한

---

2   옮긴이_ 이 명언의 전반부는 달러 지폐에 있는 문구 그대로다. '신이 아닌 모든 이는 데이터를 제출하시오' 정도로 풀이할 수 있다. 미국 화폐와 관련된 'In God we trust, all others pay cash'라는 표어의 변용이다.

정보를 놓칠 가능성이 커진다.

데이터를 취급할 때는 항상 스스로에게 먼저 질문하는 습관을 들여야 한다. 누가? 무엇을? 어떻게? 어디에서? 언제? 등의 의문사를 소프트웨어 개발 주기의 단계별 주요 작업에 각각 대입하면 좋다. 그러나 올바른 질문은 절반의 성공에 불과하다. 보편화시키거나 열거할 수 있는 구체적이고 명확한 답변까지 함께 고민한다면, 노력에 상응하는 완전한 결실을 거둘 수 있을 것이다.

6.2.1 통찰력 있는 메타데이터

통찰력 있는 데이터는 다음과 같은 특징이 있다.

맥락성_contextualized_

모든 데이터를 일정 준거_frame of reference_ 안에서 해석할 수 있다. 가능한 모든 시나리오를 수립하고 비교하려면 올바른 분석 단계가 선행되어야 한다.

연관성_relevant_

데이터의 변화가 결과에 직접적으로 영향을 미친다. 또는 전체 프로세스 중 특정 단계나 시기를 지목할 수 있어야 한다.

특정성_specific_

데이터가 특정 이벤트를 정확히 가리킨다(최초 실행, 종료 등).

명확성_clear_

데이터는 한눈에 알아볼 수 있거나 사전에 정의된 값이어야 한다. 또한 계산하거나 비교하기 용이해야 한다.

고유성_unique_

데이터는 하나의 값을 지니며 다른 것과 구별할 수 있어야 한다.

확장성*extensible*

인간의 지식은 계속 축적된다. 데이터는 속성을 추가하고 확장, 진화시키는 메커니즘을 내장해야 한다.

소프트웨어 개발 주기의 각 단계마다 입력, 출력, 상태 변화 등의 데이터가 발생한다. 이러한 데이터 중 무엇을, 언제, 왜, 어떻게 기록할지를 먼저 결정해야 한다. 메타데이터를 소비할 주체에 대한 고민도 필요하다. 가령, 프로세스 진행 상황에 따라 반응하며 다양한 방식으로 데이터 집합을 소비하는 컨슈머가 있다. 하위 파이프라인 발동, 빌드 승격, 환경별 배포, 아티팩트 게시 등의 작업이 이러한 컨슈머에 속한다. 상대적으로 데이터 전반을 다루는 컨슈머도 있다. 이들은 숙련된 기술과 경험을 바탕으로 데이터에서 의미 있는 정보를 추출하고 통찰을 얻는다. 이들에게 있어 데이터는 조직 차원의 목표를 달성하기 위한 툴이다.

6.2.2 메타데이터의 특성

다음은 메타데이터를 다룰 때 고려해야 할 사항들이다.

개인 정보 보호 및 보안

데이터 노출은 몇 번이고 신중하게 검토해야 한다.

가시성*visibility*

전체 데이터 중 관심을 두는 부분은 컨슈머마다 다르다.

형식 및 인코딩

하나의 데이터 속성은 여러 단계에서 여러 포맷으로 노출할 수 있다. 그러나 속성의 명칭 및 의미, 가치는 일관성을 유지해야 한다.

이제 빌드 툴로 눈을 돌려 메타데이터를 생성하고 메타데이터 패키징하는 방법을 알아보자. 빌드 툴이나 채택에 있어 자바 생태계는 광범위한 선택의 폭을 자랑한다. 누가 뭐라 해도 이 분야에서 가장 주목받는 후보는 아파치 메이븐과 그레이들이므로 이 둘을 깊이 있게 논의하는 것이 마땅하다. 그러나 그 외의 빌드 툴을 사용하더라도 걱정할 것 없다. 메타데이터를 수집하고 패키징하는 기법은 재사용성이 높아 다양한 툴에서 쓸모 있게 활용할 수 있을 것이다.

실제 코드와 대면하기에 앞서 다음 세 가지 사안을 파악해야 한다.

1. 아티팩트 패키징에 담을 메타데이터 선정
2. 해당 메타데이터를 빌드 도중 가져올 수단
3. 적절한 형식에 맞춰 메타데이터를 처리하고 기록할 방법

다음 절부터 이러한 사안들을 차례로 살펴본다.

6.2.3 메타데이터 선정

빌드 환경은 다양한 정보로 가득하다. 메타데이터로 변환하고 아티팩트에 패키징할 재료가 얼마든지 있다. 아티팩트 생성 시각과 날짜를 식별하는 빌드 타임스탬프는 좋은 표본이다. 타임스탬프의 표현 형식은 다양하지만 가급적이면 ISO 8601[3]을 따르는 것을 권장한다. `java.text.SimpleDateFormat`으로 표현하면 `yyyy-MM-dd'T'HH:mm:ssXXX`와 같으며 `java.util.Date`로 다루기 편리하다. `java.time.LocalDateTime`으로 처리할 때는 `java.time.format.DateTimeFormatter.ISO_OFFSET_DATE_TIME` 형식에 해당한다.

빌드 환경의 OS 정보, JDK 버전, ID, 벤더 등도 쓸모가 많은 데이터다. 편리하게도 이러한 정보들은 JVM이 자동으로 수집하고 System[4] 프로퍼티로 노출한다.

향후 아티팩트명이 변경될 경우를 대비해 아티팩트 ID와 버전도 메타데이터로 고려하기 바란다. 일반적으로 아티팩트명은 파일명에 포함되어 있지만 메타데이터로 따로 저장하면 나름의 쓸모가 있다. SCM 또한 데이터의 보고다. 소스 관리 시스템은 커밋 해시, 태그, 브랜치명 등의 유용한 정보를 제공한다. 빌드를 실행하는 사용자의 환경 정보도 수집할 수 있다. 빌드 툴의 종류, ID, 버전, 머신 호스트, IP 주소 등이다. 지금까지 나열한 키/값 쌍은 가장 중요하고 대표적인 메타데이터들이다. 이외에도 다른 툴이나 시스템에서 추가적으로 제공하는 다양한 정보가 있으니 컨슈머의 필요에 맞게 수집하면 된다.

---

3 https://oreil.ly/PsZkB
4 https://oreil.ly/CKMsE

6.2.4 메타데이터 수집

수집할 메타데이터를 선정하고 나면 수집 방식을 결정해야 한다. 일부 데이터는 빌드 툴이 제공하는 환경 정보, 시스템 설정, 명령 플래그를 직접 조회하면 된다. 이러한 데이터는 주로 JVM이 환경 변수나 System 프로퍼티를 통해 노출한다. 빌드 툴이 자체적으로 노출하는 정보도 있다. 빌드 설정 파일에 정의된 값이나 명령줄의 추가 인수 등이 여기에 해당한다.

다음 데이터를 키/값으로 수집한다고 가정해보자.

- 버전, 벤더 등의 JDK 정보
- OS 종류, 버전, 아키텍처 정보
- 빌드 타임스탬프
- SCM이 제공하는 현재 커밋 해시(깃 한정)

이들은 모두 메이븐을 통해 얻을 수 있는 데이터다. 처음 두 항목은 메이븐이 제공하는 System 프로퍼티에서, 나머지 두 항목은 메이븐과 서드파티 플러그인을 조합하면 수집할 수 있다. 메이븐과 그레이들은 모두 다양한 깃 통합 플러그인을 제공한다. 추천할 만한 플러그인은 메이븐의 경우 git-commit-id-maven-plugin[5], 그레이들은 versioning[6]이다. 둘 모두 다용도로 활용하기 좋은 플러그인이다.

메이븐에 프로퍼티를 정의하는 방법은 다양하지만 대부분은 **pom.xml** 파일의 `<properties>` 섹션에 키/값 형태로 정의한다. 값은 임의의 텍스트로 표현하지만 System 프로퍼티나 환경 변수는 대체로 단축 표기법과 명명 규칙으로 참조한다. 가령 System 프로퍼티의 `java.version` 키에 접근할 때는 `${}` 단축 표기법을 따라 `${java.version}`으로 표현한다. 환경 변수는

---

5 https://oreil.ly/EwiLP
6 https://oreil.ly/qjEOi

${env.NAME} 방식으로 참조한다. 가령 TOKEN이라는 환경 변수의 값을 **pom.xml** 파일에서 접근하려면 ${env.TOKEN}이라고 표현한다. 다음은 이러한 참조 표현과 `git-commit-id` 플러그인을 활용해 빌드 프로퍼티를 선언한 **pom.xml** 파일이다.

```xml
<project
  xmlns="http://maven.apache.org/POM/4.0.0"
  xmlns:xsi="http://www.w3.org/2001/XMLSchema-instance"
  xsi:schemaLocation="http://maven.apache.org/POM/4.0.0
  http://maven.apache.org/xsd/maven-4.0.0.xsd">
  <modelVersion>4.0.0</modelVersion>

  <groupId>com.acme</groupId>
  <artifactId>example</artifactId>
  <version>1.0.0-SNAPSHOT</version>

  <properties>
    <project.build.sourceEncoding>UTF-8</project.build.sourceEncoding>
    <build.jdk>${java.version} (${java.vendor} ${java.vm.version})</build.jdk>
    <build.os>${os.name} ${os.arch} ${os.version}</build.os>
    <build.revision>${git.commit.id}</build.revision>
    <build.timestamp>${git.build.time}</build.timestamp>
  </properties>

  <build>
    <plugins>
      <plugin>
        <groupId>pl.project13.maven</groupId>
        <artifactId>git-commit-id-plugin</artifactId>
        <version>4.0.3</version>
        <executions>
          <execution>
            <id>resolve-git-properties</id>
            <goals>
              <goal>revision</goal>
            </goals>
          </execution>
        </executions>
        <configuration>
          <verbose>false</verbose>
          <failOnNoGitDirectory>false</failOnNoGitDirectory>
          <generateGitPropertiesFile>true</generateGitPropertiesFile>
          <generateGitPropertiesFilename>
```

```
        ${project.build.directory}/git.properties
      </generateGitPropertiesFilename>
      <dateFormat>yyyy-MM-dd'T'HH:mm:ssXXX</dateFormat>
    </configuration>
  </plugin>
 </plugins>
 </build>
</project>
```

---

build.jdk와 build.os의 값은 이미 정의된 세부 항목의 조합으로 표현한 반면 build.revision과 build.timestamp 값은 깃 플러그인에서 정의한 프로퍼티를 가져온다. 메타데이터를 담을 최종 파일과 형식을 아직 확정하지 않았으므로 이러한 프로퍼티는 먼저 <properties> 섹션에 정의한다. 자주 쓰이는 공통 프로퍼티를 이렇게 한 곳에 모아 두면 추후 다른 플러그인이 필요에 따라 이들을 재사용하거나 소비할 수 있다. 또한 빌드 파이프라인 경로에 존재하는 다른 외부 툴에서 설정을 조회할 때도 빌드 파일 이곳저곳을 확인할 필요 없이 한 곳만 읽으면 된다는 장점이 있다.

빌드 버전명은 1.0.0-SNAPSHOT으로 설정했다. 버전명은 임의의 문자열로 자유롭게 지정할 수 있지만 주로 영문 알파벳과 숫자를 사용한다. 특히 숫자로 구성된 major.minor 부분은 필수다. 컨벤션으로 정립된 몇몇 버전 규칙들은 각기 장단점이 분명하다. 관행적으로 쓰이는 -SNAPSHOT 태그가 대표적이다. 이 태그는 해당 아티팩트를 프로덕션에 배포하면 안 된다는 의미를 담고 있다. 빌드 툴은 이 태그를 감지하고 해당 버전이 프로덕션에 게시되지 않도록 차단한다.

메이븐에 비해 그레이들은 빌드 파일을 정의하고 작성할 때 훨씬 다양한 편의를 제공한다. 이미 그레이들은 4 버전부터 아파치 그루비 DSL 외에 코틀린 DSL을 빌드 파일 포맷으로 추가해 선택의 폭을 넓혔다. 두 DSL 모두 갖가지 방식으로 메타데이터를 수집하거나 처리할 수 있다. DSL이 자체적으로 제공하는 관용적인 방식을 따르거나 플러그인이 제공하는 특수한 방식을 따르면 된다. 일부 데이터 수집 기법은 시간이 지나면 만료되거나 폐기되기도 한다. 이 책의 예시는 분량을 줄이고 핵심에 집중하기 위해 그루비 DSL을 사용하고 관용적 표현은 지양할 것이다. 다음 예시는 앞선 메이븐 예시와 동일한 메타데이터를 수집하며 System 프로퍼티와 versioning 플러그인을 활용한다. 그러나 빌드 타임스탬프는 메이븐과 달리 커스텀 코드로 즉석에서 계산할 것이다. 다음은 전체 빌드 스크립트 중 일부다.

```
plugins {
  id 'java-library'
  id 'net.nemerosa.versioning' version '2.14.0'
}

version = '1.0.0-SNAPSHOT'

ext {
  buildJdk = [
    System.properties['java.version'],
    '(' + System.properties['java.vendor'],
    System.properties['java.vm.version'] + ')'
  ].join(' ')
  buildOs = [
    System.properties['os.name'],
    System.properties['os.arch'],
    System.properties['os.version']
  ].join(' ')
  buildRevision = project.extensions.versioning.info.commit
  buildTimestamp = new Date().format("yyyy-MM-dd'T'HH:mm:ssXXX")
}
```

빌드 스크립트 내부에서 계산한 값은 프로젝트의 동적 프로퍼티로 활용할 수 있다. 태스크, 확장, 클로저(그루비 한정), 액션(그루비, 코틀린 공통) 등, DSL로 구성한 추가 엘리먼트에서 이러한 동적 프로퍼티를 조회하거나 소비한다. 이것으로 메타데이터 종류와 포맷 선정이 완료됐다. 다음은 메타데이터를 실제로 기록해볼 차례다.

6.2.5 메타데이터 기록

메타데이터는 둘 이상의 포맷이나 파일로 기록하기도 한다. 정확한 모양새는 메타데이터를 소비하는 주체의 선택에 달렸다. 일부 컨슈머는 자신만의 고유한 포맷을 필요로 하는 반면, 다양한 포맷을 수용하는 컨슈머도 있다. 구체적인 포맷과 조건은 해당 컨슈머의 공식 문서를 참고해야 정확하게 결정할 수 있다. 이때 각자의 빌드 툴에서 해당 포맷과 컨슈머를 지원하는지 함께 확인하기 바란다. 메타데이터 기록용 플러그인을 별도로 제공하는 빌드 툴도 있다. 이번 장의 예시는 가장 대중적인 두 포맷으로 메타데이터를 기록한다. 자바 프로퍼티 파일과 JAR 매니페스트다.

메이븐은 리소스 플러그인이 제공하는 리소스 필터링[7] 기능으로 메타데이터를 처리할 수 있다. 리소스 플러그인[8]은 모든 메이븐 빌드가 공유하는 코어 플러그인 세트의 일부다. 다음은 리소스 필터링 설정이며 **pom.xml** 파일의 <build> 섹션 안에 추가해야 한다.

```
<resources>
  <resource>
    <directory>src/main/resources</directory>
    <filtering>true</filtering>
  </resource>
</resources>
```

빌드 설정과 함께 **src/main/resources** 경로에 프로퍼티 파일도 추가해야 한다. 경로와 파일명은 아티팩트 JAR 내부의 상대경로로 표현했을 때 **META-INF/metadata.properties**와 같다. 물론 파일명은 필요에 따라 변경할 수 있다. 이 파일 내부에서 언급된 플레이스홀더와 변수들은 빌드 파일의 <properties> 섹션 등에서 정의한 값으로 대체된다. 통상적으로 환경이나 설정에 관련된 정보는 빌드 파일에 두지 않는 편이다. 프로퍼티 파일의 내용은 다음과 비슷하다.

```
build.jdk       = ${build.jdk}
build.os        = ${build.os}
build.revision  = ${build.revision}
build.timestamp = ${build.timestamp}
```

JAR 매니페스트에 메타데이터를 기록하려면 빌드 파일에 jar-maven-plugin 설정을 추가해야 한다. 플러그인 설정을 추가할 위치는 <build> 섹션 하위의 <plugins> 섹션이다. 다시 말해, 앞서 확인했던 git-commit-id 플러그인 설정과 다음 설정을 나란히 두면 된다.

```
<plugin>
  <groupId>org.apache.maven.plugins</groupId>
  <artifactId>maven-jar-plugin</artifactId>
  <version>3.2.0</version>
  <configuration>
    <archive>
```

----

7 https://oreil.ly/X1x0q
8 https://oreil.ly/YqOSO

```
      <manifestEntries>
        <Build-Jdk>${build.jdk}</Build-Jdk>
        <Build-OS>${build.os}</Build-OS>
        <Build-Revision>${build.revision}</Build-Revision>
        <Build-Timestamp>${build.timestamp}</Build-Timestamp>
      </manifestEntries>
    </archive>
  </configuration>
</plugin>
```

이 플러그인은 코어 플러그인 세트의 일부임에도 불구하고 명시적으로 버전을 정의했다. 빌드 재현성을 확보하려면 모든 플러그인 버전을 반드시 명시적으로 선언해야 한다. 그렇지 않으면 빌드를 실행하는 메이븐 버전이 플러그인 버전을 결정하므로 결과적으로 빌드가 달라질 가능성이 있다. 매니페스트의 각 항목은 키와 값으로 구성하며 키의 이름에 사용하는 단어는 첫 글자를 대문자로 지정한다. mvn package 명령으로 빌드를 실행하면 먼저 프로퍼티에 적절한 값을 할당하고 이를 메타데이터 프로퍼티 파일에 대입한 다음 **target/classes** 디렉터리에 복사한다. 또한 이 데이터를 JAR 매니페스트 파일에 주입한다. 메타데이터로 치환된 프로퍼티 파일과 매니페스트 파일은 그대로 JAR에 추가된다. mvn verify 명령으로 아티팩트의 내용을 검사하면 빌드 결과를 확인할 수 있다.

```
$ mvn verify
$ jar tvf target/example-1.0.0-SNAPSHOT.jar
     0 Sun Jan 10 20:41 CET 2021 META-INF/
   131 Sun Jan 10 20:41 CET 2021 META-INF/MANIFEST.MF
   205 Sun Jan 10 20:41 CET 2021 META-INF/metadata.properties
     0 Sun Jan 10 20:41 CET 2021 META-INF/maven/
     0 Sun Jan 10 20:41 CET 2021 META-INF/maven/com.acme/
     0 Sun Jan 10 20:41 CET 2021 META-INF/maven/com.acme/example/
  1693 Sun Jan 10 19:13 CET 2021 META-INF/maven/com.acme/example/pom.xml
   109 Sun Jan 10 20:41 CET 2021 META-INF/maven/com.acme/example/pom.properties
```

예상대로 JAR 파일 내부에 두 파일이 발견된다. JAR 압축을 해제하고 프로퍼티 파일과 JAR 매니페스트를 열면 다음과 비슷한 내용이 보인다.

```
build.jdk      = 11.0.9 (Azul Systems, Inc. 11.0.9+11-LTS)
build.os       = Mac OS X x86_64 10.15.7
```

```
build.revision  = 0ab9d51a3aaa17fca374d28be1e3f144801daa3b
build.timestamp = 2021-01-10T20:41:11+01:00
```

```
Manifest-Version: 1.0
Created-By: Maven Jar Plugin 3.2.0
Build-Jdk-Spec: 11
Build-Jdk: 11.0.9 (Azul Systems, Inc. 11.0.9+11-LTS)
Build-OS: Mac OS X x86_64 10.15.7
Build-Revision: 0ab9d51a3aaa17fca374d28be1e3f144801daa3b
Build-Timestamp: 2021-01-10T20:41:11+01:00
```

지금까지 메이븐으로 메타데이터를 수집하는 방법을 알아보았다. 이번에는 그레이들을 이용해 프로퍼티 파일과 JAR 매니페스트에 메타데이터를 기록하는 방법을 알아보자. 먼저, java-library 플러그인이 제공하는 표준 태스크인 processResources를 설정해야 한다. 앞서 살펴본 그레이들 빌드 파일에 다음 코드를 추가한다.

```
processResources {
  expand(
    'build_jdk'      : project.buildJdk,
    'build_os'       : project.buildOs,
    'build_revision' : project.buildRevision,
    'build_timestamp': project.buildTimestamp
  )
}
```

그레이들에 내장된 리소스 필터링 메커니즘과 충돌하지 않도록 키 이름은 키 이름은 토큰 구분자로 언더바(_)를 사용한다. 메이븐처럼 마침표(.)를 사용하면 그레이들은 리소스 필터링 도중 jdk, os, revision, timestamp 등의 build 객체를 찾으려 시도한다. 기본적으로 이러한 빌드 객체는 존재하지 않으므로 빌드가 실패할 것이다. 다음은 그레이들의 토큰 구분자로 표현한 프로퍼티 파일이다.

```
build.jdk       = ${build_jdk}
build.os        = ${build_os}
build.revision  = ${build_revision}
build.timestamp = ${build_timestamp}
```

그레이들의 jar 태스크는 기본적으로 매니페스트 기능의 진입점 역할을 하므로 다음과 같이 빌드 파일에 직접 설정을 추가하면 된다.

```
jar {
  manifest {
    attributes(
      'Build-Jdk'      : project.buildJdk,
      'Build-OS'       : project.buildOs,
      'Build-Revision' : project.buildRevision,
      'Build-Timestamp': project.buildTimestamp
    )
  }
}
```

메이븐과 마찬가지로 매니페스트 항목은 키 단어의 첫 글자를 대문자로 설정하고 해당하는 데이터를 값으로 지정한다. gradle jar 명령으로 빌드를 실행하면 메이븐과 비슷한 과정이 진행된다. 프로퍼티 파일은 최종 JAR에 포함될 디렉터리에 복사되고 플레이스홀더는 실제 메타데이터로 대체된다. 또한 JAR 매니페스트 파일도 메타데이터로 채워진다. JAR을 검사하면 예정된 위치에서 두 파일을 발견할 수 있다.

```
$ gradle jar
$ jar tvf build/libs/example-1.0.0-SNAPSHOT.jar
    0 Sun Jan 10 21:08:22 CET 2021 META-INF/
   25 Sun Jan 10 21:08:22 CET 2021 META-INF/MANIFEST.MF
  165 Sun Jan 10 21:08:22 CET 2021 META-INF/metadata.properties
```

JAR 파일의 압축을 풀고 각 파일을 열면 다음과 비슷한 내용이 보인다.

```
build.jdk       = 11.0.9 (Azul Systems, Inc. 11.0.9+11-LTS)
build.os        = Mac OS X x86_64 10.15.7
build.revision  = 0ab9d51a3aaa17fca374d28be1e3f144801daa3b
build.timestamp = 2021-01-10T21:08:22+01:00
```

```
Manifest-Version: 1.0
Build-Jdk: 11.0.9 (Azul Systems, Inc. 11.0.9+11-LTS)
Build-OS: Mac OS X x86_64 10.15.7
```

```
Build-Revision: 0ab9d51a3aaa17fca374d28be1e3f144801daa3b
Build-Timestamp: 2021-01-10T21:08:22+01:00
```

완성이다! 기본적으로 할 일은 모두 마쳤다. 이제 각자의 필요에 맞게 키/값을 추가하거나 제거해본다. 또한 메이븐과 그레이들 플러그인을 통해 각종 메타데이터를 추가로 확보하고 다양한 포맷으로 기록해보자.

6.3 메이븐과 그레이들의 의존성 관리

자바 프로젝트에서 의존성 관리가 차지하는 중요성은 2002년 메이븐 **1.x**가 등장한 이래 단 한 순간도 평가 절하된 적이 없다. 의존성 관리의 요체는 특정 프로젝트를 컴파일, 테스트, 소비하는 데 필요한 아티팩트를 선언하는 것이다. 이러한 아티팩트는 고유한 식별자, 그룹 정보, 버전, 분류 등의 메타데이터로 구분하며 특정한 형식에 맞게 빌드 파일에 정의한다. **pom.xml**로 대변되는 아파치 메이븐 폼[9]은 가장 널리 알려진 의존성 정의 포맷이다. 다른 빌드 툴들도 대부분 이 포맷을 구사할 수 있다. 특히 그레이들은 `build.gradle`(그루비) 또는 `build.gradle.kts`(코틀린)처럼 완전히 다른 포맷을 사용함에도 불구하고 **pom.xml** 파일을 생성하고 게시하는 능력을 갖췄다.

의존성 관리는 메이븐과 그레이들이 초창기부터 지원했던 핵심 기능이다. 그러나 의존성 관리와 해소는 여전히 개발자의 작업을 방해하는 걸림돌로 남아 있다. 의존성을 선언하는 규칙 자체는 복잡하지 않지만 부정확하고 어긋난 메타데이터와 제약 조건 누락 등의 사고가 발목을 잡는 요인이다. 이번 절은 메이븐과 그레이들을 이용한 의존성 관리 입문서에 해당한다. 더 본격적이고 풍부한 설명이 필요할 경우에는 이 주제를 집중적으로 다룬 전문 서적을 참고해야 할 것이다.

부디 앞으로의 행보에 신중을 기하기 바란다. 여러분이 지나가는 길목마다 사나운 맹수가 도사리고 있다. 필자는 최선을 다해 가장 안전한 경로를 제시할 것이다. 우리가 가장 먼저 마주할 관문은 **pom.xml** 파일로 아티팩트 메타데이터를 정의하는 빌드 툴인 메이븐이다.

---

9 https://oreil.ly/1Kzp6

6.3.1 아파치 메이븐의 의존성 관리

개발자라면 누구나 한번쯤 폼 파일과 마주친 적이 있을 것이다. 폼 파일은 어디에나 있다. 폼 모델 4.0.0은 아티팩트 생성과 소비 방식을 정의한다. 메이븐 버전 4에서 이 두 영역을 분리할 예정이지만 모델 버전은 동일하게 유지하며 호환성을 준수할 것이다. 향후 메이븐 버전 5.0.0 이 출시되면 모델 구조도 바뀔 가능성이 있지만 한 가지 사실은 확실하다. 메이븐 개발자들은 하위 호환성 유지에 상당히 공을 들이고 있다.

의존성은 세 가지 필수 요소인 groupId, artifactId, version으로 식별한다. 이들을 한 데 묶어 **메이븐 코디네이트**^{Maven coordinates} 또는 **GAV 코디네이트**^{GAV coordinates}라 부른다. 물론 GAV 는 groupId, artifactId, version의 첫 글자 모음이다. 일부 의존성은 classifier라 불리 는 네 번째 요소까지 포함해 정의하기도 한다.

각 항목을 하나씩 살펴보자. artifactId와 version은 쉽다. 전자는 아티팩트의 '이름'을, 후 자는 버전 번호를 정의한다. 하나의 artifactId는 여러 버전을 포함할 수 있다. groupId는 서로 관계가 있는 아티팩트를 한 데 묶는 용도로 사용한다. 한 프로젝트에 속한 모든 아티팩트, 또는 작동 방식이나 과정이 밀접하게 연결된 아티팩트들은 서로 관계가 있다고 본다. 부가 식 별자인 classifier는 아티팩트 구분 계층에 한 차원을 더한다. 운영체제나 자바 릴리스 버전 에 따라 아티팩트 설정이 다른 경우 classifier에 해당 차이점을 표기하는 경우가 많다. 가령 자바 15에 대응하는 JavaFX 바이너리는 **javafx-controls-15-win.jar**, **javafx-controls-15-mac.jar**, **javafx-controls-15-linux.jar** 등으로 윈도우, 맥OS, 리눅스 플랫폼을 구분 한다.

범용적으로 사용되는 classifier도 있다. 대표적으로 sources와 javadoc은 아티팩트의 소 스 JAR이나 Javadoc JAR을 나타낸다. GAV 코디네이트 조합은 아티팩트마다 고유해야 한다. 그렇지 않으면 의존성 해소 메커니즘이 작동할 때 필요한 의존성을 정확히 검색하거나 가져올 수 없다.

폼 파일은 <dependencies> 섹션에 GAV 코디네이트를 나열하는 방식으로 의존성을 정의한 다. 다음은 가장 간단한 형태의 의존성 목록이다.

```xml
<?xml version="1.0" encoding="UTF-8"?>
<project
  xsi:schemaLocation="http://maven.apache.org/POM/4.0.0
```

```
http://maven.apache.org/xsd/maven-4.0.0.xsd"
xmlns="http://maven.apache.org/POM/4.0.0"
xmlns:xsi="http://www.w3.org/2001/XMLSchema-instance">
<modelVersion>4.0.0</modelVersion>
<groupId>com.acme</groupId>
<artifactId>example</artifactId>
<version>1.0.0-SNAPSHOT</version>

<dependencies>
  <dependency>
    <groupId>org.apache.commons</groupId>
    <artifactId>commons-collections4</artifactId>
    <version>4.4</version>
  </dependency>
</dependencies>
</project>
```

이렇듯 폼 파일에 명시적으로 선언된 의존성을 **직접 의존성**direct dependency이라 부른다. 현재 폼의 부모 폼에 선언된 의존성 또한 직접 의존성으로 분류한다. 부모/자식 관계를 정의하는 <parent> 섹션을 빼면 부모 폼도 여느 **pom.xml** 파일과 똑같다. 이러한 구조를 통해 부모 폼에 정의된 설정은 자식 폼으로 상속된다. 의존성의 계층 관계는 의존성 그래프를 통해 시각적으로 확인할 수 있다. mvn dependency:tree 명령을 호출하면 의존성 그래프를 계산하고 다음과 같이 출력한다.

```
$ mvn dependency:tree
[INFO] Scanning for projects...
[INFO]
[INFO] -----------------------< com.acme:example >------------------------
[INFO] Building example 1.0.0-SNAPSHOT
[INFO] --------------------------------[ jar ]---------------------------------
[INFO]
[INFO] --- maven-dependency-plugin:2.8:tree (default-cli) @ example ---
[INFO] com.acme:example:jar:1.0.0-SNAPSHOT
[INFO] \- org.apache.commons:commons-collections4:jar:4.4:compile
[INFO] ------------------------------------------------------------------------
[INFO] BUILD SUCCESS
[INFO] ------------------------------------------------------------------------
```

출력 결과를 보면 **com.acme:example:1.0.0-SNAPSHOT**이라는 GAV 코디네이트가 제일 먼저

나온다. 현재 폼을 식별하는 고유한 값이다. 다음으로 commons-collections4라는 하나의 직접 의존성이 있다. 해당 줄은 아티팩트ID와 버전 외에 두 가지 정보를 추가로 나타내고 있다. 첫 번째는 아티팩트 타입을 나타내는 jar이며 두 번째는 의존성의 스코프scope를 나타내는 compile 이다. 스코프에 대해서는 잠시 후 더 자세히 알아볼 것이다. 의존성의 <scope>를 명시적으로 정의하지 않으면 기본값인 compile이 지정된다는 것만 우선 알아두자. 폼에 명시된 직접 의존성을 소비했지만 해소 메커니즘은 여기에서 끝나지 않는다. 의존성을 소비하는 폼을 기준으로 하위 의존성을 전이적으로 가져오는 단계가 남았다. 다음 예시를 살펴보자.

```xml
<?xml version="1.0" encoding="UTF-8"?>
<project
  xsi:schemaLocation="http://maven.apache.org/POM/4.0.0
  http://maven.apache.org/xsd/maven-4.0.0.xsd"
  xmlns="http://maven.apache.org/POM/4.0.0"
  xmlns:xsi="http://www.w3.org/2001/XMLSchema-instance">
  <modelVersion>4.0.0</modelVersion>
  <groupId>com.acme</groupId>
  <artifactId>example</artifactId>
  <version>1.0.0-SNAPSHOT</version>

  <dependencies>
    <dependency>
      <groupId>commons-beanutils</groupId>
      <artifactId>commons-beanutils</artifactId>
      <version>1.9.4</version>
    </dependency>
  </dependencies>
</project>
```

이 폼 파일을 두고 앞서와 마찬가지로 의존성 그래프 명령을 실행하면 다음과 비슷한 결과가 출력된다.

```
$ mvn dependency:tree
[INFO] Scanning for projects...
[INFO]
[INFO] ------------------------< com.acme:example >------------------------
[INFO] Building example 1.0.0-SNAPSHOT
[INFO] --------------------------------[ jar ]--------------------------------
[INFO]
```

```
[INFO] --- maven-dependency-plugin:2.8:tree (default-cli) @ example ---
[INFO] com.acme:example:jar:1.0.0-SNAPSHOT
[INFO] \- commons-beanutils:commons-beanutils:jar:1.9.4:compile
[INFO]    +- commons-logging:commons-logging:jar:1.2:compile
[INFO]    \- commons-collections:commons-collections:jar:3.2.2:compile
[INFO] ------------------------------------------------------------------------
[INFO] BUILD SUCCESS
[INFO] ------------------------------------------------------------------------
```

com.acme:example:1.0.0-SNAPSHOT의 관점에서 볼 때 commons-beanutils 아티팩트는 2개의 전이 의존성이 있으며 스코프는 모두 **compile**임을 알 수 있다. 두 의존성은 모두 하위 목록이 없으므로 자체적인 직접 의존성은 없는 것처럼 보인다. 그러나 commons-logging의 폼 파일을 살펴보면 실제로 다음과 같은 의존성 선언을 확인할 수 있다.

```xml
<dependencies>
  <dependency>
    <groupId>log4j</groupId>
    <artifactId>log4j</artifactId>
    <version>1.2.17</version>
    <optional>true</optional>
  </dependency>
  <dependency>
    <groupId>logkit</groupId>
    <artifactId>logkit</artifactId>
    <version>1.0.1</version>
    <optional>true</optional>
  </dependency>
  <dependency>
    <groupId>avalon-framework</groupId>
    <artifactId>avalon-framework</artifactId>
    <version>4.1.5</version>
    <optional>true</optional>
  </dependency>
  <dependency>
    <groupId>javax.servlet</groupId>
    <artifactId>servlet-api</artifactId>
    <version>2.3</version>
    <scope>provided</scope>
    <optional>true</optional>
  </dependency>
  <dependency>
```

```
      <groupId>junit</groupId>
      <artifactId>junit</artifactId>
      <version>3.8.1</version>
      <scope>test</scope>
   </dependency>
</dependencies>
```

보다시피 실제로 5개의 의존성이 있다. 그중 4개는 <optional> 설정이 있으며 2개
는 <scope>가 compile이 아니다. <optional>이 true인 의존성은 해당 의존성의 생산
자^producer(commons-logging)를 컴파일하거나 테스트할 때 필요하지만 컨슈머 입장에서 반
드시 필요한 의존성은 아니다. 상황에 따라 선택적으로 포함시킬 수 있다.

스코프가 재등장했으므로 이제 본격적으로 논의할 시간이 됐다. **스코프**^scope는 의존성의 클래
스패스 포함 여부, 전이성 제한 여부를 결정하는 속성이다. 메이븐이 정의하는 6개의 스코프는
다음과 같다.

compile

명시적으로 지정하지 않을 경우 기본적으로 사용되는 스코프다. 이 스코프에 속한 의존성은
프로젝트의 모든 클래스패스(컴파일, 런타임, 테스트)에 추가되며 해당 프로젝트를 소비하
는 다른 프로젝트로 전파된다.

provided

런타임 클래스패스에 추가되지 않고 전이도 되지 않는다는 점을 제외하면 compile과 같다.
이 스코프에 설정된 의존성은 호스팅 환경에서 제공해야 한다. WAR로 패키징된 웹 애플리
케이션을 애플리케이션 서버에서 실행하는 경우가 대표적이다.

runtime

이 스코프의 의존성은 컴파일 시점이 아니라 실행 시점에 필요하다. 런타임과 테스트 클래
스패스는 모두 이 스코프의 의존성을 포함하지만 컴파일 클래스패스는 제외한다.

test

컴파일과 테스트를 실행할 때 필요한 의존성을 정의한다. 이 스코프의 의존성은 전이되지
않는다.

system

의존성의 상대 경로나 절대 경로를 명시적으로 나열한다는 점을 제외하면 **privided**와 유사하다. 이 스코프는 나쁜 관행으로 간주하며 가급적 지양해야 한다. 매우 제한된 상황에서 가끔 편리하게 쓰이는 경우가 있지만 그로 인해 발생할 역효과를 감수해야 한다. 아무리 좋게 봐도 고작 일부 전문가들에게 허락된 설정이다. 아예 존재하지 않는 선택지라 여기는 편이 낫다.

import

pom 타입 의존성에만 적용되는 스코프다. 또한 <dependencyManagement> 섹션 안에 선언된 의존성에만 지정할 수 있다. 이 스코프의 의존성은 자신을 정의한 <dependencyManagement> 섹션의 의존성 목록으로 대체된다. 참고로, 타입을 명시적으로 지정하지 않은 의존성은 jar로 간주한다.

<dependencyManagement> 섹션의 역할은 세 가지다. 전이 의존성을 검색할 때 필요한 버전 힌트를 제공하고, import 스코프가 참조할 의존성 목록을 제공하며, 부모 자식 관계에 있는 폼을 조합할 때 필요한 기본값을 제공한다. 첫 번째 역할부터 살펴보자. 다음과 같이 폼 파일에 의존성을 선언했다고 가정한다.

```xml
<?xml version="1.0" encoding="UTF-8"?>
<project
  xsi:schemaLocation="http://maven.apache.org/POM/4.0.0
  http://maven.apache.org/xsd/maven-4.0.0.xsd"
  xmlns="http://maven.apache.org/POM/4.0.0"
  xmlns:xsi="http://www.w3.org/2001/XMLSchema-instance">
  <modelVersion>4.0.0</modelVersion>
  <groupId>com.acme</groupId>
  <artifactId>example</artifactId>
  <version>1.0.0-SNAPSHOT</version>

  <dependencies>
    <dependency>
      <groupId>com.google.inject</groupId>
      <artifactId>guice</artifactId>
      <version>4.2.2</version>
    </dependency>
    <dependency>
```

```
            <groupId>com.google.truth</groupId>
            <artifactId>truth</artifactId>
            <version>1.0</version>
        </dependency>
    </dependencies>
</project>
```

guice와 truth 아티팩트는 모두 guava를 직접 의존성으로 정의한다. 따라서 현재 컨슈머의
관점에서 guava는 전이 의존성으로 간주된다. 의존성 그래프를 조회하면 다음과 같은 결과가
출력된다.

```
$ mvn dependency:tree
[INFO] Scanning for projects...
[INFO]
[INFO] ------------------------< com.acme:example >------------------------
[INFO] Building example 1.0.0-SNAPSHOT
[INFO] -------------------------------[ jar ]-------------------------------
[INFO]
[INFO] --- maven-dependency-plugin:2.8:tree (default-cli) @ example ---
[INFO] com.acme:example:jar:1.0.0-SNAPSHOT
[INFO] +- com.google.inject:guice:jar:4.2.2:compile
[INFO] |  +- javax.inject:javax.inject:jar:1:compile
[INFO] |  +- aopalliance:aopalliance:jar:1.0:compile
[INFO] |  \- com.google.guava:guava:jar:25.1-android:compile
[INFO] |     +- com.google.code.findbugs:jsr305:jar:3.0.2:compile
[INFO] |     +- com.google.j2objc:j2objc-annotations:jar:1.1:compile
[INFO] |     \- org.codehaus.mojo:animal-sniffer-annotations:jar:1.14:compile
[INFO] \- com.google.truth:truth:jar:1.0:compile
[INFO]    +- org.checkerframework:checker-compat-qual:jar:2.5.5:compile
[INFO]    +- junit:junit:jar:4.12:compile
[INFO]    |  \- org.hamcrest:hamcrest-core:jar:1.3:compile
[INFO]    +- com.googlecode.java-diff-utils:diffutils:jar:1.3.0:compile
[INFO]    +- com.google.auto.value:auto-value-annotations:jar:1.6.3:compile
[INFO]    \- com.google.errorprone:error_prone_annotations:jar:2.3.1:compile
[INFO] ------------------------------------------------------------------------
[INFO] BUILD SUCCESS
[INFO] ------------------------------------------------------------------------
```

의존 관계를 해소한 결과 guava의 버전은 25.1-android로 결정됐다. 의존성 그래프가 가장 먼
저 발견한 버전이기 때문이다. 이번에는 두 의존성의 정의 순서를 바꾸어 guice 위에 truth를

두고 다시 한번 의존성 그래프를 출력해보자.

```
$ mvn dependency:tree
[INFO] Scanning for projects...
[INFO]
[INFO] ------------------------< com.acme:example >------------------------
[INFO] Building example 1.0.0-SNAPSHOT
[INFO] --------------------------------[ jar ]---------------------------------
[INFO]
[INFO] --- maven-dependency-plugin:2.8:tree (default-cli) @ example ---
[INFO] com.acme:example:jar:1.0.0-SNAPSHOT
[INFO] +- com.google.truth:truth:jar:1.0:compile
[INFO] ¦  +- com.google.guava:guava:jar:27.0.1-android:compile
[INFO] ¦  ¦  +- com.google.guava:failureaccess:jar:1.0.1:compile
[INFO] ¦  ¦  +- com.google.guava:listenablefuture:jar:
                        9999.0-empty-to-avoid-conflict
[INFO] ¦  ¦  +- com.google.code.findbugs:jsr305:jar:3.0.2:compile
[INFO] ¦  ¦  +- com.google.j2objc:j2objc-annotations:jar:1.1:compile
[INFO] ¦  ¦  \- org.codehaus.mojo:animal-sniffer-annotations:jar:1.17:compile
[INFO] ¦  +- org.checkerframework:checker-compat-qual:jar:2.5.5:compile
[INFO] ¦  +- junit:junit:jar:4.12:compile
[INFO] ¦  ¦  \- org.hamcrest:hamcrest-core:jar:1.3:compile
[INFO] ¦  +- com.googlecode.java-diff-utils:diffutils:jar:1.3.0:compile
[INFO] ¦  +- com.google.auto.value:auto-value-annotations:jar:1.6.3:compile
[INFO] ¦  \- com.google.errorprone:error_prone_annotations:jar:2.3.1:compile
[INFO] \- com.google.inject:guice:jar:4.2.2:compile
[INFO]    +- javax.inject:javax.inject:jar:1:compile
[INFO]    \- aopalliance:aopalliance:jar:1.0:compile
[INFO] ------------------------------------------------------------------------
[INFO] BUILD SUCCESS
[INFO] ------------------------------------------------------------------------
```

이번에 선택된 구아바의 버전은 **27.0.1-android**로 바뀌었다. 선정 이유는 그대로다. 그래프에서 제일 먼저 등장했기 때문이다. 의존성 해소 메커니즘의 이러한 행태는 수많은 개발자가 골치를 썩이고 좌절을 맛보게 한 원흉이다. 버전 포맷은 개발자가 가장 먼저 익히는 표현 양식이다. 특히 의존성 버전을 명시할 때 쓰이는 시맨틱 버전 컨벤션은 더더욱 익숙할 것이다.

시맨틱 버전 컨벤션의 토큰 문자인 마침표는 위치를 통해 의미를 전달한다. 첫 번째 토큰은 메이저 릴리스, 두 번째 토큰은 마이너 릴리스, 세 번째 토큰은 빌드/패치/픽스/리비전 릴리스를 식별한다. 메이저 버전을 마이너 버전보다 먼저 평가하는 관례에 따라 **27.0.1**은 **25.1.0**

보다 최신 버전으로 간주한다. 앞선 예시에서 등장했던 guava 버전은 **27.0.1-android**과 **25.1-android**였다. 또한 둘 다 기준 폼과 같은 거리를 두고 있다. 다시 말해 전이 그래프 목록을 출력할 때 한 단계 들여 쓴 위치에서 발견된다.

개발자는 대부분 시맨틱 버전에 익숙하며 어떤 버전이 최신 버전인지 한눈에 알 수 있다. 당연히 메이븐도 그러할 것이라고 생각하기 쉽다. 그러나 이러한 기대는 현실 앞에서 무너진다. 메이븐은 버전을 읽고 이해하는 것이 아니라 그저 그래프에서 아티팩트가 등장하는 순서만 기억한다. 의존성의 순서를 바꾸면 의존성 해소 결과가 바뀌는 것은 이러한 이유 때문이다. 해결책은 바로 **<dependencyManagement>** 섹션이다.

<dependencyManagement> 섹션의 의존성은 일반적으로 GAV 코디네이트의 세 요소로 정의한다. 메이븐은 먼저 이 섹션을 검색하고 일치하는 **groupId**와 **artifactId**를 발견하면 그곳에 명시된 **version**을 즉시 선택한다. 해당 의존성이 그래프 안에서 얼마나 깊은 위치에 있는지 얼마나 많이 발견되는지는 중요하지 않다. **<dependencyManagement>** 섹션에 명시된 버전이 우선이다. 정말 그렇게 작동하는지 다음 폼을 통해 확인해보자.

```xml
<?xml version="1.0" encoding="UTF-8"?>
<project
  xsi:schemaLocation="http://maven.apache.org/POM/4.0.0
  http://maven.apache.org/xsd/maven-4.0.0.xsd"
  xmlns="http://maven.apache.org/POM/4.0.0"
  xmlns:xsi="http://www.w3.org/2001/XMLSchema-instance">
  <modelVersion>4.0.0</modelVersion>
  <groupId>com.acme</groupId>
  <artifactId>example</artifactId>
  <version>1.0.0-SNAPSHOT</version>

  <dependencyManagement>
    <dependencies>
      <dependency>
        <groupId>com.google.guava</groupId>
        <artifactId>guava</artifactId>
        <version>29.0-jre</version>
      </dependency>
    </dependencies>
  </dependencyManagement>

  <dependencies>
```

```
      <dependency>
        <groupId>com.google.truth</groupId>
        <artifactId>truth</artifactId>
        <version>1.0</version>
      </dependency>
      <dependency>
        <groupId>com.google.inject</groupId>
        <artifactId>guice</artifactId>
        <version>4.2.2</version>
      </dependency>
    </dependencies>
  </project>
```

<dependencyManagement> 섹션을 보면 guava 의존성의 코디네이트가 com.google.guava:guava:29.0-jre로 설정됐다. 전이 의존성의 groupId와 artifactId가 이 설정과 일치하면 29.0-jre버전이 선택된다. 일치 사례가 정확히 두 번 발생한다는 것은 앞선 예시를 통해 이미 알고 있다. 다시 의존성 그래프를 출력하면 다음과 같은 결과를 얻는다.

```
$ mvn dependency:tree
[INFO] Scanning for projects...
[INFO]
[INFO] ------------------------< com.acme:example >------------------------
[INFO] Building example 1.0.0-SNAPSHOT
[INFO] ------------------------------[ jar ]------------------------------
[INFO]
[INFO] --- maven-dependency-plugin:2.8:tree (default-cli) @ example ---
[INFO] com.acme:example:jar:1.0.0-SNAPSHOT
[INFO] +- com.google.truth:truth:jar:1.0:compile
[INFO] |  +- com.google.guava:guava:jar:29.0-jre:compile
[INFO] |  |  +- com.google.guava:failureaccess:jar:1.0.1:compile
[INFO] |  |  +- com.google.guava:listenablefuture:jar:
                        9999.0-empty-to-avoid-conflict
[INFO] |  |  +- com.google.code.findbugs:jsr305:jar:3.0.2:compile
[INFO] |  |  +- org.checkerframework:checker-qual:jar:2.11.1:compile
[INFO] |  |  \- com.google.j2objc:j2objc-annotations:jar:1.3:compile
[INFO] |  +- org.checkerframework:checker-compat-qual:jar:2.5.5:compile
[INFO] |  +- junit:junit:jar:4.12:compile
[INFO] |  |  \- org.hamcrest:hamcrest-core:jar:1.3:compile
[INFO] |  +- com.googlecode.java-diff-utils:diffutils:jar:1.3.0:compile
[INFO] |  +- com.google.auto.value:auto-value-annotations:jar:1.6.3:compile
[INFO] |  \- com.google.errorprone:error_prone_annotations:jar:2.3.1:compile
```

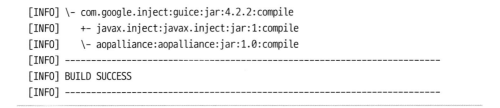

```
[INFO] \- com.google.inject:guice:jar:4.2.2:compile
[INFO]    +- javax.inject:javax.inject:jar:1:compile
[INFO]    \- aopalliance:aopalliance:jar:1.0:compile
[INFO] -----------------------------------------------------------------------
[INFO] BUILD SUCCESS
[INFO] -----------------------------------------------------------------------
```

앞선 예시와 다르게 guava 29.0-jre 버전이 선택됐다. <dependencyManagement> 섹션의 설정이 제대로 작동하고 있음을 알 수 있다.

<dependencyManagement>의 두 번째 용도는 다른 폼에서 참조할 의존성들을 나열하는 것이다. 다른 폼은 이 아티팩트를 pom 타입 의존성으로 선언하고 import 스코프를 지정하면 된다. 참조 의존성은 일반적으로 <dependencyManagement>만 있는 전용 폼에 작성한다. 다른 섹션을 추가하지 못하도록 제한하고 있지는 않지만 관행적으로 굳어진 양식이다. 이렇듯 <dependencyManagement> 섹션만 있고 <dependencies> 섹션은 없는 폼 의존성을 자재 명세서^{bill of materials}(BOM)라 부른다. 일반적으로 BOM 의존성은 하나의 목표를 달성하기 위해 모인 아티팩트 집합을 나열한다. BOM 의존성의 분류는 메이븐 공식 문서에 따로 정의하고 있지는 않지만, 대략적으로 다음과 같은 두 가지 형태로 나뉜다.

라이브러리

하나의 프로젝트에 속한 의존성 집합. 각 의존성의 그룹 ID나 버전이 서로 일치하지 않는 경우도 있다. 헬리돈 프로젝트의 모든 아티팩트를 한데 모은 helidon-bom[10]은 좋은 예다.

스택

의존성 각각의 행동과 상호간 시너지를 바탕으로 모인 집합. 서로 다른 프로젝트의 여러 의존성을 조합하는 경우도 있다. helidon-bom과 Netty, logging 등의 의존성을 조합한 helidon-dependencies[11]가 여기에 해당한다.

방금 언급했던 helidon-dependencies를 교재로 삼아 의존성 참조를 연습해보자. 폼 파일

---

10 https://oreil.ly/bcMHI

11 https://oreil.ly/wgmVx

을 열면 <dependencyManagement> 섹션에 선언된 수십 개의 의존성 목록을 확인할 수 있다.
전체 내용 중 일부만 간추리면 다음과 같다.

```
<artifactId>helidon-dependencies</artifactId>
<packaging>pom</packaging>
<!-- 엘리먼트 목록 생략 -->
<dependencyManagement>
  <dependencies>
    <!-- 의존성 목록 생략 -->
    <dependency>
      <groupId>io.netty</groupId>
      <artifactId>netty-handler</artifactId>
      <version>4.1.51.Final</version>
    </dependency>
    <dependency>
      <groupId>io.netty</groupId>
      <artifactId>netty-handler-proxy</artifactId>
      <version>4.1.51.Final</version>
    </dependency>
    <dependency>
      <groupId>io.netty</groupId>
      <artifactId>netty-codec-http</artifactId>
      <version>4.1.51.Final</version>
    </dependency>
    <!-- 의존성 목록 생략 -->
  </dependencies>
</dependencyManagement>
```

우리의 연습용 폼에서 BOM 의존성을 참조하려면 <dependencyManagement> 섹션을 다
시 한번 활용해야 한다. 추가로 netty-handler 의존성을 명시적으로 정의하되, 이번에는
<version> 설정을 생략할 것이다. 완성된 폼은 다음과 같다.

```
<?xml version="1.0" encoding="UTF-8"?>
<project
  xsi:schemaLocation="http://maven.apache.org/POM/4.0.0
  http://maven.apache.org/xsd/maven-4.0.0.xsd"
  xmlns="http://maven.apache.org/POM/4.0.0"
  xmlns:xsi="http://www.w3.org/2001/XMLSchema-instance">
  <modelVersion>4.0.0</modelVersion>
  <groupId>com.acme</groupId>
```

```
<artifactId>example</artifactId>
<version>1.0.0-SNAPSHOT</version>

<dependencyManagement>
  <dependencies>
    <dependency>
      <groupId>io.helidon</groupId>
      <artifactId>helidon-dependencies</artifactId>
      <version>2.2.0</version>
      <type>pom</type>
      <scope>import</scope>
    </dependency>
  </dependencies>
</dependencyManagement>

<dependencies>
  <dependency>
    <groupId>io.netty</groupId>
    <artifactId>netty-handler</artifactId>
  </dependency>
</dependencies>
</project>
```

helidon-dependencies 의존성을 현재 폼으로 불러오려면 <type>이라는 요소를 반드시 정의하고 pom으로 설정해야 한다. 이전의 예시는 이 값을 지정하지 않아 jar 타입이 기본값으로 설정됐다. helidon-dependencies가 BOM이며 JAR 파일이 없다는 것을 이미 아는 지금은 괜찮지만, 그렇지 않은 평소에는 type을 올바르게 설정하도록 주의를 기울여야 한다. type을 누락하면 메이븐은 netty-handler 의존성 버전을 찾지 못했다는 경고를 보내며 빌드를 중단할 것이다. 다시 한번 의존성 그래프를 출력하면 다음과 같은 결과가 나타난다.

```
$ mvn dependency:tree
[INFO] Scanning for projects...
[INFO]
[INFO] ------------------------< com.acme:example >------------------------
[INFO] Building example 1.0.0-SNAPSHOT
[INFO] --------------------------------[ jar ]---------------------------------
[INFO]
[INFO] --- maven-dependency-plugin:2.8:tree (default-cli) @ example ---
[INFO] com.acme:example:jar:1.0.0-SNAPSHOT
[INFO] \- io.netty:netty-handler:jar:4.1.51.Final:compile
```

```
[INFO]     +- io.netty:netty-common:jar:4.1.51.Final:compile
[INFO]     +- io.netty:netty-resolver:jar:4.1.51.Final:compile
[INFO]     +- io.netty:netty-buffer:jar:4.1.51.Final:compile
[INFO]     +- io.netty:netty-transport:jar:4.1.51.Final:compile
[INFO]     \- io.netty:netty-codec:jar:4.1.51.Final:compile
[INFO] ------------------------------------------------------------------------
[INFO] BUILD SUCCESS
[INFO] ------------------------------------------------------------------------
```

netty-handler의 버전이 올바르게 선택되었으며 직접 의존성도 모두 전이적으로 해소되었음을 알 수 있다.

<dependencyManagement> 섹션의 세 번째이자 마지막 기능은 폼 사이에 부모-자식 관계가 설정됐을 때 작동한다. 모든 폼 파일은 <parent> 섹션을 통해 다른 폼과 관계를 맺을 수 있으며 해당 폼의 모든 설정을 상속받는다. 물론 <dependencyManagement> 섹션도 포함된다. 메이븐은 폼을 탐색하며 부모 폼을 찾아 계속 이동한다. 최상위에서 부모가 없는 폼을 발견하면 다시 자식 폼으로 이동하며 단계적으로 설정을 상속한다. 반대로 하위 폼에 직접 정의된 설정은 상위 폼의 설정을 오버라이드한다.

이렇듯 자식 폼은 부모 폼에서 선언한 설정을 얼마든지 재정의할 수 있다. 또한 부모 폼의 <dependencyManagement> 섹션은 자식 폼에 직접 정의했을 때와 똑같은 효력을 발휘한다. 따라서 이전에 설명했던 이 섹션의 두 가지 기능도 동일하게 작동한다. 즉 전이 의존성 버전을 고정시킬 수 있으며 BOM 의존성도 가져올 수 있다. 다음은 부모 폼의 <dependencyManagement>에 helidon-dependencies와 commons-lang3 의존성을 선언한 예시다.

```
<?xml version="1.0" encoding="UTF-8"?>
<project
    xsi:schemaLocation="http://maven.apache.org/POM/4.0.0
    http://maven.apache.org/xsd/maven-4.0.0.xsd"
    xmlns="http://maven.apache.org/POM/4.0.0"
    xmlns:xsi="http://www.w3.org/2001/XMLSchema-instance">
  <modelVersion>4.0.0</modelVersion>
  <groupId>com.acme</groupId>
  <artifactId>parent</artifactId>
  <version>1.0.0-SNAPSHOT</version>
  <packaging>pom</packaging>
```

```
    <dependencyManagement>
      <dependencies>
        <dependency>
          <groupId>io.helidon</groupId>
          <artifactId>helidon-dependencies</artifactId>
          <version>2.2.0</version>
          <type>pom</type>
          <scope>import</scope>
          </dependency>
        <dependency>
          <groupId>org.apache.commons</groupId>
          <artifactId>commons-lang3</artifactId>
          <version>3.11</version>
          </dependency>
        </dependencies>
      </dependencyManagement>
    </project>
```

이 폼 파일은 JAR 파일을 생성하는 용도로 사용하지 않는다. 따라서 `<packaging>` 설정은 명시적으로 pom을 지정해야 한다. 다음은 자식 폼에서 이 폼을 참조하기 위해 `<parent>` 섹션을 정의하는 예시다.

```
<?xml version="1.0" encoding="UTF-8"?>
<project
  xsi:schemaLocation="http://maven.apache.org/POM/4.0.0
  http://maven.apache.org/xsd/maven-4.0.0.xsd"
  xmlns="http://maven.apache.org/POM/4.0.0"
  xmlns:xsi="http://www.w3.org/2001/XMLSchema-instance">
  <modelVersion>4.0.0</modelVersion>
  <parent>
    <groupId>com.acme</groupId>
    <artifactId>parent</artifactId>
    <version>1.0.0-SNAPSHOT</version>
  </parent>
  <artifactId>example</artifactId>

  <dependencies>
    <dependency>
      <groupId>io.netty</groupId>
      <artifactId>netty-handler</artifactId>
    </dependency>
```

```
      <dependency>
        <groupId>org.apache.commons</groupId>
        <artifactId>commons-lang3</artifactId>
      </dependency>
    </dependencies>
  </project>
```

이것으로 폼 파일 상속 관계 구현이 끝났다. 준비를 마쳤다면 의존성 그래프를 다시 확인해
보자.

```
$ mvn dependency:tree
[INFO] Scanning for projects...
[INFO]
[INFO] ------------------------< com.acme:example >------------------------
[INFO] Building example 1.0.0-SNAPSHOT
[INFO] --------------------------------[ jar ]---------------------------------
[INFO]
[INFO] --- maven-dependency-plugin:2.8:tree (default-cli) @ example ---
[INFO] com.acme:example:jar:1.0.0-SNAPSHOT
[INFO] +- io.netty:netty-handler:jar:4.1.51.Final:compile
[INFO] ¦  +- io.netty:netty-common:jar:4.1.51.Final:compile
[INFO] ¦  +- io.netty:netty-resolver:jar:4.1.51.Final:compile
[INFO] ¦  +- io.netty:netty-buffer:jar:4.1.51.Final:compile
[INFO] ¦  +- io.netty:netty-transport:jar:4.1.51.Final:compile
[INFO] ¦  \- io.netty:netty-codec:jar:4.1.51.Final:compile
[INFO] \- org.apache.commons:commons-lang3:jar:3.11:compile
[INFO] ------------------------------------------------------------------------
[INFO] BUILD SUCCESS
[INFO] ------------------------------------------------------------------------
```

기대했던 결과가 나타났다. 직접 의존성 2개 모두 올바른 GAV 코디네이트로 선정됐으며 전이
의존성도 이전과 동일한 버전으로 선정됐다. 의존성 관리와 해소 영역에서 추가로 논의할 만한
주제는 그리 많지 않다. GA 코디네이트를 기반으로 전이 의존성을 의도적으로 제거하는 방법,
GA 코디네이트가 같고 버전만 다른 두 의존성의 충돌 사례와 해결 방법 등이 유력한 후보다.
남은 주제는 독자의 몫으로 남겨 두고 이쯤에서 그레이들이 제공하는 의존성 관리 기능을 살펴
보자.

6.3.2 그레이들의 의존성 관리

그레이들은 메이븐의 선례에서 얻은 교훈을 기반으로 탄생했을 뿐만 아니라 메이븐 폼 포맷까지 이해하고 구사할 수 있다. 따라서 메이븐이 제공하는 의존성 해소 기능은 그레이들도 모두 동일하게 갖추고 있는 셈이다. 그레이들은 여기에 더 진보된 기능과 상세한 설정까지 추가로 제공한다. 이번 절의 내용은 앞 절에서 이미 다뤘던 주제를 바탕으로 논지를 이어간다. 따라서 앞 절을 건너뛰었거나 복습이 필요한 경우 메이븐의 의존성 관리 부분을 먼저 읽고 이곳으로 돌아오기 바란다. 이제부터 그레이들의 기능을 차근차근 살펴보자.

먼저 빌드 파일을 작성할 DSL을 선택해야 한다. 선택지는 아파치 그루비 DSL 또는 코틀린 DSL이다. 이번 장의 예시는 그루비로 작성한다. 공식적인 성격이 강하며 실전 예제도 더 많이 보급됐기 때문이다. 또한 그루비를 코틀린으로 변환하는 것이 반대의 경우보다 쉽다. 그루비로 작성한 빌드 구문은 코틀린에서 그대로 통용되나, 반대 방향으로 변환하려면 양쪽 DSL에 대한 지식을 모두 갖추고 있어야 한다. 물론 전자의 경우도 IDE의 도움을 약간만 받으면 한결 수월하게 변환할 수 있다. 다음으로, 의존성을 정의할 형식을 선택해야 한다. 가장 일반적인 형식은 다음과 같이 GAV 코디네이트를 조합한 단일 문자열이다.

```
'org.apache.commons:commons-collections4:4.4'
```

문자열에 포함된 GAV 코디네이트는 각각을 분리해 다음과 같이 항목별로 표현할 수 있다.

```
group: 'org.apache.commons', name: 'commons-collections4', version: '4.4'
```

그레이들은 groupId를 group으로, artifactId를 name이라 표현한다. 메이븐의 GA와 명칭만 다를 뿐 의미는 같다.

메이븐에서 다음 단계는 의존성과 스코프를 선언하는 것이었다. 그레이들은 이러한 단계를 **설정**configuration이라 부르며 메이븐 스코프의 제어 범위보다 더 넓은 영역을 아우른다. 그레이들 빌드 파일에 java-library 플러그인을 적용하면 기본적으로 다음 설정에 접근할 수 있다.

api
프로덕션 코드를 컴파일할 때 필요한 의존성을 정의하며 컴파일 클래스패스에 추가한다. 사실상 메이븐의 compile과 동일하다. 그레이들 빌드 파일을 기반으로 폼 파일을 생성하면

compile 스코프에 그대로 매핑된다.

implementation

컴파일할 때 필요한 의존성을 정의하지만 상세 구현에만 사용한다고 간주한다. api 설정의 의존성보다 더 유연하다. 이 설정의 의존성은 컴파일 클래스패스에 추가되며 폼 파일으로 변환할 때는 runtime 스코프에 매핑된다.

compileOnly

컴파일할 때는 필요하지만 실행할 때는 필요하지 않은 의존성을 정의한다. 이 설정의 의존성은 컴파일 클래스패스에 추가되지만 다른 설정의 클래스패스와 공유되지 않는다. 폼 파일로 변환하면 아무 스코프에도 매핑되지 않는다.

runtimeOnly

아티팩트를 실행할 때 필요한 의존성을 정의하며 런타임 클래스패스만 제어한다. 폼 파일로 변환하면 runtime 스코프에 매핑된다.

testImplementation

테스트 코드를 컴파일할 때 필요한 의존성을 정의하며 testCompile 클래스패스에 의존성을 추가한다. 폼 파일로 변환하면 test 스코프에 매핑된다.

testCompileOnly

테스트 코드를 컴파일할 때 필요하며 실행할 때는 필요하지 않은 의존성을 정의한다. testCompile 클래스패스에 의존성을 추가하지만 testRuntime 클래스패스와 공유하지 않는다. 또한 폼 스코프로 매핑되지 않는다.

testRuntimeOnly

테스트 코드를 실행할 때 필요한 의존성을 정의하며 testRuntime 클래스패스에 추가한다. 폼 파일로 변환하면 test 스코프에 매핑된다.

구형 그레이들 버전은 다음과 같은 레거시 설정을 지원한다. 그레이들 6에서 지원 중단을 예고했으며 7에서 완전히 제거됐다.

compile

이 설정은 api와 implementation으로 분할되었다.

runtime

runtimeOnly로 전환되었으며 더 이상 사용되지 않는다.

testCompile

implementation 설정과 나란히 testImplementation으로 전환되었으며 더 이상 사용되지 않는다.

testRuntime

runtimeOnly와 나란히 testRuntimeOnly로 전환되었으며 더 이상 사용되지 않는다.

그레이들의 클래스패스는 메이븐과 마찬가지로 계층 구조를 이룬다. 컴파일 클래스패스는 런타임 클래스패스도 소비할 수 있으므로 결국 api나 implementation 설정의 모든 의존성은 아티팩트를 실행할 때 참조할 수 있다. 마찬가지로 테스트 컴파일 클래스패스도 컴파일 클래스패스를 소비하기 때문에 테스트 코드는 프로덕션 코드에 접근할 수 있다. 테스트 런타임 클래스패스는 런타임과 테스트 클래스패스를 함께 소비하므로 지금까지 나열한 속성에 정의된 모든 의존성을 테스트와 실행에 참조할 수 있다.

그레이들의 의존성은 메이븐과 마찬가지로 리포지터리를 통해 해소한다. 그러나 메이븐 로컬과 메이븐 센트럴을 기본적으로 이용할 수 있었던 메이븐과 달리 그레이들은 의존성을 검색할 리포지터리를 명시적으로 정의해야 한다. 그레이들은 메이븐 표준 레이아웃, 아이비^{Ivy} 레이아웃, 심지어 로컬 디렉터리의 플랫 레이아웃까지 허용한다. 가장 널리 알려진 리포지터리인 메이븐 센트럴은 단축 설정으로 간편하게 정의할 수 있다. 이 책의 예시는 mavenCentral 리포지터리 한 곳만 이용할 것이다. 지금까지 설명한 내용을 모두 종합하면 다음과 같은 기본적인 빌드 파일을 작성할 수 있다.

```
plugins {
  id 'java-library'
}

repositories {
```

```
    mavenCentral()
}

dependencies {
    api 'org.apache.commons:commons-collections4:4.4'
}
```

그레이들로 **dependencies** 태스크를 실행하면 의존성 해소 결과 그래프를 출력할 수 있다. 그러나 이 명령은 모든 설정의 그래프를 출력하므로 전체 내용을 수록하기에는 분량이 너무 많다. 따라서 다음과 같이 컴파일 클래스패스에 해당하는 의존성 그래프와 일부 추가 설정만 간단히 보여줄 것이다.

```
$ gradle dependencies --configuration compileClasspath

> Task :dependencies

------------------------------------------------------------
Root project
------------------------------------------------------------

compileClasspath - Compile classpath for source set 'main'.
\--- org.apache.commons:commons-collections4:4.4
```

결과에서 보이듯 **commons-collections**이라는 단 하나의 의존성이 출력된다. 이 의존성을 소비하는 다른 직접 의존성은 없기 때문이다.

다음으로, 전이 의존성이 포함된 다른 의존성을 추가하고 그래프가 어떻게 변하는지 확인해보자. 이번에 추가할 의존성은 **implementation** 설정으로 정의하며 **api**와 **implementation** 설정이 모두 컴파일 클래스패스에 영향을 미치는 것을 보여줄 것이다. 수정된 빌드 파일은 다음과 같다.

```
plugins {
    id 'java-library'
}

repositories {
    mavenCentral()
}
```

```
dependencies {
  api 'org.apache.commons:commons-collections4:4.4'
  implementation 'commons-beanutils:commons-beanutils:1.9.4'
}
```

이전과 동일한 조건으로 dependencies 태스크를 실행하면 다음과 같은 결과가 출력된다.

```
$ gradle dependencies --configuration compileClasspath

> Task :dependencies


------------------------------------------------------------
Root project
------------------------------------------------------------

compileClasspath - Compile classpath for source set 'main'.
+--- org.apache.commons:commons-collections4:4.4
\--- commons-beanutils:commons-beanutils:1.9.4
     +--- commons-logging:commons-logging:1.2
     \--- commons-collections:commons-collections:3.2.2
```

출력 결과를 보면 컴파일 클래스패스를 사용하는 직접 의존성이 2개 있음을 알 수 있다. 그중 하나는 전이 의존성 2개를 추가로 끌어온다. 모종의 이유로 이러한 전이 의존성을 가져오지 않고 싶다면 다음과 같이 직접 의존성 선언부에 transitive 지시어를 추가하면 된다.

```
plugins {
  id 'java-library'
}

repositories {
  mavenCentral()
}

dependencies {
  api 'org.apache.commons:commons-collections4:4.4'
  implementation('commons-beanutils:commons-beanutils:1.9.4') {
    transitive = false
  }
}
```

다시 한번 dependencies 태스크를 실행하면 직접 의존성만 나열되며 전이 의존성은 보이지 않는다.

```
$ gradle dependencies --configuration compileClasspath

> Task :dependencies


------------------------------------------------------------
Root project
------------------------------------------------------------

compileClasspath - Compile classpath for source set 'main'.
+--- org.apache.commons:commons-collections4:4.4
\--- commons-beanutils:commons-beanutils:1.9.4
```

그레이들은 메이븐과 달리 시맨틱 버전의 의미를 이해하며 의존성 해소 과정에서 이를 반영한다. 다시 말해 가장 높은 버전을 인식하고 선택한다는 뜻이다. 하나의 의존성을 버전만 다르게 두 번 선언하면 이 기능을 직접 확인할 수 있다. 직접/전이 의존성을 막론하고 항상 최신 버전이 선택될 것이다. 다음 설정을 살펴보자.

```
plugins {
  id 'java-library'
}

repositories {
  mavenCentral()
}

dependencies {
  api 'org.apache.commons:commons-collections4:4.4'
  implementation 'commons-collections:commons-collections:3.2.1'
  implementation 'commons-beanutils:commons-beanutils:1.9.4'
}
```

직접 의존성인 commons-collections에 3.2.1 버전을 명시적으로 선언했다. 앞선 예시에서 commons-beanutils:1.9.4가 commons-collections를 가져올 때 3.2.2 버전을 가져오는 것을 확인한 바 있다. 그레이들이 최신버전을 이해한다면 3.2.2를 3.2.1보다 우선적으로 가져와야 할 것이다. dependencies 태스크를 실행하면 다음과 같은 결과가 나타난다.

```
$ gradle dependencies --configuration compileClasspath

> Task :dependencies


----------------------------------------------------------
Root project
----------------------------------------------------------

compileClasspath - Compile classpath for source set 'main'.
+--- org.apache.commons:commons-collections4:4.4
+--- commons-collections:commons-collections:3.2.1 -> 3.2.2
\--- commons-beanutils:commons-beanutils:1.9.4
     +--- commons-logging:commons-logging:1.2
     \--- commons-collections:commons-collections:3.2.2

(*) - dependencies omitted (listed previously)
```

예상대로 3.2.2 버전이 선택되었으며, 원래 요청했던 버전이 아니라 다른 버전을 선택했다는 안내까지 함께 출력된다. 그레이들의 의존성 해소 전략은 매우 유연하게 작동하므로 필요한 경우에는 의존성 버전을 의도적으로 낮게 고정할 수 있다. 그러나 이러한 사례는 드물며 고급 활용법에 속한다. 의존성 잠금, 버전 엄밀성, 버전 제안, 의존성 재배치, platform과 enforcedPlatform, BOM 아티팩트 상호작용 등의 심화 지식을 갖춘 뒤 실전에 적용해야 한다.

6.4 컨테이너와 의존성 관리

소프트웨어 개발 주기를 성실히 따르다보면 메이븐이나 그레이들 프로젝트를 컨테이너 이미지로 패키징하는 순간이 찾아온다. 프로젝트의 의존성과 마찬가지로 컨테이너 이미지와 아티팩트도 올바르게 관리하고 사용해야 한다. 컨테이너는 이미 3장에서 자세히 논의한 바 있다. 이번 장은 주로 컨테이너 이미지 관리의 세부 사항과 정교한 기법에 주목한다. 앞서 메이븐과 그레이들을 중심으로 빌드 자동화 툴을 다룰 때만큼이나 이번 절도 위험한 고비가 많다. 앞선 절이 여우를 피해 가는 모험이었다면 이번 절은 호랑이 무리와 맞서야 할지도 모른다.

3장에서 설명했다시피 컨테이너는 컨테이너 이미지로 구동하며 컨테이너 이미지는 거의 대부분 도커파일로 정의한다. 도커파일의 역할은 컨테이너 이미지 레이어를 각각 정의하는 것이다.

이미지는 컨테이터를 구축하고 실행하는 기본 요소다. 도커파일을 분석하면 컨테이너의 기본 배포 레이어, 코드 라이브러리, 프레임워크, 소프트웨어 아티팩트나 필수 파일 정보를 얻을 수 있다. 또한 포트 개방, 데이터베이스 자격 증명, 메시징 서버 등의 설정을 추가하거나 사용자 및 접근 권한을 정의할 수도 있다.

이번 장에서 가장 먼저 주목할 부분은 도커파일의 첫째 줄이다. 다중 스테이지 빌드를 지원하는 도커파일의 첫 줄은 FROM 지시어로 시작한다. 이미지는 parent 이미지를 상속받아 빌드할 수 있으며 부모 이미지는 또 다른 부모 이미지로부터 설정을 상속받을 수 있다. 마치 메이븐 폼의 상속 구조와 비슷하다. 이러한 계층 구조의 정점에 있는 최초의 조상이 base 이미지다. 이 대목에서 우리는 이미지가 구성되는 방식에 특별한 주의를 기울여야 한다.

3장에서 배운 내용에 따르면 도커 이미지의 버전을 관리하는 이유는 소프트웨어 개발 단계에서 유연성을 확보하기 위해서다. 또한 필요한 순간 최신 버전의 이미지를 사용할 수 있다는 확신을 얻는 효과도 있다. 대부분의 경우 이러한 확신의 근거는 latest라는 특수한 이미지 버전에 있다. 버전을 지정하지 않으면 기본적으로 latest 버전을 선택하는 시스템도 많다. latest로 이미지를 검색하면 현재 가용한 이미지 중 가장 최신 버전으로 간주되는 버전이 선택된다. 완벽하게 똑같지는 않지만 자바 의존성에서 snapshot 버전을 사용하는 상황과 매우 비슷하다.

latest와 관련된 모든 과정이 개발 단계에서 훌륭하고 아름답게 작동할지 모른다. 그러나 프로덕션에서 새로운 버그를 발견하는 순간, latest는 문제를 더욱 어렵게 만드는 새로운 도전 과제로 부상할 가능성이 크다. latest 이미지가 부모 또는 베이스 이미지의 자리를 차지하면 그에 따른 자식 이미지 빌드는 다시 재현하기 어렵거나 심지어 재현이 불가능한 상태에 놓일 가능성이 있다. 프로덕션 릴리스에서 스냅샷 의존성을 지양하는 것과 마찬가지로 이미지도 가급적이면 latest가 아닌 특정 버전으로 고정시키기를 권장한다. 변경될 가능성이 있는 부품의 수는 최대한 줄이는 것이 여러 모로 좋다.

보안까지 고려한다면 단순히 이미지 버전을 고정시키는 것만으로 부족하다. 컨테이너를 빌드할 때는 신뢰할 수 있는 베이스 이미지만 사용해야 한다. 너무나 당연한 원칙임에도 불구하고 서드파티 레지스트리 중에는 보유 이미지에 대한 거버넌스 정책이 없는 경우도 많다. 특히 도커 호스트를 이용할 때는 이미지의 가용 여부를 확인하고, 출처를 고려하고, 내용물까지 검토해야 한다. 또한 DCT^{Docker Content Trust}로 이미지를 검증하고 패키지 안전성까지 확보하면 더욱 좋다.

베이스 이미지는 불필요한 소프트웨어 패키지가 포함되지 않도록 가능한 한 작게 유지해야 한다. 이미지의 표면적이 커질수록 더 많은 공격에 노출되며, 컨테이너에 포함된 컴포넌트가 적을수록 공격 벡터가 존재할 가능성도 줄어든다. 작은 이미지는 디스크 공간도 적게 차지하므로 이미지 복사가 유발하는 네트워크 트래픽이 줄어 성능이 향상된다. 비지박스BusyBox와 알파인Alpine은 작은 이미지를 구축하기 위한 기초 재료다. 베이스 이미지가 안전하다 해도 추가 레이어를 더할 때는 다시 주의를 기울여야 한다. 이미지에 들어가는 모든 소프트웨어 패키지와 아티팩트는 버전을 명시적으로 지정하는 것이 좋다.

6.5 아티팩트 게시

지금까지 아티팩트와 의존성 해소 방법을 논의하며 리포지터리라는 공간을 반복적으로 언급했다. 과연 리포지터리는 무엇이며 아티팩트는 어떻게 게시하는 것일까? **아티팩트 리포지터리**artifact repository의 가장 기본적인 역할은 아티팩트를 추적 관리하는 파일 저장소다. 리포지터리는 자신이 보유한 아티팩트의 메타데이터를 수집하고 이를 바탕으로 검색, 아카이빙, 액세스 제어 목록access control list(ACL) 등의 기능을 제공한다. 마찬가지로 리포지터리 툴도 메타데이터를 이용해 취약점 스캔, 메트릭 수집, 범례 관리 등의 기능을 구현한다.

메이븐으로 의존성을 정의할 때는 로컬과 원격, 두 가지 유형의 리포지터리를 이용할 수 있다. 의존성은 GAV 코디네이트를 기준으로 해소한다. 메이븐은 로컬 파일 시스템에 있는 디렉터리에 의존성을 보관하고 추적한다. 원격 리포지터리에서 다운로드하거나 메이븐 툴이 직접 배치한 의존성이 로컬에 보관된다. 이러한 디렉터리를 일반적으로 **메이븐 로컬**Maven Local이라 부르며 원하는 위치에 자유롭게 설정할 수 있다. 기본 경로는 사용자 홈 디렉터리의 **.m2/repository** 디렉터리로 배정된다. 메이븐 로컬의 대척점에는 소나타입 넥서스 리포지터리Sonatype Nexus Repository, JFrog 아티팩터리로 대표되는 소프트웨어 기반 원격 리포지터리가 있다. 가장 널리 알려진 원격 리포지터리는 메이븐 센트럴이며 의존성 분야에서 표준의 지위를 담당하고 있다.

이제부터 로컬 및 원격 리포지터리에 아티팩트를 게시하는 방법을 알아보자.

6.5.1 메이븐 로컬 게시

메이븐 로컬 리포지터리에 아티팩트를 게시하는 방법은 세 가지다. 그중 둘은 명시적이고 하나는 암시적인 방법에 속한다. 사실 암시적인 게시 절차는 이번 장에서 이미 다룬 적이 있다. 메이븐이 원격 리포지터리의 정보를 통해 의존성을 해소할 때마다 아티팩트와 메타데이터 (**pom.xml** 기준)의 사본이 메이븐 로컬 리포지터리에 배치된다. 이 과정이 바로 암시적인 메이븐 로컬 게시다. 이 게시 절차가 필요한 이유는 메이븐이 로컬 리포지터리를 캐시로 활용하기 때문이다. 메이븐 로컬에 한번 배치된 의존성 버전은 이후에 원격으로부터 다시 내려 받을 필요가 없다.

메이븐 로컬에 아티팩트를 게시하는 다른 두 방법은 아티팩트 파일을 리포지터리에 명시적으로 '설치'하는 것이다. 메이븐은 일련의 라이프 사이클 페이즈가 있으며 **install**은 그중 하나다. 이 페이즈는 메이븐 로컬에 아티팩트를 컴파일, 테스트, 패키징, 설치할 때 사용되기 때문에 자바 개발자는 대부분 익히 잘 알고 있다. 그만큼 남용되는 페이즈이기도 하다. 메이븐 라이프 사이클 페이즈는 다음과 같이 사전에 결정된 순서를 따른다.

```
Available lifecycle phases are: validate, initialize, generate-sources,
process-sources, generate-resources, process-resources, compile,
process-classes, generate-test-sources, process-test-sources,
generate-test-resources, process-test-resources, test-compile,
process-test-classes, test, prepare-package, package, pre-integration-test,
integration-test, post-integration-test, verify, install, deploy,
pre-clean, clean, post-clean, pre-site, site, post-site, site-deploy.
```

메이븐 빌드는 첫 페이즈부터 순서대로 진행하며 지정된 페이즈까지 완료한 뒤 멈춘다. 따라서 **install**을 호출하면 **deploy**와 **site**에 관련된 단계 직전까지 거의 모든 빌드 페이즈가 실행된다. 앞 문단에서 **install**이 남용된다고 했던 이유는, **verify**까지 진행하면 충분한 상황이 대부분임에도 불구하고 무분별하게 **install**을 실행하는 경우가 많기 때문이다. **verify**는 컴파일, 테스트, 패키지, 통합 테스트 단계까지 포함하며 불필요한 아티팩트로 메이븐 로컬을 어지럽히지 않는다. 그렇다고 **install**보다 **verify**를 무조건 우선시하면 안 된다. 가끔 테스트 단계에서 의존성을 해소할 때 메이븐 로컬이 필요한 경우도 있기 때문이다. 기본적인 전제는, 각 페이즈의 입력, 출력과 그에 따른 결과를 개발자가 명확히 인지하고 있어야 한다는 것이다.

다시 **install**에 대한 설명으로 돌아가자. 메이븐 로컬에 아티팩트를 명시적으로 설치하는 첫 번째 방법은 다음과 같이 **install** 페이즈를 실행하는 것이다.

```
$ mvn install
```

이 명령을 실행하면 모든 **pom.xml** 파일과 아티팩트가 메이븐 로컬로 복사된다. 이 과정에서 **pom.xml**은 파일명이 artifactId-version.pom 형식으로 변경된다. 아티팩트 바이너리 JAR 본체 외에 -sources나 -javadoc 조건으로 생성된 부가 JAR이 포함되는 경우도 있다. 다음으로, 아티팩트를 설치하는 두 번째 방법은 install:install-file을 수동으로 호출하는 것이다. **artifact.pom** 파일이 있고 이 폼에 연결된 **artifact.jar** 파일이 있다고 가정했을 때 다음 명령을 실행하면 아티팩트가 로컬에 설치된다.

```
$ mvn install:install-file -Dfile=artifact.jar -DpomFile=artifact.pom
```

메이븐은 폼 파일에 설정된 메타데이터를 읽고 GAV 코디네이트를 해석한 다음 적절한 위치를 선정해 아티팩트 파일들을 복사한다. GAV 코디네이트를 오버라이드하거나, 즉석에서 폼을 생성하거나, JAR에 내부에 폼 파일 복사가 있는 경우 폼 파일 옵션은 생략할 수 있다. 그레이들 빌드는 기본적으로 폼 파일을 내장하지 않으므로 메이븐 빌드 JAR에 국한된 편의성이다.

그레이들은 maven-publish 플러그인으로 메이븐 로컬에 아티팩트를 게시할 수 있다. 이 플러그인은 publishToMavenLocal 태스크 등의 기능을 프로젝트에 추가한다. 태스크 이름에서 알 수 있듯 빌드 아티팩트와 폼 파일을 메이븐 로컬에 복사하는 역할을 한다. 메이븐과 달리 그레이들은 자체 캐싱 인프라가 있으므로 메이븐 로컬을 캐시로 사용하지 않는다. 따라서 그레이들이 의존성을 해소할 때 캐시로 사용할 아티팩트는 메이븐 로컬이 아닌 다른 경로에 배치된다. 이 경로는 일반적으로 사용자 홈 디렉터리의 **.gradle/caches/modules-2/files-2.1**이다.

메이븐 로컬 게시 방법을 배웠으니 다음은 원격 리포지터리를 살펴보자.

6.5.2 메이븐 센트럴 게시

메이븐 센트럴 Maven Central 리포지터리는 수많은 자바 프로젝트를 일단위로 빌드하는 일종의 백본backbone이다. 메이븐 센트럴을 실행하는 소프트웨어는 **소나타입 넥서스 리포지터리**Sonatype Nexus Repository다. 메이븐 센트럴은 자바 생태계에서 자신의 역할과 중요성을 충분히 자각하고 있기에, 아티팩트를 게시할 때 지켜야 할 일련의 규칙을 선정했다. 세부적인 조건과 규칙은 소나타입 가이드[12]에서 확인할 수 있다. 이러한 규정은 항상 수정 및 보완될 가능성이 있으니 이 책을 읽으면서 최신 버전을 한번쯤 확인해두는 편이 좋다. 주요한 규칙을 간추리면 다음과 같다.

- 대상 아티팩트 groupId의 리버스 도메인 소유권을 증명해야 한다. 가령 groupId가 com.acme.*이라면 acme.com을 소유해야 한다.

- 바이너리 JAR을 게시할 때 -sources 및 javadoc JAR을 제공하고 각각에 연결된 폼 파일도 제공해야 한다. 최소 4개의 추가 파일이 필요하다는 뜻이다.

- POM 타입 아티팩트를 게시할 때는 폼 파일만 제출한다.

- 모든 아티팩트를 인증한 PGP 서명 파일도 제출해야 한다. 서명에 사용되는 PGP 키는 메이븐 센트럴이 확인할 수 있도록 공개 키 서버에 등록해야 한다.

- 폼 파일은 <license>, <developers>, <scm> 등의 필수 요소를 포함해야 한다. 대부분의 개발자가 이 부분에서 처음 난관을 겪을 것이다. 필수 요소는 가이드에서 확인할 수 있다. 하나라도 누락하면 게시 프로세스가 중단되며 결과적으로 아티팩트를 게시할 수 없다.

마지막 항목은 폼체커PomChecker[13]의 도움을 받으면 비교적 수월하게 해결할 수 있다. 완벽하지는 않더라도 최소한 조기에 문제를 발견하는 효과는 있다. 폼체커는 독립 CLI, 메이븐 플러그인, 그레이들 플러그인 등으로 다양하게 호출할 수 있다. 이러한 유연성 덕분에 로컬 환경이나 CI/CD 파이프라인에서 폼을 확인할 수 있는 이상적인 수단이다. CLI로 **pom.xml** 파일을 검증하는 명령은 다음과 같다.

```
$ pomchecker check-maven-central --pom-file=pom.xml
```

메이븐 빌드 프로젝트는 폼 파일에 따로 설정을 추가하지 않아도 다음과 같이 직접 폼체커 플러그인을 호출할 수 있다.

```
$ mvn org.kordamp.maven:pomchecker-maven-plugin:check-maven-central
```

이 명령은 최신 버전의 **pomchecker-maven-plugin**을 가져와 현재 프로젝트를 대입해 그

---

12 https://oreil.ly/xfhNd
13 https://oreil.ly/E7LP1

자리에서 바로 `check-maven-central` 골을 실행한다. 그레이들로 이 작업을 실행할 때는 `org.kordamp.gradle.pomchecker`라는 플러그인을 빌드 파일에 명시적으로 설정해야 한다. 그레이들은 메이븐처럼 인라인 플러그인 호출 기능을 제공하지 않기 때문이다.

마지막으로, 게시 메커니즘 자체를 빌드 파일에 명시해야 한다. 다음은 메이븐 **pom.xml** 파일에 추가할 아티팩트 게시 설정이다.

```xml
<distributionManagement>
  <repository>
    <id>ossrh</id>
    <url>https://s01.oss.sonatype.org/service/local/staging/deploy/maven2/</url>
  </repository>
  <snapshotRepository>
    <id>ossrh</id>
    <url>https://s01.oss.sonatype.org/content/repositories/snapshots</url>
  </snapshotRepository>
</distributionManagement>

<build>
  <plugins>
  <plugin>
    <groupId>org.apache.maven.plugins</groupId>
    <artifactId>maven-javadoc-plugin</artifactId>
    <version>3.2.0</version>
    <executions>
      <execution>
        <id>attach-javadocs</id>
        <goals>
          <goal>jar</goal>
        </goals>
        <configuration>
          <attach>true</attach>
        </configuration>
      </execution>
    </executions>
  </plugin>
  <plugin>
    <groupId>org.apache.maven.plugins</groupId>
    <artifactId>maven-source-plugin</artifactId>
    <version>3.2.1</version>
    <executions>
      <execution>
```

```xml
        <id>attach-sources</id>
        <goals>
          <goal>jar</goal>
        </goals>
        <configuration>
          <attach>true</attach>
        </configuration>
      </execution>
    </executions>
  </plugin>
  <plugin>
    <groupId>org.apache.maven.plugins</groupId>
    <artifactId>maven-gpg-plugin</artifactId>
    <version>1.6</version>
    <executions>
      <execution>
        <goals>
          <goal>sign</goal>
        </goals>
        <phase>verify</phase>
        <configuration>
          <gpgArguments>
            <arg>--pinentry-mode</arg>
            <arg>loopback</arg>
          </gpgArguments>
        </configuration>
      </execution>
    </executions>
  </plugin>
  <plugin>
    <groupId>org.sonatype.plugins</groupId>
    <artifactId>nexus-staging-maven-plugin</artifactId>
    <version>1.6.8</version>
    <extensions>true</extensions>
    <configuration>
      <serverId>central</serverId>
      <nexusUrl>https://s01.oss.sonatype.org</nexusUrl>
      <autoReleaseAfterClose>true</autoReleaseAfterClose>
    </configuration>
  </plugin>
  </plugins>
</build>
```

이 예시는 -sources와 -javadoc JAR을 생성하고, 첨부된 모든 아티팩트를 PGP로 서명하고, 지정된 URL에 아티팩트를 업로드하는 설정을 한번에 보여준다. 이때 URL은 메이븐 센트럴에서 제공하는 URL이어야 한다. <serverId> 엘리먼트는 자격 증명 정보를 식별한다. 해당 ID에 연결된 상세한 인증 정보는 **settings.xml** 파일에 작성하거나 명령줄 인수로 직접 입력할 수 있다. 자격 증명이 실패하면 업로드가 되지 않는다.

플러그인 설정은 <profile> 섹션 안에 있어도 똑같이 작동한다. 게시용 플러그인의 기능은 릴리스를 게시할 때만 작동하면 된다. 통상적인 라이프 사이클 페이즈에서 아티팩트 게시용 JAR을 생성할 이유가 없기 때문이다. 게시용 프로파일을 분리하고 관련 플러그인을 이관하면 빌드 단계가 줄어 속도가 향상된다.

그레이들로 아티팩트를 게시하는 경우 소나타입 넥서스 리포지터리에 대응하는 플러그인을 설정해야 한다. 최신 버전은 io.github.gradle-nexus.publish-plugin[14]이다. 구체적인 설정 방식은 다양하다. 관용적 사용 사례가 존재하나 메이븐에 비해 변화가 빠른 편이다. 적당한 시점에 공식 그레이들 가이드를 참고하며 진행할 것을 권장한다.

6.5.3 소나타입 넥서스 리포지터리 게시

메이븐 센트럴이 소나타입 넥서스 기반이라는 것을 알고 있는 이상, 메이븐 센트럴 게시 설정을 넥서스 리포지터리에 그대로 적용할 수 있다는 사실이 새삼스럽게 느껴지지 않을 것이다. 실제로 URL만 넥서스 리포지터리 쪽으로 바꾸면 메이븐 센트럴용 설정으로 넥서스 리포지터리에 즉시 아티팩트를 게시할 수 있다. 다만 주의할 점이 있다. 메이븐 센트럴의 엄격한 게시 규정까지 있는 그대로 받아들인 리포지터리는 많지 않다. 넥서스는 아티팩트 게시 규정을 직접 설정할 수 있기 때문이다. 넥서스 인스턴스를 운영하는 조직에 따라 이러한 규정은 완화되기도, 강화되기도 한다. 따라서 아티팩트를 게시할 특정 넥서스 리포지터리의 운영 규정과 문서를 먼저 충분히 숙지하고 진행하기를 권장한다.

확실한 지침도 한 가지 있다. 자신의 조직에서 운영하는 넥서스 리포지터리를 거쳐 최종적으로 메이븐 센트럴에 아티팩트를 게시하는 경우, 처음부터 메이븐 센트럴 규칙을 준수하는 편이 여러 모로 이롭다. 물론 조직이 정한 규칙을 깨지 않는 선에서 지켜야 할 것이다.

---

14 https://oreil.ly/MdCNh

6.5.4 JFrog 아티팩터리 게시

JFrog 아티팩터리JFrog Artifactory도 선호도가 높은 편이다. 간단히 말해 넥서스에 추가 기능을 더한 리포지터리다. 엑스레이Xray, 파이프라인Pipeline 등 JFrog 플랫폼에 속한 다양한 제품군을 통합할 수 있다는 장점이 있다. 특히 필자의 마음에 쏙 드는 특징 중 하나는, 아티팩트를 게시하기 전에 소스 코드를 일일이 서명할 필요가 없다는 점이다. 아티팩터리는 개별 PGP 키 외에 사이트 통합 PGP 키로 아티팩트를 서명할 수 있다. 로컬과 CI 환경에 키를 설정하는 번거로운 작업이 줄고 게시 과정에 오가는 데이터의 전송량도 절약된다. 넥서스 리포지터리처럼 아티팩터리도 메이븐 센트럴 설정에서 게시 URL만 변경하면 그대로 아티팩트를 게시할 수 있다.

또한 넥서스와 마찬가지로 아티팩터리도 메이븐 센트럴과 동기화시킬 수 있으므로 메이븐 센트럴의 게시 규칙을 준수해야 한다. 따라서 처음부터 폼 파일을 양식에 맞게 작성하고 sources와 Javadoc JAR도 함께 생성하면 좋다.

6.6 마치며

이번 장에서는 매우 다양한 주제를 다뤘다. 그중 가장 핵심적인 논제는, 최고의 소프트웨어를 구축하는 치열한 경쟁에 아티팩트 자체만으로 맞서기는 역부족이라는 것이다. 아티팩트는 일반적으로 빌드 시간, 의존성 버전, 환경 정보 등의 메타데이터를 보유하고 있다. 메타데이터는 특정 아티팩트의 출처를 추적하거나, 재현성을 높이거나, 소프트웨어 BOM을 생성할 때 요긴하게 사용할 수 있다. 관찰 가능성, 모니터링 등 빌드 파이프라인의 상태와 안정성에 관련된 여러 기술들은 모두 메타데이터를 기반으로 강력한 효능을 발휘한다.

특히 집중적으로 논의한 주제는 의존성이었다. 빌드 툴의 대표격인 아파치 메이븐과 그레이들로 의존성을 해소하는 기본적인 방법도 살펴보았다. 단언컨대 이번 장에서 논의한 내용은 수박 겉핥기에 불과하다. 더 깊이 있는 부분까지 전부 펼쳐 놓으면 책 한 권을 족히 채우고도 남을 것이다. 이 분야의 기술적 성장과 변화에 뒤처지지 않으려면 빌드 툴의 발전 양상을 항상 주시해야 한다.

마지막으로, 자바 아티팩트를 메이븐 센트럴 리포지터리에 게시하는 방법을 소개했다. 게시 과정을 원활하게 진행하려면 여러 지침을 준수해야 한다. 메이븐 센트럴은 공식 리포지터리지만 유일한 리포지터리는 아니다. 소나타입 넥서스 리포지터리와 JFrog 아티팩터리라는 훌륭한 대체재가 있다. 단체나 기업에서 내부적으로 아티팩트를 관리하는 용도로 매우 활용도가 높다.

## CHAPTER 7

바이너리 보안

스벤 루퍼트, 스티븐 친

> 데이터는 정보화 시대의 공해요, 개인 정보 유출은 환경 재해다.
>
> – 브루스 슈나이어, 『당신은 데이터의 주인이 아니다』(반비, 2016)

소프트웨어 보안은 종합 데브옵스 롤아웃의 핵심 과제다. 지난 몇 년간 발생한 전대미문의 침해 사고들은 소프트웨어 보안 취약점에 대한 각계의 경각심을 다시금 불러일으키고 정부 차원의 대응과 새로운 보안 규정[1]을 촉발했다. 개발에서 프로덕션에 이르는 소프트웨어 라이프 사이클을 통틀어 이 규정에서 자유로운 영역은 없다. 그 결과, 데브섹옵스^{DevSecOps}는 소프트웨어 개발자와 데브옵스 전문가의 이해가 함께 얽힌 뜨거운 화두로 급부상했다.

이번 장은 보안 취약점이 유발하는 리스크를 제품과 조직 관점에서 평가하는 방법을 배운다. 또한 보안성을 점검하는 정적 및 동적 테스트 기법을 설명하고 위험성을 평가하는 배점 기법도 선보일 것이다.

조직 내 역할을 불문하고 소프트웨어 전달 라이프 사이클 보호에 일조할 수 있도록 누구나 만반의 준비를 갖춰야 한다. 구체적인 방법을 알아보기에 앞서, 보안을 등한시하고 소프트웨어 공급망 방어를 소홀히 하면 어떤 일이 발생하는지 자세히 살펴보자.

---

1   옮긴이_ 2021년 5월, 미국 바이든 행정부는 사이버 보안 강화를 위한 행정 명령을 발표했다. 연방 기관의 보안 수준 강화, 가이드라인 작성, 보안 평가, 보안 개선 조치 시행 등의 상세 규정을 포함한다. 공공 방비 태세뿐만 아니라 구글 등의 민간 업체와의 협력도 강조한다. 단순한 공급망 보안을 넘어 국가 간 사이버전에 대비하는 포석으로 보는 시각이 많다.

7.1 공급망 보안 침해

2020년 12월 초 파이어아이FireEye가 사이버 공격 피해를 감지하면서 사태는 본격화되기 시작했다. 문제는 파이어아이가 사이버 공격 탐지 및 방어 전문 업체라는 점이다. 내부 분석에 따르면 공격자는 파이어아이가 고객의 IT 인프라 취약점을 점검할 때 사용하는 툴을 훔쳤다. 네트워크와 IT 시스템 침투에 최적화된, 고도의 전문가를 위한 툴인 동시에 그 무엇보다 해커에 손에 들어가서는 안 될 위험천만한 무기였다. 이 사건이 훗날 **솔라윈즈**SolarWinds 해킹으로 알려진 대규모 사이버 공격의 전초전이었음은 나중에 가서야 밝혀진다. 여담으로 파이어아이는 이후 인수 합병을 거쳐 트렐릭스Trellix의 일부로 흡수되었다.

솔라윈즈는 미국에 기반을 두고 있으며 IT 네트워크 복합 구조를 전문적으로 취급하는 업체다. 이 회사가 개발한 오리온Orion 플랫폼은 30만 이상의 활성 고객 수를 자랑하는 대표 상품이다. 네트워크 컴포넌트를 관리하는 소프트웨어는 제품 특성상 IT 시스템 관리자에 필적하는 관대한 권한을 부여 받는다. 이는 본질적으로 해커가 확보하려 시도하는 전략적 요충지나 마찬가지다. 파이어아이 해킹과 이후 펼쳐진 대규모 사이버 공격 사이의 관계가 밝혀지기까지는 다소 시간이 걸렸다. 공격 거점 간의 연결고리가 이제껏 보았던 취약점 침해만큼 직접적으로 식별되지 않았기 때문이다.

솔라윈즈 취약점 공격과 파이어아이 해킹 탐지 사이의 시간적 공백이 지속되는 동안 많은 기업과 정부 기관이 무방비 상태로 노출됐다. 단 몇 주만에 2만여 건의 공격이 성공리에 감행됐다. 이 사태를 조사하던 전문가들은 많은 공격에서 유사한 패턴을 발견하고 이들이 서로 관련되어 있다는 결론을 내렸다. 가장 뚜렷하고 공통적인 특징은 공격 대상이 모두 솔라윈즈 소프트웨어로 네트워크 인프라를 관리하는 기관이라는 점이었다.

공격자는 파이어아이 툴을 통해 솔라윈즈 네트워크에 침입한 뒤 CI 파이프라인을 공격했다. 오리온 플랫폼용 바이너리 생성을 담당하는 전달 라인이었다. 프로덕션 버전이 갱신될 때마다 바이너리 결과물은 손상을 입고 해커가 준비한 백도어를 탑재했다. 이내 오리온 플랫폼은 수천 개의 네트워크에 손상된 바이너리를 전달하는 트로이 목마로 둔갑했다. 수신 측에서 디지털 핑거프린트를 검증하더라도 유효한 바이너리라는 응답을 받게 된다. 신뢰할 수 있는 공급업체인 솔라윈즈에서 서명했기 때문이다. 다운스트림 네트워크를 향한 공격 경로를 해커에게 내어 준 일등공신은 바로 이러한 신뢰 관계였다.

공격 과정을 정확하게 설명하면 다음과 같다. 솔라윈즈가 제작한 소프트웨어 업데이트는 자동 업데이트 프로세스를 통해 30만 고객에게 바이너리를 노출시켰다. 그중 약 2만이 넘는 고객이 단기간에 업데이트를 설치했다. 오염된 소프트웨어는 활성화 직후 약 2주 동안 대기하다가 시스템 전체로 확산되기 시작한다. 그것도 모자라 동적으로 맬웨어를 생성하고 지속적으로 시스템을 오염시키며 시스템 복구를 어렵게 만들었다. 남은 선택지는 시스템 전체를 다시 처음부터 빌드하는 방법뿐이다. 이제 잠시 한 걸음 뒤로 물러나 솔라윈즈 업체의 관점과 고객의 관점을 나누어 사안을 바라보자. 이 공격을 완화시키는 것은 어느 쪽의 책임이며 어떠한 절차를 따라야 하는가? 취약점을 식별하고 바로잡을 때 사용할 수 있는 툴은 무엇인가? 공격에 대처하는 당사자는 누구인가? 취약점이 존재하는 타임라인 중 구체적으로 어느 시점에 조치를 취할 수 있는가?

7.1.1 공급자 관점의 보안

먼저 고객에게 소프트웨어를 배포하는 제조사(솔라윈즈)의 관점을 살펴보자. 공급망 공격이 감행되면 업체는 바이러스 소프트웨어의 운반책으로 전락한다. 공급망을 공략하는 데 성공한 해커는 수많은 고객의 보안문을 일시에 개방할 수 있다. 과거의 공격 행태에 비해 피해는 급격히 증폭된다. 이를 방지하려면 소프트웨어 개발과 배포 프로세스를 미리 엄격하게 통제해야 한다.

소프트웨어 전달 파이프라인에 사용되는 툴은 가장 우선적으로 보호할 대상이다. 이러한 툴은 시스템 내부에 접근하고 소프트웨어 파이프라인의 바이너리를 악의적으로 변조할 수 있기 때문이다. 그러나 소프트웨어 전달 라이프 사이클에 직, 간접적으로 관여하는 툴은 지속적으로 늘어나는 추세다. 공격 표면이 계속 확대되면 전체적인 방어 전략을 세우기도 어렵다.

7.1.2 고객 관점의 보안

공급업체의 고객은 자사의 가치 사슬value chain을 이루는 모든 구성 요소를 낱낱이 살펴봐야 한다. 여기에는 소프트웨어 개발자가 일상적으로 사용하는 툴도 포함된다. 또한 CI/CD 시스템에서 생성된 바이너리의 변조, 취약점 주입 가능성을 검토해야 한다. 모든 컴포넌트를 한눈에 조망하려면 안전하고 출처가 분명한 자재 명세서가 필수적이다. 궁극적인 안전을 추구하려면 결국 자사 제품에 포함된 모든 성분을 분석하고 각각의 보안을 검토할 수 있어야만 한다.

소비자로서 자신을 보호하는 방법은 무엇일까? 가치 사슬의 모든 요소를 비판적인 시각으로 검토하는 자세는 한 가지 해법이 될 수 있다. 솔라윈즈 사례에서 보이듯 고유한 핑거프린트와 기밀 정보 독점 등의 장치는 최상의 보호 체계를 보장하지 않는다. 모든 컴포넌트는 보안 측면에서 더 깊은 수준까지 관찰해야 한다.

7.1.3 전체 영향 그래프

전체 영향 그래프full impact graph는 애플리케이션을 둘러싼 모든 영역 중 알려진 취약점의 영향을 받는 범위를 나타내는 자료다. 전체 영향 그래프를 분석하려면 공개 취약점 검사 툴이 필요하다. 이러한 툴이 온전히 제 기능을 발휘하려면 애플리케이션 제반 기술의 경계를 넘어 주변 기술과의 상호관계까지 파악해야 한다. 전체 영향 그래프를 고려하지 않고 보안을 취급하면 하나의 기술적 관점에 매몰되기 쉽다. 이는 의사보안pseudosecurity의 함정에 빠지는 지름길이다.

메이븐으로 JAR을 빌드하는 상황을 가정해보자. 이 JAR은 WAR에 포함되며 서블릿 컨테이너 내부에 배포된다. 현재 가장 각광받는 프로덕션 배포 방식은 도커이므로 JAR도 도커 이미지에 포함시키는 것이 바람직하다. 프로덕션 설정은 도커 배포를 구성하는 헬름Helm 차트에 저장된다. 만약 일부 JAR이 손상되고 이를 식별하려 한다면 실제 프로덕션 환경의 헬름 차트를 바탕으로 배포된 도커 이미지에서 WAR 내부를 열어 JAR을 검증해야 한다. 이렇듯 헬름 차트를 시작으로 캡슐화된 JAR에 이르는 경로를 따라 취약점을 추적할 때 필요한 지식이 바로 전체 영향 그래프다.

솔라윈즈 해킹 사태는 공급망 취약점 탐색에 있어 전체 영향 그래프 분석의 필요성을 상기시킨다. 바이너리 파일에서 발견된 취약점은 파일 사용 방식에 따라 영향력도 다르다. 기본적으로 파일의 사용처를 파악하는 것은 물론, 사용처가 프로덕션 환경일 경우에는 취약점으로 인한 잠재적 위험까지 인지해야 한다. 어디에도 사용되지 않는 바이너리의 취약점은 아무 곳에도 해를 입히지 못한다. 반대로 매우 긴요한 곳에서 쓰이고 있다면 그만큼 막대한 피해를 유발할 것이다.

오직 도커 이미지를 검사하는 데 주력하고 있다고 가정해보자. 또한 도커 이미지에 포함된 취약점과 이를 완화할 수 있는 정보를 얻었다 치자. 이러한 모든 지식은 해당 도커 이미지에 한정된다. 감염된 바이너리가 사용되는 다른 모든 장소에 대한 정보는 미지의 영역에 있다. 도커 이미지 외에 다른 계층과 기술에서 이 바이너리가 어떻게 사용되고 있는지 알아내야 한다. 도커 이미지에 집중하는 동안 문제의 바이너리를 사용하는 다른 환경에 보안 허점이 발생할 위험이 있다.

7.7절은 환경 메트릭이라는 명확한 정보를 바탕으로 여러 환경의 콘텍스트와 리스크를 정교하게 평가하는 방법을 보여준다.

7.2 데브옵스 인프라 보호

이전 절을 통해 보안 취약점의 파급력을 다양한 관점에서 이해할 수 있었다. 이제 소프트웨어 개발 라이프 사이클의 전반적인 보안 개선 방법과 실용적인 대응책을 살펴볼 차례다. 먼저 데브옵스 환경에 적용되는 보안 절차와 그 역할에 대해 알아보자.

7.2.1 데브섹옵스의 부상

데브옵스는 보안성 확보 과정에서 중추적인 역할을 담당한다. 따라서 개발과 운영이 데브옵스로 합쳐지게 된 사정을 간단하게나마 살펴볼 필요가 있다. 데브옵스는 생산성 향상이라는 목표를 달성하기 위해 개발과 운영이 긴밀하게 협력해야 한다는 근본적인 인식에서 시작되었다. 데브옵스를 구현하는 기본 단계들은 소프트웨어를 빌드하고 프로덕션에 전달하는 프로세스 각각에 직접적으로 대응한다.

데브옵스 이전에는 각 조직의 책임 영역이 크고 명확하게 구분되었으며 책임이 이전되는 핸드오버 지점에 릴리스 빌드가 존재했다. 데브옵스는 이러한 역할 개념을 더욱 포괄적으로 확장한다. 개발자는 프로덕션 배포 작업의 복잡성을 이해해야 하며 프로덕션 배포 담당자는 개발 작업의 특수성을 이해해야 한다. 이러한 변화가 실현되려면 더욱 진화된 자동화 툴과 리포지터리가 필요하며 서로의 지식과 프로세스를 공유할 수 있는 환경이 조성되어야 한다.

하지만 보안은 어떠한가? 보안은 소프트웨어 개발 영역에 국한된 주제가 아니며 결코 그래서도 안 된다. 안전은 프로덕션에 이르는 모든 페이즈를 포함해 운영까지 아우르는 전방위적 관심사다. 이러한 인식은 결국 안전이란 별도의 전담 인력을 통해 달성할 수 있는 가치가 아니라는 깨달음을 낳는다. 마치 품질에 관련된 사안들과 마찬가지로 안전에 대한 고려 역시 팀 전체가 위임 받은 목표의 일종이다.

데브섹옵스라는 용어는 이러한 깨달음에서 탄생했다. 그러나 이 개념 속에는 간과해서는 안 될 몇 가지 미묘한 지점이 있다. 프로덕션의 사슬에 얽힌 모든 인원이 모든 업무를 동일한 수준으로 처리할 수는 없다. 누구나 고유한 업무적 특기를 보유하고 있으며 각자의 영역에서 더 효율적으로 일할 수 있다. 따라서 데브섹옵스 조직 안에서도 일부 팀원은 개발 분야에 전문성을 발휘하며 그 외 팀원은 운영 영역에서 강점을 보인다.

7.2.2 SRE의 역할

사이트 신뢰성 엔지니어site reliability engineer(SRE)는 개발이나 운영 전문성과는 다른 예외적인 성격을 띤다. 구글이 창안한 이 용어는 서비스의 안정성을 담당하는 팀원을 일컫는다. SRE는 **장애 예산**failure budget이라 불리는 특수한 메트릭을 취급한다. 소프트웨어는 필연적으로 장애를 일으키며 이것이 직접적으로 다운타임을 유발한다는 것이 SRE 활동의 기본 전제다. 모든 서비스는 일정한 장애 예산 또는 다운타임 예산을 배정받는다. SRE의 목표는 사전에 정의한 장애 예산 안에서 서비스 가동 시간을 확보하는 것이다. 이를 위해 버그, 피해, 사이버 공격 등의 방해물을 제거한다. 시스템의 품질과 보안을 개선하기 위한 업그레이드 배포도 다운타임을 유발한다. 이러한 시간조차 장애 예산을 소비하므로 SRE는 예산 투자 여부를 신중히 결정해야 한다.

SRE 담당자는 시스템의 견고함과 신기능 도입 사이에서 균형을 수호하는 역할을 한다. 자신의 임무를 수행하기 위해 SRE는 작업 시간의 최대 50%를 운영 작업과 책임 영역에 할애할 수 있다. 이 시간은 시스템을 자동화하고 품질과 보안을 개선하는 데 투입해야 한다. 나머지 시간은 개발자로 일하며 신기능을 구현하는 데 사용한다. 이제 흥미로운 다음 질문이 등장할 차례다. SRE도 보안에 대한 책임이 있는가?

SRE의 역할은 데브섹옵스 구조의 정중앙에 자리 잡는다. 개발과 운영 사이에서 작업 시간과 기술력을 거의 균등하게 분할하기 때문이다. SRE를 통해 한 조직 안에서 두 개념이 양립할 수 있다.

SRE는 일반적으로 다년간의 경험을 통해 운영 분야에 특화된 개발자이거나, 다년간의 관리 경험을 배경 삼아 의식적으로 소프트웨어 개발에 뛰어든 운영자인 경우가 많다. 이러한 현실을 감안할 때, SRE가 놓여 있는 위치는 개발과 운영의 공통 관심사를 전략적으로 병합할 수 있는 최적의 장소인 셈이다.

이 대목에서 다시 솔라윈즈의 사례를 돌이켜보면 당시 솔라윈즈의 가치 사슬 속에서 취약점 대응 조치에 가장 큰 영향을 미쳤던 인물은 누구였는가에 대한 궁금증이 생긴다. 이 질문에 답하려면 먼저 데브와 옵스 각각의 영역과 그 안에서 세울 수 있는 대처 방안을 검토해야 한다.

7.3 정적, 동적 보안 분석

애플리케이션 보안 분석 기법은 크게 정적 테스트와 동적 테스트로 나뉜다. 각각의 의미와 접근 방식의 차이를 직접 확인해보자.

7.3.1 정적 애플리케이션 보안 테스트

정적 애플리케이션 보안 테스트static application security testing(SAST)는 특정 시점에 애플리케이션을 분석하는 기법이다. 이미 알려진 취약점이 현재 애플리케이션에 미치는 위험을 파악하는 데 중점을 둔다.

SAST는 소위 투명clear 테스트라 불리는 유형에 속한다. 이러한 테스트는 시스템 내부를 직접 관찰하고 분석하므로 대상 애플리케이션의 소스 코드에 접근할 수 있어야 한다. 반면 실제 운영 런타임 환경은 굳이 알 필요가 없다. **'정적**static'이라는 특성은 애플리케이션을 실행할 필요가 없다는 의미를 내포한다. SAST를 통해 식별할 수 있는 보안 위협의 유형은 크게 세 가지다.

- 소스 코드의 기능부에 '오염된 코드'가 잠입할 수 있는 갭gap이 있는가? 이곳은 추후 맬웨어가 침투할 위험이 있다.
- 파일에 접근하거나 클래스 객체를 지정해 접근할 수 있는 소스 코드가 있는가? 이곳 또한 맬웨어를 감시하고 침입을 차단해야 할 지점이다.
- 모습을 감춘 채 외부 프로그램과 상호작용하는 애플리케이션 수준의 갭이 있는가?

소스 코드 분석은 워낙 복잡다단한 분야임을 항상 유념해야 한다. 애플리케이션에 포함된 모든 직간접 의존성을 확인하고 평가하는 툴도 정적 보안 분석 영역에 속한다.

통상적으로, SAST를 수행할 때는 복수의 툴을 이용해 정기적으로 소스 코드를 검사한다. 또한 SAST 소스 코드 스캐너는 조직의 요구와 비즈니스 도메인의 특성에 맞추어 초기 설정을 구현하고 조정해야 한다. 초반에는 OWASP^{Open Web Application Security Project} 재단이 제공하는 정보를 참고하면 좋다. 일반적인 보안 취약점과 SAST 권장 툴이나 목록 등을 얻을 수 있다.

SAST의 장점

정적 보안 분석은 소프트웨어 전달 프로세스 후반에 수행하는 보안 테스트에 비해 다음과 같은 장점이 있다.

- 개발 단계에서 취약점 탐지 테스트를 수행하므로 런타임 탐지에 비해 취약점 제거 비용 효율이 훨씬 높다. 또한 소스 코드를 직접 제어하므로 취약점의 발생 원인을 이해하고 향후 재발을 방지하기도 쉽다. 불투명 테스트 프로세스는 이러한 효과를 내지 못한다.
- 부분적인 분석이 가능하며 심지어 실행 불가능한 소스 코드까지 분석할 수 있다. 정적 보안 분석은 개발자가 직접 수행할 수 있으므로 보안 전문가를 대동할 필요성이 줄어든다.

소스 코드 수준에서 시스템을 분석하면 대상 영역을 100% 검수할 수 있다. 동적 테스트로 이 정도의 달성률을 보장하기는 어렵다. 불투명 테스트 시스템은 침투형 검사를 통해 간접적인 분석만 할 수 있기 때문이다.

SAST의 단점

SAST는 소스 코드를 출발 지점으로 삼는다는 특성 덕분에 가장 궁극적인 보안 스캐닝 기법으로 여기기 쉽다. 그러나 현실에서 SAST는 다음과 같은 근본적인 문제를 해결하지 못한다.

- 개발자가 보안 테스트와 버그 수정에 지나치게 열중한 나머지 본연의 프로그래밍 작업에 지장을 초래하는 경우가 종종 있다. 이러한 부작용은 도메인성^{domain-specific} 버그라는 형태로 실체화된다.
- 테스트 툴을 선정하기 어렵다. 보안 스캐너가 일부 기술 스택을 지원하지 않는 경우 특히 더 그렇다. 요즘 대부분의 시스템은 하나의 개발 언어만으로 구축되지 않는다. 시스템의 모든 취약점을 완벽히 조사하려면 시스템에 투입된 모든 기술을 직간접적으로 지원하는 툴이 필요하다.
- SAST를 도입하고 후속 보안 테스트를 완전히 생략하는 경우가 종종 있다. 이 경우 애플리케이션을 실행했을 때 실제로 어떤 문제가 발생할지는 미지의 영역으로 남는다.
- 소스 코드에 주의를 기울이는 것만으로는 부족하다. 가능하면 바이너리를 우선적으로 정적 스캔한 다음 소스 코드를 추가로 분석하는 것이 좋다.

바이너리 스캔을 우선시해야 하는 이유는 7.8.4절에서 설명한다.

7.3.2 동적 애플리케이션 보안 테스트

동적 애플리케이션 보안 테스트dynamic application security testing$(DAST)$는 실행 중인 애플리케이션 (주로 웹 애플리케이션)의 보안을 분석하는 기법이다. 다양한 공격 시나리오를 펼치며 최대한 많은 취약점을 식별하는 것이 기본 원리다. '**동적**dynamic'이라는 용어는 실제로 실행되고 있는 애플리케이션에서 테스트를 진행한다는 의미를 담고 있다. DAST가 제대로 작동하려면 테스트 시스템과 프로덕션 환경의 애플리케이션 행동이 일치해야 한다. 환경 설정, 로드 밸런서, 방화벽 등의 조건이 조금만 변해도 양쪽의 행동은 확연히 달라질 것이다.

DAST는 외부에서 애플리케이션을 관찰하는 불투명 테스트의 일종이다. 이러한 검사에서 애플리케이션의 기술적 특성은 크게 중요하지 않다. 오로지 외부에서 애플리케이션에 접근하며 보편적인 접근 방식을 따르기 때문이다. 다시 말해 소스 코드를 통해 얻을 수 있는 모든 정보가 테스트의 시야 밖에 있다는 뜻이다. 따라서 테스트 진행자는 범용적인 툴을 사용해 통상적인 문제점을 찾아내야 한다. 자신의 프로젝트에 알맞은 스캐너를 고를 때는 OWASP 벤치마크[2]를 통해 합리적 선택 기준을 세우기 바란다. 벤치마크 프로젝트는 특정 애플리케이션을 중심으로 여러 개별 툴의 성능을 비교 평가한다.

DAST의 장점

DAST는 다음과 같은 장점이 있다.

- 보안 분석 과정이 기술 중립적이다.
- 테스트를 수행하는 현재 런타임 환경에서 문제를 찾아낸다.
- 위양성false positive 감지율이 낮다.
- 평상시 잘 작동하는 애플리케이션에서 설정 결함을 발견한다. 가령 DAST 툴은 다른 스캐너가 발견하지 못한 성능 문제를 감지할 수 있다.
- DAST 프로그램은 모든 개발 단계에서 사용할 수 있으며 이후 운영 환경에서도 쓰인다.
- DAST 스캐너의 작동 방식은 실제로 공격자들이 쓰는 맬웨어와 개념적으로 동일하다. 따라서 DAST

---

2 https://owasp.org/www-project-benchmark

스캐너가 검색한 약점과 피드백 결과 또한 신뢰도가 높다. 일관된 조사한 결과에 의하면 대부분의 DAST 툴이 OWASP 10대 취약점[3]을 식별할 수 있다.

DAST의 단점

DAST 툴은 다음과 같은 단점이 있다.

- DAST 스캐너는 정해진 방식으로 웹 애플리케이션에 공격을 가하도록 프로그래밍되어 있다. 공격 기법은 해당 제품에 대한 지식을 갖춘 보안 전문가가 설정하는 경우가 많다. 따라서 테스터 개인이 조율할 수 있는 부분이 거의 없다.
- DAST 툴은 느리다. 분석을 완료하기까지 며칠이 걸리기도 한다.
- DAST 툴은 SAST가 조기에 발견할 수 있었던 일부 보안 갭을 개발 주기 최후반이 되어서야 감지할 수 있다. 따라서 문제 해결 비용은 SAST에 비해 더 높다.
- DAST 스캔은 알려진 버그를 기준으로 진행되며 새로운 유형의 공격은 상대적으로 오랜 기간을 두고 발견된다. 따라서 DAST 툴을 수정할 기회는 많지 않으며 실제로 수정하기도 어렵다. 새로운 공격 벡터에 대한 지식과 DAST 툴의 내부 구현 원리에 대한 심층적인 이해가 함께 필요하기 때문이다.

7.3.3 SAST와 DAST의 차이

[표 7-1]은 SAST와 DAST의 차이점을 요약해서 보여준다.

표 7-1 SAST vs DAST

SAST	DAST
투명(clear) 보안 테스트 • 프레임워크, 설계, 구현에 접근할 수 있다. • 애플리케이션 내부에서 외부로 진행된다. • 개발자의 접근 방식을 따른다.	불투명(opaque) 보안 테스트 • 애플리케이션 구축 기술이나 프레임워크를 알 수 없다. • 애플리케이션 외부에서 내부로 진행된다. • 해커의 접근 방식을 따른다.
소스 코드 대상 • 배포된 애플리케이션이 필요치 않다. • 애플리케이션을 실행하지 않고 소스 코드나 바이너리를 분석한다.	실행 중인 애플리케이션 대상 • 소스 코드나 바이너리가 필요치 않다. • 애플리케이션을 실행시켜 분석한다.

3　https://oreil.ly/3MmBn

SLDC 초반에 취약점 발견	SLDC 이후에 취약점 발견
• 기능 개발이 완료되는 즉시 취약점을 검색할 수 있다.	• 개발 주기가 끝난 뒤 취약점을 발견할 수 있다.
취약점 조치 비용 감소	취약점 조치 비용 증가
• 개발 주기 초반에 취약점이 발견되므로 쉽고 빠르게 조치할 수 있다. • QA 단계에 진입하기 전에 취약점을 조치할 수 있는 경우가 많다.	• 개발 주기를 마치고 취약점이 발견되므로 개선 조치는 다음 개발 주기에 배정되는 경우가 많다. • 치명적인 취약점은 긴급 릴리스로 조치해야 한다.
런타임 및 환경 문제 발견 불가	런타임 및 환경 문제 발견 가능
• 정적 코드를 스캔하므로 런타임 취약점을 발견할 수 없다.	• 실행 중인 애플리케이션을 동적으로 분석하므로 런타임 취약점을 발견할 수 있다.
모든 종류의 소프트웨어 대상	웹 애플리케이션 또는 웹 서비스 대상
• 웹 애플리케이션, 웹 서비스, thick 클라이언트 등에 모두 활용된다.	• 그 외 소프트웨어 유형에서 활용도가 낮다.

두 테스트 기법의 장단점을 비교하면 양쪽이 서로 배타적이지 않다는 것을 알 수 있다. 오히려 두 기법은 서로를 완벽하게 보완한다. SAST는 알려진 취약점을 식별하고 DAST는 아직 알려지지 않은 취약점을 식별한다. 일반적인 취약점 패턴을 기반으로 새로운 공격이 발생할 때 둘의 호흡은 더욱 빛을 발한다. 테스트를 프로덕션 시스템까지 연장하면 전체 시스템에 대한 포괄적인 지식까지 얻을 수 있다. 그러나 DAST를 테스트 시스템에서 수행하면 이러한 효과가 사라진다.

7.4 인터랙티브 애플리케이션 보안 테스트

인터랙티브 애플리케이션 보안 테스트 Interactive Application Security Testing(IAST)는 소프트웨어 툴로 애플리케이션 성능을 평가하고 취약점을 식별한다. IAST는 '유사 에이전트' 방식 테스트다. 자동화 테스트, 수동 테스트 또는 혼합 테스트를 진행하는 동안 에이전트와 센서가 지속적으로 애플리케이션 기능을 분석한다.

모든 테스트와 피드백은 IDE, CI, QA, 프로덕션 환경 등에서 실시간으로 이루어진다. 센서는 다음과 같은 자원에 접근할 수 있다.

- 소스 코드 전체

- 데이터 및 제어 플로

- 시스템 설정 데이터

- 웹 컴포넌트

- 백엔드 접근 데이터

SAST, DAST와 IAST의 가장 큰 차이는 IAST가 애플리케이션 내부에서 실행된다는 점이다. 모든 정적 컴포넌트와 런타임 정보에 접근할 수 있으므로 애플리케이션을 묘사하는 전체적인 그림을 그릴 수 있다. IAST는 정적 분석과 동적 분석의 조합이다. 그러나 동적 분석에 해당하는 부분은 DAST같이 순수한 불투명 테스트로 구현되지 않는다.

IAST는 잠재적 문제를 조기에 식별하므로 비용 낭비와 개발 지연을 최소화시키는 효과가 있다. IAST는 **시프트 레프트**shift left를 지향한다. 즉 프로젝트 라이프 사이클에서 최대한 이른 시기에 실행한다. SAST처럼 IAST 분석도 전체 코드로부터 풍부한 데이터를 취합하므로 보안 팀이 신속하게 버그를 식별하는 데 도움을 준다. 또한 테스트 툴이 접하는 양질의 정보를 통해 취약점의 근원을 정밀하게 식별할 수 있다. 다른 동적 소프트웨어 테스트와 달리 IAST는 CI/CD 파이프라인에 통합하기 쉽다. 테스트 평가는 프로덕션 환경에서 실시간으로 이루어진다.

반면 IAST 툴은 애플리케이션의 작동 속도를 저하시킬 우려가 있다. 에이전트는 바이트 코드를 직접 조작하며 전체 시스템의 성능에 악영향을 미친다. 이러한 변경 사항이 프로덕션 환경에 문제를 일으킬 가능성도 있다. 에이전트 자체가 잠재적인 위험 요소이기도 하다. 솔라윈즈 해킹 사태에서 보았듯 에이전트도 손상과 오염으로부터 안전하지 않다.

7.5 런타임 애플리케이션 자가 보호

런타임 애플리케이션 자가 보호runtime application self-protection(RASP)는 애플리케이션 내부에서 스스로를 보호하는 기법이다. 일반적으로 런타임 시점에 의심스러운 명령이 실행되는지 관찰하는 방식으로 위험성을 검사한다.

RASP를 적용하면 프로덕션 시스템의 전체 애플리케이션 콘텍스트를 실시간으로 검사할 수 있다. 애플리케이션이 처리하는 모든 명령에 가능한 공격 패턴을 대입하며 검증한다. 따라서 이 절차의 목표는 기존에 존재하는 보안 갭과 공격 패턴을 포함해 아직 알려지지 않은 취약점까지 식별하는 것이다. 이를 실현하는 기술적 배경에는 인공지능(AI)과 머신러닝(ML)이 자리 잡고 있다.

RASP 툴은 일반적으로 모니터링과 보호 모드를 선택할 수 있다. 모니터링 모드는 공격을 관찰하고 보고하는 역할 만한다. 보호 모드는 여기에 더해 프로덕션 환경을 실시간으로 방어한다. RASP는 애플리케이션 보안 테스트와 네트워크 반경 제어가 미처 채우지 못한 공백을 메우는 역할을 한다. RASP는 SAST와 DAST에 비해 실시간 데이터 및 이벤트 흐름에 대한 가시성이 높다. 취약점이 검증 프로세스를 지나치지 않도록 방지하고 개발 과정에서 간과됐을지도 모르는 새로운 위협을 차단한다.

RASP와 IAST는 비슷하면서도 다르다. IAST는 애플리케이션의 취약점을 식별하는 데 중점을 두며 RASP는 이러한 취약점이나 공격 벡터를 악용하는 사이버 공격으로부터 애플리케이션을 보호한다. RASP의 장점은 다음과 같다.

- RASP는 애플리케이션(일반적으로 프로덕션)이 시작된 직후 추가되는 보호 계층이며 SAST와 DAST를 보완하는 역할을 한다.
- 개발 주기가 빨라도 쉽게 운용할 수 있다.
- 예상할 수 없었던 사례도 검출하거나 식별할 수 있다.
- RASP를 도입하면 취약점에 대한 종합적인 분석과 정보를 취합할 수 있으며 공격 발생 시 신속하게 대응할 수 있다.

그러나 RASP는 단점도 많다. RASP 툴은 애플리케이션 서버에 상주하므로 애플리케이션 성능에 부정적인 영향을 미칠 가능성이 있다. 또한 RASP는 다른 소프트웨어를 설치하도록 허용하거나 서비스를 자동으로 차단할 수 있어 업체의 보안 규정이나 내부 지침과 마찰을 빚기도 한다. 이 기술을 오남용하면 보안에 대한 잘못된 감각을 얻게 될 위험이 있다. 무엇보다 이 기술은 포괄적인 보호 체계가 아니므로 애플리케이션 보안 테스트 전체를 온전히 대체할 수 없다. 마지막으로, 취약점을 제거하는 동안 애플리케이션을 오프라인으로 전환해야 한다.

RASP와 IAST는 보안 검사 방식과 용도가 비슷하다. 그러나 RASP는 광범위한 스캔 대신 트래픽과 활동 내역을 조사하며 애플리케이션의 일부로 실행된다. 공격 보고 체계는 둘 모두 즉각적이지만 공격 발견 시점은 다르다. IAST는 테스트 시점, RASP는 프로덕션 환경의 런타임 시점이다.

7.6 SAST, DAST, IAST, RASP

4가지 기법은 모두 지금까지 알려진, 또는 알려지지 않은 보안 갭을 지키는 광역 방어 툴이다. 이들을 실무에 도입할 때는 자신의 필요와 기업의 요구 사항을 적절히 조화시켜 적합성을 판단해야 한다.

RASP를 도입하면 런타임 애플리케이션이 취약점 공격으로부터 스스로를 보호한다. 또한 애플리케이션의 런타임 활동과 수신 데이터를 상시 모니터링하고 분석할 수 있다. 순전히 모니터링 후 경고만 받을 것인지 능동적으로 자신을 보호할지는 실행 모드에 따라 달라진다. 그러나 RASP는 시스템에 독립적으로 애플리케이션을 조작하기 위해 소프트웨어 컴포넌트를 런타임 환경에 추가하며 성능에 영향을 미친다. RASP는 실시간으로 발생하는 사이버 공격의 탐지 및 방어에 집중하며, 의심스러운 활동을 식별하기 위해 데이터와 사용자 행동을 분석한다.

IAST는 SAST와 DAST를 개념적으로 절충한 기법이며 개발 라이프 사이클 내부에서 사용된다. 다시 말해 IAST 툴은 개발을 진행하는 동안 사용되며 RASP 툴에 비해 이미 '왼쪽'으로 치우쳐 있다. 둘의 또 다른 차이는 IAST가 정적, 동적, 수동 테스트로 구성된다는 점이다. 이 역시 IAST가 좀 더 개발 단계와 가깝다는 증거다. 동적, 정적, 수동 테스트의 조합은 종합적인 보안 솔루션을 구성하기 위한 충분 조건이다. 그러나 수동 테스트와 동적 테스트의 조합이 야기하는 복잡성을 과소평가해서는 안 된다.

DAST는 해커가 시스템에 접근하는 방식에 주목한다. 전체 시스템의 불투명성과 제반 기술에 대한 무지를 전제로 공격을 감행한다. 이때 요점은 가장 일반적인 취약점에 대응해 프로덕션 시스템의 방어 능력을 강화하는 것이다. 그러나 이 기술은 프로덕션 주기가 끝난 이후에 사용할 수 있다는 점을 잊지 말아야 한다.

시스템의 모든 컴포넌트에 대한 접근 권한이 있다면 SAST 기법을 통해 기존 보안 갭과 라이선스 문제에 효과적으로 대처할 수 있다. 전체 기술 스택을 직접 제어하는 보안 테스트 기법은 SAST가 유일하다. SAST는 정적 상태에 대한 의미론적 접근에 집중하며, 결과적으로 동적 콘텍스트의 보안 허점을 향한 시야를 완전히 차단한다. 단 한 줄의 코드만 있어도 분석을 시작할 수 있다는 것은 SAST의 큰 장점이다.

필자의 경험에 의하면 데브섹옵스나 IT 보안을 처음 도입할 때는 SAST로 시작하는 것이 가장 무난하다. 최소한의 노력으로 가장 큰 잠재적 위협을 제거하기 위한 선택이며 전체 생산 라인에 두루 적용할 수 있는 기법이다. 알려진 보안 허점으로부터 시스템의 모든 컴포넌트를 보호해야만 이후 조치들의 잠재력을 최대한 이끌어낼 수 있다. SAST가 정착되면 다음으로 IAST를 도입하고 마지막으로 RASP를 추가할 것을 권장한다. 각 단계마다 필요한 작업을 수행하면서 모든 팀이 함께 성장할 수 있고 프로덕션에 걸림돌이나 지연 요소가 생길 위험도 적다.

7.7 공통 취약점 등급 시스템

공통 취약점 등급 시스템 Common Vulnerability Scoring System(CVSS)의 기본 개념은 보안 취약점의 심각성을 평가하고 일관되게 분류하는 것이다. 이를 위해 다양한 관점에서 취약점을 평가하고 각각에 가중치를 부여해 0부터 10 사이의 표준화된 등급을 산정한다.[4]

CVSS를 통해 다양한 약점을 추상화시켜 평가하고 후속 조치 방안을 모색할 수 있다. 약점을 취급하는 방식을 표준화시키는 것이 핵심이다. 평가 결과로 얻은 점수는 구간에 따라 대처 원칙을 정의하는 근거로 활용된다.

이론적으로 CVSS는 미리 정의된 인수들을 이용해 위험 발생 확률과 피해 최대치의 관계를 묘사한다. 이를 도식화하면 '리스크 = 발생 확률 × 피해'라는 기본 공식이 도출된다.

CVSS는 3개의 직교orthogonal 영역에서 기초 메트릭, 시간 메트릭, 환경 메트릭을 측정하며 서로 다른 가중치를 배정한다. 각 영역에서 서로 다른 정보를 조회하고 단일 값을 매겨야 한다. 이렇게 측정한 세 그룹의 값에 가중치를 적용하고 조합하면 최종 결과를 얻을 수 있다. 다음 절부터 이러한 메트릭들을 자세히 살펴본다.

7.7.1 CVSS 기초 메트릭

기초 메트릭basic metric은 CVSS 등급 시스템의 토대를 형성한다. 이 영역에서 평가하는 취약점의 특성은 시간이 지나도 변하지 않는 기술적 세부 사항이다. 따라서 이 영역은 다른 요소의 변화와 관계없이 독립적으로 평가한다. 기초 메트릭에 속한 기본 항목들은 개별적으로 평가해야 하

---

4 옮긴이_ CVSS 계산기(http://bit.ly/30uLFcN)와 비교하며 본문을 읽으면 이해가 빠를 것이다. 공식 버전 외에 개인이 제작한 간소화, 국문화 버전도 많다.

며 평가 주체는 상황에 따라 다르다. 취약점 발견자, 프로젝트 제작자, 제조사, 취약점 제거를 담당하는 비상 대응 팀computer emergency response team(CERT) 등이 기초 메트릭의 선택값을 결정한다. 각 주체가 추구하는 목표가 서로 다르므로 이들의 최초 결정에 따라 점수가 달라질 것임을 미루어 짐작할 수 있다.

기초 메트릭의 평가 항목은 보안 갭을 통해 공격이 성공하기 위한 전제 조건을 나타낸다. 가령 시스템에 침투하기 위해 반드시 사용자 계정이 필요한가는 중요한 조건이다. 사용자 정보 없이 손상시킬 수 있는 시스템은 그렇지 않은 시스템에 비해 더 취약하다. 이 조건은 시스템이 인터넷을 통해 취약점을 드러내는지를 결정하는 중요한 기준이다. 인터넷을 통하지 않고 내부 컴포넌트를 공격하려면 물리적인 접근 수단이 필요하다.

공격 수행의 복잡도 또한 중요하다. 여기서 복잡성이라 함은 공격이 진행되는 기술적인 과정과 관련이 있다. 가령 사용자 상호작용은 복잡성에 해당하는 평가 조건이다. 일반 사용자로 충분히 상호작용할 수 있는가? 아니면 관리자 등의 특수한 그룹에 속한 사용자여야 하는가? 올바른 평가 결과는 결코 쉽게 얻어지지 않는다. 특히 새로운 취약점을 평가하려면 취약점과 대상 시스템에 대한 정확한 지식이 필요하다.

기초 메트릭은 공격 감행 시 컴포넌트가 받는 피해를 평가한다. 다음 세 가지 영역을 모두 고려해야 한다.

기밀성confidentiality

시스템에서 데이터를 추출할 가능성

진실성integrity

시스템 조작 가능성

가용성availability

시스템 사용 불능 가능성

이러한 영역들에 가중치를 줄 때는 다방면으로 신중하게 고려해야 한다. 데이터 도난과 데이터 변조 중 어느 쪽이 더 심각한가는 경우에 따라 다르다. 때로는 컴포넌트 사용 불능 상태가 최대의 피해를 낳는 경우도 있다.

CVSS 버전 3.0부터 **스코프 메트릭**scope metric이 추가되었다. 이 메트릭은 다른 시스템의 컴포넌트가 받는 영향을 고려한다. 예를 들어 가상화 환경의 구성 요소가 손상되면 부모 시스템까지 피해를 입을 가능성이 생긴다. 가상화 영역에 발생하는 공격은 전체 시스템에 대한 더 큰 위험을 상징하므로 스코프 메트릭으로 평가한다. 이러한 예시는 메트릭을 상황에 맞게 해석할 필요성을 강조한다. 다음은 시간, 환경 메트릭을 차례로 알아본다.

7.7.2 CVSS 시간 메트릭

시간 메트릭temporal metric은 시간적 기준에 의존하는 평가 항목으로 구성된다.

시간이 지남에 따라 변화하는 요소는 시간 메트릭 평가에 영향을 미친다. 가령 취약점을 악용하는 툴은 시간이 지나면서 가용성이 변한다. 이러한 툴은 악성 코드 또는 단계별 지침의 형태로 존재한다. 또한 이론적으로 존재하는 취약점과 제조사가 공식적으로 확인한 취약점은 반드시 구분해야 한다. 이러한 조건들은 모두 시간 메트릭의 평가 결과를 결정짓는 요인이다.

시간 메트릭의 평가 항목들은 최대치에서 시작해 감소 단계를 측정하는 지표들이다. 초기 등급이 최악의 시나리오를 가리키도록 의도적으로 설계되어 있다. 이러한 특성은 취약점을 평가하는 관점에 이해관계가 엮었을 때 장단점을 드러낸다.

시간 메트릭의 초기 평가에 영향을 미치는 요인은 외부에 존재한다. 이들은 임의의 기간 동안 존재하며 기초 평가에 영향을 미치지도 않는다. 평가가 진행될 때 이미 취약점이 악용되고 있는 상태라 해도 그에 대한 지식은 평가에 활용되지 않는다. 따라서 이러한 취약점은 시간 메트릭을 통해서만 위험도를 낮출 수 있다.

이 대목에서 이해관계의 충돌이 발생한다. 보안 갭을 발견한 개인이나 집단은 위험성을 최대한 높게 평가하려 한다. 심각도가 높은 허점은 고가에 거래되며 언론의 주목도 더 많이 받는다. 결과적으로 이 갭을 발견한 개인과 집단의 평판을 높이는 효과가 있다. 취약점의 영향을 받는 회사나 프로젝트는 정확히 반대의 이해관계 속에서 해당 취약점을 평가한다. 따라서 누가 보안 갭을 발견하는가, 검토 프로세스는 어떠한가, 수행 기관은 어디인가 등에 따라 평가가 달라질 가능성이 있다. 이러한 주관성을 추가로 보정하는 지표가 환경 메트릭이다.

7.7.3 CVSS 환경 메트릭

환경 메트릭environmental metric은 시스템의 환경적 측면에서 보안 갭의 위험을 평가하는 지표다. 평가는 실제 상황을 기반으로 진행된다. 시간 메트릭과 달리 환경 메트릭의 기본 항목은 양방향으로 측정할 수 있다. 따라서 환경 메트릭은 상위 분류와 연결되며 현재 상태의 변화를 지속적으로 반영해야 한다.

제조사의 공식 패치가 있는 보안 허점을 예로 들어보자. 이 패치의 존재만으로 시간 메트릭의 총합은 감소한다. 그러나 패치가 시스템에서 활성화되지 않는 한 최종 평가 점수는 환경 메트릭의 보정을 받아 크게 상향될 것이다. 패치는 해당 보안 허점을 더 잘 이해하는 수단으로 활용될 수 있다. 공격자 또한 더 자세한 정보를 바탕으로 취약점을 악용할 수 있기에 아직 취약점에 대비하지 못한 시스템의 저항력은 감소한다.

세 가지 메트릭의 항목별 평가를 배점에 대입해 합계 점수를 구한다. 항목별 점수는 다시 그룹별로 묶어 계산 공식에 할당한다. 이때 놓치기 쉬운 주의 사항이 있다. 최종 점수를 계산할 때 환경 점수를 통한 항목별 조정을 거치지 않고 각 점수를 그대로 대입해버리는 경우가 많다. 이렇게 산출된 최종 점수는 전체 시스템을 고려하지 못하는 부정확하고 위험한 평가가 되기 쉽다.

7.7.4 CVSS 실전

CVSS는 소프트웨어의 보안 갭을 평가하고 등급을 매기는 시스템이다. 대체재가 없는 사실상의 표준 시스템으로 10년 이상 세계적으로 통용되었으며 현재도 지속적으로 개발되고 있다. 평가 체계는 세 가지 컴포넌트로 구성된다.

첫 번째 컴포넌트는 기술적인 최악의 시나리오를 가정한 기초 점수다. 두 번째 컴포넌트는 시간의 흐름에 의존적인 외부 영향도에 대한 평가다. 해당 갭에 대한 추가 정보, 툴, 패치 등의 요인이 이러한 평가 위험도를 낮추는 요인이다. 세 번째 컴포넌트는 취약점의 대상이 될 시스템 환경 자체에 대한 평가다. 현장의 실제 상황과 관련된 환경 요인을 감안해 보안 갭을 조정한다. 마지막으로, 세 가지 값을 종합해 전체 평가를 내린 다음 0.0에서 10.0 사이의 수치로 등급을 매긴다.

산출된 최종 결과는 보안 갭을 방어하고 조직적 대응책을 수립할 때 활용한다. 언뜻 보기에 이 모든 과정이 매우 추상적으로 느껴질지 모른다. CVSS를 사용하려면 어느 정도 연습이 필요하다.

자신의 시스템을 이용해 충분히 경험을 쌓으며 실전 감각을 익히기 바란다.

7.8 범위 보안 분석

보안에 대해 논의하기 시작하면 즉각적으로 떠오르는 질문들이 있다. 얼마나 많은 노력이 필요한가, 어떻게 시작하는가, 첫 결과는 얼마나 빨리 얻을 수 있는가 등이다. 이번 절에서는 이러한 질문들에 대한 구체적인 답을 보여준다. 먼저 두 가지 중요한 개념을 논의하고 각각의 효과를 살펴보자.

7.8.1 타임 투 마켓

타임 투 마켓time to market (TTM)이라는 용어를 들어본 사람은 많겠지만 보안과 관련된 용어라고 생각하기는 쉽지 않을 것이다. 일반적으로 TTM은 필요한 기능을 구상하고 개발을 거쳐 프로덕션 환경에 이관하는 시기를 최대한 단축시킨다는 뜻이다. TTM을 통해 비즈니스의 가치는 올라가고 고객은 새로운 기능을 빠르게 접할 수 있다.

TTM은 비즈니스 영역에 한정된 가치인 것 같지만 보안 개선 분야에 적용해도 잘 맞아떨어진다. 전체 시스템에 반영하는 개선 사항은 가능한 한 빠른 시간 안에 활성화해야 하기 때문이다. 요컨대 TTM이라는 용어는 보안 구현에 있어 적합하고 가치 있는 목표다.

비즈니스 영역의 TTM 프로세스는 보안 취약점 수정 프로세스와 사실상 동일하다. 양쪽 모두 최대한 자동화해야 하며 인력이 관여하는 상호작용은 가능한 한 줄여야 한다. 상호작용으로 시간이 낭비될수록 프로덕션 시스템에 취약점이 발생할 가능성이 커진다.

7.8.2 제작 또는 구매

클라우드 네이티브 스택의 모든 계층에 걸쳐 대부분의 소프트웨어와 기술은 어딘가로부터 구입하거나 획득한다. 따라서 직접 제작하는 부분은 상대적으로 적다. [그림 7-1]에 묘사된 계층 구조와 소프트웨어 구성을 살펴보자.

그림 7-1 제작 또는 구매와 관련된 데브섹옵스 컴포넌트

첫 번째 계층은 애플리케이션 개발 단계다. 자바로 개발하고 메이븐을 의존성 관리자로 사용한다면 직접 작성하는 코드보다 의존성으로 추가되는 코드가 더 많을 가능성이 높다. 의존성의 역할도 더 두드러질 것이다. 그러나 의존성은 대부분 서드파티가 개발한다. 외부 바이너리는 주의 깊게 다뤄야 하며 알려진 취약점이 존재하는지 반드시 확인해야 한다. 또한 컴플라이언스와 라이선스 준수 여부도 신중하게 검토해야 한다.

다음 계층은 운영체제며 일반적으로 리눅스를 많이 사용한다. 직접 추가한 설정 파일을 제외하면 이곳도 이미 만들어진 바이너리를 사용하는 계층이다. 운영체제는 사용자의 설정대로 작동하는 외부 바이너리의 복합체다. 애플리케이션은 이러한 운영체제 안에서 실행된다.

다음 두 계층인 도커와 쿠버네티스도 결론은 같다. 아직까지 프로덕션 라인에서 자체적으로 쓰이는 툴 스택은 등장하지 않았다. 데브섹옵스의 관할 아래 직간접적으로 사용되는 모든 프로그램과 유틸리티는 의존성을 생성한다. 계층마다 생성되는 이러한 모든 의존성은 가장 우선적인 보안 고려 대상이다. 알려진 취약점들에 대해 의존성 바이너리들이 안전한지 확인하는 것이야말로 논리적 보안의 첫걸음이다.

7.8.3 일회성 또는 주기성

알려진 취약점 검토와 컴플라이언스 검수 과정을 비교하면 몇 가지 차이점을 확인할 수 있다. 컴플라이언스부터 살펴보자.

컴플라이언스 검수

컴플라이언스의 범위를 규정하는 첫 번째 단계는 프로덕션 라인에서 사용할 라이선스를 정의하는 것이다. 허용 라이선스를 정의할 때는 개발 의존성, 개발 툴, 런타임 환경까지 포함해야 한다. 그 외 부차적인 라이선스 유형은 각각에 특화된 컴플라이언스 검증 절차를 적용한다. 이렇게 정의된 라이선스 목록을 바탕으로 빌드 자동화 단계에서 정기적으로 전체 툴 스택을 스캔할 수 있다. 라이선스 위반 사례를 발견하면 해당 요소를 제거해야 하며 라이선스를 보유한 다른 요소로 교체해야 한다.

취약점

취약점을 지속적으로 스캔하는 데 드는 노력은 취약점을 수정하는 데 필요한 작업량에 비해 상대적으로 적다. 취약점을 처리하는 워크플로는 컴플라이언스와 약간 다르다. 그러나 준비만 철저히 한다면 취약점 개선도 자동화 툴을 구축해 정기적으로 수행할 수 있다. 취약점을 식별하는 순간 개선 워크플로가 발동되며 인간의 상호작용이 일부 개입한다. 취약점은 반드시 내부적인 분류를 거쳐야 하며 그에 따라 다음 조치가 결정된다.

7.8.4 적정 스캐닝 조건

이제 이번 절 도입부의 질문으로 돌아가보자. 스캐닝은 얼마나 자주 수행해야 하는가? 의존성의 세계에서 사소한 변화란 없다. 의존성을 추가하거나 변경하면 원칙적으로 매번 보안을 재평가하고 취약점을 스캔해야만 한다. 알려진 취약점을 검색하거나 라이선스 사용 현황을 확인하는 작업은 자동화 시스템을 구축해 효율화시킬 수 있다.

스캐닝의 품질도 과소평가하면 안 될 조건이다. 자동화를 구현하면 인력이 관여하는 부분이 없어 스캐닝이 품질이 일정해진다. 모든 의존성을 지속적으로 확인하는 동시에 가치 사슬의 속도를 유지할 수 있다면, 자동화를 향한 투자를 아낄 필요가 없다.

7.8.5 컴플라이언스 vs 취약점

컴플라이언스와 취약점 사이에는 또 다른 차이점이 있다. 컴플라이언스 문제는 전체 환경 속에서 단일 지점에 존재한다. 각 결함은 [그림 7-2]에 보이듯 서로 독립적이며 환경 내 다른 요소에 영향을 미치지 않는다.

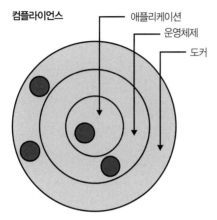

그림 7-2 컴플라이언스 문제가 존재하는 애플리케이션 계층

7.9 취약점과 공격 벡터 연쇄

취약점은 약간 다르다. 취약점은 자신이 발생한 위치가 아닌 곳에도 존재한다. 또한 [그림 7-3]에 보이듯 다른 계층에 있는 취약점과 결합하거나 서로 다른 공격 벡터로 조합될 수 있다. 따라서 가능한 모든 공격 벡터를 펼쳐 놓고 연쇄 가능성을 평가해야 한다. 사소한 취약점이라도 애플리케이션의 여러 계층에서 연쇄적으로 결합하면 매우 치명적인 위협으로 발전한다.

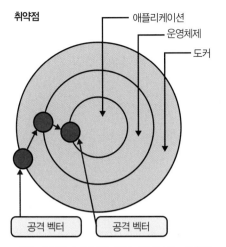

그림 7-3 애플리케이션의 여러 계층에 있는 취약점

7.9.1 프로덕션 픽스 타임라인

IT 뉴스는 보안 갭과 취약점 악용 소식을 끊임없이 쏟아 낸다. 심각도가 높은 보안 허점은 일반 언론의 관심을 끌기도 한다. 솔라윈즈 해킹만큼 유명해진 사례를 제외하면 대부분의 보안 뉴스는 우리의 눈과 귀까지 도달하지 않는다. 취약점의 생성과 조치는 일반적으로 [그림 7-4]와 같은 타임라인을 따라 진행된다.

그림 7-4 취약점 타임라인

취약점 탄생

취약점의 탄생 과정부터 알아보자. 취약점은 크게 두 가지 경로로 탄생한다. 개발자의 코드 조각들이 맺은 불운한 결합 속에서 태어나는 보안 허점이 있고, 다른 한 편에는 침해 대상을 정확히 노리고 조작되는 취약점이 있다. 그러나 취약점의 탄생 배경은 이후 취약점의 일생에 본질적으로 영향을 미치지 않는다. 다음 절부터, 보안 허점은 이미 존재하며 일부 소프트웨어에 활성화되어 있다고 가정한다. 이들은 다른 프로젝트의 실행 파일이나 라이브러리에 담긴 채 의존 관계를 통해 침투한다.

취약점 발견

보안 허점의 생성 시기는 대부분 정확히 파악하기 어렵다. 따라서 현재 보안 허점이 존재하며 언젠가는 발견될 것이라고 간주하는 것이 이롭다. 보안 허점의 최초 발견자에 따라 이후 전개되는 시나리오는 각기 다른 양상으로 전개된다.

악의적 의도를 가진 누군가가 보안 허점을 발견하면 먼저 그 사실을 감춘 채 사적인 이득을 도모할 것이다. 이들의 수법은 보통 두 가지로, 보안 허점 자체를 악용하거나 보안 허점에 대한 정보를 이해 관계자에게 판매한다. 둘 중 어느 방식이든 제때 취약점을 발견하거나 패치할 수 있는 가능성은 줄어든다.

반대로 윤리적인 공격자가 보안 허점을 발견하면 먼저 아무런 피해 없이 공개할 수 있는 취약점인지 검증한 다음 당사자에게 이 사실을 알린다. 재정적인 동기가 앞서는 경우도 있다. 보안 허점의 존재 가능성을 인지한 일부 업체는 현상금을 내걸고 제보를 받는다. 공격자가 아닌 자신들에게 먼저 정보를 제공하는 사람에게 이러한 업체는 기꺼이 보상을 지불한다. 또한 취약점 데이터베이스 수집 관리 업체는 보안 허점을 발견했을 때 대중에게 공개하기에 앞서 고객에게 먼저 통보함으로써 수익을 얻는다.

기업이 스스로 보안 취약점을 발견하기도 한다. 이때 기업은 취약점을 숨기거나 무해하다고 밝히는 경향이 있다. 그러나 취약점은 가능한 한 빠르게 수정하는 것만이 최선이다. 머지않아 공격자가 취약점을 발견할 것이 틀림없기 때문이다. 혹은 이미 파악을 마치고 기회만 엿보고 있을지도 모른다.

취약점 발견 경로는 저마다 다를지 몰라도 취약점 정보의 도착지는 같다. 취약점에 대한 지식이 대중에게 도달하려면 먼저 취약점 정보가 데이터베이스화되어야 한다

취약점의 공개 가용성

한 곳에서 얻은 보안 취약점 정보는 대외적으로 공개된 모든 취약점의 하위 집합에 속한다. 더 종합적인 취약점 집합을 구성하려면 여러 원천으로부터 정보를 집계해야 한다. 또한 취약점 데이터베이스는 지속적으로 갱신되므로 집계 과정을 자동화시킬 필요가 있다.

취약점 데이터는 기계적인 방식으로 처리할 수 있어야 한다. 이를 위해 CVE나 CVSS 등의 핵심 메타 정보가 필요하다. 예를 들어 CI 환경에서 CVSS가 특정 임계값에 도달하면 자동으로 프로세스가 중단되도록 설정할 수 있다.

최종 사용자 입장에서 이러한 자동화를 실현하는 방법은 한 가지뿐이다. 개별 공급자에게 의존하는 대신 다양한 정보가 담긴 통합 데이터베이스를 제공하는 서비스에 의존해야 한다. 보안 정보는 일반적으로 막대한 금전적 가치를 보장한다. 정확하고 신속한 정보를 확보하기 위해 보안 정보 업체는 상당한 투자를 아끼지 않는다.

프로덕션 취약점 수정

보안 정보 제공자가 취약점을 공개하면 비로소 실제 조치가 시작된다. 보안 조치의 핵심 지표는 소속 조직이 보안 취약점을 식별하고 완화하기까지 걸리는 시간이다.

첫 번째 단계는 보안 제공자로부터 취약점 정보를 소비하는 것이다. 이 단계는 가급적 자동화시키기 바란다. 취약점 정보 조회 API, 프로덕션 배포의 지속적 스캔, 신규 취약점을 알리는 신속한 보고 체계 등은 이러한 자동화의 전제 조건들이다.

다음 단계는 보안 취약점을 개선하는 프로그램을 개발, 테스트, 배포하는 것이다. 전달 프로세스의 대응 시간을 최대한 단축하려면 고도로 효율적인 자동화 시스템을 구현해야 한다. 또한 작업 담당 팀의 의사 결정 속도는 빠를수록 좋다. 이 분야에서 복잡하고 더딘 승인 절차는 기업의 생산성을 저해하고 막대한 피해를 야기하는 위험 요소다.

대응 시간을 단축하는 또 다른 비결은 개발 초기 단계에서 취약점을 포착하는 것이다. 프로덕션에 이르는 모든 단계에서 보안 정보를 충실히 제공하면 취약점을 조기에 포착할 가능성을 높이고 완화 비용을 절감할 수 있다. 이 부분은 7.11절에서 더 자세히 설명한다.

7.9.2 테스트 커버리지와 안전 벨트

제아무리 보안 갭에 대한 지식이 많아도 실전에 활용하지 못하면 아무 쓸모가 없다. 소프트웨어를 개발하는 동시에 보안 허점에 효과적으로 대처할 수 있는 방법은 없을까? 이 대목에서 필자는 한 가지 메트릭에 주목하고자 한다. 바로 개발자 자신이 작성한 소스 코드의 테스트 커버리지다. 테스트 커버리지를 충분히 확보하면 테스트 스위트를 믿고 시스템을 변경할 수 있다. 보안 갭의 영향을 받는 모든 시스템 컴포넌트가 테스트를 원활히 마친다면, 기술적인 관점에서 소프트웨어 가용성을 저해하는 장애물은 없다고 간주할 수 있다.

상황을 좀 더 자세히 살펴보자. 대부분의 보안 취약점은 의존성에 존재하며 의존성을 유지한 채 버전을 교체하는 식으로 제거한다. 따라서 버전 관리 효율성을 높이면 취약점 대처에 필요한 민첩성도 확보된다. 매우 드물지만 컴포넌트 자체를 타 제조사의 버전으로 교체하는 경우도 있다. 이때 대체품은 해당 컴포넌트의 유의적 등가물semantic equivalents이어야 한다. 컴포넌트를 새 버전으로 교체하고 유효성을 검사하려면 명확한 테스트 커버리지가 반드시 필요하다. 수동 테스트는 시간이 너무 오래 걸리며 실행할 때마다 동일한 품질을 기대하기도 어렵다. 일반적인 라인, 브랜치 커버리지보다 더 구체적인 테스트 커버리지를 확보하고 싶다면 뮤테이션mutation 테스트를 채택하는 것도 좋은 시도다.

알려진 취약점이 모두 반영된 전체 영향 그래프를 얻으려면 의존성을 담당하는 패키지 관리자를 철저히 이해할 필요가 있다. 표면적인 기능에만 집중하면 해당 기술 스택의 진면목을 실감할 수 없다. 가령 아티팩터리 패키지 관리자는 의존성 관리 기능 외에 벤더별 메타데이터 등의 부가 정보를 제공한다. JFrog Xray 등의 보안 스캔 툴은 이러한 정보를 활용해 리포지터리에 담긴 모든 바이너리를 검사함으로써 보안을 강화한다.

7.10 품질 게이트 방법론

IT 프로젝트의 성공적 보안은 최종 사용자의 참여와 동행, 관리 조직의 지원, 명확한 비즈니스 목표 수립 등에 달려 있다. 이러한 조건을 갖춘 소프트웨어 프로젝트는 보안 취약점을 신속하게 제거하고 기업의 잠재적 위험을 완화할 수 있다.

관리 조직의 포괄적 지원을 얻기 위해 IT 프로젝트는 진행 과정과 작업 품질을 제어하는 시스템을 갖춰야 한다. 이를 통해 조직은 명확한 규정에 의거에 프로젝트에 개입할 수 있게 된다. 관리 조직이 소프트웨어 개발 프로세스를 제어하는 원리는 두 가지다.

- 개입 규정은 프로젝트 관리 스펙의 일부며 개발자가 반드시 따라야 한다.
- 프로젝트의 목표에서 벗어난 이벤트가 발생하면 관리 규정이 개입할 수 있다.

관리 규정을 세우고 시행할 권한을 가지는 주체는 관리 시스템에 따라 다르게 설정된다. 관리 주체의 역할과 배분 방식은 논란의 여지가 많은 주제다. 한 가지 입증된 사실은 모든 팀원이 참여하고 실질적인 기여도가 높을수록 역동적이고 효과적인 조직 구조가 성립된다는 것이다.

예상치 못한 개발 위기가 발생하면 관리 조직이 프로젝트 통제 차원에서 조치를 취할 수 있다. 보안 리스크가 발생하더라도 프로젝트 진행에 영향을 미치지 않는다면 참여 인력들에게는 다행스러운 일이겠으나, 간혹 매우 심각한 리스크가 발생하면 프로젝트가 취소되는 극단적인 조치로 이어지기도 한다. 심각한 재정적 손실을 초래하지 않기 위해서는 '적시성timeliness'을 고려할 수밖에 없다.

합리적이고 효과적인 프로젝트 통제는 프로젝트 진행에 대한 정확하고 충실한 측정 결과를 전제로 성립된다. 프로젝트 내 개별 활동이 종료되는 시점은 진행 상황과 결과를 측정하기에 적절한 순간이다. 그러나 프로젝트는 수많은 개별 활동으로 이루어진다. 그때마다 프로젝트 관리 팀이 매번 진행 결과를 확인한다면 프로젝트 진행에 차질이 생길 우려도 있다. 또한 동시에 진행되는 여러 프로젝트는 일일이 모니터링하기 어려운 만큼 프로젝트 관리 부담도 늘어날 것이다.

통제나 관리 여부를 프로젝트 진행 중 특정 시점에 결정하는 절충안도 있다. 이 시점은 프로젝트마다 다르다. 이렇듯 프로젝트 진행 중 개별 품질 목표의 달성 정도를 확인할 기회를 제공하는 것이 **품질 게이트**quality gate의 역할이다. 품질 게이트는 프로젝트의 품질을 규정과 형식에 따라 검사하고 지속과 종료를 결정하는 특수한 지점을 일컫는다.

품질 게이트는 프로젝트의 다양한 진행 단계 사이의 장벽이라 표현할 수 있다. 프로젝트는 품질 게이트에 도달할 때마다 모든 품질 조건 또는 충분히 많은 조건을 만족시켜야 계속 진행될 수 있다. 이렇게 하면 품질 게이트를 거치는 순간마다 프로젝트의 상태가 양호하다는 확신을 얻는다. 품질 게이트 기준의 한 축은 프로젝트 결과물, 다른 한 축은 결과에 대한 정성적 요구 조건이다. 이 기준은 프로젝트의 각 단계 사이에서 인터페이스를 정의하는 데 사용된다. 품질 게이트를 설정하려면 프로젝트의 정확한 구조, 활동, 역할, 문서, 리소스가 필요하다. 이러한 준비물들은 **품질 게이트 레퍼런스 프로세스**에 정의한다.

품질 게이트 레퍼런스 프로세스는 회사의 요구 사항을 기반으로 정확하게 설계해야 한다. 원래 품질 게이트는 자동차 제조나 첨단 제품 생산 분야에 기원을 두고 있지만 최근에는 시스템 개발 프로젝트와 순수 소프트웨어 개발 프로젝트까지 적용 분야를 넓히고 있다.

반복적으로 재생산되는 제품의 품질 게이트는 통계적으로 축적된 값에 의존한다. 이 값은 다음 번 프로젝트에서 관리 기준으로 활용된다. 소프트웨어 개발 프로젝트는 각각이 매우 독립적이므로 이러한 사전 기준이 없다. 따라서 조립 생산 라인에 적용되는 레퍼런스 프로세스는 제한된 범위에 한해 소프트웨어 개발 영역에 적용할 수 있다. 소프트웨어 개발에 국한된 특수한 문제를 제대로 다루려면 품질 게이트도 그에 맞게 설계해야 한다. 오랜 시간 개발되고 최적화된 품질 게이트 레퍼런스 프로세스가 타 분야에 이미 많이 있다. 품질 게이트를 처음 시도할 때는 이러한 모범 사례를 참고하는 것도 좋다.

7.10.1 품질 게이트 전략

품질 게이트의 기본 전략은 크게 두 가지다. 품질 게이트 레퍼런스 프로세스를 설계할 때는 기업의 목표에 따라 다음 두 전략 중 하나를 선택한다.

균일한 품질 가이드라인 지향

이 전략을 따르면 모든 프로젝트가 동일한 품질 게이트를 거쳐야 하며 동일한 기준을 따라 측정된다. 한번 설정된 레퍼런스 프로세스는 변형하지 않으며, 하더라도 최소한으로 제한한다. 이 전략의 목표는 모든 프로젝트가 최소한의 기준 이상의 품질을 달성하는 것이다. 따라서 모든 프로젝트에 대해 동일한 품질 가이드라인이 설정된다.

이 전략 하에서 품질 게이트는 진행 상황을 평가하는 균일한 기준으로 사용할 수 있다. 품질 게이트를 통과한 작업과 그렇지 못한 작업을 확인하면 프로젝트의 진행 상황이 직접적으로 비교된다. 관리직은 특정 프로젝트가 다른 프로젝트에 비해 질적으로 뒤처졌음을 쉽게 인식하고 필요한 조치를 취할 수 있다. 따라서 이때 품질 게이트는 다중 프로젝트 관리 지침으로 활용하기 쉽다.

유연한 품질 전략 지향

두 번째 전략은 품질 게이트 조건의 개수, 배치, 선정을 프로젝트에 따라 조정한다. 따라서 품질 게이트와 표준을 프로젝트의 질적 요구 사항에 따라 정밀하게 재단할 수 있어 결과물의 품질이 향상된다. 반대로 여러 프로젝트를 일관성 있게 비교하기는 어렵다는 단점이 있다. 그러나 서로 비슷한 프로젝트는 품질 게이트의 형태도 비슷하므로 여전히 비교 수단으로 활용할 수 있다.

인터넷을 비롯해 논문, 표준 저작, 학술 자료 등에서 품질 게이트를 검색하면 이 용어가 얼마나 광범위하게 쓰이는지 한눈에 보인다. 품질 게이트는 수많은 주제 안에서 다양한 동의어로 활용되므로 개념을 혼동하지 않도록 주의하기 바란다. 가령 이번 절에서 설명하는 품질 게이트는 **리뷰**나 **마일스톤** 등의 개념과는 다르다.

7.10.2 프로젝트 관리 절차 조율

프로젝트 관리 프로세스에 품질 게이트 전략을 도입해도 좋을까? 필자는 단호히 그렇다고 대답할 수 있다. 품질 게이트 방법론은 주기적, 비주기적 프로젝트 방법론과 모두 통합할 수 있다. 시간 순서에 구애 받지 않는 고전적인 폭포수 방식 프로젝트도 마일스톤 수준으로 품질 게이트를 활용할 수 있다.

품질 게이트의 크나큰 장점은 프로젝트 관리의 패러다임이 전환되어도 여전히 유효하다는 것이다. 팀 구성원이 얻은 지식은 항상 유용하며 시간이 지나도 가치를 잃지 않는다. 여기서 소개하는 기법들은 프로젝트 구현과 관계없이 도입하고 사용할 수 있다.

7.10.3 보안 구현과 품질 게이트

이번 절은 다방면에 걸친 보안 이슈를 통합하기 위해 최대한 단순한 시각으로 문제를 바라보고 정의할 것이다. 이후부터 본문은 모든 단면적 주제에 품질 게이트 방법론이 적합하다고 간주한다. 또한 시간적 요소에 구해 받지 않고 모든 주기적 프로젝트에 품질 게이트를 적용한다. 이러한 접근 방식은 데브섹옵스 조직의 프로젝트 방법론과 통합시키기도 쉽다.

데브옵스 프로세스는 단계별로 진행되지만 각 단계는 서로 매끄럽게 연결된다. 단계 사이에 장치를 더해 봤자 전체 프로세스에 방해가 될 뿐이다. 복합적인 문제가 발생하는, 조치가 필요한 위치는 따로 있다. CI 진행 경로에 존재하는 자동화 프로세스들이다. 품질 게이트 통과 프로세스를 완전히 자동화시킨다고 가정해보자. 정기적으로 발생할 이 작업을 수행하기에 가장 이상적인 지점은 바로 CI 경로 위에 있다.

CI 공정 속에서 품질 게이트 자동화 프로세스를 진행한다고 가정하면 둘 중 하나의 결과가 발생한다.

그린: 품질 게이트 통과

품질 게이트에서 모든 검사가 성공적으로 통과했음을 나타낸다. 전체 처리 과정은 중단되지 않고 계속된다. 문서화된 기록의 완결성을 높이기 일부 로그를 남긴다.

레드: 품질 게이트 차단

품질 게이트의 일부 검사가 실패했음을 나타낸다. 전체 프로세스를 중단하고 오류의 원인과 해결책을 식별해야 한다. 일반적으로 이 시점에 자동 프로세스는 종료되고 수동 프로세스로 전환된다.

7.10.4 품질 게이트의 리스크 관리

품질 게이트는 결함을 식별하고 차단하므로 다음 단계를 책임지는 담당자가 있어야 한다.

- 리스크 평가(식별, 분석, 평가, 우선 순위 지정)
- 대응책 설계 및 착수
- 프로젝트 진행 경로의 리스크 추적

프로젝트 요구 사항의 리스크는 게이트 리뷰 단계에서 이미 판가름 난다. 게이트 리뷰는 리스크 관점에서 요구 사항의 경중을 가리고 품질 기준을 수립하며 운영화operationalization시키는 과정이다.

게이트 리뷰 활동의 핵심 목표는 생산에 돌입하기도 전에 프로젝트가 연기되거나 취소되지 않도록 대응책을 구상하고 개시하는 것이다. 이러한 대응책은 품질 기준을 달성하지 못해 발생하는 리스크를 기준으로 수립된다.

리스크 관리의 대처 방안은 예방책과 비상 대응책으로 나뉜다. 가능한 한 신속하게 품질 기준을 충족시키는 것은 **예방책**에 속한다. 예방책을 수립할 수 없는 상황이라면 반드시 비상 대응책을 설계해야 한다. 비상 대응책 설계는 리스크, 평가, 대안을 두루 검토하는 창의력이 필요한 과정이다.

대응책을 실행했다면 효과를 추적하고 성공 여부를 확인해야 한다. 추적 범위는 프로젝트의 모든 단계에 걸쳐 있다. 프로세스 초기에 보안 취약점을 포착하고 해결하려면 이러한 추적과 검증이 반드시 필요하다.

7.10.5 품질 관리 실현

품질 관리의 실제 사례를 소프트웨어 릴리스 과정의 맥락 속에서 살펴보자. 편의상 소프트웨어의 모든 컴포넌트는 리포지터리로 수집되며 모든 바이너리는 ID와 버전을 보유한다고 가정한다. 릴리스가 필요로 하는 모든 요소는 생성 이후 배포 번들 안으로 모인다. 이때 릴리스는 각각의 버전을 지닌 서로 다른 바이너리의 조합이라 볼 수 있다. 릴리스에 담기는 아티팩트의 다양성이 극대화될수록 기술의 역할은 종속적 위치로 밀려난다.

이 단계에 이르면 배포 번들에 문서까지 포함시킬 수 있다. 릴리스 공지나 빌드 정보 등 제작 프로세스 자체를 묘사하는 핵심 문서가 우선 탑재 대상이다. 대표적으로 JDK 버전과 플랫폼 종류 등이 있다. 이렇듯 자동적으로 수집되는 모든 정보는 사후^{postmortem} 분석 시 추적 가능성과 재생산 품질을 높이는 원동력이 된다.

모든 과정을 마치고 아티팩트가 완성되면 사용 승인 절차를 거쳐야 한다. 바이너리 승격이 등장하는 대목이다. 이 단계는 각자의 리포지터리 또는 범용적인 글로벌 리포지터리에서 진행할 수 있다. 무언가를 바꿔야 한다면 이 시점이 마지막 기회다.

보안 검사는 승격 게이트웨이 역할을 한다. 여기서 사용되는 툴은 최종적으로 두 가지 기능을 수행해야 한다. 첫째는 바이너리의 알려진 취약점 제거, 둘째는 모든 종속 아티팩트의 라이선스 적합성 검증이다. 아티팩트 구현 기술과 무관하게 독립적인 검사를 수행해야 함은 당연하다. 이러한 검증 결과의 품질을 높이려면 결과적으로 전체 영향 그래프를 되짚어보아야 한다. 또한 의존 아티팩트를 담당하는 리포지터리 관리자는 바이너리 스캐너와 원활하게 통합되어야 한다. 아티팩터리와 엑스레이의 조합은 모범적인 예시다.

그러나 보안 검사를 시행하는 관문은 꼭 바이너리 승격 단계에서 최초로 등장해야 하는가? 조금 더 일찍 시작할 수 지점은 없을까? 이러한 질문에 답하려면 시프트 레프트의 개념을 이해해야 한다.

7.11 시프트 레프트

애자일 개발, 데브옵스, 보안 구현은 오랜 시간 동안 상호 배타적인 것으로 간주되어 왔다. 고전적인 개발 작업이 매번 직면했던 문제 중 하나는 소프트웨어 제품의 보안을 최종적이고 정적인 완료 상태로 온전하게 정의할 수 없다는 것이었다. 소프트웨어 개발의 보안 역설이라 불리는 난제다.

애자일 개발은 짧은 주기를 반복하며 소프트웨어를 개발한다. 모든 과정이 너무나 역동적인 나머지 각 개발 주기마다 상세한 보안 분석을 수행하기 어려워 보인다. 그러나 현실은 그 반대다. 애자일 방법론과 보안 개발 기법은 서로를 매우 잘 보완한다. 애자일 개발의 핵심 역량은 촉박한 기간과 통보 간격 속에서 요구 사항을 구현하는 능력이다.

과거에는 보안을 정적인 프로세스로 간주하는 경향이 있었고, 이러한 시각을 고수한 채 애자일 개념을 보안 영역에 적용하려 했다. 보안 요건을 효과적으로 구현하려면 보안 처리 과정이 일반적인 형태로 개발 과정에 적용되어야 한다. 그러나 애자일 개발은 기능 지향적인 방법론이다. 역으로 보안 요건은 대부분 비기능 영역에 속하며 암묵적인 양식에 맞추어 구현되는 경우가 많다. 보안 엔지니어링의 결함은 개발 주기 산정에 악영향을 미치며 시간적 압박을 발생시킨다. 또한 예산 책정 오류, 기술 부채 증가, 영구적인 취약점, 코드베이스 보안 갭 등의 악재를 낳으며 결과적으로 애자일 스프린트가 취소되는 원인을 제공한다.

이제부터 코드베이스의 보안 수준을 최대한 조기에 향상시키기 위해 애자일 개발 팀이 갖춰야 할 조건에 집중해보자. 프로젝트 관리 기법과 무관하게 유효성이 입증된 방법들을 살펴볼 것이다.

개발 팀이 제품이 향상시킬 때는 보안도 함께 향상시키도록 기준선을 설정해야 한다. 내재적이고 확고한 보안 기준을 가진 팀은 그렇지 않은 팀에 비해 월등히 높은 보안 수준을 달성할 수 있다. 팀이 보유한 경험과 무관하게 일반화된 최소 기준을 정의하고 따르도록 해야 한다.

OWASP 10대 취약점[5]은 간단한 조치만으로 대응할 수 있는 일반적인 보안 취약점들이다. 따라서 보안 지침의 서두를 담당하기에 적합하며 모든 개발자의 보안 검토 레퍼토리에 포함되어야 한다. 실제로 코드 리뷰를 진행하면 10대 취약점이 발견되는 경우가 종종 있기에, 팀 차원에서 보안을 개선할 때 집중하기 좋은 지침이다.

자신의 영역에서 훌륭하게 제 몫을 해내는 개발자도 자신이 보안 전문가는 아니라는 사실을 인정해야 한다. 개발자와 보안 전문가는 경험의 다양성과 수준이 다를 뿐만 아니라 각자의 작업을 대하는 태도나 접근 방식도 다르다. 따라서 개발 팀은 공격 방식과 보안 평가 영역에서 스스로의 한계를 인지해야 한다. 또한 핵심 컴포넌트 개발 시 또는 위급 상황 발생 시 보안 전문가를 호출할 수 있도록 조직 차원의 대비책을 사전에 준비해야 한다. 무엇보다 중요한 것은, 통상적인 보안 요소를 평가하고 기본적인 수준에서 코드의 보안을 개선할 수 있는 역량을 개발자 개개인이 갖춰야 한다는 것이다.

각 팀마다 개발 및 보안 지식을 모두 갖춘 구성원이 존재한다면 이상적이다. 이러한 인력은 프로젝트 지원 맥락에서 보안 관리자(SecM)라 부른다. 이들은 개발 코드를 보안 관점에서 모니터링하고, 개발 주기마다 공격 표면과 벡터를 정의하며, 사용자 스토리 평가와 완화 전략 수립을 지원한다.

코드베이스와 보안 수준을 전지적으로 조망하려면 여러 팀의 SecM이 교류를 나누는 것이 좋다. 개발 주기를 전사적으로 동기화시키는 것은 현실적으로 불가능하므로 SecM의 만남은 정기적으로 일정한 시간에 이루어져야 한다. 그러나 소규모 업체의 팀이나 스프린트가 동기화된 팀은 개발 주기 수립 단계마다 SecM이 교류할 기회가 있으므로 개발 주기가 제품 보안에 미치는 영향이나 컴포넌트 간 보안을 평가하기 쉽다. 전자를 평가하기 좋은 수단은 다운스트림 테스트가 유일하다. 주기별 리뷰를 바탕으로 신규 컴포넌트가 구현되면 SecM도 다시 모여 정보를 공유한다. 프로젝트 참여자들은 다음 스프린트를 준비하며 개선된 제품의 보안 수준을 새롭게 평가한다.

OWASP 보안 챔피언은 SecM과 약간 다르다. 이들은 특정 영역에 집중된 보안 지식을 자신의 경험을 통해 추가로 습득한다. 경력 개발자뿐만 아니라 주니어 개발자도 보안 챔피언이 될 수 있다. SecM과 보안 챔피언은 개념적으로 비슷한 부분이 있지만 SecM은 시니어 개발자에 준하는 개발 경험을 보유한 본격적인 보안 전문가라는 점에서 큰 차이가 있다. 안전한 소프트웨

---

5 https://owasp.org/Top10

어를 구현하려면 구현에 수반된 결정들이 보안에 미치는 영향을 고려해야 한다. 이때 다방면의 전문 지식이 동원된다면 더욱 좋다.

소프트웨어 개발 프로세스는 안전을 보장하기 위한 기본 조치가 필요하다. 이러한 조치는 보안 전담 인력의 존재 여부와 무관하다. 다음 절은 경험적으로 형성된 안전 조치의 모범 사례와 권장안을 설명한다.

7.11.1 클린 코드와 보안 코드

클린 코드clean code라는 용어는 흔히 밥 아저씨로 불리는 로버트 마틴 피어슨의 동명의 서적에서 유래했다. 결정권자들 사이에서 클린 코드는 일반적으로 안전한 코드와 동의어라는 오해를 받곤 한다.

안전한 코드와 클린 코드는 비슷한 부분이 있지만 동일하지는 않다. **클린 코드**는 코드의 가독성, 유지보수 용이성, 재사용성을 높인다. 그러나 **보안 코드**secure code는 여기에 더해 사전 정의 스펙과 컴플라이언스 준수라는 특성을 추가한다. 클린 코드는 안전한 코드의 전제 조건인 경우가 많다. 안전하지 않은 코드도 깨끗하게 작성할 수 있다. 그러나 깨끗하게 구현되지 않은 코드는 보안 조치가 지닌 잠재력을 완전히 개방하지 못한다.

잘 작성된 코드는 컴포넌트와 기능의 관계를 명확하게 정의하고 구분하므로 보안 조치를 적용하기도 쉽다. 클린 코드 원칙을 준수하고 구현에 반영하려는 개발 팀은 코드 보안이라는 가치에서 명백한 근거를 찾을 수 있다. 또한 보안 강화 비용과 시간 절감 효과를 강조하면 결정권자를 납득시킬 만한 경제 논리까지 획득할 수 있다.

7.11.2 스케줄링에 미치는 영향

일반적으로, 다음 버전 개발을 앞둔 상황에서 코드베이스를 개선할 시간적 여유는 많지 않다. 애자일 개발은 특히 더 그렇다. 스프린트 단위의 평가는 주로 신기능 개발에 드는 소요 시간에 중점을 둔다. 기존 요소를 강화하는 작업은 특수한 요구 사항이 있는 경우에 한해 명시적으로 고려된다.

개발 팀이 특정 기능을 안전하게 구현하는 데 걸리는 시간은 해당 기능의 특성, 제품 개선 상태, 기술 부채, 개발자의 사전 지식 등에 따라 다르다. 애자일 방법론의 의도에 따르면 실제 작업 시간을 예상하는 것은 팀 스스로의 몫이다. 이러한 예상은 쉽게 빗나가는 경우가 많기에 이전 스프린트와 비교해 사용자 스토리 채택 건수를 줄이는 것이 합리적인 선택이다.

7.11.3 적합한 담당자

모든 팀은 필요할 때마다 보안 전문가와 접촉할 수 있어야 한다. 그러나 조직의 규모가 방대하면 적절한 담당자를 찾기도 어렵다. IT 보안은 매우 다양하고 구체적이며 복잡한 하위 영역으로 나뉘며, 각 영역을 전문적으로 책임지는 전담 인력이 필요하다. 전임 개발자로 투입된 우수한 프로그래머도 보안 전문가를 대체할 수는 없다. 보안 전문가는 단기간의 IT 보안 교육만으로 양성할 수 없는 인력이다.

보안 기술의 전문 지식은 필요한 순간, 또는 보안을 평가할 때마다 즉각적으로 제공되어야 한다. 이를 가능케 하는 조직적, 구조적, 재정적 조건은 프로젝트 관리 주체가 충족시켜야 한다. 이러한 책임을 처음부터 명확하게 분리하는 조직은 많지 않다.

7.11.4 기술 부채 관리

기술 부채technical debt는 엄연히 개발의 일부분이다. 프로젝트 소유자는 이 사실을 받아들이고 프로젝트 기간과 예산에 합당하게 반영해야 한다. 기술 부채는 코드베이스의 유지 관리, 개발, 보안에 모두 부정적인 영향을 미친다. 구현 비용이 상승하고 개발자가 개별 프로젝트에 묶이는 기간이 늘어나며 전체 프로덕션 일정은 지연된다. 코드베이스의 기술 부채를 낮게 유지하고 꾸준히 줄여 나가는 것은 관련인 모두의, 특히 관리 조직의 주된 관심사여야 한다.

프로젝트 일정 속에 고정적으로 시간을 할당하고 기술 부채 상환에 투입하는 보완 전략도 있다. 이 방법은 보조적인 선에서 활용해야 한다. 개발 주기의 압박 속에서 기술 부채의 규모를 잘못 측정하고 부채 처리에 할당된 시간을 기능 구현에 소비해버릴 위험이 있기 때문이다.

7.11.5 고급 보안 코딩 학습

보안 지식은 저절로 습득되며 필요한 자료에 누구나 접근할 수 있다는 오해가 있다. 사실 보안 코딩 지침은 공용 폴더 어딘가에 존재할 확률이 높다. 또한 OWASP 10대 취약점은 일반 대중에게 자주 공개된다. 그러나 실제로 이러한 문서를 제대로 읽어보는 직원은 별로 없다. 있다 해도 간신히 훑어보는 정도다. 시간이 지나면 사람들은 이러한 문서가 어디에 있는지, 어떤 용도로 사용하는지 잊어버린다. 보안 코딩에 집중할 시간을 업체 측에서 보장해주지 않는 한, 보안 지침을 숙지하도록 독려한다 해도 큰 효과를 기대하기 어렵다.

7.11.6 품질 마일스톤

품질 게이트가 있으면 품질 기준 적합성을 확인할 때 도움이 된다. 품질 게이트의 실용성은 **완료의 정의**definition of done(DoD)와 비슷한 면이 있다. 작업 완료 상태를 규정하는 팀 차원의 정의와 마찬가지로 품질 게이트 역시 형식적인 문서만으로 존재해서는 안 된다. 이상적인 품질 게이트는 자동화 과정을 거쳐 정적 코드 분석(SAST)이나 의존성 전수 검사를 통해 CI/CD 파이프라인에 통합된다.

CI/CD 파이프라인의 피드백 외에, 코드와 의존성에 대한 피드백도 개발자의 프로그래밍에 도움이 된다. 이러한 피드백은 개발 언어나 플랫폼에 맞는 IDE 플러그인과 FindBugs/SpotBugs, Checkstyle, PMD와 등의 코드 분석 툴을 통해 얻을 수 있다. JFrog Xray를 사용할 때도 IDE 플러그인을 사용해 취약점 및 컴플라이언스 이슈를 더 쉽게 비교 분석할 수 있다.

IDE가 코드를 검사하는 업스트림 프로세스는 개발자가 작업을 진행하며 자연스럽게 보안에 익숙해지는 효과를 낸다. 플러그인이 코드 전체에서 개선점을 식별하고 개발자가 지닌 보안 지향성이 현실로 반영되면 결과적으로 코드의 보안이 향상된다. 또 다른 부수 효과는 빌드 서버의 위양성 검출 사례가 감소한다는 것이다. 보안 품질 게이트는 위양성 검사율이 유독 높다. 코드에 존재하는 보안 갭은 콘텍스트 의존적인 경우가 많고 이를 정확하게 판단하려면 까다로운 수동 검사를 거쳐야 하기 때문이다.

7.11.7 공격자의 관점

악성evil **사용자 스토리** 또는 **불량**bad **사용자 스토리**는 공격자의 관점에서 필요한 기능을 묘사한다. 또한 통상적인 사용자 스토리와 마찬가지로 구현 기술과 무관하게 설계된다. 따라서 IT 보안에 대한 기술 지식이 제한적인 수준에 머물러 있는 사람도 불량 사용자 스토리를 작성할 수 있다. 그러나 이 경우 사용자 스토리를 바탕으로 실제 작업을 구성하는 난이도는 더 올라갈 가능성이 있다.

이상적인 불량 사용자 스토리는 공격 표면을 묘사할 수 있어야 한다. 이를 바탕으로 개발 팀은 익숙한 워크플로 속에서 공격 방법을 재현한다. 그러나 이렇게 생성된 공격 벡터에 대한 인식 범위는 한계가 있다. 악성 사용자 스토리가 펼쳐지는 영역은 작성자의 지식, 경험, 상상력뿐만 아니라 해당 스프린트의 맥락에서 공격 백터를 방어하는 개발자의 능력에 의해 제한되기 때문이다. 피해 최소화 전략을 개발자가 얼마나 올바르게 수립하는가도 중요하지만, 피해 사례를 얼마나 정확하고 포괄적으로 식별할 수 있는가도 중요하다.

일반적인 사용자 스토리와 마찬가지로 악성 변종 스토리도 쉽게 만들어지지 않는다. 특히 보안 소프트웨어 개발 경험이 거의 없는 팀은 유의미한 악성 스토리를 만드는 데 어려움을 겪는다. 팀 내부에 SecM이 있다면 스토리 작성 작업을 직접 담당하거나 성실하게 지원해야 한다. SecM이 없는 팀은 외부의 기술 지원을 모색하거나 악성 사용자 스토리를 만드는 프로세스를 구조적으로 확립해야 한다.

7.11.8 평가 방법

애자일 개발 주기에 보안 프로세스를 정착시키려면 코드 리뷰 절차를 정례화시켜야 한다. 리뷰 과정은 각 컴포넌트 또는 세그먼트 전체에 걸친 보안 수준에 초점을 맞추어 진행한다. 보안 취약점을 유발하는 에러는 품질 게이트와 자동화 테스트를 통해 CI/CD 파이프라인 프로세스의 일환으로 식별 및 수정된다. 이때 컴포넌트 단위 테스트는 해당 컴포넌트의 공격 표면과 공격 벡터의 약화 요인을 조사하는 데 집중해야 한다. 깃헙에 공개된 OWASP 치트 시트[6]는 공격 표면을 분석할 때 좋은 참고 자료가 될 것이다.

---

6 https://oreil.ly/kHLm1

공격 표면은 개발 주기마다 변경될 가능성이 있으므로 정기적으로 재정의해야 한다. 컴포넌트 간 검사 결과는 전체 제품의 공격 표면을 모니터링하는 용도로 사용되며 마찬가지로 개발 주기마다 변경된다. 컴포넌트나 의존성의 상호작용에 발생하는 공격 벡터는 오직 컴포넌트 간 검사 결과를 통해 색출할 수 있다.

SecM 담당자가 없는 경우 체계적인 팀 훈련을 통해 보안 평가 역량을 기를 수 있다. OWASP 가 제작한 카드 게임인 코르누코피아Cornucopia[7]는 이러한 훈련에 더없이 잘 어울리는 훌륭한 교재다. 게임 진행 방식은 이렇다. 팀마다 도메인을 선택하고 플레이어는 카드를 선택한다. 카드에 표시된 공격 시나리오는 도메인 또는 코드베이스 등의 개별 요소에 적용해야 한다. 플레이어가 카드를 내면 팀은 해당 카드의 공격 시나리오의 실현 가능성을 판단한다. 결국 이 게임의 관건은 공격 벡터 식별 능력이다. 완화 전략까지 논의하기에는 시간적 제약이 뒤따른다. 가장 어려운 공격 카드를 성공적으로 플레이한 사람이 이 게임의 최종 승자가 된다.

코르누코피아는 팀 전체의 코드 취약점 인식 능력을 향상시키는 동시에 개발자 개인의 IT 보안 전문성도 향상시킨다. 또한 개발자를 주요 대상으로 제작된 게임이기에 애자일 지침이 반영되어 있다. 코르누코피아는 악성 사용자 스토리 제작 역량을 기르는 탁월한 훈련이다.

코르누코피아의 문제는 난이도다. 특유의 가파른 학습 곡선은 아직 미숙한 팀이 게임을 진행할 때 더욱 두드러진다. 취약점을 다뤄본 경험이 부족하면 잠재적 공격 벡터를 폐기하는 실수도 자주 발생한다. 지나치게 큰 컴포넌트 선정, 공격 벡터에 대한 팀원들의 기술 지식 부족 등, 준비를 제대로 갖추지 않으면 코르누코피아는 비효율적인 시간 낭비로 전락할 위험이 있다. 따라서 처음 몇 번은 비교적 작은 독립 컴포넌트로 진행하고, 이후 규모를 키울 시기가 되면 보안 전문가의 조언을 얻는 것이 좋다.

7.11.9 책임 의식

개발자는 언제나 코드 보안이라는 전가의 보도를 손에서 놓지 말아야 한다. 더 나아가 보안을 실현하기 위해 필요한 시간적, 재정적 지원을 팀원 모두가 함께 요구해야 한다.

현재의 개발자들은 앞으로 다가올 수년간 더 넓은 세계의 형상을 정의하고 조각할 것이다. 디지털화와 네트워킹이 가져올 미래를 위해서라도, 예산 부족과 시간 제약의 제물로 보안이 희생

---

7 https://oreil.ly/dhQK3

되는 일은 없어야 한다. 애자일 선언은 이렇게 말한다. 코드베이스는 결과물을 책임지는 팀의 산물로 남는다고.

7.12 마치며

공급망 공격이 업계 전반으로 확산됨에 따라 프로젝트와 조직의 성공을 담보하기 위한 보안 확보의 중요성이 그 어느 때보다 강조되고 있다. 취약점을 신속하게 완화하는 가장 좋은 방법은 조치 시점을 가능한 왼쪽으로 움직여 소프트웨어 개발 프로젝트를 시작하는 순간부터 보안을 주요 관심사로 다루는 것이다. 이번 장은 SAST, DAST, IAST, RASP 등의 분석 기법과 함께 보안의 기본 요건들을 소개했다. 또한 CVSS 같은 기본 등급 시스템에 대해 배웠다. 이번 장의 지식을 바탕으로 향후 참여하는 모든 프로젝트의 보안을 개선하고 올바른 품질 게이트와 보안 기준을 마련할 수 있다.

## CHAPTER 8

개발자와 배포

아나 마리아 미할체아누

> 전략이 아무리 아름답다 할지라도 때로는 결과를 바라보아야 한다.
>
> – 윈스턴 처칠

컴퓨터가 거대하고 값비싼 물건이던 시절, 소프트웨어는 하드웨어 제조사가 끼워 파는 번들에 불과했다. 소프트웨어가 대중화되고 거대한 시장이 열리면서 소프트웨어 개발 기간은 점점 늘어나고 배포 프로세스는 새로운 형태를 갖추기 시작했다. 오늘날 소프트웨어 개발 프로세스는 빌드와 배포의 효과적인 분리에 집중한다. 출시 주기를 단축하는 동시에 여러 팀의 작업을 병렬로 반영하는 것이 주요한 목표다.

애플리케이션 배포란 소프트웨어 패키지 아티팩트를 운영 환경에 안착시키는 과정이며, 이러한 전환은 최대한 신속하게 진행되어야 한다. 현대의 개발 방법론은 무엇보다 시스템의 실행 상태에 대한 빠른 피드백을 요구하기 때문이다.

개발자는 주로 애플리케이션 코드의 성능을 높이는 데 주력하지만 데브옵스는 원활한 협업에 중점을 둔다. 데브옵스의 활동으로 말미암아 모두의 작업은 하나의 인프라 속에서 안정적이고 고르게 혼합될 수 있다. 배포 프로세스를 구상할 때는 항상 스스로에게 되물어야 한다. '이상 속 배포를 구체화시키는 현실의 기계적 지침은 무엇인가?' 또한 이러한 질문을 인프라, 자동화를 담당하는 동료 및 전문가와 공유해야 한다. 향후 분산 시스템에서 컴포넌트를 원활하게 확장하려면 배포 절차 수립 과정에서 다음과 같은 조건들을 염두에 두어야 한다.

- 시스템의 기능을 점진적으로 확장하려면 배포 규모는 줄이고 빈도는 높여야 한다. 장애 발생 시 롤백 속도가 빨라지는 부수적인 효과가 발생한다.
- 마이크로서비스를 확장하거나 교체하기 쉽도록 개별 배포를 고립시킨다.
- 이미 배포된 마이크로서비스도 다른 환경에서 재사용할 수 있어야 한다.
- 인프라 배포를 자동화시키고 애플리케이션 기능으로 통합한다.

다음 두 가지는 마이크로서비스를 배포할 컨테이너 오케스트레이션 플랫폼과 무관하게 애플리케이션 패키징 단계부터 고려해야 한다.

1. 컨테이너 이미지 빌드 및 푸시
2. 배포 전략 선택 및 구현

애플리케이션 배포 과정의 여러 단계 또는 환경에 따라 다음과 같은 기술이 관여한다.

워크로드 관리

응답 지연 또는 작동 불가 상태를 방지하기 위해 헬스 체크 지표와 CPU 및 메모리 사용량을 관리한다.

관찰 가능성 확보

메트릭, 로그, 트레이스trace 등을 통해 분산 시스템 내부에 가시성을 확보하고 결과를 측정한다.

이번 장은 이러한 주제를 차례로 설명하며 각각이 시스템의 확장성에 미치는 영향을 살펴본다.

8.1 컨테이너 이미지 빌드 및 푸시

애플리케이션을 컨테이너에 배포하려면 자바 애플리케이션 아티팩트를 생성하고 컨테이너 이미지를 빌드해야 한다. 이번 절은 6장에서 배운 아티팩트 타입과 활용 사례를 기초로 컨테이너 이미지 생성과 관련 기술을 집중적으로 조명할 것이다.

도커가 등장한 2013년을 기점으로 도커파일을 이용한 컨테이너 이미지 구축 기법이 대중화되었다. **도커파일**은 베이스 운영체제, 애플리케이션 아티팩트, 필수 런타임 설정이 포함된 표준 이미지 포맷이다. 본질적으로 이 파일은 향후 컨테이너가 어떻게 작동할지를 묘사하는 청사진의 역할을 한다. 3장에서 설명했다시피 도커 외에 Podman[1], Buildah[2], kaniko[3] 등도 도커파일로 컨테이너 이미지를 빌드할 수 있다.

데브옵스 방법론은 애플리케이션 개발자와 인프라 엔지니어의 원활한 커뮤니케이션을 전제로 한다. 따라서 도커파일은 리포지터리 루트에 보관하는 것이 가장 자연스럽다. 이렇게 하면 스크립트나 파이프라인에서 컨테이너 이미지를 빌드할 때 도커파일의 위치를 참조하기 쉽다. 이클립스 JKube나 Jib을 활용하면 도커파일 없이 자바 실행 옵션만으로 컨테이너 이미지가 생성되므로 표준 빌드 프로세스에 이미지 생성 단계를 포함시킬 수 있다.

> **TIP** 컨테이너 이미지를 생성하고 푸시하는 툴이 자바로 되어 있으면 런타임 작업까지 애플리케이션 코드로 제어할 수 있다고 판단하기 쉽다. 그러나 인프라와 애플리케이션 코드의 결합도는 낮을수록 좋다. 이미지 생성 툴의 매개변수는 애플리케이션으로부터 분리하고 빌드와 런타임 시 덮어씌울 수 있도록 구성해야 한다. 최신 자바 프레임워크는 대부분 **src/main/resources**에서 사용자 정의 설정 파일을 읽는다. 이번 장의 예제는 이러한 방식으로 프로젝트 매개변수를 활용한다.

8.1.1 Jib을 이용한 컨테이너 이미지 관리

구글이 제작한 Jib[4]은 도커파일 없이 자바 애플리케이션을 컨테이너화시키는 툴이다. Jib은 OCI 호환 컨테이너 이미지를 생성하는 자바 라이브러리와 메이븐 및 그레이들 플러그인을 제공한다. Jib으로 컨테이너 이미지를 생성하면 로컬에서 도커 데몬을 실행할 필요가 없다.

Jib은 이미지 계층 구조와 레지스트리 캐싱을 활용해 빠르게 증분 빌드를 생성한다. 입력 조건을 동일하게 유지하는 한 항상 동일한 빌드 이미지를 재생성할 수 있다.

메이븐 프로젝트에서 Jib을 사용하려면 다음 방법 중 하나를 선택해 컨테이너 레지스트리에

---

1 https://podman.io
2 https://buildah.io
3 https://oreil.ly/X1A8A
4 https://oreil.ly/nWoWY

사용자를 인증해야 한다. 자세한 설명과 예시는 Jib 깃헙 저장소의 `jib-maven-plugin` README 파일[5]을 참고하기 바란다.

- `jib.to.auth.username`와 `jib.to.auth.password`를 시스템 프로퍼티로 등록. 시스템 프로퍼티는 -D 옵션으로 명령줄을 통해 직접 지정할 수도 있다.
- 플러그인 설정 중 `<to>` 섹션에 `username`과 `password` 엘리먼트 지정
- **~/.m2/settings.xml**의 `<server>` 설정 활용
- 도커 레지스트리 로그인 선행(도커의 자격 증명 헬퍼 또는 **~/.docker/config.json** 설정 사용)

> **CAUTION** 베이스 이미지 레지스트리를 별도로 지정하려면 플러그인 설정의 `<from>` 섹션에 자격 증명을 지정하면 된다. 또는 시스템 프로퍼티에 `jib.from.auth.username`과 `jib.from.auth.password`를 추가하는 방법도 있다.

다음은 **pom.xml**에 추가할 메이븐 플러그인 설정이다.

```
<project>
    ...
    <build>
        <plugins>
            ...
            <plugin>
                <groupId>com.google.cloud.tools</groupId>
                <artifactId>jib-maven-plugin</artifactId>
                <version>3.1.4</version>
                <configuration>
                    <to>
                    <image>${pathTo.image}</image>
                    </to>
                </configuration>
            </plugin>
            ...
        </plugins>
    </build>
    ...
</project>
```

---

5 옮긴이_ http://bit.ly/427VR1q

image 태그는 필수 설정이며 컨테이너 레지스트리 경로를 지정한다. 이제 다음 명령을 실행하면 컨테이너 레지스트리에 이미지를 빌드할 수 있다.

```
mvn compile jib:build -DpathTo.image=registry.hub.docker.com/myuser/repo
```

그레이들로 컨테이너 이미지를 빌드하고 푸시할 때는 다음 중 한 가지 방법으로 사용자를 인증한다.

- **build.gradle**의 플러그인 설정에서 to와 from 섹션에 인증 정보 추가
- 도커 로그인 명령으로 레지스트리에 연결(자격 증명 헬퍼 또는 **~/.docker/config.json** 설정에 저장된 정보 사용).

다음은 **build.gradle**에 추가할 플러그인 설정이다.

```
plugins {
    id 'com.google.cloud.tools.jib' version '3.1.4'
}
```

이제 터미널 창에서 다음 명령을 호출한다.

```
gradle jib --image=registry.hub.docker.com/myuser/repo
```

일부 프레임워크는 컨테이너 이미지를 다루기 쉽도록 자체적으로 Jib 플러그인을 제작하고 의존성 라이브러리 형태로 통합한다. 가령 쿼커스는 **quarkus-container-image-jib** 확장으로 이미지 빌드 프로세스 개인화를 지원한다. 이 확장은 메이븐 명령으로 추가할 수 있다. 다음은 4장에서 배웠던 쿼커스 예제에 확장 모듈을 추가하는 명령어다.

```
mvn quarkus:add-extension -Dextensions= "io.quarkus:quarkus-container-image-jib"
```

세부 이미지 정보는 다음과 같이 **src/main/resources/application.properties** 파일에 추가한다.

```
quarkus.container-image.builder=jib    ❶

quarkus.container-image.registry=quay.io    ❷
quarkus.container-image.group=repo    ❸

quarkus.container-image.name=demo    ❹
quarkus.container-image.tag=1.0.0-SNAPSHOT    ❺
```

❶ 컨테이너 이미지를 빌드, 푸시할 확장 모듈을 지정한다.

❷ 컨테이너 레지스트리를 지정한다.

❸ 컨테이너 이미지가 소속될 그룹을 지정한다.

❹ 컨테이너 이미지명은 선택 사항이다. 설정하지 않으면 애플리케이션명이 기본값으로 사용된다.

❺ 컨테이너 이미지 태그도 선택 사항이다. 설정하지 않으면 애플리케이션 버전이 기본값으로 지정된다.

마지막으로, 다음 명령을 실행하면 컨테이너 이미지를 빌드하고 푸시할 수 있다.

```
mvn package -Dquarkus.container-image.push=true
```

컨테이너 이미지를 작게 유지하는 이유와 방법은 3장에서 논의했다. 컨테이너 이미지의 크기
는 오케스트레이션 플랫폼이 레지스트리에서 이미지를 가져오는 데 걸리는 시간을 좌우한다.
FROM 절에 지정하는 베이스 이미지도 전체 컨테이너 이미지의 크기에 영향을 미치는 요인이
다. Jib에서 베이스 이미지는 baseImage 설정으로 제어할 수 있다. 또한 컨테이너 이미지의
진입 지점이나 노출 포트를 변경하는 설정도 제공한다.

> **TIP** JVM 베이스 이미지 변경 기능은 JDK 업그레이드 작업에 유용하다. 참고로 쿼커스의 JVM 베이스 이
> 미지는 quarkus.jib.base-jvm-image 설정으로 제어할 수 있다. 또한 quarkus.jib.base-native-
> image 설정은 네이티브 바이너리 빌드에 사용되는 베이스 이미지를 제어한다.

이번 절의 예제 코드는 깃헙 리포지터리[6]에서 확인할 수 있다.

---

6 https://oreil.ly/AshKo

8.1.2 이클립스 JKube를 이용한 컨테이너 이미지 빌드

JKube[7]는 Jib과 마찬가지로 도커파일 없이 자바 애플리케이션을 컨테이너화하는 툴이다. 컨테이너 이미지를 구축하는 동시에 쿠버네티스와 간편하게 연동시킬 수 있다. JKube 프로젝트는 이클립스 재단과 레드햇이 지원하며, 기존 Fabric8[8] 프로젝트를 계승하고 발전시킨 메이븐 플러그인을 자체적으로 제공한다. 그레이들용 플러그인은 한동안 테크니컬 프리뷰 상태였으며 JKube 1.8.0 버전[9]부터 정식으로 전환되었다. JKube 메이븐 플러그인의 자세한 설치 안내는 공식 문서[10]를 참고하기 바란다.

이클립스 JKube를 사용하려면 프로젝트의 **pom.xml**에 다음과 같이 플러그인 설정을 추가한다.

```
<plugin>
    <groupId>org.eclipse.jkube</groupId>
    <artifactId>kubernetes-maven-plugin</artifactId>
    <version>${jkube.version}</version>
</plugin>
```

다음은 4장에서 예시로 들었던 스프링 부트 애플리케이션에 JKube 설정을 추가한 전체 코드다.

예제 8-1 스프링 부트 프로젝트용 pom.xml 파일

```
<?xml version="1.0" encoding="UTF-8"?>
<project xmlns:xsi="http://www.w3.org/2001/XMLSchema-instance"
        xmlns="http://maven.apache.org/POM/4.0.0"
        xsi:schemaLocation="http://maven.apache.org/POM/4.0.0
    https://maven.apache.org/xsd/maven-4.0.0.xsd">
    <modelVersion>4.0.0</modelVersion>
    <parent>
        <groupId>org.springframework.boot</groupId>
        <artifactId>spring-boot-starter-parent</artifactId>
        <version>2.5.0</version>
    </parent>
    <groupId>com.example</groupId>
```

---

7   https://oreil.ly/Fp5xx

8   https:// oreil.ly/dHtw8

9   옮긴이_ 본서의 예시는 1.5.1 버전을 기준으로 제작되었다. 최신 용례는 공식문서를 참고하기 바란다. 정식 전환 공지(https://blog.marcnuri.com/eclipse-jkube-1-8-0#gradle-plugin-graduation), 플러그인 문서(https://www.eclipse.org/jkube/docs/kubernetes-gradle-plugin).

10 옮긴이_ https://www.eclipse.org/jkube/docs/kubernetes—maven—plugin

```xml
        <artifactId>demo</artifactId>
        <version>0.0.1-SNAPSHOT</version>
        <name>demo</name>
        <description>Demo project for Spring Boot</description>
        <properties>
            <java.version>11</java.version>
            <spring-native.version>0.10.5</spring-native.version>
            <jkube.version>1.5.1</jkube.version>
            <jkube.docker.registry>registry.hub.docker.com</jkube.docker.registry>  ❶
            <repository>myuser</repository>  ❷
            <tag>${project.version}</tag>  ❸
            <jkube.generator.name>
                ${jkube.docker.registry}/${repository}/${project.name}:${tag}
            </jkube.generator.name>
        </properties>
        <dependencies>
            ...
        </dependencies>
        <build>
            <plugins>
                <plugin>
                    <groupId>org.eclipse.jkube</groupId>
                    <artifactId>kubernetes-maven-plugin</artifactId>
                    <version>${jkube.version}</version>
                </plugin>
                ...
            </plugins>
        </build>
        ...
</project>
```

❶ 컨테이너 레지스트리 기본값을 지정하며 빌드 시점에 재정의할 수 있다.

❷ 리포지터리 기본값을 지정하며 빌드 시점에 재정의할 수 있다.

❸ 태그 기본값을 지정하며 빌드 시점에 재정의할 수 있다. 이미지명의 기본값은 프로젝트명으로 설정된다.

다음 명령을 실행하면 해당 애플리케이션이 담긴 컨테이너 이미지가 생성된다.

```
mvn k8s:build
```

JKube는 프로젝트의 기술 스택에 따라 베이스 이미지 기본값을 결정하거나 독자적인 시작 스크립트를 구사한다. 이 예시에서 JKube는 로컬 환경의 도커 빌드 콘텍스트에 맞추어 컨테이너 이미지를 가져오며 적절한 위치에 완성 이미지를 푸시한다.

이미지 경로와 이름은 기본적으로 메이븐 프로퍼티에서 ${jkube.docker.registry}, ${repository}, ${project.name}, ${tag} 등을 조합해 지정한다. 결괏값은 registry. hub.docker.com/myuser/demo:0.0.1-SNAPSHOT과 비슷하다.

운영과 개발의 영역을 서로 분리하려면 이러한 세부 정보를 빌드 시점에 오버라이드할 수 있어야 한다. 다음과 같이 jkube.generator.name 프로퍼티를 설정하면 원격 레지스트리, 리포지토리, 이미지명, 태그 등을 선택적으로 직접 입력할 수 있다.

```
<jkube.generator.name>
    ${jkube.docker.registry}/${repository}/${project.name}:${tag}
</jkube.generator.name>
```

이제 다음 명령을 실행하면 원격 레지스트리 게시용 이미지가 빌드된다.

```
mvn k8s:build -Djkube.docker.registry=quay.io -Drepository=repo -Dtag=0.0.1
```

이미지를 빌드하고 이어서 원격 컨테이너 레지스트리에 푸시하려면 다음 명령을 실행한다.

```
mvn k8s:build k8s:push -Djkube.docker.registry=quay.io \
    -Drepository=repo -Dtag=0.0.1
```

이 명령은 **quay.io/repo/demo:0.0.1** 이미지를 빌드하고 지정한 원격 레지스트리에 푸시한다.

> **CAUTION** 원격 레지스트리에 접근하려면 자격 증명을 제공해야 한다. 이클립스 JKube는 다음 위치에서 차례로 자격 증명을 검색한다.
>
> - 시스템 프로퍼티 jkube.docker.username 및 jkube .docker.password
> - 플러그인 설정의 <authConfig> 섹션에 지정된 <username> 및 <password>
> - **~/.m2/settings.xml**의 <server> 설정
> - 사전에 로그인된 도커 레지스트리 정보(도커 자격 증명 헬퍼 또는 **~/.docker/config.json**의 자격 증명 이용)
> - **~/.config/kube**의 OpenShift 설정

JKube 쿠버네티스 그레이들 플러그인[11]을 추가하면 메이븐 대신 그레이들로 컨테이너 이미지를 빌드하고 푸시할 수 있다. 플러그인은 다음과 같이 **build.gradle**에 설정한다.

```
plugins {
  id 'org.eclipse.jkube.kubernetes' version '1.5.1'
}
```

명령줄에서 `gradle k8sBuild`를 실행하면 컨테이너 이미지를 빌드하고, `gradle k8sPush`를 실행하면 이미지를 푸시할 수 있다.

> **TIP** JKube 메이븐 플러그인은 **k8s:watch** 명령을, 그레이들은 **k8sWatch** 태스크를 제공한다. 이 명령은 자동으로 코드 변경을 감지하고 이미지를 재생성하거나 신규 아티팩트를 실시간으로 컨테이너에 복사한다.

8.2 쿠버네티스 배포

컨테이너 이미지의 빌드와 푸시 과정을 정확하게 이해하고 나면 컨테이너 실행 자체에 온전히 집중할 수 있다. 컨테이너는 분산 시스템 환경에서 배포 독립성을 확보하는 수단인 동시에 시스템 장애로부터 애플리케이션 코드를 격리하는 안전 장치다.

통상적으로 분산 시스템은 둘 이상의 마이크로서비스로 구성된다. 따라서 컨테이너로 이들을 어떻게 관리할 것인지 먼저 고민해야 한다. 오케스트레이션 툴은 다수의 컨테이너를 제어하기 위해 일반적으로 다음과 같은 기능들을 제공한다.

- 선언적 시스템 설정
- 컨테이너 프로비저닝 및 검색
- 시스템 모니터링 및 장애 복구
- 컨테이너 배치 및 성능을 제어하는 규칙과 제약 조건 설정

---

11 https://oreil.ly/CeYVl

쿠버네티스는 컨테이너 워크로드의 배포, 확장, 관리를 자동화하는 오픈 소스 플랫폼이다. 쿠버네티스를 도입하면 플랫폼의 부하에 맞춰 인스턴스를 가동하거나 제거하는 방식으로 배포를 편성할 수 있다. 더 나아가 쿠버네티스는 노드의 컨테이너를 교체하고 재기동하는 역할도 한다.

쿠버네티스는 특유의 이식성과 확장성을 바탕으로 저변을 넓혔고 각종 커뮤니티와 벤더는 기여와 지원을 아끼지 않았다. 나날이 복잡해져 가는 애플리케이션의 종류와 쓰임새 속에서 쿠버네티스는 자신의 가치를 훌륭히 입증했다. 쿠버네티스는 엔터프라이즈 아키텍처를 하이브리드 클라우드와 마이크로서비스로 전환시키는 지속적인 동력이다.

쿠버네티스로 애플리케이션을 배포하면 서비스 부하에 따라 인스턴스 규모를 조절할 수 있다. 부하가 증가하면 더 많은 인스턴스를 실행하고, 감소하면 그만큼 인스턴스를 중지한다. 또한 기존 인스턴스에 장애가 발생하면 새로운 인스턴스를 가동한다. 개발자가 쿠버네티스를 통해 애플리케이션을 배포하려면 쿠버네티스 클러스터 접근 권한이 필요하다. 쿠버네티스 클러스터는 [그림 8-1]과 같이 컨테이너화된 애플리케이션을 실행하는 노드 집합으로 구성된다.

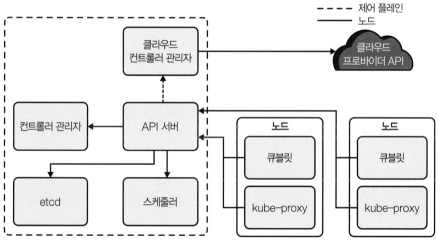

그림 8-1 쿠버네티스 컴포넌트 구성도[12]

모든 클러스터는 한 개 이상의 워커worker 노드를 보유하며 워커는 파드pod를 호스팅한다. 파드를 포함해 클러스터 내부의 리소스 그룹은 네임스페이스를 기준으로 격리된다. 앞선 절은 컨테

---

12 https://oreil.ly/nyzh7

이너 이미지를 빌드하고 레지스트리로 푸시하는 단계까지 설명했다. 컨테이너를 실행한다는 것은 레지스트리의 이미지가 인스턴스화되었음을 의미한다. 파드는 이러한 실행 컨테이너를 직접적으로 제어하는 조종간이다.

쿠버네티스를 다룬다 함은, 쿠버네티스 시스템이 정의하고 수용하는 오브젝트 집합을 다룬다는 뜻이다. 쿠버네티스 오브젝트를 제어하려면 쿠버네티스 API를 구사해야 한다. 최근에는 API를 직접 조작할 필요 없이 시각적 툴이나 명령줄 인터페이스를 통해 간편하게 쿠버네티스 배포를 진행할 수 있다. 또한 데코레이트^{Dekorate}, JKube 등의 자바 툴을 활용해 쿠버네티스 매니페스트를 직접 생성하고 배포하기도 한다.

8.2.1 로컬 배포 설정

개발자는 애플리케이션 기능을 구현하는 과정에서 자연스럽게 로컬 개발 환경을 구축한다. 로컬 환경은 일반적으로 버전 관리 시스템 접근 권한을 비롯해 다음과 같은 구성 요소의 설치 및 설정을 포함한다.

- JDK
- 메이븐 또는 그레이들
- IntelliJ IDEA, 이클립스, 비주얼 스튜디오 코드 등의 IDE
- 코드에서 선택적으로 사용되는 데이터베이스 또는 미들웨어
- 도커, Podman, Buildah, Jib, JKube 등의 컨테이너 이미지 빌드, 실행, 푸시 툴
- minikube[13], kind[14], 레드햇 CodeReady 컨테이너[15] 등의 쿠버네티스 개발 클러스터. 도커 데스크톱[16]은 개발용 단일 노드 클러스터를 제공한다. Rancher 데스크톱[17]은 로컬에서 컨테이너를 관리하고 쿠버네티스를 보조하는 훌륭한 툴이다. 로컬 개발 클러스터를 실행할 리소스가 부족할 때는 원격 쿠버네티스 클러스터에 개발 네임스페이스를 두면 편리하다. 또는 레드햇 오픈시프트 개발자 샌드박스[18]처럼 사전 프로비저닝된 툴을 사용하는 것도 한 가지 방법이다.

---

13 https://oreil.ly/SfNR3
14 https://oreil.ly/BcYHp
15 https://oreil.ly/iIkzu
16 https://oreil.ly/gmh6B
17 https://oreil.ly/09wOS
18 https://oreil.ly/14VUx

실제로 쿠버네티스 리소스를 생성하기에 앞서 쿠버네티스에 담긴 주요 개념들을 요약해보자.

클러스터 *cluster*

쿠버네티스에 컨테이너 배포를 지시할 때 사용하는 노드 집합 단위

네임스페이스 *namespace*

다양한 권한을 기준으로 각종 리소스 그룹을 격리하는 쿠버네티스 오브젝트 단위

사용자 *user*

쿠버네티스 API와 상호작용할 때 필요한 인증 주체

콘텍스트 *context*

쿠버네티스 클러스터, 사용자, 네임스페이스를 결합한 특정 조합

큐블릿 *Kubelet*

각 클러스터 노드에서 실행되는 기본 에이전트. 컨테이너의 상태와 정상 작동 여부를 확인한다.

디플로이먼트 *deployment*

컨테이너 애플리케이션이 담긴 파드 인스턴스를 생성하거나 수정하는 쿠버네티스 리소스

레플리카셋 *ReplicaSet*

쿠버네티스가 디플로이먼트를 생성하면 레플리카셋 인스턴스가 생성되고 파드 관리를 위임받는다.

서비스 *service*

서로 다른 파드에 여러 인스턴스로 존재하는 애플리케이션을 하나의 네트워크로 노출시키는 리소스

이러한 기본 개념들을 염두에 두고, 이제부터 쿠버네티스 오브젝트를 생성하고 배포하는 방법을 탐구해보자.

8.2.2 데코레이트를 이용한 쿠버네티스 매니페스트 생성

데코레이트[Dekorate][19]는 자바 어노테이션 및 표준 프레임워크 설정 메커니즘을 기반으로 컴파일 시점에 쿠버네티스 매니페스트를 생성하는 툴이다. [표 8-1]은 쿼커스, 스프링 부트, 일반 자바 프로젝트의 메이븐 데코레이트 의존성 설정을 각각 나열한다.

표 8-1 메이븐 데코레이트 의존성

프레임워크	의존성

쿼커스	```<dependency>```
	  ```<groupId>io.quarkus</groupId>```
	  ```<artifactId>quarkus-kubernetes</artifactId>```
	```</dependency>```

스프링 부트	```<dependency>```
	  ```<groupId>io.dekorate</groupId>```
	  ```<artifactId>kubernetes-spring-starter</artifactId>```
	  ```<version>2.7.0</version>```
	```</dependency>```

일반 자바 애플리케이션	```<dependency>```
	  ```<groupId>io.dekorate</groupId>```
	  ```<artifactId>kubernetes-annotations</artifactId>```
	  ```<version>2.7.0</version>```
	```</dependency>```

다음은 [예제 8-1]에 데코레이트 의존성을 추가한 쿠버네티스 리소스 설정이다.

```xml
<?xml version="1.0" encoding="UTF-8"?>
<project xmlns:xsi="http://www.w3.org/2001/XMLSchema-instance"
        xmlns="http://maven.apache.org/POM/4.0.0"
        xsi:schemaLocation="http://maven.apache.org/POM/4.0.0
    https://maven.apache.org/xsd/maven-4.0.0.xsd">
    <modelVersion>4.0.0</modelVersion>
    <parent>
        <groupId>org.springframework.boot</groupId>
```

---

19 http://dekorate.io

```
            <artifactId>spring-boot-starter-parent</artifactId>
            <version>2.5.0</version>
        </parent>
        <groupId>com.example</groupId>
        <artifactId>demo</artifactId>
        <version>0.0.1-SNAPSHOT</version>
        <name>demo</name>
        <description>Demo project for Spring Boot</description>
        <properties>
            <java.version>11</java.version>
            <spring-native.version>0.10.5</spring-native.version>
            <kubernetes-spring-starter.version>
                2.7.0
            </kubernetes-spring-starter.version>
        </properties>
        <dependencies>
            <dependency>
                <groupId>io.dekorate</groupId>
                <artifactId>kubernetes-spring-starter</artifactId>
                <version>${kubernetes-spring-starter.version}</version>
            </dependency>
            ...
        </dependencies>
        ...
    </project>
```

아무런 설정도 하지 않으면 데코레이트는 기본적으로 **target/classes/META-INF/dekorate** 하위에 디플로이먼트와 서비스 리소스가 담긴 매니페스트를 생성한다. 기본 서비스 타입은 ClusterIP며, 오직 쿠버네티스 클러스터 내부에서 애플리케이션을 사용할 수 있다는 뜻이다. 클라우드 공급 업체의 로드 밸런서를 거쳐 서비스를 외부에 노출하려면 **loadBalancer** 타입의 서비스 리소스를 생성하면 된다. 전체적인 설명은 공식 문서[20]를 참고하기 바란다.

데코레이트로 쿠버네티스 리소스를 생성할 때는 다음과 같은 방식으로 원하는 설정을 지정할 수 있다.

- application.properties에 프로퍼티 지정

- @KubernetesApplication 어노테이션을 DemoApplication 클래스에 추가

---

20 https://oreil.ly/uPUm6

인프라와 애플리케이션 코드 사이의 결합도를 낮추려면 프로퍼티를 활용하는 것이 좋다. 다음 설정을 **src/main/resources/application.properties** 파일에 추가한다.

```
dekorate.kubernetes.serviceType=LoadBalancer
```

다음 명령을 실행하면 애플리케이션이 패키징되면서 쿠버네티스 오브젝트가 생성된다.

```
mvn clean package
```

애플리케이션을 패키징한 다음 **target/classes/META-INF/dekorate** 디렉터리를 확인하면 **kubernetes.json**과 **kubernetes.yml**이라는 매니페스트 파일이 보인다. 둘 중 원하는 형식의 파일로 쿠버네티스 배포를 진행할 수 있다. YAML 파일의 형태는 다음과 비슷하다.

```
---
apiVersion: apps/v1
kind: Deployment ❶
metadata:
  annotations:
    app.dekorate.io/vcs-url: <<unknown>>
  labels:
    app.kubernetes.io/version: 0.0.1-SNAPSHOT ❷
    app.kubernetes.io/name: demo ❷
  name: demo ❸
spec:
  replicas: 1
  selector:
    matchLabels:
      app.kubernetes.io/version: 0.0.1-SNAPSHOT ❷
      app.kubernetes.io/name: demo ❷
  template:
    metadata:
      annotations:
        app.dekorate.io/vcs-url: <<unknown>>
      labels:
        app.kubernetes.io/version: 0.0.1-SNAPSHOT ❷
        app.kubernetes.io/name: demo ❷
    spec:
      containers:
        - env:
```

```yaml
                - name: KUBERNETES_NAMESPACE
                  valueFrom:
                    fieldRef:
                      fieldPath: metadata.namespace
              image: repo/demo:0.0.1-SNAPSHOT ❹
              imagePullPolicy: IfNotPresent
              name: demo
              ports:
                - containerPort: 8080 ❺
                  name: http
                  protocol: TCP
---
apiVersion: v1
kind: Service ❻
metadata:
  annotations:
    app.dekorate.io/vcs-url: <<unknown>>
  labels:
    app.kubernetes.io/name: demo ❷
    app.kubernetes.io/version: 0.0.1-SNAPSHOT ❷
  name: demo
spec:
  ports:
    - name: http
      port: 80 ❼
      targetPort: 8080 ❺
  selector:
    app.kubernetes.io/name: demo
    app.kubernetes.io/version: 0.0.1-SNAPSHOT
  type: LoadBalancer ❽
```

❶ 디플로이먼트 오브젝트는 파드 및 레플리카셋에 선언적 업데이트를 수행한다.

❷ 레이블은 서비스에 파드를 배정할 때 파드 셀렉터가 참조하는 정보다. 또한 하단의 디플로이먼트 스펙에서 레플리카셋과 파드를 가리키는 용도로 쓰인다.

❸ 디플로이먼트 오브젝트의 명칭

❹ 배포 대상 컨테이너 이미지

❺ 컨테이너가 노출시킬 포트 번호. 서비스 대상 포트가 된다.

❻ 파드 집합에서 실행되는 애플리케이션을 네트워크 서비스 형태로 노출한다.

❼ 트래픽 유입 포트 번호

❽ 클라우드 제공 업체의 로드 밸런서를 거쳐 서비스를 외부로 노출한다.

쿠버네티스 클러스터에 로그인한 상태에서 다음 명령을 실행하면 배포가 진행된다.

```
kubectl apply -f target/classes/META-INF/dekorate/kubernetes.yml
```

쿠버네티스는 매니페스트 정보를 바탕으로 애플리케이션을 실행하며 LoadBalancer를 통해 노출된 외부 IP로 접근할 수 있다.

8.2.3 이클립스 JKube를 이용한 쿠버네티스 매니페스트 생성 및 배포

이클립스 JKube는 컴파일 시점에 쿠버네티스, 오픈시프트^{OpenShift} 매니페스트를 생성하고 배포하는 툴이다. 쿠버네티스 디스크립터(YAML 파일)를 생성할 때는 다음과 같은 설정을 추가해 출력 결과를 조정할 수 있다.

- XML 파일의 플러그인 정의에 추가된 인라인 설정
- 배포 디스크립터의 외부 설정 템플릿

도커 데몬에 JKube를 통합하고 컨테이너 이미지를 빌드하는 방법은 8.1.2절에서 배웠다. 이번 절은 8.1.1절의 퀴커스 예제 코드를 재사용해 이클립스 JKube와 Jib으로 쿠버네티스 리소스를 생성하고 배포한다.

예제 8-2 퀴커스 프로젝트의 pom.xml 설정 예시 파일

```xml
<?xml version="1.0"?>
<project xsi:schemaLocation="http://maven.apache.org/POM/4.0.0
https://maven.apache.org/xsd/maven-4.0.0.xsd"
        xmlns="http://maven.apache.org/POM/4.0.0"
        xmlns:xsi="http://www.w3.org/2001/XMLSchema-instance">
    <modelVersion>4.0.0</modelVersion>
    <groupId>com.example.demo</groupId>
    <artifactId>demo</artifactId>
    <name>demo</name>
    <version>1.0-SNAPSHOT</version>
    <properties>
        <compiler-plugin.version>3.8.1</compiler-plugin.version>
        <maven.compiler.parameters>true</maven.compiler.parameters>
        <maven.compiler.target>11</maven.compiler.target>
```

```
        <maven.compiler.source>11</maven.compiler.source>
        <project.build.sourceEncoding>UTF-8</project.build.sourceEncoding>
        <quarkus-plugin.version>2.5.0.Final</quarkus-plugin.version>
        <quarkus.platform.artifact-id>quarkus-bom</quarkus.platform.artifact-id>
        <quarkus.platform.group-id>io.quarkus</quarkus.platform.group-id>
        <quarkus.platform.version>2.5.0.Final</quarkus.platform.version>
        <surefire-plugin.version>3.0.0-M5</surefire-plugin.version>
        <jkube.version>1.5.1</jkube.version>
        <jkube.generator.name>
            ${quarkus.container-image.registry}/${quarkus.container-image.group}
            /${quarkus.container-image.name}:${quarkus.container-image.tag}   ❶
        </jkube.generator.name>
        <jkube.enricher.jkube-service.type>
            NodePort
        </jkube.enricher.jkube-service.type>   ❷
    </properties>
    <dependencyManagement>
        <dependencies>
            <dependency>
                <groupId>${quarkus.platform.group-id}</groupId>
                <artifactId>${quarkus.platform.artifact-id}</artifactId>
                <version>${quarkus.platform.version}</version>
                <type>pom</type>
                <scope>import</scope>
            </dependency>
        </dependencies>
    </dependencyManagement>
    <dependencies>
        <dependency>
            <groupId>io.quarkus</groupId>
            <artifactId>quarkus-container-image-jib</artifactId>
        </dependency>
        ...
    </dependencies>
    <build>
        <plugins>
            <plugin>
                <groupId>org.eclipse.jkube</groupId>
                <artifactId>kubernetes-maven-plugin</artifactId>
                <version>${jkube.version}</version>
                <configuration>
                    <buildStrategy>jib</buildStrategy>   ❸
                </configuration>
            </plugin>
```

```
        ...
      </plugins>
    </build>
    ...
</project>
```

❶ JKube 이미지명에 쿼커스 확장 프로퍼티를 사용해 일관성을 높인다.

❷ NodePort 타입은 각 노드의 IP를 정적으로 서비스에 노출한다.

❸ 빌드 전략으로 Jib을 지정한다.

k8s:build는 컨테이너 이미지 빌드, k8s:resource는 쿠버네티스 리소스 생성 명령이다. 둘
은 다음과 같이 한번에 호출할 수 있다.

```
mvn package k8s:build k8s:resource \
    -Dquarkus.container-image.registry=quay.io \
    -Dquarkus.container-image.group=repo \
    -Dquarkus.container-image.name=demo \
    -Dquarkus.container-image.tag=1.0.0-SNAPSHOT
```

실행 결과, **target/classes/META-INF/jkube** 디렉터리 하위에 다음과 같은 파일 구조가
생성된다.

```
¦-- kubernetes
¦ ¦-- demo-deployment.yml
¦ `-- demo-service.yml
`-- kubernetes.yml
```

kubernetes.yml 파일은 디플로이먼트와 서비스 리소스 정의를 모두 담고 있으며 **kubernetes**
폴더의 두 파일은 각각을 별도로 담고 있다.

데코레이트 매니페스트처럼 **kubernetes.yml**도 다음과 같이 명령줄 인터페이스로 직접 배포
할 수 있다.

```
kubectl apply -f target/classes/META-INF/jkube/kubernetes.yml
```

또는 다음과 같이 메이븐 명령으로 JKube 플러그인의 **k8s:apply**을 실행해도 결과는 동일하다.

```
mvn k8s:apply
```

k8s:apply는 앞서 생성된 파일들을 검색하고 쿠버네티스 클러스터에 반영한다. 클러스터에 올라간 애플리케이션은 클러스터 IP와 파드에 설정된 포트를 통해 접근할 수 있다.

이 외에도 JKube는 쿠버네티스 리소스와 클러스터의 상호작용을 모델링하는 다양한 명령들을 제공한다. [표 8-2]는 쿠버네티스용 메이븐 플러그인에서 지원하는 명령들이다.

표 8-2 이클립스 JKube가 제공하는 메이븐 골

메이븐 골	설명
k8s:log	쿠버네티스에서 실행 중인 컨테이너의 로그를 조회한다.
k8s:debug	쿠버네티스에 배포된 애플리케이션을 IDE로 디버깅할 수 있도록 디버그 포트를 연다.
k8s:watch	애플리케이션의 변경 사항을 감지하고 자동으로 애플리케이션을 배포한다.
k8s:deploy	Install 골에 이어 매니페스트 파일을 쿠버네티스 클러스터에 반영한다.
k8s:undeploy	k8s:apply로 배포된 모든 리소스를 삭제한다.

지금까지 알아본 내용은 쿠버네티스 배포 방법 자체였다. 이제부터는 배포 전략을 선택하고 적절하게 구현함으로써 배포 절차와 결과를 더 정교하게 다듬을 것이다.

8.2.4 배포 전략 선택 및 구현

단일 애플리케이션을 쿠버네티스에 배포하는 것은 적당한 툴만 있다면 누구나 쉽게 할 수 있는 일이다. 데브옵스 개발자는 여기서 한 걸음 더 나아가, 실행 중인 마이크로서비스를 새로운 버전으로 교체하는 동시에 다운타임 없이 서비스를 지속시킨다.

쿠버네티스 배포 전략을 수립할 때는 다음 요소들의 할당량을 고려해야 한다.

- 애플리케이션이 필요로 하는 인스턴스 수
- 정상적으로 가동되어야 하는 최소 인스턴스
- 최대 인스턴스

가장 이상적인 상황은 적정 규모의 인스턴스를 최소한의 리소스(CPU, 메모리)로 최단 시간동

안 실행하는 것이다. 그간 확립되고 검증된 방법론을 먼저 검토한 다음 각각의 성능을 비교해 보자.

쿠버네티스 디플로이먼트 오브젝트에서 가장 단순한 배포 전략은 Recreate다. 한번에 모든 인스턴스를 교체하는 올인원All-in-one 배포라 생각하면 쉽다. 다음 매니페스트를 살펴보자.

```yaml
apiVersion: apps/v1
kind: Deployment
metadata:
  labels:
    app: demo
  name: demo
spec:
  strategy:
    type: Recreate ❶
  revisionHistoryLimit: 15 ❷
  replicas: 4
  selector:
    matchLabels:
      app: demo
  template:
    metadata:
      labels:
        app: demo
    spec:
      containers:
      - image: quay.io/repo/demo:1.0.0-SNAPSHOT
        imagePullPolicy: IfNotPresent
        name: quarkus
        ports:
        - containerPort: 8080
          name: http
          protocol: TCP
```

❶ 배포 전략을 Recreate로 지정한다.

❷ 배포 이후 유지할 이전 레플리카셋의 개수를 reviseHistoryLimit에 지정한다. 쿠버네티스에서 이 설정의 기본값은 10이다.

디플로이먼트 스펙을 클러스터에 배포할 때마다 쿠버네티스는 모든 실행 인스턴스를 일단 중단한 다음 새로운 파드 인스턴스로 다시 올린다. 최소, 최대 인스턴스를 설정할 필요가 없으며 고정된 인스턴스 개수(4)만 설정하면 된다.

이번 예시에서 쿠버네티스는 인스턴스를 업데이트한 다음 이전 레플리카셋을 삭제하지 않는다. 그 대신 복사본 수를 0으로 설정하고 보존한다. 배포로 인해 시스템의 안정성에 문제가 생기면 정상적이었던 과거의 레플리카셋을 선택해 복원할 수 있다.

다음 명령을 실행하면 과거의 롤아웃 리비전 기록이 출력된다.

```
kubectl rollout history deployment/demo
```

다음 명령을 실행하면 특정 리비전으로 인스턴스가 복원된다.

```
kubectl rollout undo deployment/demo --to-revision=[revision-number]
```

Recreate 전략은 메모리와 CPU 소비량 면에서 효율적이지만 마이크로서비스가 일시 중단되는 시간적 격차가 발생한다.

현재 가동 중인 인스턴스를 점진적으로 교체하는 전략도 있다. 다음은 쿠버네티스의 내장 전략 중 하나인 RollingUpdate의 설정이다.

```
apiVersion: apps/v1
kind: Deployment
metadata:
  labels:
    app: demo
  name: demo
spec:
  strategy:
    type: RollingUpdate
    rollingUpdate:
      maxUnavailable: 1 ❶
      maxSurge: 3 ❷
  replicas: 4 ❸
  selector:
    matchLabels:
      app: demo
  template:
    metadata:
      labels:
```

```
        app: demo
  spec:
    containers:
    - image: quay.io/repo/demo:1.0.0-SNAPSHOT
      imagePullPolicy: IfNotPresent
      name: quarkus
      ports:
      - containerPort: 8080
        name: http
        protocol: TCP
```

❶ 배포를 진행하는 동안 중단시킬 최대 파드 수

❷ 목표를 초과해서 생성할 최대 파드 수

❸ 목표 파드 수

이 전략은 비활성 파드의 최대 개수를 제어하는 방식으로 업그레이드 배포의 안전성과 서비스 연속성을 보장한다. 그러나 신규 마이크로서비스 버전의 구동 소요 시간에 따라 전체 전환 기간이 더 늘어날 가능성이 있다. 이 배포 전략을 실행하는 도중 시스템 안정성에 문제가 생기면 쿠버네티스는 디플로이먼트 템플릿을 갱신하는 한편 기존 실행 중이었던 파드는 유지한다

> **CAUTION** spec에 전략을 지정하지 않으면 쿠버네티스는 기본적으로 `RollingUpdate`를 채택한다.

애플리케이션이 데이터베이스와 연동하는 경우, 두 버전의 애플리케이션이 동시에 실행되는 상황과 파급 효과를 고려해야 한다. 이 전략의 단점은 업그레이드 도중 신, 구 애플리케이션 버전이 혼재하는 기간이 발생한다는 것이다. 프로덕션의 애플리케이션 버전을 통일성 있게 유지하는 동시에 다운타임 없이 배포를 진행하고자 한다면 블루/그린 배포 기법을 검토해야 한다.

블루/그린 배포는 프로덕션과 동일한 두 벌의 환경을 활용해 다운타임과 실패 리스크를 줄이는 전략이다. [그림 8-2]에 보이듯 각 추가 환경은 블루와 그린이라는 이름이 붙는다. 이 전략에서 신규 인스턴스는 사용자 요청을 처리하지 않고 대기하다가 인스턴스 전체가 온전히 작동한다고 판단되는 즉시 이전 인스턴스를 대체한다. 블루/그린 배포는 서비스 오케스트레이션과 요청 라우팅 시스템을 전제로 실현된다.

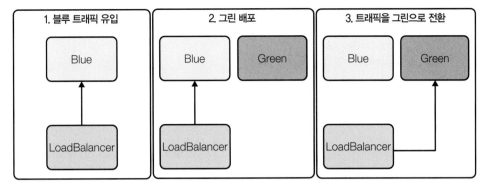

그림 8-2 블루/그린 전략

표준 쿠버네티스 오브젝트로 블루/그린 배포를 구현하는 과정은 다음과 같다.

1. version: blue 레이블이 지정된 마이크로서비스를 배포한다. 이렇듯 version 레이블을 이용해 **블루 디플로이먼트**를 규격화한다. 명령 구문과 매니페스트는 다음과 같다.

```
kubectl apply -f blue_deployment_sample.yml
```

```
apiVersion: apps/v1
kind: Deployment
metadata:
  creationTimestamp: null
  labels:
    app: demo
    version: blue
name: demo-blue
spec:
  replicas: 1
  selector:
    matchLabels:
      app: demo
      version: blue
  template:
    metadata:
      creationTimestamp: null
      labels:
        app: demo
        version: blue
    spec:
```

```
containers:
  - image: nginx:1.14.2
    name: nginx-demo
    imagePullPolicy: IfNotPresent
    ports:
      - containerPort: 80
    resources: {}
```

2. 이 디플로이먼트를 쿠버네티스 서비스로 노출시킨다. 다음 명령을 실행하면 블루 버전으로 트래픽이 유입된다.

```
kubectl expose deployment demo-blue --selector="version=blue"
        --type=LoadBalancer
```

3. version: green이 설정된 **그린 디플로이먼트**를 마이크로서비스에 apply한다. 다음은 명령 구문과 매니페스트 본문이다.

```
kubectl apply -f green_deployment_sample.yml
```

```
apiVersion: apps/v1
kind: Deployment
metadata:
  creationTimestamp: null
  labels:
    app: demo
    version: green
  name: demo-green
spec:
  replicas: 1
  selector:
    matchLabels:
      app: demo
      version: green
  template:
    metadata:
      creationTimestamp: null
      labels:
        app: demo
        version: green
    spec:
```

```
containers:
  - image: nginx:1.14.2
    name: nginx-demo
    imagePullPolicy: IfNotPresent
    ports:
      - containerPort: 80
    resources: {}
```

4. 서비스 오브젝트에 패치를 적용해 블루에서 그린으로 트래픽을 전환한다.

```
kubectl patch svc/demo -p '{"spec":{"selector":{"version":"green"}}}'
```

5. 블루 디플로이먼트의 역할이 끝나면 kubectl delete 명령으로 제거할 수 있다.

롤링 업데이트는 다른 전략보다 더 복잡하고 많은 리소스가 필요하지만 소프트웨어 개발과 사용자 피드백 사이의 시간적 공백을 단축시킨다는 장점이 있다. 또한 실험적인 기능을 시도할 때 부담을 덜어주는 역할을 한다. 배포 이후 문제가 발생하더라도 안정적인 과거 버전으로 신속하게 라우팅을 전환할 수 있기 때문이다.

> **TIP** 쿠버네티스와 호환되는 별도의 클라우드 네이티브 툴로 편리하게 블루/그린 전략을 구현할 수 있다. 이스티오Istio[21]나 Knative[22] 등이 대표적이다.

마지막으로 살펴볼 **카나리아 배포**canary deployment 전략은, 소수의 사용자에게 소프트웨어를 선행 릴리스함으로써 위험 부담을 낮추는 동시에 신규 시스템 기능도 검증하는 전략이다. 카나리아 배포는 기존 애플리케이션 인스턴스를 그대로 둔 채 새로운 마이크로서비스 버전을 시험해볼 수 있다는 장점이 있다. 카나리아 그룹과 기존 배포 그룹의 작동 상태를 비교 평가하려면 서비스 인스턴스 상단에 로드 밸런서를 구성하고 가중치 기반 라우팅weighted routing을 추가해야 한다. 로드 밸런서는 각 리소스로 라우팅되는 트래픽의 양을 제어한다.

현재, 카나리아 전략을 구현하려면 [그림 8-3]처럼 별도의 툴을 활용해 추가 네트워크 계층을 구성해야 한다. 가중치 기반 라우팅을 지원하는 API 게이트웨이가 API 엔드포인트를 관리하

---

21 https://istio.io
22 https://knative.dev

며 각각에 라우팅되는 트래픽의 양을 결정한다. 이스티오는 쿠버네티스와 잘 어울리는 서비스 메시 컨트롤 플레인이다. 서비스 간 네트워크 통신 및 각 서비스 버전에 따른 사용자 트래픽 제어 기능을 제공한다.

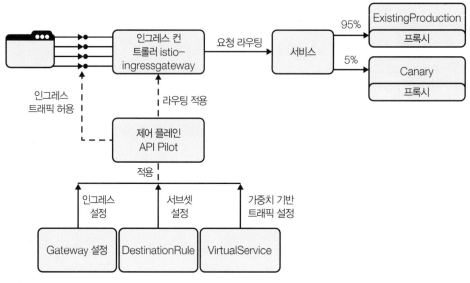

그림 8-3 이스티오의 가중치 기반 트래픽 라우팅을 이용한 카나리아 전략

[표 8-3]은 앞서 설명한 배포 전략들의 특성을 요약 정리한 표다. 배포 메커니즘을 선택할 때 참고하기 바란다.

표 8-3 배포 전략별 특징

	Re-create	롤링 업데이트	블루/그린	카나리아
쿠버네티스 자체 지원	예	예	아니오	아니오
다운타임 발생	예	아니오	아니오	아니오
롤백 프로세스	기존 버전을 수동으로 롤아웃	롤아웃 중단 후 기존 버전 유지	기존 버전으로 트래픽 이전	카나리아 인스턴스 삭제
트래픽 제어	아니오	아니오	예	예
신/구 버전에 동시 트래픽 발생	아니오	예	아니오	예

8.3 쿠버네티스 워크로드 관리

쿠버네티스 환경에서 실행되는 애플리케이션을 **워크로드**workload라 한다. 클러스터에서 워크로드는 하나 이상의 파드에서 각각의 라이프 사이클을 따라 실행된다. 쿠버네티스는 파드 라이프 사이클을 간편하게 관리할 수 있도록 다음과 같은 내장 워크로드 리소스를 제공한다.

*디플로이먼트*deployment**와** *레플리카셋*ReplicaSet

스테이트리스stateless 애플리케이션용 워크로드다.

*스테이트풀셋*StatefulSet

스테이트풀 애플리케이션을 단일 인스턴스 또는 복제 인스턴스 집합으로 실행한다.

*잡*job**과** *크론잡*CronJob

일회성 태스크를 정의한다. 배치 프로세스 작업을 구현할 때 편리하게 사용할 수 있다. 잡은 단일 실행, 크론잡은 일정에 맞추어 실행되는 태스크다.

*데몬셋*DaemonSet

주로 노드 전체에 영향을 미치는 기능이 필요한 경우 사용한다. 이 리소스 유형의 워크로드는 대부분 일반 스케줄러가 아닌 데몬셋 컨트롤러가 관리한다.

통상적으로 마이크로서비스는 스테이트리스 애플리케이션이다. 디플로이먼트 스펙을 담아 쿠버네티스 매니페스트를 생성하고 배포하면 애플리케이션은 클러스터에 탑재된다. 그러나 마이크로서비스는 데이터베이스 등의 다양한 서비스에 의존한다. 외부 요인으로 인한 마이크로서비스 장애를 효과적으로 방지하려면 어떤 조치를 취해야 할까? 또한 마이크로서비스 코드베이스의 변화에 따라 메모리와 CPU 사용량을 적절히 배분하는 방법은 무엇일까?

8.3.1 헬스 체크

클라우드 환경과 분산 시스템을 운영함으로써 발생하는 긍정적인 효과 중 하나는 마이크로서비스의 독립성이 배포 자동화의 필요성을 고취시킨다는 점이다. 자동화를 구축하면 하루에도 여러 번 배포할 수 있으며 배포 인스턴스도 늘어난다. 따라서 각 배포 이후 애플리케이션이 성공적으로 구동되었고 예상대로 실행되고 있는지 확인할 수단이 필요하다. 시스템이 보유한 컴포넌트가 늘어날수록 교착 상태, 호스트 사용 불가, 하드웨어 장애 등의 문제가 발생할 가능성은 커진다. 사소한 장애가 대규모 재난으로 발전하기 전에 미리 문제를 감지하려면, 헬스 체크를 통해 마이크로서비스의 상태를 검사해야 한다.

헬스 체크는 애플리케이션 코드에서 인프라스트럭처에 이르는 전 시스템을 대상으로 확장할 수 있다.

인프라 수준에서 수집된 애플리케이션 헬스 체크 정보는 레디니스 프로브readiness probe가 트래픽을 통제하거나 라이브니스 프로브liveness probe가 컨테이너 재시작 시기를 결정하는 용도로 활용된다. 라이브니스 프로브는 레디니스 프로브 진단 직후에 실행되지 않는 경우도 있다. 애플리케이션이 초기화되는 데 추가로 시간이 걸리는 경우, 프로브 실행 전 대기 시간(초)을 설정해 시기를 맞춘다. 또는 스타트업 프로브startup probe를 통해 컨테이너 시작 여부를 직접 확인하는 방법도 있다.

큐블릿kubelet은 라이브니스, 레디니스, 스타트업 등이 세 가지 프로브로 쿠버네티스 컨테이너의 상태를 평가한다. 레디니스 프로브는 컨테이너가 트래픽을 받아들일 준비가 되었는지 확인하며 라이브니스 프로브는 컨테이너 재시작 여부를 결정한다. 각 프로브는 다음 세 가지 메커니즘을 활용해 구현할 수 있다.

- 컨테이너의 TCP 소켓 개방 상태 검사
- 컨테이너 애플리케이션이 노출한 API 엔드포인트에 HTTP 요청 전송
- 애플리케이션이 HTTP나 TCP가 아닌 프로토콜을 사용할 경우 컨테이너에서 직접 명령 실행

> **NOTE** 2022년 현재 쿠버네티스 v1.26은 gRPC 헬스 체크 메커니즘을 베타 기능으로 제공한다. 공식 문서[23]를 통해 쿠버네티스 프로브의 발전 현황을 계속 주시하기 바란다.

헬스 체크를 구현하는 가장 간단한 방법은 실행 중인 애플리케이션의 API 엔드포인트에 주기적으로 체크 요청을 전송하며 평가하는 것이다. 이러한 요청의 응답 페이로드는 시스템의

---

23 https://oreil.ly/IDsqC

상태를 확인할 수 있는 정보여야 한다. 헬스 체크용 엔드포인트는 일반적으로 HTTP GET 또는 HEAD 요청을 수신하며 시스템의 상태에 영향을 미치지 않는 간단한 기능을 수행하도록 구현한다. 이를테면 **/health**라는 레스트풀 API 엔드포인트를 만들어 마이크로서비스의 내부 상태를 확인하는 용도로 사용하는 식이다. 프레임워크에 알맞게 제작된 의존성을 이용해 이러한 엔드포인트를 간편하게 얻을 수도 있다.

액추에이터actuator[24] 모듈은 스프링 애플리케이션에 대한 통찰을 얻기 좋은 툴이다. 액추에이터는 애플리케이션의 실행 상태를 나타내는 메트릭을 수집하고 HTTP 엔드포인트와 JMX^Java Management Extensions를 통해 노출한다.

[표 8-4]는 메이븐과 그레이들의 액추에이터 의존성 정의다. 액추에이터를 추가하면 기본적으로 **/actuator/health** 엔드포인트가 개설된다.

표 8-4 메이븐과 그레이들의 액추에이터 의존성 정의

빌드 툴	의존성 정의
메이븐	``` <dependency> <groupId>org.springframework.boot</groupId> <artifactId>spring-boot-starter-actuator</artifactId> </dependency> ```

그레이들	```
	dependencies {
	    compile("org.springframework.boot:spring-boot-starter-actuator")
	}
	``

액추에이터는 개별 또는 복합 컴포넌트의 헬스 지표를 나타내는 다양한 클래스를 제공한다. DataSourceHealthIndicator, MongoHealthIndicator, RedisHealthIndicator, CassandraHealthIndicator 등의 내장 인디케이터 클래스는 모두 HealthIndicator 인터페이스를 구현하며 각자 담당하는 컴포넌트의 상태를 확인한다. 가령 데이터베이스를 저장소로 쓰는 애플리케이션은 스프링 부트가 데이터 소스를 감지하는 순간 자동으로 데이터베이스 헬스 지표가 추가된다. 또한 데이터베이스에 접속해 간단한 쿼리를 수행하는 방식으로 정보를 수집한다.

내장 인디케이터를 사용하면 개발 시간을 아낄 수 있지만 의존 시스템의 복합적인 상태는 확인

---

24 https://oreil.ly/rNxMx

하기 어렵다. 스프링 부트는 애플리케이션 콘텍스트의 모든 헬스 인디케이터를 **/actuator/ health** 엔드포인트에 집계한다. 그러나 의존 시스템 중 한 곳이라도 헬스 체크에 응답하지 않으면 복합 검증 전체가 실패하고 만다. 이런 상황에 대처하려면 스프링 빈에 포함된 CompositeHealthContributor 인터페이스를 직접 구현하거나 별도의 폴백 응답을 마련해 헬스 체크 실패에 대비해야 한다.

마이크로프로파일의 헬스 모듈을 사용하면 서비스가 자신의 상태를 스스로 조사하고 전체적인 결과를 특정 엔드포인트에 게시한다. 쿼커스 애플리케이션은 이클립스 마이크로프로파일 헬스 체크 스펙을 구현한 SmallRye Health 확장[25]을 제공한다. [표 8-5]은 메이븐과 그레이들의 SmallRye 의존성 설정 구문이다.

표 8-5 SmallRye Health의 메이븐과 그레이들 의존성

빌드 툴	의존성 정의

메이븐	```<dependency>```
	``` <groupId>io.quarkus</groupId>```
	``` <artifactId>quarkus-smallrye-health</artifactId>```
	```</dependency>```

그레이들	```dependencies {```
	``` implementation 'io.quarkus:quarkus-smallrye-health'```
	```}```

쿼커스의 모든 헬스 체크 결과는 **/q/health**라는 REST 엔드포인트에 취합된다. 쿼커스 확장 중 일부는 자신의 헬스 체크 데이터를 기본적으로 제공한다. 즉 확장 모듈이 자동으로 자신의 헬스 체크를 등록한다는 뜻이다.

예를 들어 **quarkus-agroal** 확장은 쿼커스 데이터 소스의 유효성을 검사하고 해당 소스의 레디니스 헬스 체크를 자동으로 등록한다. 자동 등록 기능을 *끄려면* quarkus.health.extensions. enabled 속성을 false로 설정하면 된다.

의존 시스템의 상태를 직접 조사하려면 org.eclipse.microprofile.health.HealthCheck 인터페이스를 구현하고 각 클래스에 @Liveness, @Readiness, @Startup 등의 어노테이션을 지정해 역할을 구분하면 된다. 이런 방식으로 복합 헬스 체크를 구현하면 시스템들의 상태를

---

25 https://oreil.ly/r9QuE

집계해서 확인할 수 있다. 그러나 의존 시스템 중 한 곳이라도 장애가 발생하면 복합 헬스 체크는 제구실을 하지 못한다.

좀 더 능동적으로 헬스 체크 전략을 세우려면 폴백 응답을 구성하고 일련의 애플리케이션 상태 메트릭을 종합적으로 모니터링해야 한다. 시스템의 장애가 돌이킬 수 없이 악화되기 전에 미리 감지할 수 있다면 완화 조치를 취할 수 있는 시간적 여유도 늘어난다.

> **TIP** 쿼커스는 주요 확장 모듈의 레디니스 프로브를 자동으로 등록한다. 또한 다양한 컴포넌트의 작동 상태를 확인하도록 다음과 같은 헬스 체크 구현체들을 제공한다.
>
> - **SocketHealthCheck**는 소켓을 통해 호스트 접속 가능 여부를 확인한다.
> - **UrlHealthCheck**는 HTTP URL을 이용해 호스트 접속 가능 여부를 확인한다.
> - **InetAddressHealthCheck**는 **InetAddress.isReachable** 메서드를 사용해 호스트 접속 가능 여부를 확인한다.

REST 엔드포인트를 통해 애플리케이션 수준에서 헬스 체크를 구현하는 경우 실제 HTTP 요청을 보내는 역할은 주로 프로브가 담당한다. 쿠버네티스 프로브는 이러한 엔드포인트를 참조해 컨테이너의 상태를 판단한다. 다음은 프로브의 행동을 제어하는 설정 매개변수들이다.

- 프로브 실행 빈도(periodSeconds)
- 컨테이너 구동 후 프로브를 시작하기까지 대기하는 시간(initialDelaySeconds)
- 프로브 작동 실패로 간주하는 초 단위 소요 시간(timeoutSeconds)
- 프로브 작동 실패 후 재실행 시도 횟수(failureThreshold)
- 프로브 작동 실패 후 재성공으로 간주되는 최소 연속 성공 횟수(successThreshold)

앞서 쿠버네티스 매니페스트를 생성할 때 사용했던 데코레이트나 JKube를 이용하면 헬스 프로브도 함께 설정할 수 있다. 우선 스프링 부트 프로젝트에 액추에이터 의존성을 추가하고 다음 명령으로 패키지를 생성해보자.

```
mvn clean package
```

다음과 같이 쿠버네티스 매니페스트 파일이 **target/classes/dekorate/** 디렉터리에 생성되며 헬스 프로브 스펙이 자동으로 포함된다.

```
---
apiVersion: v1
kind: Service
#[...]
---
apiVersion: apps/v1
kind: Deployment
metadata:
  annotations:
    app.dekorate.io/vcs-url: <<unknown>>
  labels:
    app.kubernetes.io/version: 0.0.1-SNAPSHOT
    app.kubernetes.io/name: demo
  name: demo
spec:
  replicas: 1
  selector:
    matchLabels:
      app.kubernetes.io/version: 0.0.1-SNAPSHOT
      app.kubernetes.io/name: demo
  template:
    metadata:
      annotations:
        app.dekorate.io/vcs-url: <<unknown>>
      labels:
        app.kubernetes.io/version: 0.0.1-SNAPSHOT
        app.kubernetes.io/name: demo
    spec:
      containers:
        - env:
          - name: KUBERNETES_NAMESPACE
            valueFrom:
              fieldRef:
                fieldPath: metadata.namespace
          image: repo/demo:0.0.1-SNAPSHOT
          imagePullPolicy: IfNotPresent
          livenessProbe:      ❶
            failureThreshold: 3   ❷
            httpGet:      ❸
              path: /actuator/info
              port: 8080
```

```
            scheme: HTTP
        initialDelaySeconds: 0   ❹
        periodSeconds: 30   ❺
        successThreshold: 1   ❻
        timeoutSeconds: 10   ❼
    name: demo
    ports:
      - containerPort: 8080
        name: http
        protocol: TCP
    readinessProbe:   ❶
      failureThreshold: 3   ❷
      httpGet:   ❸
        path: /actuator/health
        port: 8080
        scheme: HTTP
      initialDelaySeconds: 0   ❹
      periodSeconds: 30   ❺
      successThreshold: 1   ❻
      timeoutSeconds: 10   ❼
```

❶ 컨테이너 스펙 내부에 레디니스와 라이브니스 프로브 선언이 추가된다.

❷ 프로브 실패 후 세 번까지 재시도한다.

❸ 프로브는 HTTP GET 요청으로 컨테이너와 통신한다.

❹ 컨테이너를 가동하고 0초 대기 후 프로브를 시작한다.

❺ 30초 간격으로 프로브를 실행한다.

❻ 프로브 실패 이후 최소 한 번 실행되면 성공으로 간주한다.

❼ 응답 시간 10초 이후 프로브 실패로 간주한다.

> **TIP** 이클립스 JKube는 다양한 기술 스택에 대응하는 헬스 체크를 인리처Enricher 설정을 통해 지원한다. 상세한 목록은 공식 문서[26]를 참고하기 바란다.

지금까지 애플리케이션 헬스 체크로 시스템의 정상 작동 여부를 판단하는 기법을 배웠다. 다음으로 컨테이너 애플리케이션의 리소스 할당량을 세밀하게 조정하는 방법을 알아보자.

---

26 https://oreil.ly/guUR9

8.3.2 리소스 할당량 조정

클라우드 환경을 운용할 때는 일반적으로 다수의 사용자나 팀이 한정된 노드 안에서 클러스터를 공유한다. `ResourceQuota` 오브젝트는 배포된 애플리케이션들에 공평하게 자원을 배분하기 위해 클러스터 관리자가 활용하는 설정이다. 네임스페이스 단위로 리소스 소비량을 제한하는 제약 조건을 설정할 수 있다.

파드 스펙 설정 또한 컨테이너 리소스를 배정할 수 있는 곳이다. `requests`는 컨테이너에 필요한 최소 리소스를 정의하고 `limits`는 컨테이너가 사용할 최대 리소스를 정의한다. 큐블릿은 이 설정을 바탕으로 컨테이터의 리소스를 제한한다.

컨테이너는 통상적으로 CPU와 메모리 리소스를 제어한다. 파드의 컨테이너마다 다음과 같이 리소스를 정의할 수 있다.

- `spec.containers[].resources.limits.cpu`
- `spec.containers[].resources.limits.memory`
- `spec.containers[].resources.requests.cpu`
- `spec.containers[].resources.requests.memory`

쿠버네티스에서 CPU는 밀리코어^{millicores} 또는 밀리CPU^{millicpu} 단위로 값을 할당하며 메모리는 바이트 단위로 측정한다. 큐블릿이 파드에서 CPU와 메모리 등의 메트릭을 수집하면 메트릭 서버[27]로 이를 확인할 수 있다.

컨테이너가 리소스 경쟁을 시작하는 상황에 대비하려면 limits와 requests를 기준으로 CPU와 메모리 할당량을 신중하게 배분해야 한다. 구체적인 수치는 다음과 같은 요령을 통해 결정한다.

- 애플리케이션의 트래픽을 프로그래밍 방식으로 생성하는 툴 기법. 로컬 개발 환경에서 hey[28] 또는 Apache JMeter[29] 등의 툴로 트래픽을 재현할 수 있다.
- 수집한 메트릭을 바탕으로 CPU와 메모리의 requests와 limits를 결정하는 툴 기법. 예를 들어 로컬 개발 환경에서 minikube를 사용할 때는 `metrics-server` 애드온[30]으로 메트릭 데이터를 구할 수 있다.

----

27 https://oreil.ly/31lKM
28 https://oreil.ly/rJK0q
29 https://oreil.ly/pvNfd
30 https://oreil.ly/9Ix3p

리소스 limits와 requests를 적절하게 결정하고 나면 컨테이너 스펙에 이를 추가해야 한다. 이 설정을 애플리케이션 수준에서 정의하고 데코레이트로 매니페스트를 생성하면 자동으로 컨테이너 설정에 반영된다. 다음은 데코레이트를 포함한 쿠버네이트 확장을 쿼커스에 추가하는 명령이다.

```
mvn quarkus:add-extension -Dextensions="io.quarkus:quarkus-kubernetes"
```

다음은 **src/main/resources/application.properties** 파일에 추가할 설정이다.

```
quarkus.kubernetes.resources.limits.cpu=200m
quarkus.kubernetes.resources.limits.memory=230Mi
quarkus.kubernetes.resources.requests.cpu=100m
quarkus.kubernetes.resources.requests.memory=115Mi
```

이 설정은 애플리케이션을 패키징할 때 반영된다. `mvn clean package`를 실행하고 새로 생성된 디플로이먼트 오브젝트를 확인하면 다음과 같이 리소스 스펙이 추가된다.

```yaml
apiVersion: apps/v1
kind: Deployment
metadata:
  annotations:
    app.quarkus.io/build-timestamp: 2021-12-11 - 16:51:44 +0000
  labels:
    app.kubernetes.io/version: 1.0.0-SNAPSHOT
    app.kubernetes.io/name: demo
  name: demo
spec:
  replicas: 1
  selector:
    matchLabels:
      app.kubernetes.io/version: 1.0.0-SNAPSHOT
      app.kubernetes.io/name: demo
  template:
    metadata:
      annotations:
        app.quarkus.io/build-timestamp: 2021-12-11 - 16:51:44 +0000
      labels:
        app.kubernetes.io/version: 1.0.0-SNAPSHOT
        app.kubernetes.io/name: demo
```

```
spec:
  containers:
    - env:
      - name: KUBERNETES_NAMESPACE
        valueFrom:
          fieldRef:
            fieldPath: metadata.namespace
    image: quay.io/repo/demo:1.0.0-SNAPSHOT
    imagePullPolicy: Always
    name: demo
    resources:
      limits:
        cpu: 200m    ❶
        memory: 230Mi    ❶
      requests:
        cpu: 100m    ❷
        memory: 115Mi    ❷
```

❶ 컨테이너의 CPU와 메모리 리소스를 최대 200밀리코어(m)와 230메비바이트(MiB)[31]로 제한한다.

❷ 컨테이너의 CPU와 메모리 리소스 요청량을 최소 100m와 115MiB로 설정한다.

> **CAUTION** 컨테이너의 메모리 limits를 지정하고 requests를 생략하면 쿠버네티스는 자동으로 limits와 동일하게 메모리 requests를 할당한다. 마찬가지로 CPU requests를 생략하면 CPU limits와 동일하게 requests가 할당된다.

8.3.3 영속 데이터 처리

마이크로서비스의 기본 원칙에 따르면 각 서비스는 자신의 데이터를 자체적으로 관리해야 한다. 서로 다른 서비스가 동일한 데이터 스키마를 공유하면 의도치 않은 결합이 발생하고 배포 독립성을 해칠 위험이 있다.

CouchDB나 MongoDB 등의 NoSQL을 쓸 때는 데이터베이스의 변경 사항에 대해 크게 걱

---

31 옮긴이_ 메비바이트(Mebibyte, MiB)는 메가 이진 바이트(Mega Binary byte)라고도 한다. 10^6과 혼용되는 메가바이트와 달리 정확하게 2^{20}을 나타낸다.

정할 필요가 없다. 애플리케이션 코드 내부에서 데이터 구조를 변경할 수 있기 때문이다.

반면 표준 SQL 데이터베이스를 사용할 때는 Flyway[32]나 Liquibase[33] 등의 툴로 스키마 변경 작업을 처리하면 좋다. 이들은 마이그레이션 스크립트를 생성하고 실행하는 역할을 대신하며 데이터베이스에서 이미 실행된 스크립트와 그렇지 않은 스크립트를 추적한다. 이러한 툴을 호출하면 현재 존재하는 스크립트를 검색한 다음 작업 여부와 대상 데이터베이스를 식별하고 자동으로 실행한다.

데이터베이스 변경 작업이 포함된 배포 전략을 세울 때는 8.2.4절에서 배운 내용에 더해 다음과 같은 사안을 추가로 고려해야 한다.

- 배포가 진행되는 동안 두 버전의 데이터베이스 스키마 모두 애플리케이션과 원활하게 연동되어야 한다.
- 이전 버전의 컨테이너 애플리케이션에 대한 스키마 호환성이 보장되어야 한다.
- 컬럼 데이터 타입을 변경하려면 이전 컬럼 타입으로 저장됐던 모든 데이터도 함께 변환되어야 한다.
- 컬럼, 테이블, 뷰 이름을 변경하는 작업은 호환성을 유지할 수 없다. 별도의 트리거나 마이그레이션 스크립트를 구현하지 않는 한 이전 버전과 연동되지 않는다.

마이크로서비스를 독립적으로 관리하려면 애플리케이션 배포와 마이그레이션 스크립트를 분리해야 한다. 대부분의 경우 클라우드 공급자는 클라우스 서비스의 일환으로 다양한 데이터 소스를 함께 제공한다. 별도 관리하거나 유지보수할 필요가 없는 데이터베이스 솔루션을 찾는다면 이러한 서비스가 제격이다. 대신 이 경우는 민감한 데이터의 보호, 보안, 관리에 특별히 더 주의를 기울여야 한다.

데이터베이스를 쿠버네티스로 실행해야 하는가? 이 질문의 대답은 쿠버네티스가 워크로드 및 트래픽을 관리하는 방식이 해당 데이터베이스의 운영 절차와 얼마나 잘 들어맞는가에 달렸다. 데이터베이스를 관리하는 일련의 작업은 결코 단순하지 않기에, 쿠버네티스 커뮤니티는 데이터베이스 실행에 필요한 다양한 오퍼레이터를 구현하고 한 자리에 취합하는 방식으로 대응하고 있다. 이러한 광범위한 오퍼레이터 목록은 OperatorHub.io[34]에서 직접 확인하기 바란다.

---

32 https://flywaydb.org
33 https://liquibase.org
34 https://operatorhub.io

8.4 모니터링, 로깅, 트레이싱 모범 사례

이번 장을 시작하고 지금까지 우리는 컨테이너 애플리케이션을 실제로 작동시키는 과정에 집중했다. 로컬 컴퓨터에서 애플리케이션의 유일한 최종 사용자는 개발자다. 그러나 애플리케이션은 필연적으로 프로덕션의 세계로 진출해 수많은 최종 사용자와 조우하게 된다. 이들의 기대에 부응하려면 다양한 조건과 환경 요인 속에서 시간의 흐름에 따라 변모하는 애플리케이션의 발전 양상을 지속적으로 관찰해야 한다.

관찰 가능성observability이라는 용어는 최근 몇 년 사이에 IT 업계의 인기 화두로 급부상했지만, 사실 대부분의 자바 애플리케이션은 원래부터 관찰 가능한 대상이었다. 관찰 가능성은 로그, 메트릭, 트레이스 등 시스템이 생성하는 텔레메트리 데이터를 기반으로 시스템의 현재 상태를 측정하는 역량을 일컫는다. 감사, 예외 처리, 이벤트 로깅 등을 구현한 자바 애플리케이션은 이미 관찰 가능성이 부여된 셈이다. 이번 절은 여기서 한 걸음 더 나아가 분산 시스템의 관찰 가능성을 구축한다. 지금까지와 다른 여러 툴을 이용해 모니터링, 로깅, 트레이싱을 구현할 것이다.

> **NOTE** 모든 개발자는 자신과 팀이 담당하는 애플리케이션, 네트워크, 인프라를 언제든지 관찰할 수 있어야 한다. 각각을 구현한 툴이나 기술이 무엇이든 예외는 없다.

애플리케이션과 인프라는 유용한 메트릭, 로그, 트레이스를 생성하며 이들을 통해 시스템을 정확하게 관찰할 수 있다. 이러한 텔레메트리 데이터는 시스템의 상태를 시각화하고 성능 저하 경보 체계를 구축하는 데 활용한다. [그림 8-4]는 이 과정을 나타낸 흐름도다.

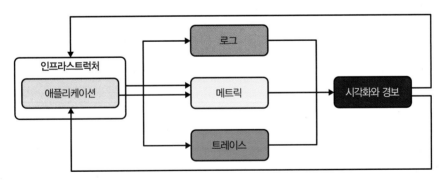

그림 8-4 애플리케이션과 인프라의 메트릭, 로그, 트레이스 수집 과정

경보 체계는 이제껏 예측하지 못했던 시나리오를 발견하고 예측했던 장애의 복구 메커니즘을 구축하는 보조 장치다. 경보 발생 분포를 분석하면 시스템의 통상적인 워크플로 속에서 문제 패턴을 식별할 수 있다. 이 패턴을 바탕으로 자동 복구 메커니즘을 구현하고 경보 발생 상황에 대처한다.

분산 시스템의 상태에 대한 관찰 가능성을 획득하면 마이크로서비스 장애 복구 시스템이 필요로 하는 입력 데이터가 확보된다. [그림 8-5]는 이 과정을 나타낸 흐름도다. 쿠버네티스는 장애 컨테이너 재시작, 비정상 컨테이너 폐기, 완비되지 않은 파드의 트래픽 라우팅 배제 등의 자가 치유 메커니즘을 내장하고 있다. 제어 플레인은 워커 노드의 상태를 관찰하며 노드 수준의 감시를 담당한다. 자동 복구 메커니즘을 구현하는 방식에 따라 잡과 데몬셋 리소스를 자가 치유 메커니즘에 포함시키기도 한다. 가령 데몬셋은 모든 워커에 노드 모니터링 데몬을 실행하는 용도로 활용한다. 또한 잡은 지정한 횟수만큼 파드가 정상 종료되기까지 반복적으로 하나 이상의 파드를 재생성하는 방식으로 복구 메커니즘에 기여한다.

그림 8-5 관찰에서 시작해 복구 자동화가 구현되는 과정

또한 관찰 가능성은 트래픽이 급증하는 순간의 시스템 상태를 파악하도록 돕는다. 애플리케이션 응답이 지연될수록 최종 사용자가 겪는 불편은 커진다. 이 순간의 상태 정보가 있다면 컨테이너 애플리케이션의 스케일 확장 규모를 결정할 수 있다. 더 나아가 자동 스케일링을 구현하면 트래픽이 폭증할 때마다 매번 수작업으로 대처하지 않아도 된다. 활성 인스턴스 수가 자동으로 조절되며 필요한 리소스와 인스턴스가 상황에 맞게 생성된다.

쿠버네티스의 HPA^HorizontalPodAutoscaler 리소스는 디플로이먼트 등의 워크로드 리소스를 자동으로 갱신하고 수요에 맞춰 확장하기 위해 만들어졌다. 부하가 증가하면 HPA 리소스는 더 많은 파드를 배포하며 대응한다. 반대로 부하가 감소하고 파드가 최소 설정보다 많아지면 디플로이먼트 리소스 스케일을 축소한다.

공식 문서[35]의 설명에 따르면 HPA 알고리즘은 다음과 같이 현재 메트릭에 대한 목표 메트릭

---

35 https://oreil.ly/UWebg

값의 비율로 나타낸다.

```
wantedReplicas = ceil[currentReplicas * (currentMetricValue / wantedMetricValue)]
```

HPA 리소스를 설정했을 때 이 알고리즘이 실제로 어떻게 작동하는지 확인해보자. 다음은 8.3.2절 '리소스 할당량 조정'에 나왔던 리소스 설정이다.

```
quarkus.kubernetes.resources.limits.cpu=200m
quarkus.kubernetes.resources.limits.memory=230Mi
quarkus.kubernetes.resources.requests.cpu=100m
quarkus.kubernetes.resources.requests.memory=115Mi
```

각 파드는 CPU에 최소 100m의 할당량을 요청한다. 이제 다음 명령을 사용해 이 배포의 모든 파드에서 평균 CPU 사용률을 80%로 유지하도록 HPA를 설정할 수 있다.

```
kubectl autoscale deployment demo --cpu-percent=80 --min=1 --max=10
```

CPU의 현재 메트릭 수치가 320m일 때 HPA 설정이 반영된 목표 수치는 200m의 80%인 160m이며, 현재 필요한 리소스 복사본의 개수는 320 / 160 = 2.0이다. 디플로이먼트는 HPA 설정에 맞추어 레플리카셋을 조정하고 레플리카셋은 워크로드의 요청에 맞게 파드를 추가한다. 이후 CPU 메트릭 수치가 120m으로 감소했다고 가정했을 때 목표 리소스는 다시 120 / 160 = 0.75로 줄어든다. 따라서 복사본은 한 개로 축소된다.

쿠버네티스는 **수직 스케일링**vertical scaling도 조절할 수 있다. 다시 말해 이미 실행 중인 파드에 더 많은 리소스를 할당하는 방식으로 워크로드 규모를 제어한다. 수직 스케일링 정책을 추가하려면 VerticalPodAutoscaler[36](VPA)를 설치하고 가동해야 한다. VerticalPodAutoscaler와 HorizontalPodAutoscaler는 되도록이면 함께 사용하지 않기 바란다. 두 기능이 동시에 리소스 CPU나 메모리를 제어하면 파드의 행동을 정확하게 예측하기 어렵다.

다음 절은 관찰 가능성의 효능을 더 잘 이해하기 위해 필요한 모니터링, 로깅, 트레이싱 기법들을 살펴본다. 앞으로 제시할 권장안들은 컨테이너 애플리케이션을 배포, 확장, 관리할 때 적용할 수 있다.

....
36 https://oreil.ly/vTegk

8.4.1 모니터링

모니터링이 정착되면 거의 실시간에 가깝게 시스템을 관찰할 수 있다. 모니터링 기술은 일반적으로 [그림 8-6]에 보이듯 사전 정의 메트릭과 로그를 수집하는 기술적 솔루션을 동반한다.

그림 8-6 메트릭 수집과 조회

메트릭은 시시각각 변하는 시스템의 속성을 수치로 나타낸 값이다. 최대 가용 자바 힙 메모리, 총 가비지 수집량 등 다양한 지표가 모니터링에 사용된다. [표 8-6]은 시스템 모니터링에 주로 쓰이는 메트릭 타입들이다.

표 8-6 일반적인 메트릭 타입

메트릭	설명
카운터(Counter)	정수로 표현된 증분 누적 수치
타이머(Timer)	이벤트의 횟수와 소요 시간을 함께 측정하는 메트릭
게이지(Gauge)	임의로 등락하는 단일 수치
히스토그램(Histogram)	데이터 스트림 내부의 값 분포치
미터(Meter)	일련의 이벤트가 발생하는 비율

메트릭을 취급하는 자바 라이브러리는 대표적으로 마이크로프로파일 메트릭, 스프링 부트 액추에이터, 마이크로미터Micrometer 등이 있다. 프로메테우스Prometheus[37]처럼 메트릭을 수집하고 검색하는 툴을 함께 활용하면 더욱 일목요연하게 시스템의 행동을 조망할 수 있다.

[예제 8-1]을 재활용해 메트릭을 실습해보자. JKube로 컨테이너 이미지와 쿠버네티스 리소스를 생성한 다음 **/actuator/prometheus**로 메트릭을 노출하고 프로메테우스에 전달할 것이다.

---

37 https://prometheus.io

먼저 프로메테우스용 마이크로미터 레지스트리 의존성을 다음과 같이 추가한다.

```xml
<dependency>
    <groupId>io.micrometer</groupId>
    <artifactId>micrometer-registry-prometheus</artifactId>
    <scope>runtime</scope>
</dependency>
```

다음으로 **src/main/resources/application.properties**에 스프링 부트 액추에이터 엔드 포인트 설정을 추가한다.

```
management.endpoints.web.exposure.include=health,info,prometheus
```

스프링 부트 애플리케이션은 **/actuator/prometheus**에 메트릭을 노출한다. JVM 관련 메트릭도 이곳에 포함된다. 가령 JVM은 가비지 수집 중단 정보를 `jvm.gc.pause`라는 메트릭으로 노출한다. 컨테이너 및 쿠버네티스 리소스 계층에서 이러한 메트릭을 노출하려면 다음과 같이 JKube 설정을 추가하면 된다.

```xml
<?xml version="1.0" encoding="UTF-8"?>
<project xmlns:xsi="http://www.w3.org/2001/XMLSchema-instance"
         xmlns="http://maven.apache.org/POM/4.0.0"
         xsi:schemaLocation="http://maven.apache.org/POM/4.0.0
    https://maven.apache.org/xsd/maven-4.0.0.xsd">
    <modelVersion>4.0.0</modelVersion>
    <groupId>com.example</groupId>
    <artifactId>demo</artifactId>
    <version>0.0.1-SNAPSHOT</version>
    <name>demo</name>
    <!--[...]-->
    <build>
        <plugins>
            <plugin>
                <groupId>org.eclipse.jkube</groupId>
                <artifactId>kubernetes-maven-plugin</artifactId>
                <version>${jkube.version}</version>
                <executions>
                    <execution>
                        <id>resources</id>
                        <phase>process-resources</phase>
```

```xml
                        <goals>
                            <goal>resource</goal>    ❶
                        </goals>
                    </execution>
                </executions>
                <configuration>
                    <generator>    ❷
                        <config>
                            <spring-boot>
                                <prometheusPort>    ❸
                                    9779
                                </prometheusPort>
                            </spring-boot>
                        </config>
                    </generator>
                    <enricher>    ❹
                        <config>
                            <jkube-prometheus>
                                <prometheusPort>    ❸
                                    9779
                                </prometheusPort>
                            </jkube-prometheus>
                        </config>
                    </enricher>
                </configuration>
            </plugin>
        </plugins>
    </build>
</project>
```

❶ 이 설정은 k8s:resource 명령을 실행할 때 적용된다.

❷ 도커 이미지가 프로메테우스 포트를 노출하도록 설정한다.

❸ 컨테이너 이미지 계층에서 9779 포트를 노출하고 쿠버네티스 리소스 어노테이션에 포함시킨다.

❹ 스프링 부트 애플리케이션에 대응하는 쿠버네티스 리소스를 생성한다.

이제 다음 명령을 실행하면 컨테이너 이미지를 빌드한 다음 쿠버네티스 리소스가 생성된다.

```
mvn clean package k8s:build k8s:resource \
    -Djkube.docker.registry=quay.io \
    -Drepository=repo \
    -Dtag=0.0.1
```

target/classes/META-INF/jkube/kubernetes.yml에 생성된 쿠버네티스 리소스는 다음과 같이 메트릭 수집 프로세스를 제어하는 프로메테우스 설정을 포함한다.

```yaml
apiVersion: v1
kind: List
items:
- apiVersion: v1
  kind: Service
  metadata:
    annotations:
      prometheus.io/path: /metrics
      prometheus.io/port: "9779"
      prometheus.io/scrape: "true"
```

이 리소스를 배포하면 메트릭 엔드포인트가 열리고 프로메테우스 쿼리(PromQL)로 메트릭을 조회할 수 있다. 예를 들어 `jvm.gc.pause` 지표를 선택하고 다음과 같이 PromQL 쿼리를 실행하면 가비지 수집 원인별 평균 소요 시간이 산출된다.

```
avg(rate(jvm_gc_pause_seconds_sum[1m])) by (cause)
```

메트릭을 생성하고 수집할 때는 가급적 다음 원칙을 따르기 바란다.

❶ 메트릭은 애플리케이션과 인프라 계층에 모두 정의할 수 있으므로 팀 구성원의 합의를 거쳐 결정하도록 한다.

❷ 스레드 수, CPU 사용량, 가비지 수집기 실행 빈도, 힙/논힙 메모리 사용량 등의 JVM 메트릭은 가급적 항상 노출시킨다.

❸ 비기능적 요건에 해당하는 애플리케이션 구현 지표를 측정하고 관심을 기울여야 한다. 각종 크기, 횟수, 구동 완료 시간 등의 캐시 유형 통계는 성능에 대한 통찰을 얻기 좋은 지표다.

❹ 사업적으로 핵심성과지표(KPI)를 측정할 수 있도록 메트릭을 조율하면 좋다. 예를 들어 신기능을 사용한 최종 사용자의 수는 소프트웨어 지표로 측정할 수 있는 KPI다.

❺ 시스템 내부에서 발생하는 에러와 예외는 상세하게 측정하고 노출시켜야 한다. 이러한 세부 정보가 있어야 에러 패턴을 파악하고 문제점을 개선할 수 있다

8.4.2 로깅

로깅은 개발자가 자바 애플리케이션 수준에서 예외 사항을 기록할 때 사용하는 툴이다. 로그는 메트릭의 보완재로 활용할 수 있으며 부가 콘텍스트 정보를 담고 있어 활용 가치가 높다. 로그 기록 형식은 일반 텍스트, JSON 및 XML, 바이너리 등 크게 세가지로 나뉜다.

자바 언어는 내장 로그 라이브러리가 있다. 그러나 SLF4J^{Simple Logging Facade for Java}[38], 아파치 Log4j 2[39] 등의 로깅 프레임워크를 사용하면 더 편리하게 로그를 다룰 수 있다. 다음은 로그를 기록하고 처리할 때 참고할 만한 권장 사항들이다.

- 로깅은 보수적으로 접근해야 한다. 전체 시스템 중 로깅 범위를 한정하고 특정 기능의 세부 정보만 기록한다.
- 자신뿐만 아니라 향후 동료들이 문제를 해결할 때 참고하도록 로그 메시지에 의미 있는 정보를 기록한다.
- 로그 수준^{level}을 정확하게 구별한다. 세분화된 정보에서 직관을 얻기 위한 TRACE, 문제 해결에 필요한 정보가 담긴 DEBUG, 일반적인 정보를 나타내는 INFO, 조치할 지점을 가리키는 WARN과 ERROR 등을 상황에 맞게 선택한다.
- 적합한 로그 수준이 활성화됐는지 확인하고 가드^{guard} 구문이나 또는 람다 표현식으로 로그 메시지를 기록한다.
- 컨테이너 런타임 설정 변수로 로그 수준을 제어할 수 있다.
- 로그 파일과 경로에 적절한 권한을 설정한다.
- 로그 레이아웃은 지역별 형식에 맞추어 정의한다.
- 로그 기록 시 민감한 데이터를 보호해야 한다. 예를 들어 개인 식별 정보를 로그에 남기면 컴플라이언스를 위배할 뿐만 보안 취약점으로 발전할 위험이 있다.
- 로그 파일은 지나치게 커지거나 유실되지 않도록 주기적으로 교체, 보관해야 한다. 컨테이너와 파드의 로그는 기본적으로 일회성 데이터다. 파드가 삭제, 결손되거나 스케줄러가 노드를 변경하면 로그도 사라진다. 공용 저장소나 서비스에 비동기 방식으로 로그를 스트리밍하면 지난 로그는 보관하고 로컬 로그는 고정된 분량을 유지할 수 있다.

---

38 http://www.slf4j.org
39 https://oreil.ly

8.4.3 트레이싱

한 건의 요청은 분산 시스템 내부에서 여러 컴포넌트를 경유한다. 트레이싱은 요청의 흐름에 수반된 메타데이터와 시간적 정보를 수집하며 트랜잭션 지연 또는 장애가 발생한 위치를 식별하는 데 필수적인 데이터를 제공한다.

개발자 개인이 트레이스 수집 체계 전반을 올바르게 구축하기란 쉽지 않다. 트레이싱 전용 에이전트의 힘을 빌리는 방법이 있지만 벤더 중립적인 솔루션을 선택하는 어려움이 따른다. 개방형 표준에 맞추어 제작된 OpenCensus[40]와 OpenTracing[41]은 비교적 안전한 선택지다. 그러나 다양한 벤더와 프로젝트에 두루 통용되는 최고의 애플리케이션 트레이싱 에이전트가 되기에는 역부족이었다. CNCF[42] 인큐베이팅 프로젝트 중 하나인 오픈텔레메트리^{OpenTelemetry}는 이러한 문제의식을 바탕으로 OpenTracing과 OpenCensus를 하나로 병합시켰다. 오픈텔레메트리는 메트릭, 로그, 트레이스의 수집, 전송 방식을 API 및 SDK 형태로 표준화시킨다. 다음은 오픈텔레메트리에서 정의한 트레이싱 스펙 용어들이다.

> **트레이스**^{trace}
>
> 분산 시스템 사이에서 이동하며 여러 서비스와 리소스를 거치는 단일 트랜잭션 요청
>
> **스팬**^{span}
>
> 명칭과 소요시간이 부여된 워크플로 조각의 단위. 하나의 트레이스는 복수의 스팬을 포함한다.
>
> **속성**^{attribute}
>
> 트레이스 데이터를 조회, 정제, 해석할 때 사용하는 속성을 키/값 쌍으로 나타낸 정보
>
> **배기지 품목**^{baggage item}
>
> 프로세스 경계를 넘어 전달되는 키/값 쌍

---

40 https://opencensus.io
41 https://opentracing.io
42 https://www.cncf.io

콘텍스트 전파 *context propagation*

트레이스, 메트릭, 배기지가 공유하는 공통 서브시스템. 개발자는 속성, 로그, 배기지를 통해 추가 콘텍스트 정보를 스팬으로 전달할 수 있다.

[그림 8-7]은 Blue 마이크로서비스에서 시작해 Violet과 Green을 횡단하는 트랜잭션에 담긴 트레이스를 묘사한다. 이 트레이스는 3개의 스팬을 보유하며 Violet과 Green 스팬은 각각의 속성을 지닌다.

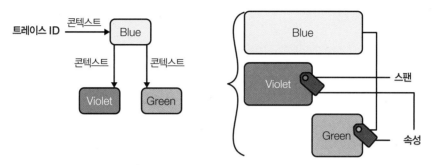

그림 8-7 분산 트레이싱 예시

[예제 8-2]를 재활용해 메트릭과 트레이스를 모두 포함한 예시로 개선해보자. **/greeting** 엔드포인트 요청을 추적하고 타이머 메트릭으로 응답 반환 시간을 측정할 것이다.

우선 메트릭을 프로메테우스로 내보내고 오픈텔레메트리로 처리할 준비를 해야 한다. 다음과 같이 2개의 퀴커스 확장을 추가하면 된다.

```
mvn quarkus:add-extension \
    -Dextensions="quarkus-micrometer-registry-prometheus,
                  quarkus-opentelemetry-exporter-otlp"
```

다음으로, 스팬을 전송할 엔드포인트를 다음과 같이 설정한다.

```
custom.host = ${exporter.host:localhost}    ❶
quarkus.kubernetes.env.vars.otlp-exporter=${custom.host:localhost}    ❷
quarkus.opentelemetry.tracer.exporter.otlp.endpoint=http://${custom.host}:4317    ❸
```

❶ 매개변수를 이용해 호스트를 정의한다. 이 호스트의 기본값은 localhost며 -Dexporter.host: mvn package -Dexporter.host=myhost 명령으로 오버라이드할 수 있다.

❷ 프로젝트에 포함된 quarkus-kubernetes 확장은 컴파일 시점에 이 환경 변수를 참고해 쿠버네티스 리소스 설정을 자동으로 생성한다. 예시는 custom.host 값을 재사용하도록 설정되어 있다.

❸ 스팬을 전송할 gRPC 엔드포인트. custom.host 값을 재사용하도록 설정되어 있다.

/greeting 엔드포인트로 전송된 요청 실행 시간을 측정하기 위해 @Timed 어노테이션을 추가한다. 또한 추적 Span에 2개의 속성을 추가한다

```java
package com.example.demo;

import io.micrometer.core.annotation.Timed;
import io.opentelemetry.api.trace.*;
import io.opentelemetry.context.Context;

import javax.ws.rs.*;
import java.util.logging.Logger;
import javax.ws.rs.core.MediaType;

@Path("/greeting")
public class GreetingResource {
    private static final String template = "Hello, %s!";

    private final static Logger log;

    static {
        log = Logger.getLogger(GreetingResource.class.getName());
    }

    @GET
    @Produces(MediaType.APPLICATION_JSON)
    @Timed(value = "custom")
    public Greeting greeting(@QueryParam("name") String name) {
        pause();
        return new Greeting(String.format(template, name));
    }

    private void pause() {
        Span span = Span.fromContext(Context.current())
                .setAttribute("pause", "start");     ❶
        try {
```

```
        Thread.sleep(2000);
    } catch (InterruptedException e) {
        span.setStatus(StatusCode.ERROR, "Execution was interrupted");
        span.setAttribute("unexpected.pause", "exception");
        span.recordException(e);   ❷
        log.severe("Thread interrupted");
    }
  }
}
```

❶ 로직이 시작되는 순간을 기록하는 속성

❷ 예외 정보를 기록한 다음 해당 속성을 이용해 추적한다.

변경 사항을 반영하기 위해 다음 명령을 실행한다. 컨테이너 이미지를 빌드, 푸시하고 쿠버네티스 리소스가 배포된다.

```
mvn package -Dquarkus.container-image.build=true \
    -Dquarkus.container-image.push=true \
    -Dquarkus.kubernetes.deploy=true
```

예거Jaeger[43]는 종단 간end-to-end 분산 트레이스 관리 툴이다. CNCF의 주력 프로젝트 중 하나인 예거는 쿠버네티스와 손쉽게 통합할 수 있다. quarkus.opentelemetry.tracer.exporter.otlp.endpoint 설정에 예거 엔드포인트를 지정하면 트레이싱 정보가 전송된다. [그림 8-8]은 pause 태그로 트레이스를 검색하는 예거 UI 화면이다.

---

43 https:// oreil.ly/Kp09K

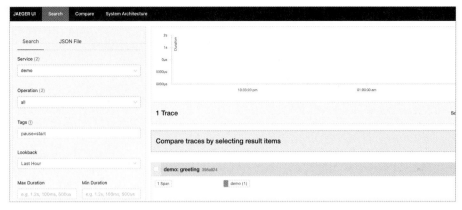

그림 8-8 예거를 이용한 태그별 트레이스 필터링

다음과 같은 방법들을 활용해 요청 예외 발생 현황을 관찰할 수 있다.

1. 예거 UI에서 error=true, unexpected.pause=exception 태그 조건으로 트레이스를 검색한다.
2. 프로메테우스 쿼리에서 custom 타이머 메트릭을 활용해 예외 발생 현황을 모니터링한다.

```
avg(rate(custom_seconds_sum[1m])) by (exception)
```

3. 로그 메시지에서 Thread interrupted를 검색한다.

다음은 트레이싱을 다룰 때 고려해야 할 사항들이다.

- 트레이스는 종단 사이에 존재하는 모든 정보를 담는다. 다시 말해 시스템의 모든 다운스트림 서비스, 데이터 저장소, 미들웨어에 추적 헤더를 전달해야 한다.
- 요청 속도, 에러, 소요 시간 메트릭은 필수 항목이다. 셋은 SRE 분야에서 통용되는 RED[Rate, Error, Duraion] 기법의 구성 요소이며 처리량, 에러율, 레이턴시, 응답 시간 등과 밀접한 관련이 있다.
- 트레이싱 스팬을 가공할 때는 지나치게 많은 메타데이터가 담기지 않도록 주의한다.
- 자바 호환 트레이싱 솔루션이 필요할 때는 오픈텔레메트리의 언어별 구현 목록[44]을 참고하기 바란다.

관찰 가능성을 고려해 시스템을 설계할 때는 현재의 메트릭과 로그가 추후 분석 자료로 쓰인다는 점을 명심해야 한다. 그러므로 배포 위치가 어디든 메트릭과 로그 데이터를 안정적으로 수집하고 저장할 수 있도록 항상 적합한 툴과 배포 관행을 갖추도록 노력한다.

---

44 https://oreil.ly/Df5RD

8.5 고가용성 및 지역 분산

소프트웨어 업계의 종자사들은 종종 애플리케이션 가용성을 연중무휴 24시간 보장해달라는 비기능적 요건을 접하곤 한다. 업계 용어로 **가용성**이란 주어진 기간 동안 시스템이 정상적으로 작동할 확률을 의미한다. 이러한 확률은 일반적으로 연간 가동 시간 비율로 나타낸다.

고가용성High Availability(HA)은 일정 시간 동안 장애 없이 지속적으로 시스템을 가동하는 능력을 뜻한다. 개발자라면 누구나 항상 잘 작동하는 소프트웨어를 최종 사용자에게 선보이려 노력할 것이다. 그러나 정전, 네트워크 장애, 열악한 환경 등 예측할 수 없는 외부 요인이야 말로 소비자가 체감하는 서비스 품질에 결정적인 영향을 미친다.

컨테이너 이미지 소형화와 배포 안정성 확보는 쿠버네티스 애플리케이션 운영의 첫 단계에 속한다. 워커 노드의 쿠버네티스 버전을 업그레이드한다고 가정해보자. 이 작업을 완료하려면 노드의 모든 컨테이너를 다시 불러오는 과정을 거쳐야 한다. 각 노드가 컨테이너를 가져오는 시간이 오래 걸릴수록 클러스터가 정상적으로 작동하는 시간은 지연된다.

8.2.4절에서 설명한 다양한 배포 전략은 다운타임, 롤백 프로세스, 트래픽 라우팅 등의 기술적 관심사를 고려한다. 이들은 모두 가용성에 영향을 미치는 조건이기도 하다. 배포가 실패하더라도 신속히 롤백 프로세스를 완료한다면 사용자 겪는 불편을 최소화시키고 장애 기간과 컴퓨팅 리소스 낭비를 줄일 수 있다. 시스템의 가용성을 높이고 장애를 근절하려면 컨테이너 애플리케이션의 헬스 체크 정보를 관찰하고 리소스를 적절히 조정해 성능을 제어해야 한다. 이러한 모든 요소를 세밀하게 조율하려면 결국 로그, 메트릭, 트레이스를 통해 시스템의 행동을 관찰하는 역량이 뒷받침되어야 한다.

가용성은 일반적으로 연단위 가동 시간을 백분율 형태로 정의한다. [표 8-7]은 가용성 백분율과 다운타임 환산 목록이다. 1년은 365일로 간주하고 다운타임은 소수점 두 자리까지 반올림 표기하였다.

표 8-7 가용성 백분율과 연간 다운타임

가용성 %	연간 다운타임
90%	36.5일
95%	18.25일
99%	3.65일
99.9%	8.76시간
99.95%	4.38시간
99.99%	52.56분
99.999%	5.25분
99.9999%	31.53분

클라우드 공급 업체는 서비스 수준 지표 service-level indicator (SLI)를 바탕으로 서비스 수준 목표 service-level objective (SLO)를 평가한다. SLO는 업체와 고객이 맺은 약정에 해당한다. 가용성도 약정 조항 일부로 포함시킬 수 있으며 [표 8-7]의 백분율은 이러한 조항의 구체적인 목표 수치로 사용된다. 프로메테우스[45]와 그라파나 Grafana[46]는 메트릭을 측정하고 계산하며 SLO 준수 여부를 포함해 애플리케이션 성능을 다각도로 모니터링하는 툴이다. 가용성이 저하되면 경고가 발생하도록 설정할 수 있다.

다음은 신뢰성 엔지니어링이 제안하는 고가용성 시스템 설계의 세 가지 원칙이다.

- 애플리케이션, 네트워크, 인프라 계층에서 단일 장애점을 제거한다. 애플리케이션 내부 코드가 장애의 원인이 되는 경우가 있으므로 모든 소프트웨어 컴포넌트를 정확하게 테스트해야 한다. 시스템 장애를 원천적으로 차단하려면 높은 관찰 가능성과 탁월한 배포 전략이 필요하다.
- 장애 발생 순간을 감지한다. 시스템이 언제 위험한 상태에 도달하는지 알아내려면 모니터링과 경보 체계가 필요하다.
- 한 컴포넌트가 장애를 일으키면 실행 중인 다른 컴포넌트로 안전하게 교체한다. 배포 중 문제가 발생하는 상황에 대비해 효과적인 롤백 프로세스가 필요하다. 쿠버네티스 자가 복구 메커니즘, 쿠버네티스 리소스 간 트래픽 라우팅도 도움이 된다.

면밀한 대비책을 완성하려면 기본 원칙에 상응하는 구체적인 실천안이 필요하다. 다음은 장애

---

45 https://prometheus.io
46 https://grafana.com

예방에 도움이 될 만한 권장 사항들이다.

- 데이터 백업, 복제, 복구 방안을 수립한다.
- 애플리케이션의 핵심 기능에 워크로드가 증가하면 네트워크 로드 밸런싱을 통해 트래픽을 효율적으로 분산한다. 로드 밸런싱은 네트워크와 인프라가 유지되는 동안 애플리케이션 수준에서 단일 장애점을 제거하는 효과를 낸다.
- 배포 위치를 지리적으로 분산하면 자연재해로 인한 서비스 장애를 방지할 수 있다. 각 장소의 애플리케이션 스택을 독립적으로 구성해, 한 곳에서 장애가 발생하더라도 다른 스택을 계속 실행시키는 것이 핵심이다. 배포 지점은 특정 지역에 편중되지 않도록 전 세계에 골고루 배치해야 최대의 효과를 거둘 수 있다.
- 컴포넌트나 컨트롤 플레인 노드가 다운되지 않도록 쿠버네티스 클러스터 성능을 높이고 싶다면 고가용성 쿠버네티스 클러스터[47]를 고려해야 한다. 고가용성 클러스터는 통합 데이터 센터와 비슷한 방식으로 다중 제어 플레인을 관리한다. 제어 플레인을 여러 겹으로 설정하면 etcd에 장애가 발생해도 워커 노드가 손실되지 않도록 시스템을 보호할 수 있다. 쿠버네티스 클러스터는 손쉽게 다룰만 한 기술 스택은 아니다. 그러나 이러한 유형의 구성은 대부분의 클라우드 업체가 사전 준비를 갖추고 있으며 사용자에게 먼저 제시하는 경우가 많다.
- 상황에 따라 다중 지역 쿠버네티스 클러스터가 적합하지 않은 경우도 있다. 그러나 설령 클러스터가 하나뿐이라 해도 내부에서 네임스페이스를 구분하는 방식으로 가용성을 높일 수 있다.

앞서 살펴본 예시 중 일부는 다중 지역 배포에 그대로 적용할 수 있다. 이 기법이 추구하는 목표는 레이턴시 감소를 통한 분산 사용자 경험 향상이다. 전 세계에 분산된 사용자에게 고르게 낮은 레이턴시를 보장하려면 사용자와 최대한 가까운 곳에 데이터를 둘 수 있는 애플리케이션 아키텍처를 구축해야 한다.

애플리케이션을 지리적으로 분산할 때는 데이터 보안과 개인 정보 관련 법령에 주의를 기울여야 한다. 점점 더 많은 사회 및 경제 활동이 온라인 방식으로 전환됨에 따라 데이터와 개인 정보의 중요성에 대한 인식도 보편화되고 있다. 별도의 고지나 소비자의 동의 없이 개인 정보를 수집, 사용, 제3자와 공유하는 것을 불법으로 간주하는 국가도 많다. 유엔 무역 개발 회의(UNCTAD)[48]에 따르면 2023년 현재 194개국 중 이미 137개국이 데이터 및 개인 정보 보호에 관한 법률을 제정했다.

---

47 https://oreil.ly/9iTgz
48 https://oreil.ly/p0KH2

지금까지 고가용성 분산 시스템을 구축하기 위한 여러 요건들을 살펴보았다. 다음 절은 분산 시스템을 구축할 클라우드 모델을 알아본다.

8.6 하이브리드 및 멀티클라우드 아키텍처

클라우드cloud는 가용성, 확장성, 보안, 복원력 등의 난제에 도전하는 첨단 기술의 총집합이다. 클라우드의 활동 무대는 온프레미스, 쿠버네티스, 공용 인프라를 가리지 않는다. 클라우드 아키텍처 분야에서 **멀티클라우드**multicloud와 **하이브리드 클라우드**hybrid cloud라는 두 용어는 종종 동의어로 간주되곤 한다. 멀티클라우드 아키텍처에 대한 가장 직관적인 정의는, 최소한 하나의 공용public 클라우드가 포함된 멀티클라우드 아키텍처다.

하이브리드 클라우드 아키텍처는 사설private 클라우드 인프라 컴포넌트를 기본으로 공용 클라우드가 추가된다는 점에서 멀티 클라우드와 다르다. [그림 8-9]는 이 차이를 시각적으로 표현한다. 만일 하이브리드 아키텍처에 공용 클라우드가 둘 이상 있다면 결과적으로 하이브리드 클라우드도 멀티클라우드라 부를 수 있다.

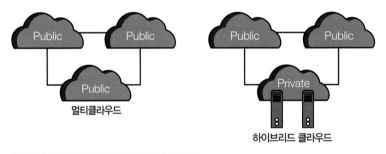

그림 8-9 멀티클라우드 및 하이브리드 클라우드

하이브리드나 멀티클라우드 인프라를 여러 팀이 함께 이용하고 배포할 때는 다음과 같은 사안들을 고려해야 한다.

- 배포 대상과 위치에 대한 통합 조회
- 공급자별 SaaS 및 IaaS 서비스 전환
- 멀티클라우드 취약점을 완화하기 위한 통합 보안 조치

- 신규 리소스의 원활한 프로비저닝과 스케일 아웃
- 클라우드 간 애플리케이션 포팅 시 서비스 중단 방지책. 인프라를 변경해 워크로드를 이동시키면 복원되기까지 시간이 걸린다. 그러나 네트워크 구성과 배포 전략을 적절히 활용하면 최종 사용자가 서비스 중단 경험을 겪지 않도록 전환할 수 있다.
- 자동화 공정은 대형 시스템의 오케스트레이션 프로세스를 훌륭하게 보조한다. 컨테이너 애플리케이션의 오케스트레이션 플랫폼은 추가적으로 워크로드 관리 툴이나 프로세스를 도입할 필요성이 있다.

개발자 관점에서 하이브리드 및 멀티클라우드 전략에 기여하려면 다음과 같은 사안들을 고려해야 한다.

- 애플리케이션의 코드베이스는 환경(네임스페이스)에 관계없이 동일해야 한다.
- 협업자와 코드를 공유할 때는 자신과 동일한 로컬 환경과 배포 절차를 협업자가 그대로 재현할 수 있어야 한다.
- 코드 또는 컨테이너 이미지 빌드에서 로컬 의존성을 참조하지 않는다.
- 가급적 빌드 변수 또는 환경 변수를 이용해 컨테이너 이미지 설정을 매개변수화한다.
- 환경 설정 개인화를 허용할 때는 매개변수를 통해 오케스트레이션 플랫폼에서 컨테이너/애플리케이션으로 환경 변수를 전파한다.
- 조직 내에서 과거에 신뢰성을 검증받은 리포지터리 및 레지스트리의 의존성과 이미지를 우선적으로 채택한다.
- 컨테이너 간 정보는 가급적 볼륨을 통해 공유한다.

하이브리드나 멀티클라우드 아키텍처를 목표로 한다면 당장의 소프트웨어 조각 하나가 향후 어떠한 모습으로 진화할 것인지 항상 자문해보기 바란다. 혁신적인 소프트웨어 아키텍처는 개발자의 진보적인 사고방식에서 태어나는 법이다.

8.7 마치며

이번 장은 자바 개발자의 관점에서 배포를 설명하고 이해했다. 통상적으로 인프라 관리는 자바 개발자의 최우선 과제는 아니다. 그러나 개발자는 다음과 같은 기술을 매개체로 애플리케이션 운영 방식과 절차에 영향력을 행사할 수 있다.

- Jib 또는 이클립스 JKube 등의 자바 기반 툴을 이용한 컨테이너 이미지 빌드 및 레지스트리 푸시

- 데코레이트나 JKube를 이용한 쿠버네티스 매니페스트 생성 및 배포

- 헬스 체크 구현과 인프라 수준 실행 제어

- 변경 사항 도입 시기와 리소스 조정 지점을 파악하기 위한 분산 시스템 행동 관찰

- 고가용성, 하이브리드, 멀티클라우드 아키텍처와 배포 사이의 연계

애플리케이션 배포에 대해 충분히 이해했다면 다음 장에서 모바일 소프트웨어의 데브옵스 워크플로를 살펴볼 차례다.

모바일 워크플로

스티븐 친

> 프로그램 테스팅은 버그의 존재를 밝히는 데 유능하지만 버그의 부재를 증명하기에는 턱없이 무능하다.
>
> – 에츠허르 데이크스트라Edsger Dijkstra

데브옵스라는 주제를 논하며 모바일 개발을 언급하지 않는다면 어불성설일 것이다. 스마트폰은 컴퓨터 보급률 통계에서 가장 가파른 상승세를 보이는 분야다. [그림 9–1]에 보이듯 스마트폰 보급률은 지난 10년간 폭발적인 성장을 거듭했으며 스마트폰을 소유한 인구는 어느덧 수십억에 이르렀다.

인도와 중국의 스마트폰 사용 인구가 아직 70% 미만인 점을 감안하면 스마트폰 보급률은 앞으로도 계속 증가할 것으로 예상된다. 오늘날 지구상에 존재하는 스마트폰은 36억 대 이상이며 2023년이 되면 43억 대까지 늘어날 것이다. 감히 무시할 수 없는 거대한 시장과 사용자 규모다.

스마트폰은 데브옵스를 필수 불가결한 요소로 만드는 특성을 지녔다. 태생적으로 스마트폰은 항상 인터넷에 접속하고 지속적으로 업데이트되어야 하는 장치다. 사용자의 기술적 지식이 많지 않아도, 기기를 손수 업데이트할 여력이 없어도 스마트폰은 잘 작동해야 한다. 이러한 제약은 스마트폰의 앱 생태계를 진화시키는 추진력으로 작용했다. 덕분에 최종 사용자는 상대적으로 낮은 리스크 속에서 손쉽게 새로운 소프트웨어를 다운로드하고 업데이트를 수신할 수 있다.

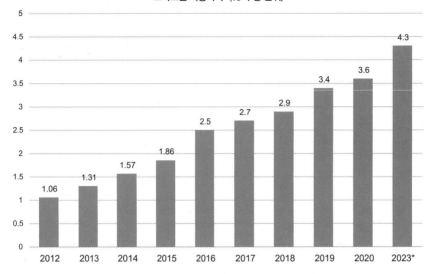

그림 9-1 Statista[1]에서 공개한 세계 스마트폰 사용자 통계 (2023년은 예측치)

앱을 업데이트하는 목적을 기능적 관점에서 나열하면 다음과 같다.

사용자 대상 신기능 추가

대부분의 앱은 타임 투 마켓(TTM)을 줄이기 위해 출시 주기를 단축하고 출시당 기능 집합을 축소한다. 최종 사용자는 작은 기능들을 수시로 업데이트하는 방식으로 편의를 누린다.

버그 수정 및 애플리케이션 안정성 향상

애플리케이션이 성숙기에 접어들수록 미세 버그 수정, 안정성 보강, 사용자 경험 개선 업데이트가 자주 발생한다. 이러한 업데이트는 대부분 부수적인 변경 사항이며 변경 빈도는 높다.

보안 취약점 또는 악용 방지 패치

모바일 애플리케이션은 통상적으로 대규모 공격 표면을 노출할 위험 요인을 지닌다. 로컬 설치 앱, 데이터 제공 백엔드 등은 주요 보안 강화 대상이다. 앱 및 클라우드 서비스 로그인에 수반되는 사용자 인증 워크플로도 마찬가지다.

---

1 옮긴이_ 이 통계 자료는 비정기적으로 갱신된다. 번역서 출간 시점에 2028년 예측치까지 추가되었다. 해당 사이트(https://oreil.ly/k8dk1)에 방문하여 확인하기 바란다.

시장 점유율을 높이고 사용자 참여를 독려하려는 목적을 지닌 앱 업데이트도 많다. 다음은 시장 점유율을 고려한 앱 업데이트 사례들이다.

주요 플랫폼 릴리스 대응

주요 플랫폼의 신규 버전이 릴리스되면 해당 버전에 맞게 앱을 인증하고 새로운 기능을 추가해야 한다. 이러한 업데이트 이후 앱 다운로드가 증가하는 경향이 있다.

스토어 내(內) 앱 가시성 향상

앱 스토어는 릴리스 빈도가 높은 앱의 사용자 평가를 보존하고 최신 릴리스가 돋보이도록 노출시키는 방식으로 업데이트를 장려한다. 릴리스 노트가 추가되면 스토어에서 검색되는 콘텐츠가 늘어나는 효과도 있다. 역으로 업데이트가 뜸해지고 앱이 정체기에 들어서면 자연스럽게 검색 엔진 최적화 수준도 낮아진다.

애플리케이션의 존재를 사용자에게 상기시켜 사용률을 높임

모바일 플랫폼은 사용자에게 기존 설치 앱의 신규 업데이트 소식을 알린다. 또한 배지 등의 알림 수단을 동원해 사용자의 반응을 유도한다.

앱 스토어 상위권에 포진한 애플리케이션은 모두 지속적 업데이트의 중요성을 인식하고 실천에 옮기고 있다. Appbot[2]에서 상위 200개 무료 앱의 마지막 업데이트 경과일을 조사한 결과, 중앙값이 7.8일에 불과한 것으로 나타났다. 이러한 업데이트 속도는 지속적 릴리스 프로세스를 갖추지 않는 한 따라잡기 어렵다.

자바 개발자가 모바일 애플리케이션을 구축하는 방법은 여러 가지다. 여기에는 모바일 중심 웹 개발도 포함된다. 일부 제한된 디바이스에서 쓰이는 반응형 웹 앱도 넓은 범주에서 모바일 앱으로 볼 수 있다. 안드로이드 전용 자바 모바일 애플리케이션은 좀 더 일반적인 구현 방식이다. 마지막으로 글루온Gluon 모바일, 일렉트론Electron 등 안드로이드와 iOS에서 동시에 작동하는 크로스 플랫폼 애플리케이션이 있다.

이번 장은 우선 안드로이드 애플리케이션 개발을 중점적으로 다룬다. 그러나 앞으로 설명할 데브옵스 기법과 주요 원리는 자바 기반 모바일 플랫폼 전반에 보편적으로 적용된다.

---

2 https://oreil.ly/CdW2A

9.1 모바일 데브옵스 고속 워크플로

모바일 데브옵스에 투자했을 때 기대할 수 있는 사업적 이득은 다음과 같다.

더 나은 고객 경험

앱 스토어의 평가 시스템은 직관적이며 접근성이 높다. 다시 말해 고객 경험에 절대적인 권력을 부여한다. 다양한 모바일 디바이스를 폭넓게 검수하고 고객의 불편함을 신속하게 해소한다면 고객 경험을 최적화시킬 수 있다.

더 빠른 혁신

끊임없이 프로덕션을 릴리스하며 경쟁사보다 더 빠른 속도로 새로운 기능을 고객에게 제공할 수 있다.

더 높은 소프트웨어 품질

안드로이드 디바이스의 종류가 늘어나고 파편화가 심해질수록 수동 테스트만으로 애플리케이션을 완벽하게 검수하기 어렵다. 그러나 앱 사용자층을 겨냥한 핵심 디바이스를 선별해 자동화 테스트를 완수하면 최종 사용자가 겪는 문제를 현저히 줄일 수 있다.

리스크 감소

현대의 애플리케이션은 주요 실행 코드 대부분에 오픈 소스 의존성을 보유하며 의존 코드는 종종 보안 취약점을 노출시킨다. 모바일 데브옵스 파이프라인은 의존성 버전이 갱신됐을 때 이를 즉각 테스트하고 수시로 업데이트한다. 따라서 취약점이 악용될 가능성을 사전에 차단하고 애플리케이션을 보호할 수 있다.

이 책의 다른 장에서 소개된 여러 이론과 모범 사례는 모바일 애플리케이션 개발에 동일하게 적용된다. 그러나 모바일 시장의 규모와 전망을 감안할 때, 데브옵스 도입의 기대 효과는 열 배이상 증폭될 것으로 예상할 수 있다. 안드로이드 기반 모바일 데브옵스 파이프라인을 설계할 때는 다음 단계들을 고려해야 한다.

1. 빌드

    안드로이드 빌드 스크립트는 관행상 그레이들로 작성한다. 따라서 젠킨스, 서클CI, Travis CI, JFrog

파이프라인 등의 지속적 통합 서버와 자유롭게 연동할 수 있다.

2. 테스트

   A. 단위 테스트(unit test)

   일반적으로 안드로이드 단위 테스트는 간편하게 자동화시킬 수 있는 JUnit으로 작성한다. 더 고차원적인 단위 테스트는 Espresso, Appium, Calabash, Robotium 등의 UI 테스트 프레임워크로 작성한다.

   B. 통합 테스트(integration test)

   애플리케이션 자체 기능뿐만 아니라 다른 애플리케이션과의 호환성도 중요하다. 통합 테스트 툴인 UI Automator를 사용하면 시스템 앱과 자신의 앱의 상호작용을 테스트할 수 있다.

   C. 기능 테스트(functional test)

   애플리케이션 전방위 검수는 필수적이다. 수동으로 진행해도 좋지만 앞서 언급한 UI 자동화 툴을 활용하면 사용자 입력을 그대로 재연할 수 있어 편리하다. 구글 앱 크롤러[3]도 훌륭한 대안이다. 앱 크롤러는 UI를 인식하고 사용자 행동을 자동으로 생성하는 로봇형 툴이다.

3. 패키지

   배포에 사용되는 모든 스크립트, 설정 파일, 바이너리는 패키지 단계에서 취합된다. 아티팩터리 등의 패키지 관리 툴을 사용하면 모든 빌드 및 테스트 정보를 보존하고 의존성을 손쉽게 추적할 수 있다. 추적 및 디버깅 가능성도 향상된다.

4. 릴리스

   모바일 앱을 개발할 때 가장 좋은 점은 개발물을 앱 스토어에 제출하는 순간 모바일 애플리케이션 릴리스 절차가 마무리된다는 것이다. 실제 기기로 배포하는 최종 역할은 구글 플레이 인프라가 담당한다. 따라서 제출 전에 만반의 준비를 갖추는 것이 중요하다. 앱 스토어 제출이 지연되거나 반려되면 그에 상응하는 불이익이 발생한다. 제출 프로세스를 완전히 자동화시키면 빌드, 테스트, 패키징 과정의 실수를 미연에 방지할 수 있다.

안드로이드 개발의 데브옵스는 테스트 측면에서 가장 큰 두각을 나타낸다. 이 분야에서 가장 집중적으로 투자가 이루어지는 기술은 앱 UI 테스트 프레임워크다. 고도로 세분화된 디바이스 생태계를 감당할 수 있는 유일한 대응 수단은 테스트 자동화 툴이기 때문이다. 다음 절은 안드로이드 디바이스 파편화의 심각성을 정확히 직시한다. 이에 대한 완화 전략은 이번 장 후반부에서 제시할 것이다.

---

3 옮긴이_ https://developer.android.com/studio/test/other-testing-tools/app-crawler

9.2 안드로이드 디바이스 파편화

애플은 iOS 생태계를 강력히 통제한다. 하드웨어 모델, 화면 크기, 센서 집합, 전화 기능 전반을 관장하고 종류를 제한한다. 2007년 첫 아이폰이 등장한 이래 새롭게 선보인 디바이스는 30여종에 불과하며, 2023년 현재 구매 가능한 모델은 단 8종[4]뿐이다.

이와 대조적으로 안드로이드 생태계는 디바이스 제조업체가 난립한다. 화면 크기와 해상도에서 시작해 프로세서와 하드웨어 센서에 이르기까지 디바이스의 모든 요소를 제조업체가 자유롭게 결정한다.

소위 접는 휴대폰처럼 독자적인 폼 팩터를 고안하는 업체도 많다. 1,300개 제조사에서 만든 디바이스가 물경 24,000종에 달한다. 단순히 제조사 규모만 비교해도 디바이스 파편화 수준은 이미 iOS 생태계의 1,000배 이상이다. 안드로이드 플랫폼 테스트가 그토록 어려운 이유가 여기 있다.

파편화가 진행될수록 디바이스 간 테스트 균일성을 유지하기 어렵다. 다음은 안드로이드 디바이스 테스트를 방해하는 주요 파편화 요인들이다.

안드로이드 버전

안드로이드 디바이스 제조사는 모든 디바이스의 최신 업데이트를 보장하지 않는다. 따라서 구형 기기 사용자는 다음 기기를 구입하기 전까지 안드로이드 OS 구버전에 머물러 있어야 한다. 젤리빈, 킷캣 등 4.x 릴리스를 쓰는 7년 차 이상 활성 디바이스가 여전히 존재하며 감소 추세도 완만하다.

화면 크기 및 해상도

안드로이드 디바이스의 폼 팩터와 하드웨어 구성은 매우 폭넓은 범주에 걸쳐 있다. 또한 디스플레이 크기와 픽셀 밀도는 점점 높아지는 추세다. 다양한 화면 크기와 해상도에서 애플리케이션이 안정적으로 작동하려면 설계 단계부터 화면 스케일을 고려해야 한다.

3D 지원

3D 성능과 지원 API는 디바이스마다 다르다. 특히 게임 앱은 디바이스에서 지원하는 3D

---

4 옮긴이_ 2023년 1월 애플 공식 홈페이지 기준(14, 14 plus, 14 pro, 14 pro max, 13, 13 mini, 12, SE)

그래픽 수준을 파악해야 한다.

하드웨어 기능

카메라, 가속도계, GPS 등의 기본적인 하드웨어 센서는 안드로이드 디바이스 대부분 공통적으로 탑재하고 있다. 그러나 근거리 무선 통신(NFC), 기압, 자력, 온도, 근접, 압력 센서 등의 최신 API 탑재 여부는 기기마다 천차만별이다.

9.2.1 안드로이드 OS 파편화

안드로이드 OS 버전 파편화는 두 가지 측면에서 디바이스 테스트에 영향을 미친다. 먼저, 안드로이드 메이저 버전은 빌드와 테스트 API의 종류와 개수를 결정한다. 둘째, 위탁생산original equipment manufacturer (OEM) 업체가 특정 하드웨어를 지원하기 위해 추가한 OS 변경 사항은 테스트 디바이스 범주를 넓힌다.

iOS 진영은 하드웨어와 운영체제를 모두 애플이 통제하므로 현행 디바이스 전체에 동시다발적으로 신규 업데이트를 푸시할 수 있다. 따라서 성능이나 보안을 개선하는 마이너 업데이트 채택률이 높을 수밖에 없다. 또한 애플은 메이저 릴리스에 다양한 기능을 추가하고 막대한 비용을 들여 홍보함으로써 출하 설치 버전에 머무르지 않고 최신 버전으로 업그레이드하도록 사용자를 유도한다. 그 결과 애플 iOS 14는 최초 릴리스 이후 불과 7개월 만에 채택률 86%[5]를 달성할 수 있었다.

안드로이드 시장은 한층 더 혼란스럽다. OEM 업체가 자신들의 디바이스에 맞게 이리저리 손본 OS 버전이 추가된 덕분이다. 게다가 각종 하드웨어 컴포넌트용 코드는 단일 칩 시스템system on a chip (SOC) 제조업체에 의존하기 때문에 혼란이 가중된다. 유력 제조사는 메이저 OS 업데이트를 간간히 지원하지만 중소 업체의 디바이스는 보증 기간이 남았음에도 불구하고 OS 업그레이드를 지원하지 못하는 경우가 허다하다.

안드로이드 OS 지원 범위를 결정하려면 버전별 사용 현황 정보가 필요하다. 구글은 안드로이드 스튜디오를 통해 API 수준별 디바이스 채택률 데이터를 제공한다. 2023년 1월 현재 사용자 분포는 [그림 9-2]와 같다. iOS 14처럼 채택률 86%를 달성하려면 적어도 2017년에 출시

---

5   https://oreil.ly/3GYL8

된 오레오Oreo 8.1 이상을 지원해야 한다. 그마저도 7버전 이하인 10% 남짓한 사용자를 포기할 때 이야기다.

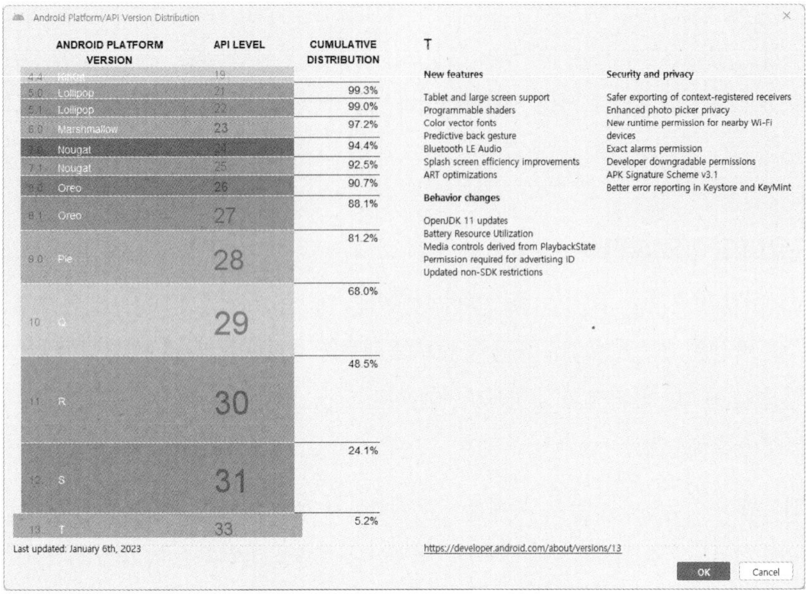

그림 9-2 안드로이드 스튜디오에서 제공하는 플랫폼 버전별 사용자 분포 화면

모든 OEM 업체가 자신들의 디바이스에 맞추어 OS를 변경하기 시작하면 상황은 더욱 복잡해진다. 메이저 버전당 하나의 디바이스가 필요했던 단순한 테스트 범위는 더 이상 충분치 않다. 리눅스 커널을 이용해 하드웨어를 제어하는 안드로이드의 특성에서 비롯된 결과다.

리눅스 커널은 안드로이드 운영체제의 심장부다. 카메라, 가속 센서, 디스플레이 등의 하드웨어에 애플리케이션이 접근하려면 커널이 제공하는 저수준 드라이버 코드가 필요하다. 안드로이드 커널의 기능과 패치는 구글이 담당한다. SoC 업체는 여기에 특정 하드웨어 지원 기능을 추가하고, OEM 업체는 자사 디바이스에 대응하는 수정 사항을 덧붙인다. 결국 각각의 디바이스는 성능, 보안, 잠재적 버그 측면에서 갖가지 변주를 일으키게 된다. 안드로이드 디바이스에서 실행되는 앱은 이렇듯 다양한 환경에 노출된다.

구글은 이러한 난맥상을 타개하게 위해 안드로이드 8 오레오 버전에 새로운 하드웨어 추상화 계층을 추가했다. 이제 디바이스별 코드를 커널 외부에서 실행할 수 있다. 또한 OEM 업체는

SoC 장치 드라이버 업데이트를 기다릴 필요 없이 구글이 제공한 신규 커널 버전을 즉시 업데이트할 수 있다. OS를 업그레이드할 때 추가로 드는 개발 공수와 테스트도 줄어든다. 그러나 구글이 직접 OS를 업데이트하는 픽셀 디바이스를 제외하면 대부분의 안드로이드 디바이스는 OEM 업체가 OS를 담당한다. 그리고 OEM 업체는 여전히 안드로이드 버전 업그레이드 대응이 느리다.

9.2.2 화면 이질성 대응

수많은 하드웨어 업체와 24,000개가 넘는 디바이스 모델을 감안하면 화면 크기와 해상도는 얼마나 각양각색일지 가히 짐작할 수 있다. 새로운 규격의 디스플레이와 화면 해상도는 끊임없이 추가된다. 크게는 HP Slate 21에 탑재된 21.5인치 거대 터치스크린이 있으며, 특이하게는 삼성 갤럭시 폴드의 접는 스크린이 있다. 갤럭시 폴드의 커버 디스플레이 해상도는 1680×720, 내부는 2152×1536이다.

화면 크기가 머릿수를 늘리는 가운데, 한쪽에서는 더 높은 픽셀 밀도를 점령하기 위한 치열한 전투가 벌어지고 있다. 고밀도 픽셀은 더 선명한 텍스트와 그래픽을 표현할 수 있어 사용자의 시각적 경험을 향상시킨다.

현재 픽셀 밀도의 선두 주자는 소니 엑스페리아 XZ다. 대각선으로 5.2인치에 불과한 디스플레이에 3840 × 2160 UHS-1 해상도를 구현했으며 밀도는 인치당 806.93픽셀(PPI)이다. 인간이 만든 디스플레이는 이제 육안으로 구별하기 힘든 해상도에 다다르고 있다.

LCD 및 OLED 디스플레이 제조업체인 Applied Materials는 핸드헬드 디스플레이의 픽셀 밀도에 따른 인간의 인지 수준에 대한 연구를 진행했다. 그 결과 시력이 1.0인 사람이 10센티미터 떨어진 거리에서 876 PPI까지 구별할 수 있음[6]을 밝혀냈다. 확실히 스마트폰 디스플레이의 픽셀 밀도는 가파른 속도로 이론적 한계에 접근하고 있다. 다만 가상 현실 헤드셋처럼 특수한 폼 팩터의 픽셀 밀도는 이보다 더욱 높아야 한다.

다양한 픽셀 밀도에 대응하기 위해 안드로이드는 다음과 같은 범위로 화면을 분류한다.

---

6 원본 링크가 더 이상 존재하지 않아 해당 연구 결과를 인용한 다른 자료를 추가한다(http://bit.ly/3GrrBoI).

ldpi, ~120 dpi (.75x 스케일)

HTC Tattoo, 모토롤라 Flipout, 소니 X10 Mini 등의 초저해상도 디바이스에 해당한다. 이들의 화면 해상도는 모두 240 × 320픽셀이다.

mdpi, ~160 dpi (1x 스케일)

안드로이드 디바이스의 원래 화면 해상도다. HTC Hero, 모토롤라 Droid 등이 해당한다.

tvdpi, ~213 dpi (1.33x 스케일)

TV 출력을 대비한 해상도다. 구글 넥서스 7이 채택했지만 주요primary 밀도 그룹으로 간주하지 않는다.

hdpi, ~240 dpi (1.5x 스케일)

2세대 휴대폰이 등장하며 해상도가 50% 상승했다. HTC 넥서스 원, 삼성 갤럭시 에이스 등이 대표적이다.

xhdpi, ~320 dpi (2x 스케일)

소니 엑스페리아 S는 2x 해상도를 사용한 최초의 휴대폰 중 하나다. 삼성 갤럭시 S III, HTC One 등이 그 뒤를 이었다.

xxhdpi, ~480 dpi (3x 스케일)

최초의 xxhdpi 장치는 구글 넥서스 10이었다. 300dpi에 불과했지만 태블릿 형태였기 때문에 대형 아이콘이 필요했다.

xxxhdpi, ~640 dpi (4x 스케일)

현재 가장 높은 해상도다. 넥서스 6, 삼성 갤럭시 S6 에지 등의 장치에서 사용되기 시작했다.

디스플레이 픽셀 밀도는 끝없이 높아져만 가는 데 과연 언제까지 x를 추가할 것인지, 표현 규칙을 좀 더 고민했어야 한다고 구글은 후회하고 있을지도 모른다.

최종 사용자에게 최고의 경험을 제공하려면 현존하는 모든 해상도에서 애플리케이션의 외형과 동작을 일관되게 유지해야 한다. 해상도 종류가 워낙 다양하기에 해상도마다 단순히 별도의 코드를 일일이 추가하는 것은 한계가 있다.

다음은 모든 해상도에 잘 대응하는 애플리케이션을 만들기 위한 모범 사례들이다

- 밀도 독립적이고 확장 가능한 픽셀 단위를 사용한다.

  - 밀도독립화소(density-independent pixel, dp)[7]

    디바이스 해상도 기준 픽셀 단위. mdpi 화면에서 1픽셀(px) = 1dp다. 수식화하면 px = dp × (dpi / 160)로 표현할 수 있다.

  - 확장 화소(scalable pixel, sp)

    텍스트처럼 크기를 조절할 수 있는 요소에 사용하는 픽셀 단위. 1sp = 1dp에서 시작해 텍스트 줌 설정값에 따라 배율이 바뀐다.

- 모든 해상도에 대체 비트맵을 제공한다.

  - 안드로이드 앱은 res 폴더 하위에 drawable-?dpi라는 폴더를 두고 해상도별 대체 비트맵을 저장한다. ?dpi 부분은 앞서 나열했던 화면 분류 표기가 들어간다.

  - 앱 아이콘도 대체 비트맵이 적용된다. 단 아이콘 비트맵은 mipmap-?dpi 폴더를 우선적으로 따른다. 디바이스의 원래 해상도 이상으로 아이콘을 확대할 때 사용할 이미지가 저장된다. 픽셀 밀도별 apk를 빌드해도 이 폴더는 유지된다.

- 가능한 한 벡터 그래픽을 활용한다.

  - 벡터 그래픽도 안드로이드 리소스로 쓰인다. 안드로이드 스튜디오는 SVG 또는 PSD를 벡터 파일로 변환하는 벡터 애셋 스튜디오 툴을 제공한다. [그림 9-3]은 애셋 스튜디오 실행 화면이다.

---

7 옮긴이_ https://ko.wikipedia.org/wiki/밀도독립화소

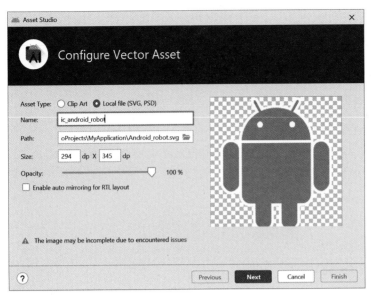

그림 9-3 SVG 파일을 안드로이드 벡터 형식으로 변환하는 툴

애플리케이션 화면을 다양한 크기와 해상도에 맞춰 깔끔하게 확대, 축소하기란 쉽지 않다. 제대로 구현하기도 어렵고 해상도마다 여러 디바이스를 테스트해야 한다. 개발자가 테스트에 집중할 수 있도록 구글은 사용자 데이터를 분석해 참고 자료[8]로 제공한다. [표 9-1]은 2022년 초반의 디바이스 해상도 통계다.

표 9-1 안드로이드 화면 크기와 밀도 분포

	ldpi	mdpi	tvdpi	hdpi	xhdpi	xxhdpi	**합계**
소형	0.1%				0.1%		0.2%
일반		0.3%	0.3%	14.8%	41.3%	26.1%	82.8%
대형		1.7%	2.2%	0.8%	3.2%	2.0%	9.9%
특대형		4.2%	0.2%	2.3%	0.4%		7.1%
합계	0.1%	6.2%	2.7%	17.9%	45.0%	28.1%	

몇몇 해상도는 이미 일반적인 범주에 미치지 못한다. 일부 레거시 장치나 특수한 사용자층을

---

8   https://oreil.ly/Aqw18. 해당 링크는 영문으로 열람해야 최신 통계를 확인할 수 있다.

대상으로 하지 않는 한 이러한 해상도는 테스트 목록에서 제외해도 좋다. 특히 ldpi의 점유율은 0.1%로 매우 희소하며 안드로이드 디바이스 중 극히 일부에서 쓰인다. 이 정도로 작은 해상도에 최적화시켜야 할 애플리케이션은 드물다. tvdpi의 점유율 또한 2.3%에 지나지 않는 틈새 시장에 속한다. 안드로이드는 hdpi 애셋을 자동으로 축소해 이 해상도에 맞추므로 굳이 따로 테스트하지 않아도 된다.

이렇게 두 종류를 제외해도 여전히 4개의 밀도가 남는다. 또한 각 밀도에서 구현된 화면 해상도와 종횡비의 종류는 무수히 많다. 안드로이드 생태계 파편화를 극복하고 최상의 사용자 경험을 제공하려면 에뮬레이팅 디바이스와 물리 디바이스에서 테스트를 병행해야 한다. 구체적인 테스트 전략은 9.3절에서 설명할 것이다.

9.2.3 하드웨어 및 3D 지원

최초의 안드로이드 디바이스는 [그림 9-4]에 보이는 HTC Dream(T-Mobile G1)이었다. 320 × 480 해상도, mdpi 터치스크린, 하드웨어 키보드^{hardware keyboard}, 스피커, 마이크, 5개 버튼, 클릭 트랙볼, 후면 카메라 등이 장착되어 있다. 지금 기준으로 보면 원시적인 장치에 불과하지만, 소프트웨어 키보드 기술이 미숙했던 당시에는 안드로이드를 구동하기에 안성맞춤인 플랫폼이었다.

최신 스마트폰에 비하면 성능 사양은 매우 소박하다. HTC Dream에 탑재된 퀄컴 MSM7201A 프로세서는 Arm11 기반이며 속도는 528MHz다. 그래픽 지원 수준은 OpenGL ES 1.1에 그친다. 이제 현대로 넘어와 안드로이드 휴대폰의 대표 주자였던 삼성 갤럭시 S21 울트라 5G를 살펴보자. 해상도는 3200 × 1440까지 늘어났으며 다음과 같은 하드웨어들을 장착하고 있다.

- 2.9GHz 8코어 프로세서
- Arm Mali-G78 MP14 GPU, Vulkan 1.1, OpenGL ES 3.2, OpenCL 2.0 지원
- 카메라 5대(전면 1개, 후면 4개)
- 마이크 3개(하단 1개, 상단 2개)
- 스테레오 스피커
- 초음파 지문 인식 센서

- 가속계

- 기압계

- 자이로 센서(자이로스코프)

- 지자기 센서(자기계)

- 홀 센서

- 근접 센서

- 주변광 센서

- NFC

그림 9-4 T-Mobile G1(HTC Dream), 안드로이드 운영체제를 탑재한 최초의 스마트폰[9](CC 라이선스[10])

삼성의 플래그십 휴대폰은 하드웨어 스펙트럼의 최정점에 있는 디바이스답게 현존하는 거의 모든 종류의 센서를 탑재하고 있다. 좀 더 대중적인 시장을 겨냥한 제품은 이보다 칩셋 등급이 낮고 일부 센서를 제외해 제작 비용을 절감한다. 안드로이드는 물리 센서의 데이터를 조합해 '가상' 센서를 소프트웨어적으로 구현하고 애플리케이션에 제공한다. 다음은 대표적인 가상 센서들이다.

---

9 https://oreil.ly/ijUOh

10 https://oreil.ly/GLSPZ

게임 회전 벡터

가속도계와 자이로스코프 데이터의 조합

중력

가속도계와 자이로스코프(또는 자기계) 데이터의 조합

지자기 회전 벡터

가속도계와 자기계 데이터의 조합

선형 가속

가속도계와 자이로스코프(또는 자기계) 데이터의 조합

회전 벡터

가속도계, 자기계, 자이로스코프 데이터의 조합

중요 동작

가속도계 데이터(저전력 모드일 때 다른 센서로 대체)

보행 탐지/계수

가속도계 데이터(저전력 모드일 때 다른 센서로 대체)

가상 센서는 원천 데이터를 제공할 물리적 센서가 있어야 성립된다. 대부분의 휴대폰은 가속도계를 탑재하고 있지만 자이로스코프나 자기계 중 한 가지를 빼거나 두 가지 모두 제거하는 경우도 많다. 그만큼 동작 감지 정밀도가 낮아지며 일부 가상 센서를 가동할 수 없다.

하드웨어 센서 자체는 에뮬레이트할 수 있지만, 센서를 테스트하기 위해 실제 상황 조건을 재현하는 것은 훨씬 어렵다. 또한 하드웨어 칩셋과 SoC 벤더 드라이버 구현체는 더욱 많은 종류로 분화된다. 결국 다중 디바이스를 검증하는 애플리케이션 테스트 범위는 방대해질 수밖에 없다.

그간 게임 개발자의 주요 관심사였던 3D API 지원 여부는 애플리케이션의 기본 그래픽과 기대 성능에 점점 더 큰 영향을 미치고 있다. 최초의 안드로이드 휴대폰처럼 기초적인 3D API를 제공했던 모바일 프로세서는 대부분 OpenGL ES 1.1을 지원한다. OpenGL ES는 OpenGL

3D의 모바일 버전이며 최신 버전은 3.2다. 요즘 휴대폰은 대부분 2.0, 3.0, 3.1, 3.2 버전을 두루 지원한다.

OpenGL ES 2.0은 파이프라인의 구조를 기능형에서 프로그램형으로 전환함으로써 3D 프로그래밍 모델 분야에 극적인 변화를 일으켰다. 개발자는 셰이더shader를 통해 더욱 복잡한 3D 효과를 직접 제어할 수 있게 되었다. OpenGL ES 3.0은 정점 배열 객체, 인스턴스 렌더링, 디바이스 독립적 압축 포맷(ETC2/EAC) 등을 추가해 3D 그래픽 성능과 하드웨어 독립성을 한층 향상시켰다.

OpenGL ES는 비교적 빠른 속도로 채택되었으며 현재 거의 모든 디바이스가 최소 2.0 버전 이상을 지원한다. [그림 9-5]는 구글이 공개한 디바이스 현황 데이터다. 최신 표준 버전인 3.2를 지원하는 디바이스가 67.54%로 가장 큰 비중을 차지하고 있다. 참고로 OpenGL ES 3.2는 2015년 8월 릴리스되었다.

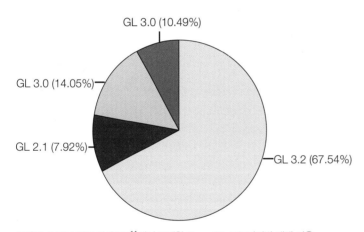

그림 9-5 구글 배포 대시보드[11]에서 공개한 OpenGL ES 버전별 채택 비율

Vulkan은 비교적 최근 등장한 그래픽 API며 신형 그래픽 칩셋 사이에서 지원 반경을 넓히고 있다. Vulkan의 장점은 데스크톱과 모바일에 동시 이식할 수 있는 크로스 플랫폼 API라는 것이다. 또한 컴퓨팅 플랫폼을 지속적으로 수렴시키는 현대의 기술적 추세와 잘 부합한다. Vulkan은 스레드와 메모리 소비를 더욱 세밀하게 제어하며 비동기 API를 통해 다중 스레드 명령 버퍼와 시퀀스를 관리할 수 있다. 자연히 멀티코어 프로세서와 하이엔드 하드웨어의 활용

---

11 https://oreil.ly/18xDQ. 해당 링크는 영문 버전으로 열람해야 최신 통계를 확인할 수 있다.

도도 높다.

Vulkan은 최신 API이므로 OpenGL ES만큼 채택률이 높지 않다. 그러나 안드로이드 디바이스의 64%는 이미 Vulkan을 일정 부분 지원하는 것으로 나타났다. [그림 9-6]에 나타난 구글의 디바이스 통계에 따르면 42%의 디바이스는 Vulkan 1.1을, 22%의 디바이스는 Vulkan 1.0.3 API를 지원한다.

하드웨어 센서와 마찬가지로 3D 칩셋 제조사도 매우 많다. 따라서 애플리케이션의 버그 및 성능을 안정적으로 테스트하는 궁극적인 방법은 다양한 휴대폰 모델에서 동시에 테스트를 진행하는 것이다. 다음 절에서 다루는 주제는 바로 이러한 테스트 기법이다.

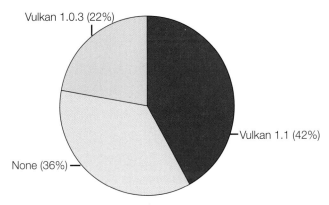

그림 9-6 구글의 배포 대시보드[12]에서 공개한 Vulkan 채택률

9.3 다중 디바이스의 지속적 병렬 테스트

이전 절에서 안드로이드 디바이스 생태계의 광범위한 파편화를 설명했다. 안드로이드 OS 아키텍처의 기술적 특성과 OEM 및 SoC 벤더의 복잡한 생태계는 이러한 파편화를 유발하는 필연적 요인이다. 또한 1,300개의 제조사가 24,000개 이상의 디바이스를 만들 정도로 수직상승한 안드로이드 플랫폼의 인기야말로, 안드로이드 앱의 지속적 테스트와 배포를 더욱 어렵게 만드는 주범이다.

---

12 https://oreil.ly/K9FZd, 해당 링크는 영문 버전으로 열람해야 최신 통계를 확인할 수 있다.

디바이스 에뮬레이터가 있으면 애플리케이션을 개발하고 기본적인 테스트를 완료할 수 있다. 그러나 현실은 훨씬 복잡하다. 고유한 하드웨어 설정, 장치 드라이버, 커스텀 커널, 실제 센서 작동 등의 모든 상호작용을 완벽히 시뮬레이션하는 것은 불가능하다. 최종 사용자에게 일정 수준 이상의 경험을 제공하기 위해서는 고도로 전문화된 수동 및 자동화 테스트 시스템이 있어야 한다.

대규모 하드웨어 테스트를 실행하는 방식은 크게 두 가지다. 첫 번째는 공용 디바이스를 확보해 자체 랩^{lab}을 구축하는 것이다. 이 방법은 안드로이드 디바이스를 다수 보유하고 있을 때 매우 실용적인 선택지다. 적절한 인프라와 자동화가 뒷받침되면 상당한 테스트 효과를 볼 수 있다. 그러나 지원 대상 디바이스가 늘어날수록 테스트에 드는 노력도 급격히 증가한다는 단점이 있다. 또한 대량의 디바이스를 꾸준히 유지하고 관리하는 데 드는 비용과 노동력도 만만치 않다.

두 번째 방법은 클라우드 서비스 아웃소싱이다. 안드로이드의 디바이스 원격 제어 기술과 플랫폼 안정성은 꾸준히 향상됐다. 이제는 디바이스 종류만 선택해 클라우드에 제시하면 자동화 테스트를 실행하고 편리하게 결과를 받아볼 수 있다. 대부분의 클라우드 서비스는 자세한 스크린샷과 진단 로그를 제공하며 이를 통해 빌드 실패 원인을 추적하거나 디바이스를 원격 제어하며 디버깅할 수 있다.

9.3.1 디바이스 팜 구축

비록 소규모라 할지라도 자체 디바이스 팜^{device farm}을 구축해두면 여러 모로 좋다. 보유하고 있는 디바이스의 가치를 재발견하고 조직 차원에서 활용도를 높일 수 있는 길이다. 디바이스 팜에 대한 하드웨어 방면의 선행 투자가 일단락되면 안드로이드 개발 속도와 비용이 절감되기 시작한다. 팜의 규모가 클수록 절감 수준도 높아진다. 그러나 대형 디바이스 랩은 상시 운영되어야 하며 지속적으로 운영 비용이 발생한다는 점을 명심해야 한다.

Open STF의 후신인 디바이스 파머^{device farmer}는 안드로이드 디바이스를 관리하는 오픈 소스 라이브러리다. 디바이스 파머를 이용하면 [그림 9-7]처럼 웹 브라우저를 통해 실시간으로 화면을 확인하며 디바이스를 원격 제어할 수 있다. 데스크톱 키보드와 마우스로 키 입력과 터치 제스처를 입력하며 수동 테스트를 진행한다. 자동화 테스트는 Appium 등의 프레임워크로

REST API에 테스트 요청을 전송하며 진행된다.

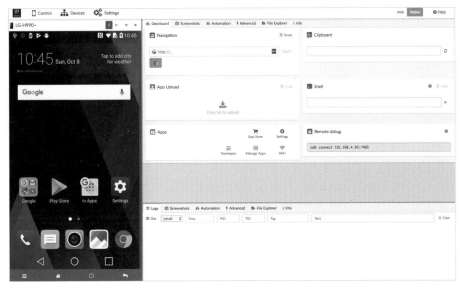

그림 9-7 디바이스 파머 UI[13](출처: CC 라이선스[14])

또한 디바이스 파머는 장치 인벤토리를 관리하는 툴이다. 연결된 장치, 장치 사용자, 하드웨어 사양 등을 열람할 수 있어 대규모 연구실에서 물리적인 디바이스 위치를 확인할 때 유용하다.

마지막으로, 디바이스 파머는 디바이스 그룹을 예약하고 배정하는 시스템을 갖추고 있다. 인벤토리 소유자를 지정하고 관련 속성에 따라 그룹을 나눈다. 또한 이러한 그룹을 프로젝트나 특정 조직에 영구히 할당하거나 기간을 지정해 예약 및 배정할 수 있다.

디바이스 랩은 여러 하드웨어로 구성된다. 다음은 기본적인 디바이스 랩을 구성하는 하드웨어들이다.

드라이버 컴퓨터

디바이스 파머는 모든 운영체제에서 실행할 수 있지만 관리 편의성과 안정성을 고려해 리눅스 기반 호스트에서 실행하는 것이 좋다. 최초로 도입하는 경우 휴대성과 성능을 겸비한 인

---

13 https://oreil.ly/2MQpN
14 https://oreil.ly/bPhIL

텔 NUC 등의 미니 PC 정도면 적당하다.

USB 허브

안정적인 연결과 전원 공급이 보장되는 USB 허브를 사용해야 한다. USB 허브의 신뢰성은 랩 전체의 안정성에 지대한 영향을 미친다.

무선 라우터

무선 라우터는 디바이스의 네트워크 연결을 담당하므로 매우 중요한 요소다. 디바이스 전용 네트워크를 구축하면 무선망의 안정성이 향상되며 테스트 디바이스와 관계 없는 장치가 경합을 벌일 필요가 없다.

안드로이드 디바이스

물론 가장 중요한 조건은 테스트용 안드로이드 디바이스의 가짓수다. 대상 사용자층에서 가장 보편적이고 대중적으로 쓰이는 디바이스를 먼저 확보한다. 이후에는 안드로이드 OS 버전, 화면 크기, 하드웨어 지원 측면으로 점차 다양성을 늘려가는 것이 바람직하다.

수많은 케이블

USB 허브와 디바이스 간 연결 케이블을 효과적으로 관리하려면 케이블의 길이가 일반적인 수준보다 길어야 한다. 개별 디바이스와 하드웨어 컴포넌트 사이에 충분한 공간이 확보되면 과열 현상을 방지하는 효과도 생긴다.

[그림 9-8]은 독일 뒤셀도르프의 Beyond tellerrand 콘퍼런스[15]에서 선보인 세계 최초의 디바이스 랩이다. 이정도 수준의 전자동 디바이스 랩은 조금만 수고를 들이면 누구나 금세 만들 수 있다.

---

15 옮긴이_ https://beyondtellerrand.com

그림 9-8 독일 뒤셀도르프에서 열린 beyond tellerrand 콘퍼런스에 전시된 Open device lab[16](CC 라이선스[17])

디바이스 파머 내부는 마이크로서비스로 나뉘어 있으며 수천 대의 디바이스를 감당할 만큼 플랫폼을 확장할 수 있다. 기본적으로 15대까지 지원하며 그 이상은 ADB(안드로이드 디버그 브리지)의 포트 수 제한에 부딪힌다. 이때부터 디바이스 파머 ADB를 다중 인스턴스로 실행하면 해당 머신이 지원하는 한계까지 USB 디바이스를 확장할 수 있다. 인텔 아키텍처는 주변 장치를 포함하여 최대 96개 엔드포인트를, AMD는 최대 254개 USB 엔드포인트를 지원한다. 디바이스 파머 서버를 늘리면 이 한계를 수천 대까지 확장할 수 있다. 이는 엔터프라이즈급 안드로이드 애플리케이션의 모바일 테스트와 검수를 감당하기에 충분한 규모다.

페이스북은 대규모 모바일 디바이스 랩을 운영하는 기업 중 하나다. [그림 9-9]는 오레곤주 프린빌 데이터 센터에 위치한 페이스북의 디바이스 랩 설비다. 디바이스 간 무선 네트워크 간섭을 방지하기 위해 페이스북은 특수한 적재 장비를 설계했다. 모바일 장치를 고정하는 장소인 동시에 WiFi 신호를 차단하는 랙 인클로저다. 각 인클로저는 디바이스를 32개까지 수납하며 4개의 OCP 레오파드 서버를 통해 디바이스를 제어한다. 이를 통해 페이스북은 안정적이고 확장성 높은 하드웨어 환경을 구축했으며 디바이스 팜 규모를 2,000대까지 늘릴 수 있었다.

----

16 https://oreil.ly/QgEr9
17 https://oreil.ly/Xv18U

그림 9-9 프린빌 데이터 센터의 페이스북 모바일 디바이스 랩[18]

다음은 대규모 디바이스 랩을 운영할 때 겪는 어려움이다.

디바이스 유지보수

테스트를 대비해 매일 24시간 내내 작동하도록 만들어진 안드로이드 디바이스는 없다. 결과적으로 디바이스 랩의 기기들은 일반적인 하드웨어보다 고장 가능성이 더 높다. 게다가 1~2년마다 전체 디바이스의 배터리를 교체해야 한다. 디바이스 간 거리를 늘리고 온도를 낮게 유지하면 고장률을 낮추는 데 다소 도움이 된다.

WiFi 간섭/접속 품질

WiFi 네트워크, 특히 일반 소비자용 WiFi 라우터는 디바이스가 늘어날수록 안정성이 저하되는 경향이 있다. 네트워크 간섭을 줄이려면 WiFi 라우터의 브로드캐스트 신호 강도를 낮추고 비경쟁 네트워크 대역을 우선적으로 점유하는 것이 좋다.

배선

수많은 디바이스를 컴퓨터나 USB 허브에 무턱대고 연결하면 케이블 난장판이 열릴 확률이 높다. 관리하기 어려울 뿐만 아니라 접속 상태나 충전 기능에 문제가 발생할 위험이 있다. 케이블은 가급적 말거나 꼬지 않아야 한다. 필요한 경우 차폐 케이블을 사용하고 페라이트

---

18 https://oreil.ly/fbj35

코어를 결합하면 전자기 간섭을 줄일 수 있다.

디바이스 신뢰성

일반 소비자용 기기에서 디바이스 랩을 실행하다보면 디바이스를 신뢰할 수 없는 상황이 발생하는 경우가 있다. 자동화 테스트 실행 기간을 일정하게 제한하면 디바이스가 응답불가 상태에 빠지는 위험을 낮출 수 있다. 또한 테스트 사이에 데이터를 초기화하고 메모리를 비우면 디바이스 성능과 신뢰성이 상승한다. 마지막으로, 안드로이드 디바이스와 이를 실행하는 서버는 주기적으로 재부팅하는 것이 좋다.

> **TIP** 이미 보유한 장치를 이용해 먼저 작은 규모로 디바이스 랩을 구현해보기 바란다. 다중 디바이스 병렬 테스트 자동화 능력을 기르는 첫걸음이 될 것이다. 이러한 시스템의 규모를 확대하면 안드로이드 생태계 파편화에 대응하는 효과적인 테스트 솔루션이 구축된다. 그러나 높은 선행 비용을 치러야 하며 지속적인 지원과 유지 관리가 필요하다는 점을 잊으면 안 된다.

다음 절은 지금 당장 가동할 수 있는 간단한 과금형 디바이스 랩을 설명한다.

9.3.2 클라우드형 모바일 파이프라인

자체 디바이스 랩을 구축하기 어려운 상황이라면 퍼블릭 클라우드 인프라가 좋은 대안이다. 클라우드의 디바이스 팜을 이용해 광범위한 종류의 기기를 쉽고 저렴하게 테스트할 수 있다. 모바일 디바이스 클라우드는 최종 사용자가 간편하게 시작할 수 있으며 유지 관리할 필요가 없다는 장점이 있다. 테스트할 디바이스를 선택하고 디바이스 풀을 지정해 애플리케이션을 수동 또는 자동으로 테스트하면 끝이다.

일부 모바일 디바이스 클라우드는 자동화 로봇 테스트도 지원한다. 이 테스트는 애플리케이션의 모든 시각적 UI 요소를 검사하는 방식으로 애플리케이션의 성능이나 안정성 문제를 식별한다. 테스트가 완료되면 전체 문제 보고서, 디버깅용 디바이스 로그, 이슈 추적용 스크린샷을 얻는다.

현존하는 다양한 모바일 디바이스 클라우드 중 일부는 그 시작이 피처폰 시대까지 거슬러 올라간다. 그러나 가장 대중적이며 현대적인 디바이스 클라우드는 결국 아마존, 구글, 마이크로소프트 등의 상위 3개 업체로 추려진다. 세 곳 모두 모바일 테스트 인프라에 막대한 투자를 아끼지 않았으며 합리적인 가격으로 서비스를 제공하고 있다. 또한 광범위한 에뮬레이트 장비와 실제 장비를 테스트에 활용할 수 있다.

AWS 디바이스 팜

아마존은 퍼블릭 클라우드 서비스의 일부로 모바일 디바이스 클라우드를 제공한다. AWS 계정 그대로 AWS 디바이스 팜을 이용할 수 있으며 다양한 실제 디바이스에 자동화 테스트를 적용할 수 있다.

AWS 디바이스 팜 테스트를 진행하는 단계는 다음과 같다.

1. APK 파일 업로드: 컴파일된 APK 파일을 업로드하거나 최근에 업데이트된 파일 중에서 선택한다.

2. 테스트 자동화 설정: AWS 디바이스 팜은 Appium, Calabash, Espresso, Robotium, UI Automator 등의 다양한 테스트 프레임워크를 지원한다. 특히 Appium 테스트는 자바, 파이썬, Node.js, 루비 등의 언어로 작성할 수 있다. 자동화 테스트 프레임워크가 없을 경우를 대비해 AWS는 Fuzz와 Explorer라는 로봇 앱 테스터를 제공한다.

3. 실행 디바이스 선택: 테스트할 디바이스를 선택한다. 디바이스 풀은 사용자가 직접 구성할 수 있으며 [그림 9-10]처럼 가장 많이 사용되는 5개 디바이스로 기본 풀을 구성할 수도 있다.

4. 디바이스 상태 설정: 테스트를 시작하기 전에 디바이스를 설정한다. 데이터 명시, 의존 앱 지정, 무선 수신 상태(WiFi, 블루투스, GPS, NFC) 등을 설정할 수 있다. 또한 GPS 좌표, 로케일 설정, 네트워크 프로파일 등을 변경할 수 있다.

5. 테스트 실행: 마지막으로, 선택한 장치에서 테스트를 실행한다. 제한 시간은 디바이스당 최대 150분이다. 테스트 속도를 높일수록 더 일찍 완료되겠지만 테스트 실행 비용 역시 최대한도가 정해져 있다.

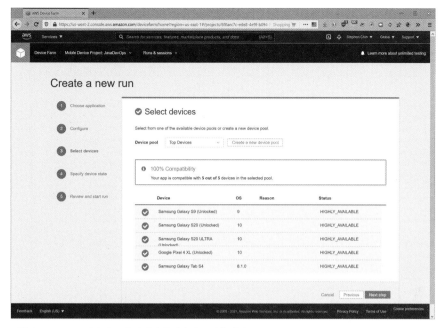

그림 9-10 AWS 디바이스 팜 마법사의 디바이스 선택 화면

AWS 디바이스 팜은 개인 개발자가 테스트 자동화를 구현할 수 있도록 다양한 편의를 제공한다. 무료 할당량, 추가 디바이스 테스트 시 저렴한 분 단위 요금 적용, 다중 디바이스 병렬 테스트를 제공하는 월 단위 요금제 등이다. 이 책의 집필 시점에 AWS의 공유 디바이스 풀은 [그림 9-11]에 보이듯 총 91개 디바이스를 보유하고 있으며 그중 54개는 안드로이드 디바이스다. 대부분의 디바이스는 고가용성 상태며, 다시 말해 동일한 장치가 여러 개 있음을 나타낸다. 가용성이 높으면 테스트 도중 대기열에서 디바이스가 차단되거나 작동 불가 상태에 놓일 가능성이 줄어든다.

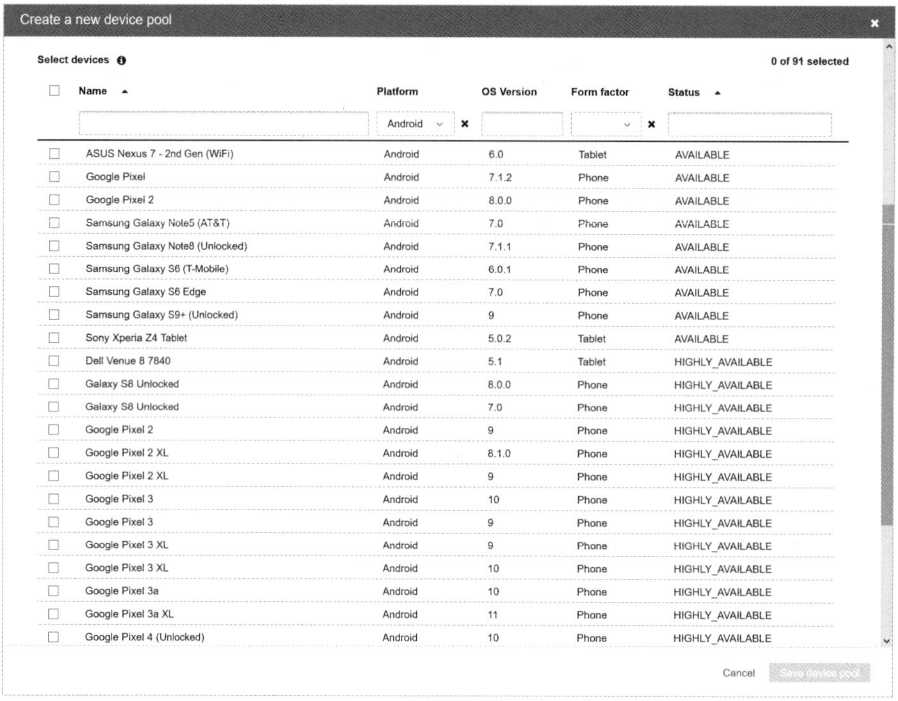

Create a new device pool

Select devices — 0 of 91 selected

Name	Platform	OS Version	Form factor	Status
ASUS Nexus 7 - 2nd Gen (WiFi)	Android	6.0	Tablet	AVAILABLE
Google Pixel	Android	7.1.2	Phone	AVAILABLE
Google Pixel 2	Android	8.0.0	Phone	AVAILABLE
Samsung Galaxy Note5 (AT&T)	Android	7.0	Phone	AVAILABLE
Samsung Galaxy Note8 (Unlocked)	Android	7.1.1	Phone	AVAILABLE
Samsung Galaxy S6 (T-Mobile)	Android	6.0.1	Phone	AVAILABLE
Samsung Galaxy S6 Edge	Android	7.0	Phone	AVAILABLE
Samsung Galaxy S9+ (Unlocked)	Android	9	Phone	AVAILABLE
Sony Xperia Z4 Tablet	Android	5.0.2	Tablet	AVAILABLE
Dell Venue 8 7840	Android	5.1	Tablet	HIGHLY_AVAILABLE
Galaxy S8 Unlocked	Android	8.0.0	Phone	HIGHLY_AVAILABLE
Galaxy S8 Unlocked	Android	7.0	Phone	HIGHLY_AVAILABLE
Google Pixel 2	Android	9	Phone	HIGHLY_AVAILABLE
Google Pixel 2 XL	Android	8.1.0	Phone	HIGHLY_AVAILABLE
Google Pixel 2 XL	Android	9	Phone	HIGHLY_AVAILABLE
Google Pixel 3	Android	10	Phone	HIGHLY_AVAILABLE
Google Pixel 3	Android	9	Phone	HIGHLY_AVAILABLE
Google Pixel 3 XL	Android	9	Phone	HIGHLY_AVAILABLE
Google Pixel 3 XL	Android	10	Phone	HIGHLY_AVAILABLE
Google Pixel 3a	Android	10	Phone	HIGHLY_AVAILABLE
Google Pixel 3a XL	Android	11	Phone	HIGHLY_AVAILABLE
Google Pixel 4 (Unlocked)	Android	10	Phone	HIGHLY_AVAILABLE

Cancel Save device pool

그림 9-11 AWS 디바이스 팜의 디바이스 풀 목록

마지막으로, AWS 디바이스 팜은 자동화 테스트를 진행하기 위해 외부 툴과 통합할 수 있다. 안드로이드 스튜디오는 그레이들 플러그인을 통해 AWS 디바이스 팜에서 테스트를 실행한다. 지속적 통합 시스템에서 AWS 디바이스 팜 테스트를 연계하려면 아마존이 제공하는 젠킨스 플러그인을 설치하면 된다. 로컬 빌드와 자동화 테스트가 완료된 후 AWS에서 디바이스 테스트 단계를 진행할 수 있다.

구글 파이어베이스 테스트 랩

구글은 파이어베이스를 인수한 뒤 지속적으로 서비스를 확장하고 개선했다. 파이어베이스 테스트 랩은 AWS 디바이스 팜과 유사한 기능을 제공하는 모바일 디바이스 테스트 플랫폼이다. 하루 동안 제한된 횟수만큼 테스트를 실행할 수 있는 무료 할당량을 제공하며 디바이스 시간 단위 종량 요금제로 업그레이드할 수 있다. 다음은 파이어베이스 테스트 랩의 실행 방식들이다.

안드로이드 스튜디오

파이어베이스 테스트 랩은 안드로이드 스튜디오와 통합된다. 마치 로컬 디바이스처럼 모바일 기기도 손쉽게 클라우드에서 테스트할 수 있다.

파이어베이스 웹 UI

파이어베이스 웹 콘솔에서 APK를 업로드하면 [그림 9-12]에 보이듯 자동화된 Robo 테스터가 앱을 실행한다. 또한 Espresso, Robotium, UI Automator를 통해 직접 구성한 자동화 테스트를 실행할 수 있다. 특히 게임 개발자는 게임 루프 테스트를 통합하고 사용자 시나리오를 재연할 수 있다.

자동화된 명령줄 스크립트

파이어베이스 테스트 랩은 명령줄 API를 통해 CI 시스템과 간단히 통합된다. 따라서 젠킨스, 서클CI, JFrog 파이프라인 등 기존에 사용하던 CI/CD 시스템에 테스트를 추가할 수 있다.

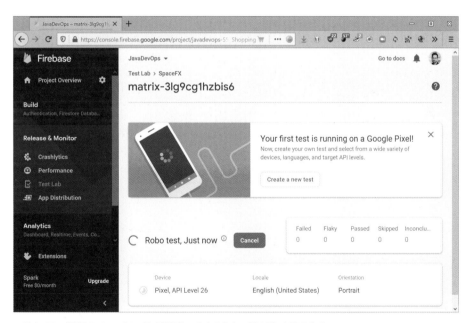

그림 9-12 자동화 Robo 테스트를 실행하는 파이어베이스 웹 사용자 인터페이스

이 책의 집필 시점에 파이어베이스 테스트 랩은 AWS 디바이스 팜보다 더 많은 안드로이드 디바이스를 보유하고 있다. 일부 인기 디바이스를 포함해 총 109개 디바이스를 지원하며 다중 API와 호환된다. 파이어베이스 테스트 랩은 구글의 안드로이드 툴과 견고하게 결합되고 개인 개발자에게 충분한 무료 할당량을 제공한다는 점이 장점이다. 테스트 자동화 시스템을 처음 구축하는 용도로 부족함이 없으며 다루기도 쉽다.

마이크로소프트 비주얼 스튜디오 앱 센터

Xamarin 테스트 클라우드를 계승한 마이크로소프트 비주얼 스튜디오 앱 센터는 앞서 살펴본 클라우드에 비해 가장 많은 디바이스 타입을 자랑한다. [그림 9-13]은 MS VS 앱 센터의 349 개 안드로이드 디바이스 중 테스트 대상을 선택하는 화면이다. 그러나 AWS 디바이스 팜이나 파이어베이스 테스트 랩과 달리 앱 센터는 개인 개발자용 무료 서비스를 제공하지 않는다. 대신 MS는 하나의 물리 디바이스를 테스트할 수 있도록 30일간 평가판 서비스를 제공한다. 실제 요금은 동시 테스트 디바이스 개수에 따라 부과된다. 대체로 엔터프라이즈 서비스에 가까운 형태다.

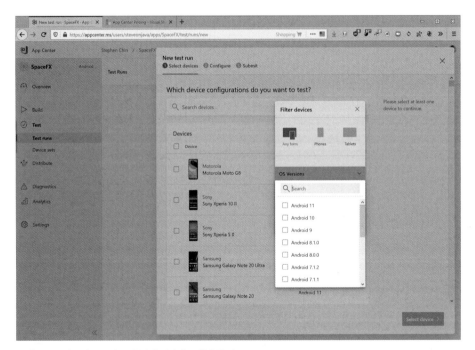

그림 9-13 비주얼 스튜디오 앱 센터 디바이스 선택 화면

VS 앱 센터는 로봇 테스터 또는 웹 콘솔 테스트 등의 사용자 친화적인 기능을 제공하지 않는 대신 앱 센터 CLI 통합에 주력한다. 앱 센터 CLI에서 Appium, Calabash, Espresso, XamarainUITest를 통합하면 자동화 테스트를 손쉽게 실행할 수 있다. 이를 통해 CI/CD 통합도 간단히 구현한다.

전반적으로 VS 앱 센터는 디바이스 보유 규모에서 우위를 점하고 엔터프라이즈 모바일 테스트에 집중하는 전략을 취하고 있다. 개인 개발자나 소규모 팀이 접근하기 어렵고 선행 비용도 높은 편이지만, 테스트 규모가 커질수록 진가를 발휘할 것이다.

9.3.3 디바이스 테스트 전략 수립

이전 절에서 기본적인 디바이스 랩 구축 방법과 클라우드 인프라 활용 방안을 살펴보았다. 이제 이러한 지식이 모바일 디바이스 테스트 요건과 어떠한 관련이 있는지 이해할 차례다.

클라우드 서비스를 사용하면 다음과 같은 이점이 있다.

낮은 시작 비용

클라우드는 개인 개발자에게 후한 요금제를 제안한다. 제한된 수의 디바이스를 무료로 테스트할 수 있으며 사용량을 기반으로 비용이 책정된다. 디바이스 테스트를 처음 시작하고 수동 및 자동화 테스트를 구축하기에 적합하며, 무엇보다 저렴하다.

광범위한 디바이스 보유

클라우드 테스트 제공 업체는 매우 두터운 고객층을 지원해야 하기에 신, 구형 기기를 모두 아우르는 거대한 테스트 디바이스 인벤토리를 보유하고 있다. 고객은 이러한 디바이스 풀을 바탕으로 고객 보유 가능성이 가장 높은 디바이스 타입, 프로필, 설정을 정확하게 겨냥해 테스트 대상을 지정할 수 있다.

빠른 확장

앱 개발은 바이럴 마케팅과 빠른 확장에 모든 성패가 달려 있다고 해도 과언이 아니다. 인프라 구축은 선행 투자 비용이 많이 드는 반면 클라우드 서비스는 앱의 크기와 인기에 따라 테스트 규모와 디바이스와 범위를 점진적으로 확장할 수 있다.

자본 지출 감소

대규모 디바이스 랩을 구축하면 선행 자본 지출이 증가한다. 클라우드 인프라를 종량 요금 제로 이용하면 비용 지출을 지연시키는 효과가 있어 자본 효율성이 극대화된다.

글로벌 접근성

원격 근무와 분산 업무는 전 세계적으로 보편화되는 추세다. 개발 팀이 몇 명이든 근무지가 어디든 클라우드 서비스는 항상 쉽게 접근할 수 있도록 설계되어 있다.

그러나 이러한 모든 장점에도 불구하고 디바이스 랩을 구축하는 전통적 방식의 이점 또한 변함 없이 명확하다. 디바이스 랩을 자체 구축하는 이유는 다음과 같다.

대규모 비용 절감

자체 구축한 대규모 디바이스 랩의 유지 관리 비용은 디바이스의 수명을 감안했을 때 클라우드 서비스에 들어가는 총 비용보다 훨씬 저렴하다. 중소 개발 팀의 작업은 이 정도 규모에 미치지 못하는 경우가 많지만 대형 모바일 기업은 그렇지 않다. 테스트 규모가 상대적인 임계치를 넘기는 순간부터 상당한 비용을 절감할 수 있다.

빠르고 예측 가능한 테스트 주기

디바이스 팜을 제어하면 테스트를 병렬로 실행할 수 있으며 완료 시간을 예측하기 쉽다. 예측 시간 안에 테스트가 끝나면 반응형 빌드 프로세스를 완성할 수 있다. 반면 클라우드 업체는 테스트 반복 속도에 제한을 건다. 또한 저변이 넓은 구성일수록 디바이스 대기 시간이 길어질 우려가 있다.

세션 제한 없음

일반적으로 디바이스 클라우드는 디바이스 장애 등의 이유로 테스트가 중단되지 않도록 서비스에 고정된 세션 시간 제한을 건다. 테스트 스위트의 복잡도가 일정 수준 이상 높아지면 완료까지 30분이 넘는 경우도 종종 발생한다. 이 경우 세션 제한이 30분으로 설정되었다면 테스트의 걸림돌로 작용할 것이다.

규제 요건

금융업이나 국방 프로젝트처럼 특정한 규제에 얽힌 산업은 보안 요건도 까다롭다. 상황에 따라 방화벽 외부에서 앱을 배포하고 테스트하는 행위가 제한되거나 거부당할 때도 있다. 이러한 경우 온프레미스 디바이스 랩에서 대안을 찾아야 한다.

IoT 디바이스 통합

모바일 디바이스와 IoT 디바이스 및 센서를 통합해서 작동하는 앱도 있다. 클라우드 업체는 이러한 통합 테스트 환경을 정확하게 제공하지 못한다. 이 경우 실제 사용 시나리오에 맞게 IoT와 모바일 환경을 구성하고 이를 토대로 디바이스 랩을 구축하는 편이 낫다.

클라우드 테스트와 로컬 디바이스 랩 테스트를 적절히 혼합하는 시나리오도 일부 존재한다. 둘을 함께 사용할 때는 테스트 주기, 유지 관리 비용, 디바이스 확장, 규제 요건을 두루 고려해 각각의 장점을 최대한 이끌어내야 한다.

9.4 마치며

안드로이드는 수많은 제조업체와 애플리케이션 개발자가 이룩한 방대한 생태계를 바탕으로 지구상에서 가장 인기 있는 모바일 플랫폼의 자리에 올랐다. 그러나 이러한 업적은 안드로이드 개발의 장애 요소도 함께 유발한다. 수천 개의 제조업체가 만들어낸 수만 개의 디바이스는 극도로 파편화된 디바이스 시장을 조성했다. 이렇듯 거대한 규모의 파편화와 디바이스 불연속성을 고려할 때, 모바일 개발이 성공하려면 무엇보다 먼저 자동화된 데브옵스 파이프라인을 갖춰야 한다.

웹 애플리케이션 데브옵스에 비유하자면, 3개의 주요 브라우저가 아닌 수천 개의 고유한 브라우저 타입이 존재하는 상황과 비슷하다. 자동화 없이는 그 어떠한 수준의 품질 보증도 담보하기 어렵다. 모바일 공간에서 실제 디바이스의 UI 테스트 자동화에 그토록 많은 관심이 집중되는 이유가 바로 여기 있다.

이번 장에서 배운 툴과 기술은 소스 관리, 빌드 승격, 보안 등의 전반적인 데브옵스 지식과 접목해야만 실용성이 배가 된다. 이를 바탕으로 다른 데브옵스 동료에 앞서 전 세계 수백만 디바이스에 지속적 배포를 실현하는 성과를 거둘 수 있기를 바란다.

지속적 배포 패턴과 안티패턴

스티븐 친, 바루크 사도구르스키

> 타인의 실수에서 가르침을 얻으라. 그 모든 실수를 직접 겪을 만큼 오래 사는 이는 없다.
>
> — 엘리너 루스벨트Eleanor Roosevelt

이번 장은 데브옵스를 조직적, 모범적, 성공적으로 구현하기 위한 지속적 배포 패턴을 설명한다. 조직 내부에 지속적 배포를 정착시키기 위해서는 먼저 프로세스 개선에 대한 공감대를 조성할 필요가 있다. 그러려면 구성원을 납득시키기에 앞서 개발자 스스로가 지속적 업데이트의 필요성을 논리적으로 자각해야 한다.

다양한 배포 모범 사례와 더불어, 모범 사례를 따르는 데 실패한 기업의 안티패턴 사례도 소개할 것이다. 누군가의 실패는 나에게 좋은 가르침이 되곤 한다. 근래 첨단 기술 산업계는 금기를 어기거나 모범 사례를 무시했다가 낭패를 본 사례가 수두룩하다.

이번 장을 제대로 마치면 지속적 업데이트의 7가지 모범 사례라는 실용적 지식으로 단단히 무장하게 될 것이다. 소프트웨어 업계 상위 26%에 해당하는 '엘리트 퍼포머Elite Performer'[1] 데브옵스가 되는 길은 누구에게나 열려 있다.

---

1   https://oreil.ly/9MMwZ

10.1 지속적 업데이트의 보편적 필요성

지속적 업데이트는 더 이상 소프트웨어 개발의 선택 사항이 아니다. 이제 모든 주요 프로젝트는 지속적 업데이트를 모범 사례로 채택한다. 지속적 업데이트 전략은 프로젝트의 기능적 요구 사항만큼 중요하며, 고도로 자동화된 프로세스가 있어야만 안정적인 결과를 보장할 수 있다.

늘 이랬던 것은 아니다. 역사적으로 소프트웨어는 훨씬 더 낮은 주기로 배포를 알렸으며 긴급한 사안이 아니면 업데이트하는 일도 드물었다. 또한 업데이트 설치 과정도 복잡했다. 스크립트 변경, 데이터 마이그레이션을 동반한 수동 작업인 경우가 많았기에 다운타임이 발생하고 에러도 잦았다.

상황이 바뀌기 시작한 것은 10여년 전부터다. 이제 최종 사용자는 디바이스와 애플리케이션이 지속적으로 업데이트되기를 기대하며 그에 따라 추가되는 새로운 기능을 누릴 준비가 되어 있다. 또한 중요 업데이트 지연은 비즈니스의 위험 요소다. 보안 전문가는 시스템을 위협하는 새로운 취약점과 악용 사례를 끊임없이 발굴한다. 제때 패치를 적용하지 않으면 모든 리스크를 고스란히 비스니스에서 떠안아야 한다. 마지막으로, 지속적 소프트웨어 업데이트는 클라우드 시대의 기본적인 비즈니스 요건으로 자리 잡았다. 모든 인프라 스택은 보안을 유지하기 위해 지속적으로 업데이트해야 하며 애플리케이션 역시 같은 이유로 업데이트를 요구한다.

모든 소프트웨어 프로젝트가 지속적 업데이트 전략을 채택하지는 않는다. 특히 기술 전환 주기가 긴 산업은 소프트웨어 업데이트도 빈번하지 않을 가능성이 높다. 그러나 현대의 소프트웨어는 대부분 범용 하드웨어 아키텍처와 오픈 소스 기술의 광범위한 영향력 속에서 개발된다. 즉 치명적인 취약점에 노출될 위험은 모든 소프트웨어에 동일하게 존재한다는 의미다. 일단 취약점이 노출되면 그 순간부터 재앙에 가까운 장애가 발생할 것을 각오해야 한다. 복구는 매우 어렵거나 아예 불가능한 경우도 많다. 다른 소프트웨어와 마찬가지로 오픈 소스 프로젝트도 버그와 보안 취약점이 발견되지만 사설 프로젝트에 비해 빠르게 개선되거나 패치가 제작되는 편이다. 그러나 패치가 나와도 자신이 몸담은 조직에서 이를 적용하지 않으면 아무런 소용이 없지 않은가?

다음 절부터 지속적 업데이트에 동기를 부여하는 요인들을 자세히 살펴본다. 각각을 이해하고 나면 조직 차원에서 지속적 업데이트 전략을 채택하도록 동료를 설득하는 근거로 활용할 수 있다. 지속적 업데이트를 이미 도입한 조직은 기존보다 더욱 강화된 지식으로 새롭게 무장할 기회다. 경쟁업체에 비해 우수한 데브옵스 인프라와 프로세스를 갖춤으로써 비즈니스적 이익을 극대화시킬 수 있을 것이다.

10.1.1 지속적 업데이트와 사용자 기대

신기능 릴리스 주기에 대한 최종 사용자의 기대는 지난 10년간 극적인 변화를 보였다. 이렇게 된 1차적인 원인은 기능이나 업데이트가 소비자 디바이스에 제공되는 방식이 변했기 때문이다. 그러나 이러한 기대는 엔터프라이즈 시장을 포함한 다른 플랫폼까지 확대되었다. 긴 릴리스 주기를 강요하거나 신기능을 미끼로 유상 마이그레이션을 요구하는 행위는 사용자를 만족시키지 못한다. 당연히 업체 간 경쟁에서 불리한 요소로 작용할 수밖에 없다.

사용자 기대의 변화는 휴대폰뿐만 아니라 여러 산업에서 공통적으로 발견되는 현상이다. 노키아는 이동 통신이 처음 대중화되던 시기에 2G 휴대폰 분야에서 지배적 위치를 점했던 하드웨어 업체였다. 지금은 구닥다리처럼 보일지 몰라도 당시 노키아의 제품은 우수한 음성 품질, 택타일 버튼, 다부진 외형 등이 조합된 훌륭한 하드웨어 디자인으로 각광받았다.

노키아 6110^{Nokia 6110} 류의 소형 폼 팩터 모바일 디바이스는 셀룰러 기술 발전을 가속하는 데 일조했다. 그러나 그곳에 탑재된 소프트웨어와 사용자를 위한 업데이트는 극히 열악한 수준에 머물렀다. 이러한 불균형은 초창기 컨슈머 디바이스 업체들이 공통적으로 내보였던 문제다. 이 업체들은 스스로를 하드웨어 제조사의 범주에 가두고 현대적 소프트웨어 개발 관행을 채택하려 하지 않았다.

여느 신기술과 마찬가지로 노키아 휴대폰 소프트웨어도 초기에는 매우 빈약하고 엉성했기에, 제대로 사용하려면 패치와 업데이트로 기본 버전을 보완해야 했다. 노키아가 제공한 데이터 케이블은 디바이스에서 컴퓨터로 연락처를 내보내는 등의 기본적인 기능에 사용할 뿐, 펌웨어 업데이트 같은 유지 관리 작업은 허용되지 않았다. 중요한 패치를 설치하거나 핵심적인 기능(예를 들면 스네이크 게임^{Snake game})을 업데이트하려면 노키아 서비스 센터에 직접 기기를 가져가야 했다.

2007년 아이폰이 출시되자 업계는 비로소 휴대폰 설계 시 소프트웨어를 최우선적으로 고려하기 시작했다. 아이폰은 컴퓨터와 연결해 펌웨어와 OS 전체를 업데이트할 수 있었으며 나중에는 무선 업데이트까지 지원했다. 애플이 자신의 디바이스에 신기능을 신속하게 배포할 수 있었던 비결이다.

2008년 애플은 앱 스토어를 발표했다. 자동 업데이트, 보안 샌드박싱 등 현대적인 기본 기능을 갖춘 역동적인 앱 생태계가 탄생하는 순간이었다. 앱 스토어는 이번 장 후반에서 여러 사례 연구를 통해 더 자세히 살펴볼 것이다. 2011년 iOS 5를 출시하며 애플은 무선 업데이트를 도입했다. 마침내 컴퓨터가 없어도 최신 버전 운영체제를 설치할 수 있게 되었다.

이제 휴대폰 소프트웨어 업데이트 프로세스는 대부분의 소비자가 디바이스 운영체제나 애플리케이션 버전을 인지하지 못할 정도로 매끄럽게 자동화되었다. 산업계 또한 지속적 업데이트가 단순한 호혜를 넘어 기능성, 생산성, 보안성 면에서 필수적인 기능이라는 인식을 대중들에게 꾸준히 각인시켰다.

지속적 업데이트 모델은 스마트 TV, 홈 어시스턴트, 자동 업데이트 라우터 등 컨슈머 디바이스 전반에 표준으로 자리매김했다. 기성 자동차 산업계가 지속적 업데이트 전략에 소극적으로 대처하며 꾸물거리는 동안, 테슬라는 홈 네트워크를 이용한 차량 격주 업데이트를 추진하며 산업을 선도하고 있다. 차량을 리콜할 때도, 소프트웨어를 업데이트할 때도 더 이상 서비스 센터까지 차를 몰고 갈 필요가 없다.

10.1.2 현대의 환경 재난, 보안 취약점

기름 유출 사고는 지난 50년간 자연 환경에 막대한 피해를 입혔다. 가늠하기 힘들 정도로 해로운 영향력이 지속되는 가운데, 아직도 위기는 현재 진행형이다. 석유 시추기는 순조롭게 운영되는 한 엄청난 돈을 벌어들이는 장비임에 틀림없다. 그러나 불행한 사고나 자연재해를 만나는 순간부터 거대한 대가를 치르기 시작한다. 특히 해상 사고가 유발하는 환경 피해 규모는 천문학적이다. 벌금, 법적 합의, 사고 뒷수습 등에 들어가는 돈만 수백억 달러가 넘는다. BP 같은 초거대 기업은 이러한 사고를 비즈니스의 일부로 받아들이며, 피해 금액을 감당할 충분한 재정적 능력을 갖추고 있다. 그러나 소규모 시추 업체는 단 한 번의 사고만으로 재정적 재난에 휩싸인다. 사고의 여파를 뒷수습할 여력도 남기지 못한 채 사업이 중단될 확률이 높다.

테일러 에너지Taylor Energy[2]는 바로 이러한 소규모 업체였다. 2004년 플로리다를 강타한 허리케인 아이반은 루이지애나 해안에 있던 석유 플랫폼을 파괴했고, 매일 300~700배럴의 석유가

---

2 https://oreil.ly/3L0tN

바다로 흘러 들어가기 시작했다. 이 재난은 수많은 법정 다툼을 낳았으며 소송 대상자 또는 당사자로써 테일러 에너지를 끊임없이 괴롭히고 있다. 미국 역사상 가장 장기간 지속된 기름 유출 사고를 수습하기 위해 테일러 에너지는 이미 4억 3500만 달러를 지출했다. 길면 다음 세기까지 유출은 계속될 전망이다.

Synopsis[3]에서 2021년 발표한 「오픈 소스 보안 및 리스크 분석 보고서」에 따르면 엔터프라이즈 프로젝트 99%가 오픈 소스 소프트웨어를 사용한다. 그중 84%는 적어도 하나의 공개 취약점을 보유하고 있다. 전체적으로는 코드베이스당 평균 158개의 취약점이 발견되었다.

상용 코드베이스에 취약점이 존재하면 얼마나 심각한 사태가 벌어질까? 만일 공격자가 상위 10대 취약점을 악용할 경우 인증 토큰, 사용자 세션 쿠키 등의 민간한 정보를 탈취할 수 있으며 클라이언트 브라우저에서 임의 코드를 실행하고 서비스 거부 공격을 시도할 수 있다.

보안 취약점에 대한 조직 차원의 대응책은 다음과 같이 세 단계로 구성하고 순서대로 진행한다.

1. **식별**: 보안 문제가 존재하며 공격자에 의해 당장 또는 잠재적으로 악용될 가능성을 인정하는 것이 첫 단계다.
2. **수정**: 문제가 확인되면 개발 팀은 소프트웨어를 수정하고 패치를 제작해야 한다.
3. **배포**: 마지막 단계는 소프트웨어 픽스 배포다. 취약점의 영향을 받는 사용자나 디바이스가 매우 광범위한 경우도 있다.

현실에서 이 세 단계를 제대로 진행하기가 얼마나 어려운지, 테일러 에너지 기름 유출 사태에 각 단계를 대입해보면 확실히 알 수 있다.

1. **식별 – 6년**

   허리케인은 2004년에 발생했지만, 조사원들은 2010년이 되어서야 현장에서 지속적으로 기름이 유출되고 있음을 확인하고 공론화시켰다.

2. **수정 – 8년**

   봉쇄 시스템 구축 사업을 입찰에 부친 결과, 2018년 Couvillion Group이 낙찰받았다.

3. **배포 – 5개월**

   2019년 4월 Couvillion Group은 200톤에 달하는 얇은 강철 상자를 봉쇄 시스템에 배치했다. 영구

---

3   https://oreil.ly/TFcnJ

적인 해결책은 아니었지만 이 시설은 하루에 약 1,000갤런의 기름을 회수했다. 채집한 기름은 재판매 가능한 수준이었으며 해수면에서 보이던 오염 물질도 눈에 띄게 줄었음을 확인할 수 있다.

기름 유출이라는 물리적 재난에 비하면 보안 취약점의 식별, 수정, 배포는 상대적으로 만만해 보일지 모른다. 그러나 이제부터 선보일 실제 사례들을 접하고 나면 생각이 바뀔 것이다. 소프트웨어 취약점도 물리적 재난만큼이나 막대한 피해와 경제적 손실을 초래하며 심지어 훨씬 더 흔하게 발생한다.

영국 NHS 랜섬웨어 사태

또 다른 보안 침해 사례를 살펴보자. 2017년은 전 세계적인 사이버 공격[4]이 벌어졌던 해다. 해커들은 각종 컴퓨터에 침투해 데이터를 암호화하고 이를 인질삼아 비트코인을 '몸값'으로 요구했다. 윈도우 서버 메시지 블록(SMB) 서비스의 EternalBlue 취약점을 악용한 침해 행위였다. 이 취약점은 이미 1년 전에 미국 NSA가 발견하고 공개한 상태였다.

해커가 감염시킨 바이러스는 네트워크에서 자신을 반복적으로 복제하며 중요 파일을 암호화하고 접근을 차단한 다음 협박 메시지를 화면에 출력한다. 마이크로소프트는 이 취약점을 보유한 윈도우 버전에 보안 패치를 릴리스했다. 그러나 관리에 소홀하거나 상시 운영되지 않는 수많은 시스템이 업데이트를 그냥 지나쳤다.

영국의 NHS^{National Health Service} 병원은 랜섬웨어 공격으로 가장 치명적인 피해를 입은 조직 중 하나다. 컴퓨터, MRI 스캐너, 혈액 저장고, 기타 핵심 시스템을 포함해 네트워크상의 70,000 여 개 장치[5]가 바이러스에 감염됐다. NHS를 향하던 응급 구급차를 비롯해 139명의 긴급한 암 환자들은 다른 병원으로 이송해야 했다.

일명 워너크라이^{WannaCry} 랜섬웨어 공격으로 불렸던 이 소동으로 인해 19,000여 건의 예약이 취소되고 한화로 약 290억원의 손실과 1100억원의 IT 비용[6]이 발생했다. 공격이 끝난 후 시스템과 데이터를 복구하는 데만 몇 주가 소요됐다. 피해를 입은 시스템은 하나같이 랜섬웨어 패치가 되지 않았거나 지원이 끝난 윈도우 버전을 실행하고 있었다. 윈도우 7이 대부분이었지만 XP도 제법 많았다. 심지어 XP는 공격이 발생하기 3년 전인 2014년에 지원이 종료된 OS다.

---

4 https://oreil.ly/A7sPK
5 https://oreil.ly/J0NLy
6 https://oreil.ly/hx7OW

이 취약점 공격에 대비한 완화 조치를 단계별로 구성했다면 다음과 같은 순서와 시간을 따랐을 것이다.

1. **식별 – 1년**

   취약점과 보안 패치는 모두 사고 발생 전 1년 동안 존재했다. 하지만 NHS IT 직원은 전 세계적인 공격이 발발하고 NHS에 영향을 미치기 전까지 그 사실을 깨닫지 못했다.

2. **수정 – 완료**

   이미 존재하는 패치를 설치하거나 시스템을 업그레이드하면 즉각 수정되는 문제이므로, 취약점 식별 즉시 수정 가능하다고 간주한다.

3. **배포 – 수년**

   핵심 시스템은 비교적 신속하게 복구됐지만 나머지는 그렇지 못했다. 감염된 시스템은 수없이 많았고 보안 감사도 여러 번 거쳐야 했다. NHS가 모든 시스템의 업그레이드와 패치를 마치기까지는 수년의 시간이 걸렸다.

이 사태에서 보안 침해는 운영체제 수준에서 발생했다. 업계에 알려진 모범 사례에 따라 운영체제를 꾸준히 유지 관리하고 패치했다면 안심해도 좋은 종류의 위협이다. 그렇다면 애플리케이션 수준의 보안 취약점은 어떨까? OS 취약점보다 월등히 많은, 가장 흔하면서도 악용하기 쉬운 애플리케이션 취약점은 과연 어떤 피해를 낳고 어떤 양상으로 전개될까? 에퀴팩스의 사례를 통해 확인해보자.

에퀴팩스 보안 침해

에퀴팩스Equifax 보안 침해 사태는 애플리케이션 보안 취약점이 하이테크 회사에 얼마나 막대한 재정적 피해를 초래하는지 실증하는 교과서적인 사례. 취약점을 악용한 해커는 2017년 3월부터 7월까지 에퀴팩스 내부 시스템을 무차별로 누비며 1억 4,300만 건의 개인 신용 정보를 추출했다. 미국 전체 인구수의 절반에 육박하는 분량이다.

대규모 신분 도용 사태에 대한 우려와는 달리, 도난당한 개인 데이터는 가장 직접적인 현금화 창구인 다크웹에 출현하지 않았다. 그 대신 이 데이터가 중국 정부의 국제적 첩보 활동에 사용되었을 것이라는 추정이 설득력을 얻었다. 2020년 2월, 중국을 배후에 둔 4명의 군사 기밀 해커가 에퀴팩스 보안 침해 혐의로 기소되었다.

신용 기관이 이 정도로 위험한 보안 취약점을 노출시켰을 때 브랜드 이미지와 기업 평판이 얼마나 실추될런지는 감히 금전적으로 추산하기 어렵다. 다만 에퀴팩스는 수습 비용으로 14억 달러, 소비자 불만 해소에 추가로 13억 8000만 달러를 지출한 것으로 알려져 있다. 또한, 에퀴 팩스의 모든 고위 경영진은 사건 이후 신속하게 교체되었다.

이번 침해 사례는 복수의 보안 취약점이 복합적으로 작용했다. 최초이자 최악의 취약점은 해커 가 에퀴팩스 포탈로 침투하도록 접근 권한을 내어준 아파치 스트럿츠 보안 취약점이다. 이미 보안 패치는 출시된 상태였다. 에퀴팩스 침입 후 해커들은 여러 내부 서버를 전전하며 수억 명 의 정보가 담긴 데이터베이스에 접근하는 데 성공한다.

두 번째 보안 취약점은 만료된 공개키 인증서다. 인증서가 만료된 탓에 에퀴팩스는 네트워크 의 암호화 트래픽을 정상적으로 감시할 수 없었다. 인증서 만료 시점은 침해가 시작되기 10개 월 전이었으며 갱신 일자는 7월 29일이었다. 이날 에퀴팩스는 공격자가 데이터를 추출하기 위 해 주입한 난독화 페이로드를 비로소 인식할 수 있었다. 인증서를 갱신한 덕분이었다. 에퀴팩 스 침해 사고의 시간선은 다음과 같다.

1. **식별 – 5개월**

   보안 침해는 3월 10일에 시작되었으며 공격자는 5월 13일까지 취약점을 적극적으로 악용하지 않았다. 그러나 에퀴팩스가 데이터 유출을 인지하기 전까지 거의 5개월 동안 시스템에 자유롭게 접근할 수 있었 다. 에퀴팩스는 트래픽 모니터링 시스템을 수정한 7월 29일이 되어서야 침해 사실을 인지할 수 있었다.

2. **수정 – 완료**

   아파치 스트럿츠 보안 취약점(CVE-2017-5638)[7]은 2017년 3월 10일에 공개되었다. 그보다 4일 먼저 공개된 아파치 스트럿츠 2.3.32 버전은 해당 취약점이 이미 조치된 상태였다.

3. **배포 – 하루**

   이 취약점은 에퀴팩스가 침해 사실을 인지한 뒤 하루만인 7월 30일에 패치되었다.

에퀴팩스 사태는 웹 시스템 전반에 걸쳐 사용되는 범용 자바 라이브러리에서 침해가 시작된다 는 점이 공포를 배가시킨다. 보안 취약점이 확인된지 1년이 지났음에도 해커들은 여전히 공격 의 기회를 엿보고 있다. SANS Internet Storm Center의 연구원들은 패치되지 않은 서버나 보안에 취약한 배포를 찾는 시도[8]가 이어지고 있음을 확인했다. 우리가 살 길은 지속적 업데이 트뿐이다.

---

7 https://oreil.ly/FiWeh
8 https://oreil.ly/ZCbXe

광범위한 칩셋 취약점

애플리케이션과 운영체제 수준에서 보안 취약점을 관리한다 해도 위협은 끝나지 않는다. 칩셋과 하드웨어 수준에서 발생하는 취약점은 또 다른 차원에서 영향력을 발휘한다. 최근 들어 가장 널리 알려진 사례는 구글이 발견하고 공개한 멜트다운Meltdown과 스펙터Spectre 결함[9]이다.

이들은 클라우드 워크로드에서 모바일 디바이스에 이르기까지 우리가 사용하는 모든 하드웨어 플랫폼에 내재된 근원적 결함이었기에, 발견자들은 이를 대재앙catastrophic이라 표현하기에 망설임이 없었다. 두 결함의 근본 원리는 같다. CPU의 예측 실행과 캐싱 기능의 상호작용 속에 존재하는 취약점을 악용해 보호 영역에 있는 데이터에 접근한다.

멜트다운을 이용한 악성 프로그램은 아무런 제약 없이 시스템의 모든 데이터와 관리자 프로세스에 접근할 수 있다. 공격 프로그램에 대한 지식이 없어도 아무 문제 없이 사용할 수 있지만, 그만큼 운영체제 수준에서 패치하기도 쉽다.

멜트다운 취약점이 발표되자 리눅스, 윈도우, 맥 OS X 최신 버전에 멜트다운 대응 보안 패치가 추가되었다. 일부 성능 손실을 감내한 패치였다. 2018년 10월 인텔은 최신 칩[10](커피 레이크 리프레시, 캐스케이드 레이크, 위스키 레이크 등)의 하드웨어 수정 사항을 발표했으며 다양한 멜트다운 변종의 차단 내역도 함께 공개했다.

스펙터는 공격 대상 프로세스에 대한 정확한 정보가 필요하므로 악용하기 더 까다로운 취약점이다. 그러나 패치 제작 또한 훨씬 까다롭기에 악용 수법은 꾸준히 새롭게 등장하고 있다. 게다가 VM을 사용하는 클라우드 컴퓨팅 애플리케이션은 하이퍼바이저를 유도해 게스트 운영체제의 데이터까지 탈취할 수 있어 더욱 위험하다.

멜트다운과 스펙터는 기존의 소프트웨어 보안 원칙이 무색할 만큼 새로운 유형의 보안 취약점이다. 이를 계기로 보안 기술 분야에 새로운 지평이 열렸다 해도 과언이 아니다. 그간 우리 모두는 적정 수준의 보안 시스템을 구축하고 검증된 소스 코드와 의존 라이브러리를 사용하면 시스템의 안전을 담보할 수 있다고 단정지었다. 멜트다운과 스펙터는 CPU와 하드웨어에 내재된 사이드 채널을 공격함으로써 이러한 논리를 무너뜨린다. 또한 완화 전략을 수립하기 위해서 소프트웨어와 하드웨어를 함께 깊이 있게 분석해야 한다.

---

9 https://oreil.ly/z6E7i
10 https://oreil.ly/bvCuh

칩셋 사이드 채널 공격 유형의 진행 과정을 단계별로 분석하면 다음과 같다.

1. **식별 – 최대한 빠르게**

    일반적인 멜트다운과 스펙터는 이미 대응이 완료된 상태이나 애플리케이션 아키텍처에 따라 악용 시도는 언제든지 다시 발생할 가능성이 있다.

2. **수정 – 최대한 빠르게**

    스펙터 차단 조치는 특정 코드 형태인 경우가 많다. 이를 소프트웨어에 추가해 예측 실행 기능을 보완하고 데이터 접근과 유출을 막는다.

3. **배포 – 최대한 빠르게**

    피해를 완화하는 유일한 방법은 한시라도 빠르게 수정 사항을 프로덕션에 반영하는 것뿐이다.

세 단계 중 가장 쉽게 단축할 수 있는 부분은 배포 시간이다. 빠르고 빈번한 배포 시스템을 갖추고 있다면 문제될 것 없다. 이번 사례 연구가 지속적 업데이트 전략 도입의 필요성을 절감할 수 있는 하나의 자극제가 되길 바란다.

10.2 사용자 업데이트 유도

이전 절을 통해 지속적 업데이트의 가치에 대한 확신을 얻었을 것이다. 비단 보안 취약점 대응뿐만 아니라 기능적/경쟁적 관점에서 공히 입증된 가치다. 그러나 업데이트를 자주 제공하는 것과 최종 사용자가 이를 수락하고 설치하는 것은 다른 차원의 문제다.

[그림 10-1]은 업데이트 수락 또는 거부를 판단하는 사용자의 사고를 모델링한다.

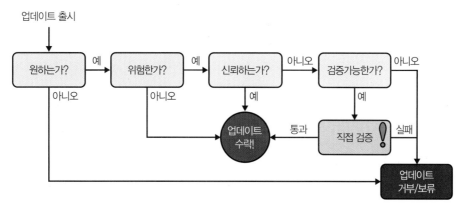

그림 10-1 업데이트 수용 사용자 모델

기능이나 보안 수정 사항이 담긴 업데이트를 마주쳤을 때, 사용자가 던진 첫 질문은 자신이 이 업데이트를 진정으로 원하는가이다. 업데이트 수용 여부는 결코 이분법적인 결정이 아니다. 보안 패치를 설치하며 관리 버전을 유지하는 동시에, 새로운 기능과 위험부담이 함께 담긴 메이저 업그레이드를 미루는 선택지가 존재하기 때문이다. 캐노니컬Canonical에서 우분투를 릴리스할 때 적용하는 모델이 바로 이러한 형태다. LTSlong-term support 릴리스는 2년마다 출시하며 5년간 공식적으로 지원한다. 한편, 약간의 위험을 감수하더라도 빈번한 업데이트를 선호하는 이들을 위해 중간 릴리스가 6개월마다 출시된다. 물론 지원 기간은 더 짧다.

두 번째 질문은 업데이트가 얼마나 위험한가이다. 보안 패치나 사소한 업그레이드는 최소한의 테스트를 거친 후 프로덕션에 투입해도 안전하다고 보는 편이다. 일반적으로 이러한 업그레이드는 변경 부분이 작고 내/외부 API에 영향을 주지 않도록 설계한다. 또한 본래 목적인 보안 문제를 수정하는 것 외에 다른 부작용이 일어나지 않도록 릴리스 전에 확실히 테스트해야 한다. 여기에 로컬 롤백 기능이 더해져 최종적인 위험까지 완화한다. 로컬 롤백은 나중에 더 자세히 설명할 것이다.

업그레이드 출시 당사자가 안전성을 검증해주는 경우도 있다. [그림 10-1]의 세 번째 질문이 이러한 상황에 해당하는 판단 조건이다. iOS 업그레이드는 굵직한 변경 사항들로 이루어져 있으며 각각을 일일이 검증하기 어렵다. 따라서 OS 제공 업체는 상당한 시간을 들여 하드웨어 조합을 테스트하고 애플리케이션 호환성을 검증한다. 또한 앱 제작 업체와 협력해 업그레이드를 지원하고, 시범 운영 단계를 두어 업그레이드 중에 발생할 만한 상황에 대비한다.

마지막으로, 릴리스 주체가 안전성을 보장하지 않고 위험성마저 검증되지 않았다면 테스트는 업그레이드 수신자의 몫이다. 완전한 자동화 시스템이 없는 이상 이러한 테스트는 거의 무조건 고난이도, 고비용 프로세스다. 업그레이드가 안전하고 버그가 없다는 것을 증명하지 못하면 릴리스를 지연시켜야 한다. 또는 다음에 더 안정적인 릴리스가 나오길 기대하며 취소하는 경우도 있다.

이제부터 지속적 업데이트 전략의 실제 사례들을 살펴볼 것이다.

10.2.1 사례 연구: 자바 6개월 주기 릴리스

역사적으로 자바는 메이저 버전 간 릴리스 주기가 평균 1년에서 3년 사이로 매우 길었다. 거의 5년이나 지연되었던 자바 7처럼 과하게 불규칙한 주기도 있었다. 플랫폼이 성장하며 보안 문제가 증가하고 승인 테스트 자동화 난이도가 상승함에 따라 릴리스 주기는 지속적으로 감소했다.

2017년 9월, 자바 9 버전을 시작으로 오라클은 릴리스 주기를 6개월로 단축하는 극적인 변화를 단행했다. 주기적 릴리스는 새로운 기능을 담거나 더 이상 사용되지 않는 기능을 제거한다. 어느 쪽이든 혁신의 속도는 일정하게 유지된다. 이론적으로 봤을 때, 반복적인 후속 릴리스는 자연히 더 적은 기능과 위험 요소를 탑재하므로 채택 여부를 결정하기도 쉽다. [그림 10-2]는 각 JDK 릴리스의 실제 채택률을 나타낸다.

[그림 10-2]에서 보이듯 자바 개발자의 67%는 2014년 출시된 자바 8을 넘어가지 못하고 있다. 새로운 릴리스 모델이 제구실을 못하고 있음이 틀림없다. 그러나 진짜 문제들은 이 데이터 속에 보이지 않게 감춰져 있다.

첫째, 자바 생태계는 6개월 주기 릴리스를 감당하지 못한다. 6장에서 배웠듯 거의 모든 자바 프로젝트는 라이브러리와 의존성으로 이루어진 거대한 생태계 위에 구축된다. 새로운 자바 릴리스로 업그레이드하면 모든 의존성을 그에 맞게 업데이트하고 다시 테스트해야 한다. 대형 오픈 소스 라이브러리와 복잡한 애플리케이션 서버가 6개월 안에 이 작업을 끝내기란 거의 불가능에 가깝다.

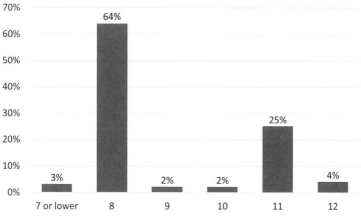

그림 10-2 자바 릴리스별 개발자 채택률[11]

OpenJDK는 상황을 더욱 복잡하게 만든다. OpenJDK는 다음 기능 릴리스가 나오기 전까지 단 6개월 동안만 해당 릴리스를 공식 지원한다. OpenJDK의 지원에 맞추어 6개월마다 업그레이드할 수 있다고 해도, 언젠가는 지원이 중단된 채 방치될 가능성이 있다. 자세한 설명은 스티븐 콜본의 블로그[12]를 참고하기 바란다.

유일한 예외는 자바 11부터 시작된 3년 주기 LTS 릴리스다. 이 릴리스는 오라클, 레드햇, 아줄, 벨소프트, SAP 등의 상용 JDK 벤더에서 보안 패치와 기술 지원을 제공한다. AdoptOpenJDK, 아마존 Corretto 등의 무료 배포판도 자바 릴리스 및 보안 패치를 무료로 제공한다고 공언했다. 이것이 바로 자바 11이 자바 8 이후 출시된 여러 릴리스 버전들을 제치고 가장 많은 인기를 얻은 이유다.

자바 8에 비하면 자바 11은 크게 주목받지 못했다. 2018년 9월 출시 후 대략 2년이 지난 시점에 자바 11을 사용하는 개발자의 수는 25%에 불과하다. 대조적으로 자바 8은 [그림 10-3]에 보이듯 출시된지 정확히 2년 뒤에 채택률 64%를 달성했다. 게다가 이 비교는 자바 11쪽에 유리하다. 자바 9나 10을 사용하는 개발자는 대부분 자바 11 출시 직후 업그레이드했을 가능성이 높기 때문이다.

11 브라이언 버미어, 「JVM 생태계 보고서 2020」(Snyk, 2020)(http://bit.ly/43m9jPU)

12 https://oreil.ly/Axfki

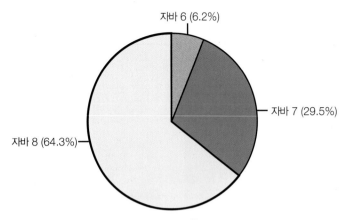

그림 10-3 자바 8 출시 2년 후 개발자 채택률[13]

자바 9부터 채택률이 저조해진 이유는 바로 나쁜 가성비 때문이다. 자바 9에서 가장 주목받은 기능은 새로운 모듈 시스템이었다. 2008년 마크 라인홀드가 처음으로 모듈식 자바 플랫폼을 제안[14]한 이래, 자바 9 릴리스에 정식 기능으로 추가되기까지 무려 9년이 걸렸다.

이 기능은 특유의 복잡성과 분열성 덕분에 자바 7과 자바 8에서 차례로 탈락되며 여러 번에 걸쳐 도입이 지연되었다. 또한 자바 9 버전은 출시 당시 OSGi 모듈 시스템과 호환되지 않아 많은 논란을 빚었다. OSGi는 이클립스 재단에서 엔터프라이즈 애플리케이션을 대상으로 출시했던 모듈 시스템이다.

모듈화의 가장 큰 문제는 실제로 그것을 필요로 하는 사람이 아무도 없다는 점일 것이다. 모듈화는 향상된 라이브러리 캡슐화, 의존성 관리 편의성, 애플리케이션 패키지 소형화 등의 다양한 이점이 있다. 그러나 이러한 이점을 온전히 실현하려면 많은 노력을 들여 애플리케이션을 재작성하고 완벽하게 모듈화시켜야 한다. 더불어 의존성 라이브러리도 전부 모듈 형태로 패키징해야 한다. 오픈 소스 프로젝트가 이러한 요구를 받아들이기까지는 시간이 걸린다. 엔터프라이즈 애플리케이션도 모듈화로 실질적 이득을 보지 못하기는 마찬가지다. 모듈 지원 릴리스로 업그레이드했음에도 불구하고, 정작 모듈은 쓰지 않고 자바 8의 클래스패스 모델로 되돌아가는 경우가 많다. [그림 10-4]는 자바 9 이상의 업그레이드를 대하는 개발자의 사고 과정을 시각적으로 나타낸다.

---

13 유진 파라스키, 「Java 8 Adoption in March 2016」(https://oreil.ly/ab5Vv), 2022년 3월 11일 최종 수정
14 https://oreil.ly/22YFR

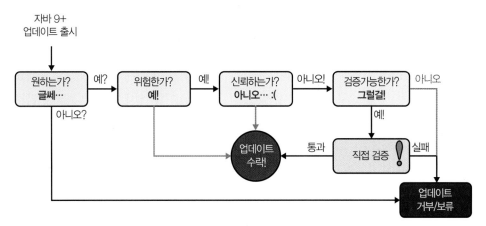

그림 10-4 자바 릴리스 수용 사용자 모델

업그레이드 여부는 모듈화 기능을 비롯한 신기능의 가치와 업그레이드 비용을 저울질한 결과에 달려있다. 또한 업그레이드 비용은 애플리케이션의 테스트 난이도에 의해 크게 좌우된다. 지속적 업데이트의 첫 번째 모범 사례는 이러한 전제 조건을 바탕으로 수립된다.

지속적 업데이트 모범 사례

테스트 자동화

- 문제: 수동 테스트는 소프트웨어 전달 프로세스의 주요 병목 지점이다. 일반적으로 소프트웨어 개발 직후에 시작되며 오랜 시간이 걸리고 에러 발생 가능성도 높다.

- 해결책: 자동화, 자동화, 자동화. 자동화 테스트가 많을수록 테스트 실행 속도가 빨라진다. 새로운 기능을 더욱 빨리 채택하고 안전하게 프로덕션에 릴리스할 수 있다.

10.2.2 사례 연구: iOS 앱 스토어

최초의 웹 브라우저로 알려진 월드와이드웹WorldWideWeb[15]은 1990년 팀 버너스리의 손에서 탄생했다. 당시 브라우저는 클라이언트-서버 모델을 기반으로 콘텐츠를 요청하고 수신했다. 현대 인터넷이 콘텐츠를 제공하는 방식은 과거와 사뭇 다르다. 이제 콘텐츠는 동적으로 수신하며

---

15 옮긴이_ https://www.w3.org/People/Berners-Lee/WorldWideWeb.html

지속적으로 갱신한다. 자바스크립트와 CSS 기술이 성숙 단계에 도달함에 따라, 바야흐로 웹은 독자적으로 생존 가능한 지속적 업데이트 앱 전달 플랫폼으로 탈바꿈하고 있다.

데스크톱 클라이언트 애플리케이션은 복잡하고 풍부한 사용자 인터페이스를 강점으로 내세웠지만, 업데이트는 상대적으로 드물고 수동적이었다. 현장에서 즉각 업데이트하기 어려운 리치 클라이언트 애플리케이션과, 훨씬 단순하지만 지속적으로 업데이트하고 보안 취약점을 패치할 수 있는 웹 애플리케이션, 개발자는 둘 중 하나의 플랫폼을 선택해야만 했다. 그리고 이러한 과도기는 2000년대 중반까지 계속됐다. 지속적 업데이트 지지자들은 (지금쯤이면 모두가 그렇겠지만) 이 세력 다툼이 어느 쪽의 승리로 끝났는지 알고 있을 것이다.

2008년 애플이 선보인 아이폰 앱 스토어는 모든 것을 뒤바꿔 놓았다. 앱 스토어는 전화를 포함한 다양한 디바이스에 리치 클라이언트 애플리케이션을 배포할 수 있게 만든 게임 체인저였다. 다음은 앱 스토어의 주요 기능들이다.

원클릭 업데이트

데스크톱 애플리케이션 업데이트 과정은 보통 이렇다. 먼저 현재 실행 중인 버전을 종료하고 설치 마법사를 실행한다. 바탕 화면 바로 가기, 시작 메뉴 노출 여부, 각종 설치 옵션 등 어지러이 나열된 선택 항목을 뒤로 하고 설치를 마친다. 컴퓨터를 재부팅하도록 요구하는 경우도 많다. 애플은 이 모든 과정이 버튼 한 번으로 끝나도록 단순화시켰다. 업데이트 개수가 많을 경우를 대비해 일괄 업데이트 기능도 구비해두었다. 앱 업데이트를 다운로드하고, 해당 앱이 종료되고, 앱을 설치하는 모든 과정이 백그라운드에서 실행되며 사용자는 아무런 방해도 받지 않는다.

단 하나의 '최신' 버전만 존재한다

최근 마이크로소프트 오피스 버전을 확인해본 적이 있는가? 오피스 365가 출시된 2011년까지는 꼬박꼬박 업그레이드했을지 모르나, 최소 3~5년 전부터는 업그레이드해본 기억이 없을 것이다. 이러한 변화 또한 앱 스토어와 관련이 있다. 애플은 앱 스토어를 통해 항상 최신 버전만 제공한다. 업그레이드 버전 선택의 여지를 완전히 배제하면 많은 것이 바뀐다. 최신 버전임을 이미 알고 있기 때문에 버전 번호를 명시할 필요가 없으며 개발자가 제공하는 업데이트 정보만 있으면 그만이다. 결정적으로, 앱 스토어의 앱은 한번 소유하면 업그레이드는 무료다. 상용 데스크톱 앱과 달리 유상 업그레이드가 가져오는 금전적 불이익은 앱 스토어에 존재하지 않는다.

보안 내재화

보안 취약점은 패치를 설치하는 가장 큰 이유인 동시에 업그레이드를 **미루는** 가장 큰 이유이기도 하다. 업그레이드를 빨리 받아들일수록 새로운 취약점에 대한 위험부담도 커진다. 기업 IT 부서에서 직원들의 데스크톱 앱 업그레이드를 일정 기간 동안 정책적으로 금지하는 이유가 바로 여기 있다. 애플은 샌드박스 모델을 도입해 이 문제를 해결했다. 앱 스토어를 통해 설치된 앱은 명시적으로 권한을 부여받지 않는 한 데이터, 연락처, 사진, 위치, 카메라, 기타 여러 기능에 접근할 수 없다. 이러한 안전 장치는 스토어 제출 앱에 대한 애플의 엄격한 심사 절차와 맞물려 더욱 큰 효과를 발휘했다. 그 결과 앱 스토어에서 맬웨어 및 앱 바이러스는 거의 찾아보기 어려울 정도다. 일반적인 상황에서 소비자가 앱을 업그레이드할 때는 이제 더 이상 보안을 걱정할 필요가 없다.

위험도가 낮은 간단한 업그레이드는 받아들일지 말지 결정하기도 쉽다. 신뢰할 수 있는 기관이 릴리스를 검증했다는 사실을 알면, 사용자는 거의 항상 업그레이드를 용인하는 결정을 내린다. [그림 10-5]에서 이러한 판단과정을 잘 보여준다.

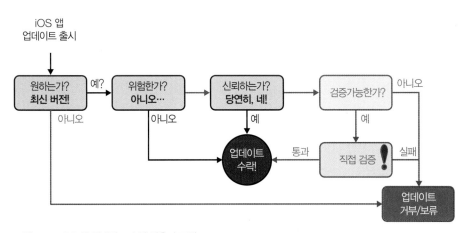

그림 10-5 iOS 앱 업데이트 수락 사용자 모델

애플 앱 스토어 모델은 모바일 디바이스뿐만 아니라 데스크톱 애플리케이션 환경까지 진출했다. 구글은 2008년 안드로이드 운영체제에 앱 스토어와 유사한 모델을 도입했으며, 애플과 마

이크로소프트는 2011년에 데스크톱 앱 스토어를 도입했다. 이러한 앱 스토어는 대부분 소속 앱들을 간단하게 최신 버전으로 업그레이드할 수 있으며 자동 업그레이드 옵션도 제공한다.

이제 자동 업데이트 애플리케이션은 모바일 장치의 표준 사양으로 간주된다. 또한 몇 가지 기초적인 모범 사례에 힘입어 데스크톱 컴퓨터까지 진출했다.

지속적 업데이트 모범 사례

자동 업데이트

- 문제: 위험 부담 또는 위험을 평가하는 데 걸리는 시간 때문에 수동 업데이트를 건너뛰거나 연기하는 경우가 많다.

- 해결책: 사용자의 행동을 요구하지 않고 자동으로, 안전하게 실행되는 업데이트가 최고의 업데이트다. 업데이트 위험도가 낮고 신뢰할 수 있다면 기능적 가치를 판단할 필요가 없다. 인간의 개입이 필요하지 않다면 얼마든지 자동으로 업데이트를 수행해도 좋다.

빈번한 업데이트

- 문제: 작고 위험도가 낮은 업데이트를 자주 설치하는 것이, 하나의 큰 업데이트를 가끔 설치하는 것보다 낫다. 최종 사용자에게 가하는 위험도 후자가 더 크다.

- 해결책: 업데이트 빈도를 높이고 변경 규모와 위험도를 낮춘다. 스토어 모델은 소형 업데이트의 인증과 출시를 지원하고 OS는 업데이트 홍보를 활용해 이를 장려한다.

10.3 지속적 가동 시간

클라우드 시대에 비즈니스 성공을 가늠하는 가장 중요한 척도 중 하나는 서비스 가동 시간uptime이다. 이미 많은 기업이 단순한 소프트웨어 전달을 넘어 소프트웨어 실행 인프라까지 책임지는 SaaSSoftware-as-a-Service 모델로 전환하고 있다. 예정에 없던 서비스 중단 시간이 발생하면 서비스 수준 계약을 위반할 우려가 있으며 고객 만족이나 유지 관리 측면에서 막대한 비용이 발생할 위험에 처한다.

기업이 제공하는 모든 인터넷 서비스는 가동 시간이 중요하다. 그러나 그 어느 회사보다 가동

시간이 중요한 곳은 인터넷 자체가 의존하는 인프라를 구축하고 지원하는 회사다. 이제부터 살펴볼 회사는 글로벌 인프라를 운영하는 거대 인터넷 기업이다. 전 세계 웹사이트의 10% 이상, 또한 사람들이 매일같이 사용하는 무수히 많은 애플리케이션과 서비스가 이 회사의 인프라를 기반으로 운영된다.

10.3.1 사례 연구: 클라우드플레어

인터넷 사용량이 폭발적으로 증가함에 따라 안정적인 인프라의 필요성이 대두되었다. 콘텐츠 전송 네트워크content delivery network(CDN)는 전 세계로 분산된 중앙 관리형 인프라의 좋은 예다. 이번 절에서 살펴볼 클라우드플레어Cloudflare는 세계 각국에 콘텐츠 전송 인프라를 제공하는 업체다. 자체 인프라나 클라우드 컴퓨팅 서버보다 더 빠르고 안정적으로 콘텐츠를 제공한다고 강조한다. 이러한 모토는 클라우드플레어에 주어진 단 하나의 지상과제를 표현하는 것이나 마찬가지다. **절대** 멈추지 않아야 한다는 것이다.

클라우드플레어는 여러 해에 걸쳐 DNS 장애, 버퍼 오버플로 데이터 유출, 보안 침해 등의 다양한 프로덕션 문제를 겪었다. 비즈니스가 성장함에 따라 문제의 심각성과 피해의 규모도 덩달아 증가했다. 그간 겪었던 장애 중 특히 심각했던 다섯 건은 전 세계적으로 확산되며 광범위한 지역의 인터넷을 마비시켰다. 이러한 장애를 핑계 삼아 30분쯤 휴식을 취하며 내심 기뻐했던 (복구된 이후에는 트위터로 불만을 쏟아낸) 사람도 있었지만, 인터넷에 연결된 수억대의 서버가 동시에 접속 불가 상태에 놓였다는 것은 진정 심각한 문제다. 사업이 좌초되거나 크나큰 재정적 피해를 볼 가능성도 있다.

이제부터, 가장 최근에 클라우드플레어가 겪었던 세 가지 글로벌 장애를 되돌아보며 장애의 원인과 결과를 확인해본다. 또한 클라우드플레어의 대처 방법을 지속적 업데이트 모범 사례에 빗대어 설명할 것이다.

2013년 클라우드플레어 라우터 규칙 장애

2013년 클라우드플레어는 14개국에 걸쳐 23개의 데이터 센터를 운영하며 785,000개의 웹사이트와 월 1,000억 건의 페이지뷰를 제공했다. 3월 3일 UTC 9시 47분, 클라우드플레어의 모든 데이터 센터에 전방위적 시스템 중단 사태가 발생했으며, 사실상 모든 인터넷이 마비되었다.

장애 발생 후 원인을 파악하기까지 약 30분이 소요되었으며 서비스 복구까지는 1시간이 걸렸다. 복구 완료 시각은 UTC 10시 49분이다. [예제 10-1]에 보이는 라우터 규칙 오류[16]가 모든 데이터 센터의 네트워크 에지에 위치한 Juniper 라우터에 배포되면서 장애가 시작됐다. 이 규칙의 원래 목적은 99,971~99,985바이트 범위의 비정상 패킷을 막고 DDos(분산 서비스 거부) 공격을 차단하는 것이다. 원래 이러한 패킷은 네트워크에 도달한 뒤 폐기된다. 정상적인 네트워크 패킷의 최대 허용 범위가 4,470바이트이기 때문이다. 문제의 규칙은 비정상 패킷이 네트워크상의 다른 서비스에 영향을 미치기 전에 에지 계층에서 차단하려는 목적으로 라우터에 배포되었다.

예제 10-1 클라우드플레어의 라우터 장애를 유발한 규칙

```
+    route 173.X.X.X/32-DNS-DROP {
+        match {
+            destination 173.X.X.X/32;
+            port 53;
+            packet-length [ 99971 99985 ];
+        }
+        then discard;
+    }
```

에지 라우터는 이 규칙을 무리하게 실행하다가 한계까지 RAM을 소비한 뒤 멈춰버렸다. 잘못된 규칙은 제거하면 그만이었지만 대부분의 라우터가 자동으로 재부팅할 수 없는 상태였기에 수동으로 전원을 내렸다 올려야 했다.

클라우드플레어는 대규모 라우터 클러스터에 규칙을 배포하는 Juniper 네트워크와 FlowSpec 시스템에 책임을 돌렸다. 장애에 대비한 비상 대책이나 롤백 기능이 없다는 이유에서였다. 그러나 제대로 테스트하지 않은 규칙을 이러한 하드웨어에 배포한 장본인은 바로 클라우드플레어다.

---

16 https://oreil.ly/oQ2LF

지속적 업데이트 모범 사례

점진적 전달 progressive delivery

- 문제: 분산 시스템에서 전체 프로덕션 노드(이를테면 라우터)에 새로운 코드를 동시 배포하면 전체 노드가 동시에 중단된다.

- 해결책: 카나리아 릴리스 디자인 패턴[17]을 따르면 일부 노드에 변경 사항을 먼저 배포하고 테스트한 다음 업데이트를 계속 진행할 수 있다. 도중에 문제가 발생하면 배포된 노드를 롤백하고 오프라인에서 디버그하면 된다.

로컬 롤백

- 문제: 에지 디바이스를 재설정하는 순간 인터넷 연결이 끊기며 다시 설정하기 어렵거나 불가능한 상태에 빠지는 경우가 있다. 앞선 사례는 14개국 23개 데이터 센터에서 라우터를 수동으로 재설정하는 동안 다운타임이 30분 추가로 발생했다.

- 해결책: 정상적으로 작동했던 마지막 설정을 저장하고, 업데이트가 중단되면 원래 설정으로 복원하도록 에지 장치를 설계한다. 네트워크 연결이 유지되므로 후속 조치를 취할 수 있다.

2019 클라우드플레어 정규식 장애

클라우드플레어는 2019년 들어 1,600만 종류의 인터넷 자산을 호스팅하고 10억 개의 IP 주소를 제공하며 포춘 1,000대 기업의 10%를 홀로 지탱할 정도로 성장했다. 6년여간 큰 장애 없이 순항하던 클라우드페어는 7월 2일을 넘기지 못하고 평화롭던 항해를 또다시 멈추고 말았다. UTC 13시 42분, 클라우드 프록시 도메인은 갑자기 502 게이트웨이 에러를 반환하기 시작했다. 그 후 27분 동안 다운타임이 이어졌다.

이번 장애의 원인은 [예제 10-2]에 보이는 잘못된 정규식(regex)[18]이었다. 이 규칙이 클라우드플레어 웹 애플리케이션 방화벽(WAF)에 배포되는 순간, HTTP/HTTPS 트래픽을 처리하는 모든 CPU 코어의 사용량이 하늘을 찌르기 시작했다.

17 https://oreil.ly/atq3W
18 https://oreil.ly/5Myhx

```
(?:(?:\"¦'¦\]¦\}¦\\\¦\d¦(?:nan¦infinity¦true¦false¦null¦undefined¦symbol¦math)¦\`¦\-
¦\+)+[)]*;?((?:\s¦-¦~¦!¦{}¦\¦\¦¦\+)*.*(?:.*=.*)))
```

정상적인 여느 정규식과 마찬가지로 인간은 이러한 일련의 기호를 단순히 읽기만 해서는 이해하지 못한다. 확실히, 시각을 통해 정확성을 검증할 기회는 없었을 것이다. 이제 와서 돌이켜 보면 이 정규식은 .*(?:.*=.*) 부분이 명백히 이상하다. 문자열 일부를 캡처하는 괄호식을 제거하면 .*.*=.* 형태로 단순해진다. 이때 두 번 반복된 와일드카드, 즉 .* 부분이 정규 표현식의 성능 문제를 야기했다. 이 부분을 해석하는 과정에서 문자열 역추적이 발생하며, 검사할 문자열이 길어질수록 연산량은 기하급수적으로 늘어난다.

글로벌 인프라에 배포된 버그를 수작업으로 검증하는 난이도를 고려하면, 2013년의 사고에서 교훈을 얻은 클라우스플레어가 점진적 전달을 구현했으리라 짐작할 수 있다. 실제로, 과거의 사건 이후 클라우드플레어는 총 세 단계로 구성된 종합적인 점진적 전달 시스템을 구현했다.

DOG 존재 지점DOG point of presence

클라우드플레어 직원이 변경 사항을 저지하는 일차 방어선이다. 모든 변경 사항은 먼저 여기에 먼저 배포되므로 실제 환경으로 배포되기 전에 내부 직원이 문제를 감지할 수 있다.

PIG 존재 지점PIG point of presence

고객 트래픽 중 일부를 떼어 만든 작은 하위 집합이다. 과금 고객에게 영향을 미치지 않은 채 신규 코드를 테스트할 수 있다.

카나리아 존재 지점Canary point of presence

전 세계 트래픽 중 일부를 하위 집합으로 구성한 3개의 글로벌 카나리아 환경이다. 변경 사항이 전 세계에 배포되기 직전에 저지하는 최종 방어선이다.

불행히도 WAF는 위협이 발생했을 때 최대한 신속하게 반응하는 것이 최우선 과제였기에, 모든 카나리아 환경을 건너뛰고 곧바로 프로덕션에 배포된다. 클라우드플레어의 카나리아 릴리스 디자인 패턴에 정의된 그대로였다. 문제의 정규식은 프로덕션으로 푸시되기 전에 일련의 단위 테스트를 통과했지만 CPU 소모까지 확인할 수는 없었다. 이 변경 사항은 긴급 픽스가 아니었으므로 정해진 단계에 따라 롤아웃이 진행된다.

문제 발생부터 후속 조치가 이루어지기까지 발생한 전개 과정은 다음과 같다.

1. 13:31 – 동료 검토peer review를 마친 정규식 코드 체크인
2. 13:37 – CI 서버가 코드를 빌드하고 테스트 실행 후 통과. 확실히, 이 부분도 문제는 있다. ¯_(ツ)_/¯
3. 13:42 – 프로덕션 환경의 WAF에 잘못된 정규식이 배포됨
4. 14:00 – 공격 시도 가능성을 배제하고 WAF를 근본 원인으로 지목함
5. 14:02 – 글로벌 WAF를 중단시키기로 결정
6. 14:07 – 내부 시스템 액세스 지연 이후 최종적으로 중단 완료
7. 14:09 – 고객 서비스 복구 완료

글로벌 장애를 방지할 수 있었던 클라우드플레어의 지속적 업데이트 모범 사례를 정리해보자.

지속적 업데이트 모범 사례

점진적 전달

- 문제: 카나리아 배포가 구현되었지만 신속한 위협 대응 장비였던 WAF에는 적용되지 않았다.

- 해결책: 긴급한 상황에 해당하는 규칙이 아니므로 카나리아 배포 프로세스를 따르도록 한다.

관찰 가능성

- 문제: 일부 문제는 사용자 피드백만으로 추적하기 어렵다.

- 해결책: 프로덕션에 트레이스, 모니터링, 로깅을 구현한다. 사실 클라우드플레어는 과도한 CPU 사용을 방지하는 감시 코드를 구현했었지만, 몇 주 앞선 WAF 최적화 작업 과정에서 CPU 사용량을 낮추기 위해 제거했다.

2020 클라우드플레어 백본 장애[19]

2019년의 장애가 있은 지 1년 뒤, 필자는 자리에 앉아 당시의 일을 되짚으며 이번 장을 집필하는 중이었다. 바로 그때 두 가지 기묘한 일이 벌어졌다.

----

19 https://blog.cloudflare.com/cloudflare-outage-on-july-17-2020/

1. PST 오후 2시 12분경 (21:12 UTC), 디스코드^{Discord}의 가족 대화방이 끊기고 클라우드플레어에 장애가 발생하며 필자의 생산성이 급격히 높아지기 시작했다.

2. 몇 시간 뒤, 클라우드플레어 장애 정보를 검색하면 작년 기사 대신 근래의 DNS 문제가 발견되기 시작했다.

클라우드플레어의 인사들은 너무나 친절했던 나머지, 양질의 연구 결과를 얻으려면 적어도 3개의 사례가 필요함을 깨닫고 안티패턴 사례를 하나 더 제공해주었을 것이다. 2020년 7월 18일, 클라우드플레어는 27분간 프로덕션 장애를 일으켰으며 전체 네트워크의 50%가 영향을 받았다.

이번에 문제가 된 시스템은 클라우드플레어의 백본이었다. 백본은 주요 지역의 네트워크 사이에서 대부분의 트래픽을 라우팅하는 역할을 한다. 백본이 어떻게 작동하는지 이해하려면 인터넷 토폴로지를 함께 공부하면 좋다. 인터넷은 엄밀한 의미에서 점대점^{point-to-point} 연결망이라 볼 수 없으며, 상호 연결된 데이터 센터들이 만들어낸 복잡한 네트워크 위에서 정보를 전송한다.

클라우드플레어는 산호세, 애틀랜타, 프랑크푸르트, 파리, 상파울루, 기타 전 세계 주요 도시에서 여러 데이터 센터를 운영한다. 이들은 글로벌 백본을 통해 직접적으로 서로 연결되며 혼잡한 인터넷을 피해 고속으로 데이터를 주고받는다. 백본은 세계 각국의 주요 시장을 연결하고 서비스 품질을 향상시키는 주역이다.

클라우드플레어 백본 장애는 UTC 20시 25분 뉴어크와 시카고 사이에서 시작됐다. 클라우드플레어 백본은 장애 발생 시 스스로 복원할 수 있도록 설계되어 있었다. 그러나 곧이어 애틀랜타와 D.C. 사이에서 네트워크 정체가 발생하면서 이번 장애의 결정적 원인을 제공하게 된다. [예제 10-3]은 애틀랜타의 트래픽 일부를 배제해 정체를 해소하려 했던 라우팅 변경 코드다.

예제 10-3 클라우드플레어 네트워크를 마비시킨 라우팅 변경

```
{master}[edit]
atl01# show | compare
[edit policy-options policy-statement 6-BBONE-OUT term 6-SITE-LOCAL from]
! inactive: prefix-list 6-SITE-LOCAL { ... }
```

이 명령은 [예제 10-4]의 전체 코드 중 한 줄을 비활성화시킨다.

```
from {
    prefix-list 6-SITE-LOCAL;
}
then {
    local-preference 200;
    community add SITE-LOCAL-ROUTE;
    community add ATL01;
    community add NORTH-AMERICA;
    accept;
}
```

원래 의도했던 결과는 해당 설정 전체를 제거하는 것이었다. 그러나 명령 오류로 인해 prefix-list 줄만 비활성화 되었으며 이 설정이 모든 백본 라우터로 전송됐다. local-preference 값은 200으로 변경되었고 원래 100으로 설정됐던 다른 백본보다 높은 우선 순위가 애틀랜타에 부여되었다. 결과적으로 애틀랜타는 트래픽을 줄이기는커녕 다른 모든 백본에서 트래픽을 끌어들이기 시작했다. 이윽고 클라우드플레어 네트워크 절반에서 인터넷 서비스가 중단되고 만다.

비즈니스 전체를 파괴할 만한 위력적인 시스템 설정은 여러모로 이야기할 거리가 많은 주제다. 문제의 핵심은 클라우드플레어가 백본 라우터의 설정을 코드로 취급하지 않았다는 것이다. 만일 코드였다면 동료 검토, 단위 테스트, 카나리아 배포 등을 거쳤을 것이다.

지속적 업데이트 모범 사례

테스트 자동화

- 문제: 코드와 설정을 자동으로 처리하지 않으면 수동으로 생성된 에러가 프로덕션으로 진입한다.

- 해결책: 설정을 비롯한 모든 코드는 반복 가능한 자동 방식으로 테스트해야 한다.

관찰 가능성

- 문제: 동작을 관찰하며 에러를 발견하는 방식은 허점이 많다. 1분 1초가 중요한 재난 상황에서 시도하기에는 시간도 많이 걸린다. 클라우드플레어가 문제를 식별하고 애틀랜타 라우터까지 역추적하는 데 걸린 시간은 27분이다.

- 해결책: 인터넷 백본 같은 핵심 자산은 프로덕션 환경에 트레이싱, 모니터링, 로깅을 구현한다.

10.4 수동 업데이트에 숨겨진 비용

지속적 업데이트 모범 사례는 공짜로 주어지지 않는다. 때로는 자동화 도입을 늦추고 수동 프로세스를 유지하는 것이 비용면에서 더 효율적인 것처럼 느껴진다. 자동화 테스트 수행, 설정의 코드화, 배포 자동화는 모두 중요한 요소지만 구현 비용도 높다.

그렇다면 배포를 자동화하지 **않을 때** 드는 숨겨진 비용은 얼마나 될까? 수동 배포는 에러와 실수의 온상이며 고객에게 온갖 부정적 영향을 미친다. 배포 문제를 바로잡기 위한 시간과 노력, 거기에 따른 비즈니스적 손실은 모두 비용으로 계산되어야 마땅하다. 라이브 시스템에 발생한 문제는 몇 시간이 걸리든 인력을 투입해서 해결해야 한다. 이러한 프로덕션 에러의 비용적 가치는 과연 얼마인가?

나이트 캐피털을 예로 들면, 시스템 장애를 비용으로 환산한 금액은 분당 1,000만 달러쯤 되는 것으로 밝혀졌다. 이래도 수동 업데이트를 계속 믿을 것인가?

10.4.1 사례 연구: 나이트 캐피털

나이트 캐피털Knight Capital은 소프트웨어 버그를 제때 감지하지 못해 프로덕션을 망가뜨리고 막대한 재정적 손실을 초래한 극단적 사례의 주인공이다. 흥미로운 점은, 이 사례에서 가장 핵심적인 문제가 배포 프로세스에서 발생한 실수라는 것이다. 배포 주기는 길었고 배포 방식은 수동이었다. 만일 나이트 캐피털이 지속적 배포를 도입했다면 4억 4천만 달러에 달하는 비용과 회사의 지배권을 모두 지킬 수 있었을 것이다.

나이트 캐피털 그룹은 대량 거래를 전문으로 취급하는 마켓메이커 트레이더였다. 이 회사의 2011년과 2012년 거래량은 미국 주식 증권 시장 전체 거래량의 약 10%를 차지했다. 나이트 캐피털은 여러 내부 시스템을 이용해 거래를 처리했고, 그중 SMARSSmart Market Access Routing System는 내부 시스템에서 거래 요청을 받아 시장에서 성사시키는 브로커 역할을 했다.

2012년 8월 1일부터 시행 예정이었던 소매 유동성 프로그램Retail Liquidity Program(RLP)을 대비해, 나이트 캐피털은 SMARS 시스템을 업그레이드하고 신규 거래 기능을 추가했다. 이때 기존에 있던 API 플래그중 하나를 신규 기능과 연결했다. 원래는 내부 테스트 전용 기능인 Power Peg를 켜고 끄는 플래그였다. 이 변경 사항은 RLP 시행을 앞두고 8개의 프로덕션 서버에 모두 성공적으로 배포된 것처럼 보였다.

8월 1일 EST 오전 8시 1분 한 통의 의심스러운 이메일이 도착했다. 'Power Peg diabled'라는 경고 메시지가 담긴 SMARS의 참조 메일이었다. 그러나 슬프게도 이 소식을 눈여겨본 사람은 아무도 없었다. 오전 9시 30분에 거래가 시작되자 SMARS는 고점 매수(응찰 시)와 저점 매도(입찰 시)를 반복하며 즉각적인 스프레드 손실을 유발하는 비정상적 거래를 대량으로 쏟아냈다. 각 거래 금액(약 15센트)은 보잘것없었지만 수백만 건이 10ms 간격으로 연이어 체결되자 손실은 눈덩이처럼 불어나기 시작했다.[20]

금융 비즈니스는 시간 싸움이 생명이다. 몇 초 만에 큰돈이, 몇 분 만에 한 달 수입이 사라지며, 한 시간은 평생을 좌지우지한다. 이러한 세계에서 나이트 캐피털은 비상 대응책이 없었다. 45분 동안 400만 건의 주문을 실행하고 154개 종목에서 3억 9,700만 주가 속수무책으로 거래되었다. 회사에 남은 것은 순매수 포지션 34억 달러와 순매도 포지션 31억 5천만 달러였다. 154개 중 6개 종목의 거래를 취소하고 나머지 포지션을 매도하자 순손실은 4억 6,800만 달러에 달했다. 나이트 캐피털 역사상 최악의 시기였다.

문제의 근본 원인을 추적한 결과, 신규 RLP 코드를 배포할 때 8개의 프로덕션 서버 중 7개만 정상적으로 업그레이드된 것을 확인됐다. 마지막 서버에서 API 플래그에 연결된 기능은 RLP 코드가 아닌 Power Peg 로직이었다. 아침 일찍 발송된 이메일은 바로 이러한 상태를 알리는 메일이었다. Power Peg 로직은 내부 테스트용 알고리즘이었으며 주식 가격을 빠르게 올리는 용도로 설계되었다. 업그레이드에서 누락된 여덟 번째 서버에 도달하는 모든 요청은 결국 수백만 건의 비효율적인 거래를 만들어냈다.

이 문제를 해결하던 기술 팀은 새로 배포한 RLP 로직에 버그가 있다는 판단 착오를 범했고, 나머지 7개 서버의 코드를 배포 전으로 되돌리고 말았다. 사실상 트랜잭션은 100% 어긋나버렸고 상황은 더욱 악화되었다.

이 사태로 나이트 캐피털이 완전히 파산하지는 않았다. 그러나 4억 달러의 우선주를 발행하며 지배권의 70%를 포기해야만 했다. 결국 그 해 연말 나이트 캐피털은 경쟁사이자 대주주였던 겟코에 인수되었으며, 얼마 지나지 않아 토마스 조이스 CEO도 사임을 표했다.

나이트 캐피털에 벌어진 재난의 원인은 무엇이며, 이러한 재난은 어떻게 해야 방지할 수 있을까?

---

20 https://oreil.ly/w1a6K

다음에 추가된 지속적 업데이트 모범 사례를 참고하자.

지속적 업데이트 모범 사례

빈번한 업데이트

- 문제: 시스템 업데이트가 드물면 업데이트 작업에 익숙해질 기회도 많지 않다. 효율적이며 능숙하게 처리하지 못하고 실수할 가능성도 높아진다. 나이트 캐피털은 프로덕션 변경 사항을 안정적으로 반영하는 자동화 시스템이나 제어 점검 체계를 갖추고 있지 않았다. 반복되는 수동 업데이트 속에서 재난은 이미 예정된 것이나 다름없었다.

- 해결책: 자주 업데이트하고 무조건 자동화하라. 근육에 기억이 스며들듯 집단적 숙련도를 높여야 한다. 단순한 업데이트는 일상성을, 복잡한 업데이트는 안전성을 확보하게 될 것이다.

상태 인식 state awareness

- 문제: 대상의 상태를 나타내는 설정(나이트 캐피털의 API 플래그)은 업데이트 프로세스와 후속 롤백 조치에 영향을 미친다.

- 해결책: 업데이트 당시의 상태를 파악하고 고려해야 한다. 복원 작업을 진행하면 당시의 상태까지 원래대로 되돌려야 하는 경우도 있다.

10.5 마치며

지금까지 기술 산업의 다양한 분야에 걸쳐 여러 기업의 사례를 살펴보았다. 지속적 업데이트 모범 사례를 채택하지 않았을 때 얼마나 위험한 일이 벌어지는지 실감할 수 있었을 것이다. 이 기회를 빌어, 지속적 배포 인프라를 구현하거나 향상시켜야 할 이유를 명확하게 이해하게 되었기를 바란다.

다음은 이제껏 제시한 모든 모범 사례를 상세히 나열하고 해당하는 예시 사례를 정리한 목록이다.

- 빈번한 업데이트
    - 업데이트를 잘하는 유일한 방법은 업데이트를 많이 하는 것이다.

- 사례 연구: iOS 앱 스토어, 나이트 캐피털

- 자동 업데이트
  - 업데이트를 많이 할수록 자동화 비용은 저렴해지고 에러 발생 가능성은 줄어든다.
  - 사례 연구: iOS 앱 스토어

- 테스트 자동화
  - 배포 품질을 보장하는 유일한 방법은 모든 변경 사항을 매번 테스트하는 것이다.
  - 사례 연구: 자바 6개월 주기 릴리스, 2020년 클라우드 백본 장애

- 점진적 전달
  - 프로덕션 일부 하위 집합에 시범적으로 배포하고 롤백 계획을 수립해 재난에 대비한다.
  - 사례 연구: 2013년 클라우드플레어 라우터 규칙 장애, 2019년 클라우드플레어 정규식 장애

- 상태 인식
  - 코드만이 테스트 대상이라는 단정은 금물이다. 상태 조건은 프로덕션을 망가뜨릴 수 있는 존재다.
  - 사례 연구: 나이트 캐피털

- 관찰 가능성
  - 서비스 장애는 고객이 알아채기 전에 먼저 파악해야 한다.
  - 사례 연구: 2019년 클라우드플레어 정규식 장애

- 로컬 롤백
  - 에지 장치는 일반적으로 많은 수가 동시에 운영되므로 업데이트가 한번 잘못되면 수정하기 매우 어렵다. 따라서 로컬 롤백 계획을 항상 세워 두어야 한다.
  - 사례 연구: 2013년 클라우드플레어 라우터 규칙 장애

지속적 전달에 대한 지식이 충만한 지금이야말로, 각종 모범 사례를 채택하도록 동료를 종용해야 할 때다. 더 지체했다가는 나이트 캐피털의 '악몽Knight-mare'이 다시금 내 손끝에서 시작될지도 모를 일이다. 데브옵스 업계의 엘리트가 되기 위해 노력하되, 보안 뉴스의 헤드라인을 장식하는 일은 피하는 것이 좋다. 부디, 바다를 끓이려 애쓰지 말고 작은 변화를 꾸준히 주도하기 바란다. 언젠가는 자신의 조직도 지속적 업데이트를 받아들이게 될 것이다. 건투를 빈다!

INDEX

INDEX

INDEX

INDEX

INDEX

INDEX

INDEX